U0118204

家國之間

編　輯　陳明慧
實習編輯　余錦瀅（香港城市大學翻譯及語言學系三年級）
書籍設計　蕭慧敏
排　版　譚家威

Création
城大創意製作

本書所輯錄的部分文章複印件樣式因原件散失、複印件不清晰，或版權持有人不同意，故未有收入，敬希垂注。

本社已盡最大的努力，確認圖片或文章之作者或版權持有人，並作出轉載申請。唯有部分文章年分久遠，未能確認或聯絡作者或原出版社。如作者或版權持有人發現書中之文章版權為其擁有，懇請與本社聯絡，本社當立即補辦申請手續。

國際統一書號：978-962-937-429-7

出　版　香港城市大學出版社
香港九龍達之路
香港城市大學
網址：www.cityu.edu.hk/upress
電郵：upress@cityu.edu.hk

The May Fourth Movement through the Lens of Hong Kong
(in traditional Chinese characters)

ISBN: 978-962-937-429-7

Published by City University of Hong Kong Press
Tat Chee Avenue
Kowloon, Hong Kong
Website: www.cityu.edu.hk/upress
E-mail: upress@cityu.edu.hk

Printed in Hong Kong

家國之間
五四在香港百年回望

陳學然 編著

目錄

詳細目錄

第一時期 「五四」在香港：1919-1938

第二時期 抗日時期的「五四」：1939-1945

第三時期 國共內戰時期的「五四」：1946-1949

第四時期 冷戰時期與火紅年代中的「五四」：1950-1970

第五時期 回歸進程中的「五四」：1971-1997

導　言

一、時空的差異：國家的五四與香港的五四

五四運動是因應一戰後巴黎和會談判山東權益歸屬的問題而起；當時以英、法、美、意、日五國主導下，把戰敗國德國在中國山東的權益轉交給日本。列強犧牲中國利權、公然欺侮中國的外交交易，激發了中國學生團體的強烈民族意識、國族身分認同與愛國情懷，掀起了以「外爭主權、內除國賊」的學生愛國運動，更在工商各界的聲援下觸發全國性的罷工、罷市、罷課的「三罷運動」，迅速幅射至內地各大城市。本書所關注的一個問題是，已被學界定調或被普遍看作是在百年來影響力無遠弗屆的五四運動，它到底有沒有波及至遠離政治文化中心北京、上海的南方小島——香港？

從國家的五四到「地方的五四」，由於地域空間與文化差異，基本上是沒有一種完全相同的五四；同樣，因為五四運動所牽動的是國人的民族主義情感以及對於社會不公與舊傳統的反抗，國家與地方之間當然也不會出現一個截然不同的五四。那麼，在國與家之間、中央與地方之間，所看待的五四便有其同一性與統一性，但必然也有其因為社會文化空間的差異而出現斷裂性與差異性。

一般來說的五四，在近代中國史上如何影響深遠、如何巨大之類的陳述，又或者是「自從五四以來」這樣的特定模式的老套陳述，大抵上只能是一些國家層面的言說。進言之，一個有國家層面，但沒有擴散在地方層面、於普通人民生活世界引起迴響的五四運動，它當然不能夠說是影響深遠。那麼，如果說有，那麼它是如何擴散的？如何構成的？而這種在地方裏的運動，它的形態、模式與國家的又有什麼不同？它們的區別又在那裏？相信這些問題，仍然是五四研究領域裏有待展開的研究工作。

我們相信，國家文化中心的政治氣氛，以及所在的知識界、商界等等構成的市民社會，肯定是與地方的有很大的不同。那麼，本來內涵就十分複雜的五四，其進入不同的地方也必須因為在地的複雜社會環境而必然有各種不同的面相與發展歷程。因此，五四的在地化發展，不論是啟蒙的、還是救亡的；不論是政治層面的，還是新文化層面的；又或者是廣義的、甚至是狹義的，它們都不一定能夠與發源自北京的，甚或是由後來國家機器所制定的五四圖景毫無差別地相同看待。準此，五四在香港也自然會是異於五四在內地任何一個大城市。

當然，諸如五四在上海、五四在廣州甚或五四在湖南、五四在成都、在哈爾濱、在雲南，不論地域距離北京有多遠、文化有多落後，又或者是管治地方的政權曾有多麼頻繁的更替變革，但所在的地方畢竟還是中國境內的地方，管治者同樣是中國人，中央與地方的政治體制——相比於香港，彼此之間終究差別不會太大的；再加上思想形態在中央集權的國家行為下，地方與中央不太容易因為空間距離、時間差別而出現太大殊異的問題。儘管如此，論者還是可以找到不少五四運動爆發後一段時間裏，國、地之間生活世界變化很不一致的清晰對照。[1]那麼，五四運動之於香港，其發展情況異於內地其他城市的發展步伐、異於國家的五四的面相，其實也就不言可喻了。

香港自 1842 年以來，便逐漸成為英國殖民地，並逐漸告離母國而奉英國為其宗主國。在 1949 年以前，香港居民可以自由穿梭陸港，但他們在生活層面上所接受的是英美法律體系，而中國則是沿用歐洲的大陸法律體系。香港市民的生活世界雖然深受傳統中國文化影響，但在港社會謀生或社會生活層面上的種種活動，難免不受殖民地法規、處事方式影響而有異於「祖國」，構成了香港在家國門外的異域文化薰染。因為這些政治司法制度、文化習染之異，使香港不但在地理空間上遠離國內的中心而處於國家的邊緣位置，更因為這種種差異而在客觀時間上與心境或思維上追不上中心地區的新文化發展。這種「追不上」，在清末民初那個改朝換代、社會秩序

1　王汎森：〈五四運動與生活世界的變化〉，《二十一世紀》，2009年6月第113期，第44–54頁。

分崩離析而一切思想價值需要重新組合的年代裏，也許不適宜簡單化地説明後進者是如何地落伍與頑固、保守；不同思想形態的人，基於自身文化信仰或對國家政權均有其屬於個人的、自主的看法。那個時代，在國民黨未改組、未聯俄容共之前，仍然是各種政治意識、問題與主義相互競逐而未至獨尊一家的思想多元時期。

在早期的香港，因其自身歷史因素，在社會空間、時間的發展上都難與國家保持同一步伐。眾所周知的是，香港有 150 年的英國殖民史經驗。在這百年殖民情境下，此地的政治體制、社會文化以及人口結構等等都會大異於內地任何一個城市。再加上香港作為英國在遠東的一個商貿轉口港城市，同時也是華南一帶居民避難的首選地方，均塑造了這個地方的移民城市或難民聚居的社會特質，而高度的流動與多變形貌，便是這個城市的特性和「本命」。[2]

香港社會是由中國國內大小城市不斷湧來的各階層人口組成。上層社會主要由一批早年以買辦身分致富的商賈、辛亥革命前後避難香江的士紳與前清遺老所構成。這些人心裏都不認同中國變局，南來香港而欲求殖民地政府多加庇護。他們就是魯迅在〈再談香港〉一文裏所口誅筆伐的高等華人。這批高等華人無疑有其強烈的國族認同感或文化民族主義，也有其恪守的精神價值與信守不移的文化信仰，但他們同時也善於與殖民權勢協力，成就了自己乃至香港的身分特性——「輾轉於無常的政經文化因素間」，以多變成就當中屹立不變的身分屬性。[3]

魯迅 1927 年來香港演講，印象極差。回國後不忘寫下文章對香港人與事譏刺一番：「中央幾位洋主子，手下是若干頌德的『高等華人』和一夥作倀的奴氣同胞。此外即全是默默吃苦的『土人』」。[4] 在這樣的一種社會

2 王德威：〈香港——一座城市的故事〉，《如何現代，怎樣文學？》，台北：麥田出版，1998年，第280–281頁。

3 王德威：〈香港——一座城市的故事〉，《如何現代，怎樣文學？》，第280頁。

4 魯迅：〈再談香港〉，《魯迅全集‧第3卷》，北京：人民文學出版社，2005年，第565頁。（1927年10月29日發表於《語絲》周刊第155期）。

文化氛圍下，香港所呈現於魯迅眼前的就是與內地文化空間、歷史發展時間頗有不一致，使其充滿時空錯置之感。

的確，1920年代的香港較難擁有類似於中國大陸各大城市的所謂現代性學術團體，也欠缺現代性的某些公共空間。然而，香港之獨特性就在於它與國家不是處於同一的時空下。在內地新潮高漲之世下，香港在地社會精英仍然秉持着「海濱即是鄒魯」的傳統道統觀念。[5]他們同時也堅持着「民國乃敵國也」的政治信念，他們這群人就如論者所言：「在民國建立後，對遜清宗室仍舊懷抱忠誠的態度」。其次，他們「相當反對民國的政治體制……內心厭惡民主共和的政治理念與價值」。[6]

遺老們滯港以來書寫的不少詩文，盡見一片追懷舊朝和否定當下的生不逢時之感。陳伯陶便曾悲情洋溢地道出流落香港後心境：「生不逢辰聊避世，死應聞道且窮經」。俞叔文談及身處香江時亦有其強烈的思域懷古的惆悵：「香江疑是管遼東，邂逅偏逢異地翁，故國河山空隕涕，異方身世感飄蓬」；何藻翔則進一步慷慨道明避世香江而心戀故國的一片壯志：「遺老不餓死，貳臣還破家，聲名甑瓦裂，富貴空曇花」。[7]遺老們就是一群新中國下舊時代之人，他們在家國邊緣上徘徊或固守道統、或批判現政權，均抒發出強烈的去國懷鄉、感時憂國的心情，但所突顯的就是香港在地與故國的時空差距、思想殊異。

當我們批評在港前清遺老、紳商舊宦如何落後、保守與迂腐時，倒不如說他們在別有所選的時空下洞燭天下之大勢，但能自足於他們所延續的傳統生活世界，進而在自別於中國大陸但又處身中國人的土地上繼續心存弊絕風清的抱負。

---

5 賴際熙的原話是：「從此官禮得存諸域外，鄒魯即在於海濱，存茲墜緒，斯民皆是周遺，挽彼狂瀾，其功不在禹下。」見氏著〈籌建崇聖書堂序〉，《荔垞文存》，賴際熙撰；羅香林輯《荔垞文存》，香港：學海書樓，2000年，第32頁。

6 林志宏：《民國乃敵國也：政治文化轉型下的清遺民》，台北：聯經出版事業股份有限公司，2009年，第27頁。

7 相關引文轉引自區志堅：〈發揚文化、保全國粹：學海書樓八十年簡史〉，《學海書樓八十年》，香港：香港學海書樓，2003年，第17頁。

賴際熙所說的「海濱鄒魯」，於香港一域而言無疑透現了一種新的文化價值或社會意義，就是讓王韜口中的「蕞爾絕島」得以秉賦重要的文化內涵與天降使命，從家國邊緣成為千年文化傳續不斷的中心。香港這個一方面既傳統、保守但又繁榮安定的現代化城市，從此成為一個可以讓不同背景的人在這裏找到安身立命之所和重拾希望。相對於被他們看作是赤焰滔滔的大陸，又或者是國民黨北伐勝利以來黨國體制下，他們眼中所見的就是民間宗教信仰給消滅、廟產和地方資源被悉數沒收，政治無孔不入地侵擾尋常百姓的處境和與民爭利，肆意增加政府財政來源，造成絕大多數中國人的生存權益被少數人基於自身權利而剝削掉。現代性下的「民族國家」和政黨政治、民眾動員的政治運動說白了就是一場場咄咄逼人的權力鬥爭。[8]

可以毫不誇張地說，由晚清過渡至民初的時代大轉變、大決裂，在他們眼中是傳統中國文化倫理的徹底變化和價值重構。除了造成大規模的民間反抗和抵制，事實上，從不少著作裏，也可以看到1920年代的中國是躁動不已的。正如蔣夢麟在《西潮・新潮》一書，便把1920年代的中國社會說成是「擾攘不安」：

> 這裏鬧風潮，那裏鬧風潮，到處鬧風潮——昨天罷課，今天罷工，明天罷市，天天罷、罷、罷。校長先生，你預備怎麼辦？這情形究竟到那一天才結束。有人說，新的精神已經誕生，但是我說，舊日安寧的精神倒真是死了！[9]

這種自五四新文化思潮以至社會上各種思想爭競、政黨政治鬥爭、軍閥混戰等等造成的社會失序和擾攘不安情形，是辛亥革命以來又或者可以說是五四新文化運動席捲中國以後，呈現於國人眼中的社會現實問題。驟眼所見的社會問題，不一定是形形色色的「現代性」追求所致，但也是舊傳統被破壞而新人倫秩序與社會制度未得以確立的社會現實。至少是，1920

8　杜贊奇著，王寵明譯：《從民族國家拯救歷史：民族主義話語與中國現代史研究》，北京：社會科學文獻出版社，2003年，第88–98頁。

9　蔣夢麟：〈擾攘不安的歲月〉，見氏著：《西潮・新潮》，長沙：岳麓書社， 2000年，第138頁。

年代的中國很快地從晚清十數年的「眾聲喧嘩」、[10]多元共進的多聲道進入了各種二元對立的絕對化時代、主義時代。國家政權無孔不入地進入了各個領域——甚至是淹沒個人的威權時代。[11]

那麼，一代代不認同內地政治環境、社會思潮的人南來香港，他們在香港找到一種異於國家的社會文化空間的同時，也重新體驗到一種似曾相識的舊日時光。與之同步發展的就是，香港的獨特社會文化氛圍與思想特性在上世紀絕大部分時間裏都是與國家處於不是一個相同相等的時空裏，形成了國家性與地方性的種種差異。職是之故，在香港一隅觀察五四的在地發展，其異於五四在中國的其他城市發展的差異性也就不言而喻了。因此，如果要在香港找到一個完全等同於國家的五四運動，那就無異於緣木以求魚。

當然，反過來說，國家的五四與香港絕緣或毫無關連性，則又必然會是忽略了香港與廣州一衣帶水的關係，甚或忽略了香港居民在上世紀前半部時間裏可以在港陸之間南上北下、東遷西移的自由往來經驗。再進一步來說，我們也必須認識到但凡在中國發生的任何事情，都會影響着香港的變動與發展。陸港之間國與家的彼此時空發展差異、香港「僑民」毫無異議的自我國家身分認同以及在面對殖民地不公所產生的民族意識、民族主義，鑄就香港社會思潮流動不居、變化萬千。由此，所見之五四在香港，也就形態多端、面相紛紜，不同的年代均能見出不同面相的五四，並且折射出不同的家國在地因緣。

---

10 有關晚清思潮的混沌性、多元性與開創性，王德威從晚清文學的角度為我們揭示出晚清推陳出新、千奇百怪的蓬勃發展聲喧嘩現象，談及了現代性追求在五四反受壓抑的現象。由此觀之，現代性隨着時間的推移不一定是呈現更開放、更多元的視野，也不一定會是更自由的思想價值的體現。
王德威：〈沒有晚清，何來五四——被壓抑的現代性〉，《如何現代，怎樣文學？》，第23–39頁。

11 王汎森在其研究裏指出從晚清過渡而至1920年代的「新人」，是如何一步步地「走向一種更強的集體性」、「擁抱主義」，致使進步的青年最後因為尊崇主義、服從紀律與改造社會的理想，最後失去了自我的結局。
王汎森：〈從新民到新人——近代思想中的「自我」與「政治」〉，《中國近代思想史的轉型時代》，台北：聯經出版事業股份有限公司，2007年，第200頁。

二、新文化的五四：運而不動——1919–1930

縱然香港擁有不少碼頭搬運工人、機器操作工人與運輸工人，但他們在爭取勞工權益發起工潮時，最終的籌碼也不過是集體離港返鄉，藉以癱瘓相關行業的運作。因為戰亂或天災等問題而移居香港的下層民眾，他們大概只是抱着暫避短居的心態在香港居住，沒有落地生根的決定，一待內地政局平穩便又舉家回流北上。這種情況在1950年代以前甚為普遍。這些都讓在港華人適應社會經濟環境時，不太容易生發自覺求變的要求。然而，這是否就說明了五四在香港不可能引起迴響，不可能衝擊香港政府的管治權威？

從報刊或前人的回憶錄所見，香港還是受到五四運動反日風潮的衝擊，內地罷買罷賣日貨的行動在香港還是引起了迴響。基於香港與周邊華南區域的人口流動性與經濟商貿的緊密來往，內地發生的任何事情，透過人員的流動與報刊、電報的傳播，很快地得以在港擴散。在港居住的人民，也許不滿意內地政局或執政者，但他們並沒有離家棄國的想法，反而表現了一種不認同當政者但認同自身作為中國人的歸屬感與民族認同感。只是，生活在殖民地上，恪守當地嚴禁排外、杯葛日貨或反日的法律條例，並在港府的緊密監控下，香港的罷買罷賣日貨是難以發展起來的，但也有數則事例說明香港民眾受五四風潮衝擊的情形：

報載零星的市民罷買罷賣日貨事件以及張貼反日貨宣傳單張。

港大學生拍發聲援北京學生運動及懲治「賣國賊」的電文，並選派代表到廣州參加國耻紀念大會。

九名八至十七歲的學生持有寫上「國貨」二字的油紙傘，他們甫上街遊行便被警察如臨大敵般拘捕，送上法庭，進行為期十天的審訊。最後以「上街遊行沒事先通知華民政務司」理由判為首的十七歲學生罰款十元。

在政治層面或學生為主體的五四愛國運動，對港產生了一些衝擊。畢竟，政治層面的五四是以一種超越政黨政治甚至是國家機制的愛國運動。在「內除國賊、外爭國權」的救國主題與口號下，是較容易燃點國人充滿義憤的民族主義情緒，引發國人在生活層面實踐救國行動。但是，它還是因為警方的控制而沒有在香港引起多大迴響。我們也許可以這樣說，在反日救國的規模上和行動組織上，政治的五四在香港只是零星地、鬆散地進行，最後因受到港府嚴加管制而只能曇花一現。然而，相較於政治層面的五四，新文化、新文學等這些屬於知識層面的內容，則很難衝擊在港華人以至於遲遲未能在香港引起社會迴響。

時人孫受匡（1900年生），據說在1920年代初是香港皇仁中學的畢業生，他創辦的「受匡出版部」是香港第一家出版新文化書籍的出版機構。[12] 他在1923年出版的《熱血痕》一書大力呼籲香港時下青年要有與北京學生看齊的愛國心，他筆下反映了香港的學生當時對於國事是十分冷漠的，他以「學死」一言譏罵他們：

> 香港學生學「死」，香港多數的學生學「死」，香港多數讀中文讀英文的學生學「死」。此近日社會上言論家對我香港學生所下之批評也。余聞斯言，余愧斯言，余有感於斯言，余更大惑不解於斯言。香港學生何常學「死」哉？溯自國內「五四」、「六三」運動以來，各省學生莫不桴鼓應，惟香港寂然不動。各界人士遂以為香港學生無愛國心。[13]

他把香港學生悉數歸為以下七類人：「刨書派」、「片面覺悟派」、「渾帳派」、「嘆息派」、「罵新亦罵舊派」、「不理事派」、「奴隸派」。他這樣釐定香港學生之準則，就在於他們對國家不聞不問的態度；他其中特別批判的就是時下同輩對於五四運動、山東問題也是冷漠的。譬如他筆下的「刨書派」就是不理會周遭發生事情的一群人：

> 世界上近日之潮流、外來之事物、社會之黑暗國家所處之危機之地位，一概不理。「五四」、「六三」之運動，山東之問題、廿一條件之秘約，某人在東三省之經營之橫暴，視作等閒。彼輩所最注意者，考試分數之高低，以為彼輩讀書之勤奮、學問之良否的商標而已。[14]

12 香港中文大學大學圖書館編：《香港文學通訊》，2007年9月24日，第50期。

13 孫受匡：《熱血痕》，香港：虞初小說社，1923年，第59頁。

14 孫受匡：《熱血痕》，第61–62頁。

他又界定「渾帳派」說：

> 此派學生不知何者為世界、不知何者為國家、不知何者為廿世紀之潮流之趨向，亦不知何者為學生應有之責任。人之凌我弱我，彼等不知有恥，木屐兒欲強取我青島，彼等不知有憤。廿一條件秘約，無形亡我國者也，彼等不知有懼。我中國各處之重要口岸為人割據，盡彼等不知有憂。彼等所知者，飢也則食，飽也則游，倦也則眠，覺也則起。衣服之花紋何者為新款，鞋履之樣子何者為新式，游樂之地方何者為最適宜而已！彼等心目中，一若舍此以外，無有應辦之事、應盡之義務。故祖國無所用其愛，亦無所憂其忘。蓋愛祖國於彼無大益，而忘祖國於彼無所損也！彼等之生，如行尸走肉，能運動而不能知覺，徒懦懦然虛度此數十秋而已[15]

除了這七派人外，餘下的當然還是那些不知有「愛國救國之事業」，也不會「盡學生一分子之義務」的學「死」一類的學生。在孫世匡的〈香港學生；學「生」乎；學「死」乎〉一文發表後五年，另一名香港學生接續孫氏之言，繼續寫了〈香港學生該學「生」了〉（1928）一文，力批香港學生對於國家命運遭遇、社會問題的麻木、冷漠態度：

> 內地的學生們，常常說道：「香港的同學，不是學『生』，而是學死」。……自殺有犯不着學的？由此推測，我們可以堅定地斷定他們是麻木地走錯了一條引入地獄的路了。……「呵！香港學生！──我也在內──這都是你們的弊病：應當革新了。亡羊補牢。並不算晚。現在我們最先要知道的，就是國家的情形怎麼樣，和我們所處的是什麼地位。」[16]

關於新文化運動在香港難以引起迴響的言說，上文提及的1927年魯迅訪港的例子，也可讓我們看到一些端倪。從魯迅當時所發表的演講可以了解到，新文化層面的五四在當時的香港實際上是運而不動的。魯迅在1927年2月16日於香港青年會發表名為〈無聲的中國〉的公開演講，他對出席講座的香港年青人呼籲，要他們捨棄古文以求在現代社會中生存，也鼓勵年青

15　孫受匡：《熱血痕》，第63–64頁。

16　周拱照：〈香港學生該學「生」了〉，《微明》，1928年第1期，第13–16頁。

人要推開古人，大膽地活出真我、勇敢地前進。然而，要年輕人在他筆下保守的香港社會裏推開古人、大膽説話，難免是太過強人所難。在 1927 年 2 月 19 日發表的〈老調子已經唱完〉的演講裏，魯迅把前清遺老、讀經、尊孔、祭孔、八股、考試、做古文、看古書、舊文章、舊思想等等一再大力貶斥，將之看作是一堆和現代社會沒有絲毫關係的古老舊物。[17] 魯迅對傳統嚴詞抨擊，是因為這些東西、事物表現了一種對科舉、皇權體制的崇拜，是反現代、拒新拒變的傳統舊物與封建遺毒。

香港本身的狹小社會空間在魯迅的眼中無疑是十分保守的，文壇、學壇主要由前清翰林把持，而社會經濟也是由殖民地官員及其認可的華人代表所主導。華人代表主要是由前清官員或買辦所構成的紳商團體。他們在香港書寫文言文、主張讀經、尊孔，以「海濱即是鄒魯」的心態在香港存續文化道統。魯迅訪港期間便見證了各階層僑民熱烈地舉辦孔誕盛典，在魯迅筆下，洋總督與前清遺老為尊孔讀經之事樂而不疲，促使他在離港後仍憤憤不平地寫了一篇〈述香港恭祝聖誕〉，表達對香港上層社會的鄙夷之情，明言譏笑金文泰對華人是怎樣的「教導有方」。[18]

在魯迅等新文化運動領袖的認知裏，內地的尊孔、忠君等舊思想與新時代不合。早在民元初建，出任教育總長的蔡元培便主張取消祭孔、讀經，他在〈對於新教育之意見〉一文中便提出「忠君」與「共和政體」彼此不合，而「尊孔」與「自由思想」相違的意見。[19] 但歷經袁世凱復辟，祭孔、讀經又大行其道，這舉動進一步引起內地趨新群體的反感。魯迅訪港，適逢香港正在舉辦祭孔活動。他因此便對香港中上層社會的舉動作出激烈批判。至於在港的中上層社會或知識精英團體，他們的身分以及他們的復古行為，竟然會得到殖民者認可和配合，早有當時居港人士作出一針見血的評論：

---

17 魯迅：〈老調子已經唱完〉，《魯迅全集 • 第7卷》，北京：人民文學出版社，2005年，第321–327頁。

18 魯迅：〈述香港恭祝聖誕〉，《魯迅全集 • 第4卷》，第52頁。

19 蔡元培：〈對於新教育之意見〉，《蔡元培全集 • 第2卷（1910–1916）》，北京：中華書局，1984年，第136頁。

英人之經營殖民地者，多為保守黨人，凡事拘守舊章，執行成法，立異趨奇之主張，或革命維新之學說，皆所厭惡，我國人之知識淺陋，與思想腐迂者，正合其臭味，故前清之遺老遺少，有翰林，舉人，秀才等功名者，在國內已成落伍，到香港走其紅運，大顯神通，各學校之生徒，多慕此輩，如吾國學校之慕博士碩士焉，彼輩之為教也，言必稱堯舜，書必讀經史，文必尚八股，蓋中英兩舊勢力相結合，牢不可破，一則易於統治，一則易於樂業也。學校之數量頗多，有政府設立者，實行其「大英帝國為中心」之教育，中文為課程之一，然僅「子曰，之，乎，也，者」之訓，絕無學術思想之可言。[20]

在殖民管治者與華人領袖的合作下，被視作異端邪說的新文化、新文學，其「進步」的速度是很緩慢的，到了胡適 1935 年訪港時仍然是寂然不動的。胡適應香港大學之邀來港作演講，指出在香港深受尊崇的前清翰林在江浙一帶多的是，他們「不值得驚羨」，只是一些「不適用的東西」，他們主張的文學也沒有價值云云。[21] 由此也反映了新文化層面的五四在香港一隅遲遲難以擴散，那些邀請魯迅、胡適來港演講的有心人，要打開這運而難動的新文化局面看來一直都是舉步維艱的。

新文化發展局面被打開，要直至遺老的相繼離世才開始。當然，這與國民政府當政執政的文教方向更有密切關係。統一中國的國民政府推動的是新文化、新文學，並曾一度下令停止祭孔，而習用的官方語言又是白話文而非文言文，再加上內地文化環境的轉變，這些都促使港府及香港大學主事人急於要跟得上內地社會的發展步伐，遂摒棄港大的讀經課程或文言文教習傳統。這也讓許地山得以在胡適舉薦下出掌香港大學中文學院，他以入室操戈之姿在香港大學打開了新文化新文學發展的一個小缺口。

20 友生：〈香港小記〉，小思編《香港的憂鬱——文人筆下的香港（1925–1941）》，香港：華風書局，1983年，第23–27頁。（原載1934年5月1日《前途》，第2期第5號，第51頁。）

21 鄭德能：〈胡適之先生南來與香港文學〉，鄭樹森，黃繼持，盧瑋鑾編《早期香港新文學資料選（1927–1941）》，香港：天地圖書有限公司，1998年，第22頁。

當然，新文化在香港的傳播和有所發展，並不是靠許地山一人之手，乃與大力推動經學教育的港督金文泰離職、華商總會開明派上台、日軍侵華引發的內地政治環境急劇轉變等等有莫大關係。[22]

三、面向國家：左右分裂的五四——1940–1970

1930年代中後期，大批知識分子或負有黨政工作的文藝陣營人士大舉湧港，或避戰火或開展抗日宣傳工作，一時間佔據了香港的學壇、文壇和思想界。由此也可以看到的是，今天所理解的以土生土長港人為主體的文化活動空間或文藝團體，在當時來説是難以見及的。在1940年代，從國共團結抗日、國共內戰到國共易幟後重建新中國，香港成為了國共兩黨面向海外華人或國際社會的重要政治輿論宣傳基地與情報中心，成為華人共同歷史記憶的五四運動，是時人建國救國的精神燈塔和奮鬥向前的思想旗幟，它的歷史資源與思想價值被不斷高舉。

五四運動「外爭國權，內除國賊」的口號一開始便反映了它是一場超越黨派政治、國家政權的愛國運動，參與者從維護孔孟故鄉、保衞民族聖域到曠日持久的罷工、罷市、罷學的抗爭運動裏，充份反映出人們對於國家主權、民族尊嚴的思想覺醒與自主意識。這些思想資源一方面讓五四在被紀念時，既有其直面民族國家而超越政權、政黨的拯救民族家國的口號，被充份利用來展現愛國主義、民族主義的國家話語。另一方面，五四也是很容易被不同政黨或不同聲稱繼承五四精神的人所收編、所利用來表達政見的工具。

從香港本土成長的作家、香港大學學者陳君葆的身上，又或者是在1930年代在香港成長的本地中學生的體驗裏，他們也在全民抗日時期發表了不少紀念五四、繼承五四的文字，透過五四展現他們一套套指向中國的

22　陳學然、吳家豪：〈香港華商總會對「五四」在地化的迎拒〉，《杭州師範大學學報（社會科學版）》（「五四」百年特輯），2019年第3期，第113–134頁。

五四愛國言論。不同背景的人的愛國目標一樣，但所奉行的方法或原則則又因為政見的不同而各有南轅北轍之異。

左右分裂、國共對峙，在香港向來是壁壘分明、顯而易見的。即使是1940年團結抗日救國統一戰線口號下，國民黨紀念「五四」也不忘防共批共；但到了1948年，則只剩下高喊「奸匪」、「共匪」、「國際奸匪」的叫罵聲。往後，國民黨亦借五四紀念宣揚三民主義精神、強調維護國家統一的愛國意識以及借之批判共產黨「愚弄青年，麻醉青年，陷害青年」。[23] 共產黨則借着五四紀念以凸顯其民主革命的理念，高呼繼承五四精神以掀起「反帝反封建的民族民主的群眾革命運動」，向「獨裁賣國集團」發起總反攻。[24]

至1940年代後期，隨着國共勢力的此消彼長，在港國民黨的言論陣地被共產黨逐步收編而舞台、空間漸為狹小，在詮釋五四的力量或感染力上也因此潰散。當作為國共內戰期間香港最重要的社會輿情推動器的報刊，在兩黨權勢轉移後也迅速出現政治立場變化的結果。《星島日報》這份當時重要的香港右派報刊，在1949年基於創辦人胡文虎顧及在大陸的家族生意而在立場上向左轉。在1949年是五四三十周年，該報也開闢了「五四」三十周年紀念特輯，在主要內容上與《大公報》類同，旨在強調青年知識分子應如何自我改造，而知識分子也應與群眾緊相結合。譬如麥田的〈迎接「五四」應該做些什麼？〉便很清楚地向在港在海外的讀者指出，知識分子脱離人民群眾就是「自取滅亡」。[25]

不難看見，1949年中共建政以來，香港的報刊媒體因為政治形勢轉變，在「五四」紀念領域上出現了左右兩極此消彼長之勢，親共背景報刊如《大公報》、《文匯報》、《星島日報》等等都氣勢如虹地大篇幅宣揚五四新

23 〈我們誓與青年們站在一起〉，《國民日報》，1946年5月15日，第4張。

24 原野：〈中國學生運動的任務〉，《達德青年》，1947年第2期，第10–11頁。

25 陳學然：《五四在香港：殖民情境、民族主義及本土意識》，香港：中華書局，2014年，第251頁。

民主革命事業。[26]然而，在親國民政府媒體偃旗息鼓之際，知識界或學術界卻出現了大量的反共論述。這些反共論述主要表現於在冷戰時期雲集香港的知識社群。這些人可以以錢穆、唐君毅等人創辦的新亞書院及其周邊的南來群體為代表。

1949年，不少南來者因不接受外來的馬克思思想、共產主義，認為是中共接引異族異國思想文化以摧殘中國傳統文化、儒家經籍，導致中國有亡國亡天下危機。他們基於濃烈民族主義背井離鄉，以逃亡者或流亡者的身分自居留港辦學，期望能夠守護傳統文化與溝通中西思想，培育文化種子以為重建祖國作準備。在他們的思想底層，有其追求民主、自由、人權等普世價值的知識背景，同時也有其亟亟於維護中國傳統文化的使命以及致力溝通中西文化異同的學術關懷，故在思想形態上與共產主義、馬克思思想分歧不淺。他們在港興辦《民主評論》、《自由陣線》、《人生》、《祖國周刊》等刊物，闡述他們的學術關懷與思想追求。

值得注意的是，南來者對於時代問題、當世學術思想發展的思考都與五四運動關係密切，或以五四為傳統的總結與現代學術的開端，或以五四為反傳統而造成中國思想真空以興起共產主義「亡國亡天下」之開端，又或以五四啟蒙思想與民主、科學精神為當前建國復國的思想資源。1949年的余英時，他在離國來港時便在思想層面發生「精神變異」。這是源於他在潛意識中對於植根於他思想深層的「五四新文化的許多價值，特別是『科學』和『民主』」發生的作用。[27]換言之，他們乃是帶着五四的思想因素——不論是反對的或贊成的，於邊緣的在地者去思考當前國家時局困境出路。職是之故，他們的文章不少都反映了這樣的一個共通點：一切改革從五四談起，

26 當然，《星島日報》於1953年開始又呈現了清晰的親國民黨和擁護蔣介石的立場傾向，這與胡文虎家族不願意向中國的新政府編交巨額稅款而在「大陸的生意和投資遭到沒頂的打擊」，因此而對共產黨產生怨懟憤恨之情。（鄭宏泰：《虎豹家族——起落興衰的探索和思考》，香港：中華書局，2018年，第124–129頁。）因此，我們也可以看到了在1954年的五四紀念文章，又是從國民黨的擁蔣反共角度闡釋五四精神。

27 余英時：〈赴香港「吸取自由空氣」——〈香港與新亞書院〉之一〉，《明報月刊》2018年1月號，第18頁。

一切問題根源的解決也必須回到五四的起點。這些不但從余英時的身上看到，從他的師輩錢穆、唐君毅的身上也能清晰看到。[28]

在五六十年代影響數代青年學生的《中國學生周報》，獲得唐君毅與新亞師生的熱心支持，余英時便是創刊於 1952 年 7 月的該刊主編。他們與不少當時的青年學者或學生，在這個刊物上發表了大量的五四運動紀念文章與評論文章，深刻反映了青年群體的家國情懷。他們當時發表了不少談及五四精神價值的文章，呈現出十分多元的角度與面相，有批判五四的，也有讚揚五四的，表現了他們一種繼承五四但同時也要超越五四的青年人心態。新亞學生唐端正的紀念文章透過紀念五四，指出求學、做事、辦刊物或寫文章都是在實踐當前的新任務：

> 今天我們的新任務是什麼呢？讓我們喊出來吧！讓千千萬萬的青年同胞齊喊出來吧！這個新任務就是：「保衛祖國的歷史文化」……五四新文化運動的偏差，曾經使祖國的歷史文化飽受摧殘，但我們不能過責他們，因為他們所負的只是推陳開新的先鋒使命，歷史的責任不能全推在一個時代裏。今天我們應該警覺了，保衛祖國歷史文化的新使命已落在我們的身上。五四時代不能負起保衛祖國歷史文化的使命是可以寬恕的，如果我們今天不能負起這個使命，我們便永遠是歷史的罪人，我們是萬萬不能推託的，我們更不應該推託的啊！[29]

除了復興傳統文化外，新生代紀念五四時也致力於闡揚其「民主」、「科學」、打倒權威的時代意義。他們倡言說：「把目光轉向前面，為了中國的再生，我們這一代的中國青年要拿出魄力，使『五四』復活。再掀起一個新文化運動，慢慢從頭作起。」[30]

---

28 相關文章可見拙文〈唐君毅對「五四」的詮釋〉，《鵝湖》，2005年第359期，第44–57頁；〈道統庚續與五四批判：錢穆學思管窺〉，《錢穆研究暨當代人文思想國際學術研討會論文集》，台北：錢穆故居管理處，2010年，第181–210頁。

29 唐端正：〈我們的新任務〉，《中國學生周報》第41期，1953年5月，第3版。

30 佚名：〈要把「五四復活」〉，《中國學生周報》第41期，1953年5月，第1版。

「文化中國」與自由世界的連接，反過來進一步是要圍堵「政治中國」，這些體現了冷戰東西方陣營的兩極對峙氛圍。錢、唐二人便發表了大量談論五四運動的文章，他們這些人被看作是文化保守主義者，不但批判新文化層面的五四，甚至也把五四與左翼、共產黨的興起乃至國民黨的退守台灣扣連起來，表達了一種反五四以反共的時代意識。他們批判五四的另一個主因，與他們守護中國文化正統的文化民族主義、承繼儒家道統的文化保守主義等息息相關。[31] 五四新文化運動一眾領導人如胡適、魯迅、陳獨秀等等在他們筆下都深受批判。

不可否認的是，香港的知識社群，特別是1940年代後期到港的南來者，他們對於作為中國人的身分意識或民族情感是毫不動搖的。正是這種情感，使得他們時刻關注內地發生的大小事情以及親朋、鄉人的動態，任何風吹草動也必然牽引着他們的民族情感。也因為這一情感，致使唐君毅一聽到四人幫倒台的消息，便命門弟子將其出版的數冊著作寄回他曾經求學的北京大學與南京大學，更加諄諄告誡學生群在中國內地政治稍靖時便要回國教書、發展傳統文化。從他的這種情感表現裏，我們可以看見政黨政治在這些生活於國家政治邊緣地方的知識群體的思想世界裏，不過是一時的，但國家、民族卻是永久存在的——更是不可以批評的。

我們不難看到，南下的知識社群雖然遠離內地政治文化中心，但他們每逢透過五四紀念的場域，對五四思想精神的詮釋除了總結歷史的得失外，更多的是在思考國家民族未來發展的大方向、大問題，很少關注香港在地的社會文化發展問題。五四運動在香港的在地化——特別是動用五四追求人權、民主價值來針對自己周遭生活世界的社會問題以發出改革聲音的，要直至1960年代末、1970年代初戰後第一二代進出大學校園後才有明顯突破。

31　有關錢穆對五四運動的觀感或態度，見拙文〈道統庚續與五四批判：錢穆學思管窺〉，黃兆強編：《錢穆研究暨當代人文思想國際學術研討會論文集》，第181–210頁。

四、五四的在地化

五四在香港──特別是在一群寧願漂流海外的學者以及新生代手上，反映的是一群地方知識精英借之以思考可望不可即的國家大問題，並未由此寄托其太多的在地社會關懷。在 1970 年以前，談論五四或追求人生目標，大多是一些國家的、歷史的大敍述。在港的南來知識分子常以流亡者自喻，家亡國破的危機意識使他們對於中國文化傳統顯得尤為執着，也視流亡的行動為保護中國文化不滅的重要表現，採取了不與內地共產政權妥協的姿態。但另一方面，他們也以一種既珍惜香港在地的社會空間，使他們得以實踐文化教育理念，但同時也對於這塊由殖民地政府管治的中國人土地抱有難以言衷的無奈和落漠，這使他們在多方感慨國家民族在現代的多桀命運之餘，對在地的社會不公問題或社會文化建設缺乏了足夠和必須的關注。

隨着時間向前推移，南來者在香港住下來而得其安身立命之所，而在戰後香港成長的一代也進入了高中和專上院校，他們筆下的五四及其所關懷的事物，除了國家的以外，也慢慢開始與本地、本土的社會文化連繫上來。在同一本的《中國學生周報》裏，也出現了更加多不同主題的「五四」言說。我們可以看到「國家的五四」，慢慢地在知識層面裏成為了「地方的五四」──亦即是在他們所生活的香港一隅裏，五四的歷史遺產作為了他們批判乃至改變當下生活世界的精神資源。固然有不少人在這裏批判五四運動對傳統文化的破壞，希望由此而重振國人的文化意識以達致愛國建國的目標。但也有人透過紀念五四以強化民族意識，由是批判港人在殖民主義下苟且偷安：「在外國人的翼下受庇，苟延殘喘於自在舒適的生活中，樂不思蜀」，又挖苦這些人恨不得自己及子孫成為「外國人」。五四運動成為了激發時人民族意識的思想資源，藉以重振民族文化以對抗殖民主義、帝國主義，使香港人生活得有尊嚴。這位取名「衞國」的作者，於其文章末段情感激昂地闡揚出這套觀念：

> 為什麼我們不負擔起保衞中華文化的責任？為什麼我們不起來發揚光大中華文化呢？前人已經為我們作出了很好的例子，為什麼我們

> 不能像前人般，轟轟烈烈的奮發一番。喚醒香港的青年，喚醒中華民族。[32]

猶如作者那樣強調「作為一個香港人，或者說是一個華籍的香港人」的身分，並且發願要改變香港重英文輕中文，又或者是立志要改變港人安於殖民情境生活之種種，告訴了我們1960年代的香港人的本土意識，的確是比過去又轉進了一層。這與南來者及其家人已紛紛放棄回國而在港定居不無關係，同時也與戰後第一代的逐漸成長乃至進入社會也是息息相關。大家開始以港為家，同時也更加把握機會提出提出改變生活環境的訴求。1966年的天星碼頭加價引發了嚴重騷亂，而緊隨其後一年的也有由工業糾紛引發、但由文化大革命思潮主導的「六七暴動」，這些均使香港人對於戰後以來在生活層面上愈來愈不滿殖民地政府因循守舊與不公平的社會管治。1960年代中期湧現的「中文合法化運動」則擴散至知識界乃至社會各階層所共同參與的社會運動，使港人反抗殖民主義、突顯民族主義以及強調本土利益的思想在這場運動中延宕散播開去。

進入1970年代，一些有理想的年輕人所處身的正是全球解殖、去殖以及保衛釣魚台運動風起雲湧的時代，同時他們也對於1960年代中後期的「六七暴動」及其餘波印象猶新，新生代已不像父祖輩置身於國民黨、共產黨或左或右的狹隘空間裏而處處追求國家理想。他們在相對安穩而繁榮的殖民地下生活，也對於社會背後的各種不公不合理現象更加自主自發地提出質疑與求變訴求。1969年的五四運動50周年紀念大會，便有大學生提出把紀念五四要與香港本土的社會問題結合起來，把關注的重點與感情由「國」轉移到「家」：

> 港大的劉迺強同學，就香港青年對五四運動的看法發表談話。他指出，今日香港青年所面臨的境況，與五四當日的青年不同，當時的青年，生長在中國的土地上，愛國的情操是很自然的，猶如子女愛他的父母。今日香港的青年，他們的身分有如一個棄嬰，「一個棄嬰是否必須愛他的父母？」這是劉迺強同學所提出的一個問題。劉

32　懷國：〈重創五四精神〉，《中國學生周報》，1965年5月第668期，第3版。

> 同學並沒有給出答案。他接着指出，香港青年所面臨的，是如何在香港生存下去。香港青年生於斯，長於斯，他們的感情自然地灌注在這個地方。如果他們要做些什麼，他們將從香港本土做起。[33]

當然，本土意識的萌發更早於1969年。自激進政治意識與「反英抗暴」為行動綱領的1967年「六七暴動」偃旗息鼓後，香港各界不得不檢討這場暴動爆發的原因，除了受內地文化大革命風潮所及外，對於港英殖民地政府百年來的不公社會政策以及華人受到諸多歧視因素也息息相關。青年一代注視當下處身環境，亟求改變現狀。諸如橫跨1960年代末至1970年代的「中文合法化運動」、1970年代初的「保衛釣魚台運動」、「反貪污，捉葛柏」等等，均反映了新生代反抗帝國主義、殖民主義乃至關注香港在地事務的社會家國意識。這些在地的社會抗爭與家國文化認同的身分抗爭，構成了活躍於1970年代的新生代以「放認關爭」（「放眼世界，認識祖國，關心社會，爭取權益」）為其奮鬥目標，建立了承擔在地社會發展乃至建設家國的責任感。相反，這代人在家國認同的問題上已經不同於他們那批南來的師長。

南來的一代，生活在香港，不論是他們從事的興學施教，還是在五四紀念時節發表的言論，對象、目標都是面向中國大陸這個他們心目中的祖國與神州大地，標示救國建國乃至傳續傳統文化為其終極關懷，這點以港台新儒家代表唐君毅最具代表性。他在港數十年，直言所關心的不是香港，所關注的只是中國的問題；對於管治香港的港英政府也只待以大家互為不存在的態度。[34]但他的這番自述思想變遷之跡之言，迅速引來他任教的香港中文大學學生的群起攻擊，其中一名修讀哲學的學生領袖便直斥他為「孤鬼游魂、不存在的人生」，更將其以「互不存在」的態度對待殖民地政府視為一種對己對港對國均敷衍塞責的行為。猶有進者，這名學生更以「不能反殖民主

33 平（中國學生周報記者）：〈民主的實踐—「五四」五十周年紀念會側記〉，《中國學生周報》，1969年5月，第877期，第1版。

34 唐君毅：〈中國現代社會政治文化思想之方向，及海外知識分子對當前時代之態度〉，《唐君毅全集第14卷・中華人文與當今世界（下）》，北京：九州出版社，2016年，第193頁。（1972年6月《明報月刊》）

義，驅退侵略者」便不足以言中國文化、也不能「當一個堂堂正正的中國人」來批判師輩；在他心目中，惟有「對侵略中國神聖領土的殖民主義者作徹底的、毫不妥協的鬥爭 」方能「負起這個民族的使命」。[35]這些不無偏激之言，恰好反映了這個時代學生群體在香港社會轉型過程中與上一代人的代溝，表現出不但對所擠身的中文大學或其中的制度層級、師輩的不滿，同時更對於殖民地政府的施政措施、不公制度等等充滿激烈反抗的意識。

當學生一輩在火紅的年代裏，自覺站在殖民地政府對立面的時候，作為一個中國人的身分意識反過來也推動他們對於國家民族多了更多探求的熱情與動力，這包括了對於打着反殖反帝旗號的共產政權也多了幾分了解的興趣與同情的理解，他們走出校園、直面社會問題而發起連串針對殖民地管治的行動，並且別於一眾以流亡者自居的師長們願意北上內地接觸中國，實現了愛港以愛國的目標。1973 年 10 月，香港專上學生聯會舉辦了第一屆「中國周」，掀起專上學生回國觀光、尋根認祖的高潮。然而，隨着四人幫的倒台，香港年輕一代之中對政治充滿憧憬和想像的一群，思想上受到衝擊，失去其焦點而出現混亂。一度興起的「放認關爭」、「認中關社」（認識中國、關心社會）等時代思潮與國粹派青年學生群體便逐漸式微。

至 1970 年代末期，面對 1898 年簽訂的「展拓香港界址專條」，香港只剩下二十餘年時間，海外乃至本地的工商業家不得不在作出巨大而長遠的投資時思考這個「大限」問題。應該如何在政局燥動難安的大國身影下探尋香港的難卜前途，開始籠罩香港的上層社會，人們開始重新思索或重新界定自我的身分認同。1979 年，港督麥理浩親赴北京面見中國國家領導人，表達關注香港前途的問題。中國當局按既定時間表來收回香港主權、治權的強硬態度，拉開了中英兩國主權交涉的序幕。在港華人的香港人身分意識自此浸然興起，在開始思考身分認同與香港前途問題，所反映的是對內地政府心存信心危機，同時也對英國殖民地政府的管治成績感到滿意以至

35 鄺國明：〈論中國人在香港之歷史責任──所感於六月二日晨讀唐君毅先生之文者〉，《新亞學生報》，1973年3月第1期，第11頁。

有了珍惜之情。1982 年的三項主要社會民意調查顯示，「約有八成半至九成多的香港人及公司，都希望在九七年後香港能維持現狀，由英國統治」，清晰反映了港人「珍惜英國的管治」的事實。[36] 當時香港立法會便有部分非官守議員，因為不願英國全面撤出香港而回歸中國大陸，故當他們得知香港必定會在 1997 年如期被中國收回主權後，不禁傷心落淚。[37] 關於香港人的英國國籍法問題，在 1982 年開始也成為了擾攘香港十多年的社會問題，直止 1997 年為止，近 350 萬港人領取「英國國民（海外）護照」，成為沒有英國居留權的英國國民。

不過，同一時間也有不少人以積極、務實的態度面向香港回歸的既有事實，並為香港的前途發展構想長遠的政體。1983 年的香港中文大學學生會的交職典禮便是在直面中國大陸的香港前途為他們所奮鬥的方向。當時新任學生會長羅永生在宣誓言辭中便是這樣説的「在香港社會和中國方面，則會積極關心香港前途的問題，在堅持中國人的立場，在這前提下，要求香港邁向民主道路。」[38]

五、香港「回歸」前後的五四

當 1984 年中英聯絡聲明簽訂後，香港人的意識便加快浮顯，過去並沒有國家觀念的土生土長香港人，從此需要思考何為「祖國」的問題。對於那些在 1949 年以後來港的避難者或新移民而言，大陸半個世紀以來無日無之的政治鬥爭以及自身的苦難歲月讓他們猶存餘悸。面對香港主權將於有限的時日裏會從英國人手上回歸中國，讓那些非本地出生而有內地生活體驗的人驚恐不安。再加上在回歸進程的起步階段中，突然爆發的 1989 年那場被人與「五四」相提並論的「六四」天安門民主運動，讓港人對於回歸中國更感恐慌。

---

36 鍾士元：《香港回歸歷程：鍾士元回憶錄》，香港：中文大學出版社，2001年，第37頁。

37 鍾士元：《香港回歸歷程：鍾士元回憶錄》，第56頁。

38 〈堅毅實踐總結多方 創造一個更新時代〉，《華僑日報》，1983年3月4日。

1989 年的五四運動紀念，因受北京學潮的影響，出現了香港史上的空前紀念盛況。從青年學生群體、大學學術機構到民間組織，都可以看見香港的前途與回歸問題是如何地與五四精神的核心——「民主」掛上關係的。港人固然藉着五四「這麼近」又「那麼遠」地關注國是、過問國家的未來走向，實質上是基於一種關於香港何去何從疑問的焦慮情感反映。然而，恐慌歸恐慌，回歸的車子一開動就不能剎停下來。知識界或者是說在戰後成長的第一代知識精英提出了「民主回歸」的理念，在隨後的五四紀念裏，民主、啟蒙和自由成為了重要的關鍵詞。

進入 1990 年代，殖民地時代便已生發出來的對於政府施政敢於批判的文化，又或者是基於民族主義的反國家行為的思想意識，使到香港一直以來也有其批判殖民主義的思想內容。就在這回歸前的十年裏，港人被摒除於回歸談判桌外，中央政府拒絕港方或港人參與，這種中英兩國的大國外交談判讓一些港人感到不受尊重，在不情願的情況下「被動回歸」。回歸後的數年裏，港人在政治上的參與和發聲相對地變得平靜。1999 年的五四 80 周年紀念，回歸後的香港反而出現了五四紀念大為退潮的跡象。除了官方高舉愛國主義旗幟以紀念五四外，五四的其他的多元聲音則漸為少見。

但是，平靜的河流下面卻隱藏着強大的伏流。回歸後環球經濟、金融的危機波及香港，再加上第一屆政府施政的失誤等問題，港人對香港政府乃至中央政府在國內「維穩」行動中國家行為的不滿不斷增加。2003 年 50 萬市民上街遊行示威反對政府的「廿三條」立法引發出更大的社會管治危機以及民眾對抗政府的行動，一種去中國化的本土意識或本土主義逐漸在香港萌芽生根。其結果是，形成一些港人在批判強大國家身影的同時，反過來合理化了殖民地時期的各種統治政策，進而把香港主權回歸中國前十年的殖民情境美化為 150 年的殖民歷史。

香港自回歸以來，每年都會舉辦大型的五四周年紀念大會與大巡遊，藉着五四宣揚青年人「愛港愛國」的思想。但是，在官方或建制陣營以外紀念五四的，則又在高舉五四的批判聲音以表達出同樣的愛國愛港目的，表明其雖然不認同國家機器、國家行為或者是政黨政治但同時又是基於另一種求變求新的「愛國情懷」。將會在香港歷史上寫下一筆的「反國教事件」（反對推行德育及國民教育科），其發起的青年學生團體「學民思潮」在述及其成立宗旨時，便聲稱是繼承五四精神而來，其言曰：

> 「學民」一詞來自我們本有學生的身分，亦同時帶有世界公民、中國國民和香港市民的身分，故此必須參與政策諮詢。「思潮」一詞則來自五四運動，當年學生撇棄中國舊有傳統思想，追求德先生(Democracy)和賽先生(Science)，渴望民主、思想和言論自由。我們一班學生決意以當年的學生運動為榜樣，追求自由開放的思想自由，而非洗腦式的盲目愛國情懷。[39]

不難看見的是，五四的愛國意識絕對是不限於對政黨政治或國家政權的忠誠。相反，五四的愛國意識是源於最早的反北洋政府和對抗帝國主義的侵略。所謂「外爭主權，內除國賊」，更加含有對於國家機制上上下下的嚴重不滿情緒與批判力量。換言之，五四本身就是一把雙刃劍。但凡體制外紀念五四運動的，不多不少都有其針砭時弊、批評政府某些施政措施的用意和目的，欲藉復五四精神之古以解放當前制度上之各種桎梏。這是五四愛國思想以外另一種透過激烈批判以表達其愛國目的的思想取徑。故我們需要了解到，當國家的五四進入了地方而成為地方的五四，則生活在地方一隅的知識社群各按所需，或擷取五四的精神價值以推動地方的社會變革，或於在地發揮五四精神以批判國家行為。

那麼，透過五四怎樣地、如何地「在」香港，又或者是它在香港發揮了什麼樣的功效，帶來了什麼樣的社會迴響等，確實讓我們看見本源於國家層面的事件如何於在地化的過程中成為一套知識論述，並由此而反映詮釋者、敍述者的在地思想關懷。不難看見，藉着「五四」的「在」香港的「在地化」，也把多元複雜的五四發展所反映的香港多元性和複雜性展現出來，這種展現同時也讓我們看見偏遠如香港的南方小島與國家存在連續性與差異性。

39 〈學民思潮—反對德育及國民教育科聯盟聯合聲明〉，載於學民思潮Facebook：https://www.facebook.com/notes/學民思潮-scholarism/學民思潮-反對德育及國民教育科聯盟-聯合聲明/211871565511924/ (2011年5月29日)[檢索日期：2019年1月18日]

香港的百年殖民史經驗與生活情境，造成了在政治體制、司法制度等與內地有異，致使社會教化、意識形態等等也必然與之有異。當然，連續性與差異性並不是相互對立的。對於一個國家而言，彼此之間是連續性中有差異性，差異性之中有其連續性。香港過去百年來的人口增長、文化風俗之構成乃至上層的知識傳播，無不與內地的南來因素有關。從古至今，香港的主要社群大多是由源源不絕的南來者構成，他們因應內地的政局轉變而把自身生活文化習慣帶來香港。但是，當人們離開自己土生土長的土地而來到香港後，必然會在一些生活習慣或知識行為上受到在地的固有生活習俗或其他社群的影響而相互滲透、相互交融，又或者是再衍生生出新的文化風貌。

由上可見，五四於香港的在地化發展，由五四運動爆發後波及香港而遭受壓抑後，不論是從政治層面的五四、還是一直運而不動的文化層面的五四，都要在 1930 年代中期內地政局大變後才隨着人口的流動進駐香港，出現在香港各大小報刊或學校教育領域裏。以南來知識分子為主體為中心的學術群體，他們自身或受其影響的年輕一代，紀念五四、呼喚國魂以鼓起人心抗日救國，隨後的二三十年裏，五四也成為了不同政治陣營相互攻訐時所爭奪的思想資源與歷史遺產，借之以爭取海外華人的向心力。香港也好，五四也好，成為了一座平台和不同目的的建國手段；它們的本身到底是什麼，其實無關重要。香港與五四運動一樣，均有其複雜的歷史因素，在思想、精神上的體現出多歧性與多面性，在不同的人的手上被作出不同的詮釋和不同的利用。也許，我們最後要探知的，正如也斯面對香港教事敍述的態度──不是五四的真精神到底是什麼，而是要看看什麼人站在什麼位置上怎麼講五四以及講了些什麼。

六、談「五四『在』香港」的當前意義

選擇五四運動，也是因為它本身便是一場活的歷史，它的不斷發展恰好是緊隨着國家的時局轉變而在空間上、時間上不斷地發展、流變。它在一爆發便成為研究對象或詮釋者競相擷取的思想資源，在發揮着巨大的時代

批判力以及促進着國家時局的發展進程的同時，它反過來也在不斷地模造、重塑五四的精神價值與思想面貌。同時，從國家層面擴散到全國每個角落，它也根據地域文化、社會環境的不同而有不同的發展形態。透過五四運動「在」香港的研究正可以有一個歷史的視角來觀察「國」與「家」或國家中央與地方，彼此之間在地理上、文化上或時間發展上的空間差異。與透過這場影響中國歷史巨大的學生運動、歷史大事件如何在香港的發展，從而思考國家與地方的問題，特別是有助釐清國家、地方，彼此之間在同一件事情下有怎樣的傳承和互動的問題。

談「五四」在香港，是要觀察它如何進入香港，然後如何「在」香港隨着歷史「流變」而不斷地出現「本土化」或「在地化」(localize)的發展情況。不同的人來到香港後因應國家政局的轉變或時代的轉型，或借五四這個酒杯以澆心中的塊壘，排遣中國文化命運與己身文化理想之不濟；或以五四為現今時代打鬼之鍾馗，用之以打擊敵對勢力以申張政治理念。無論如何，南來者落戶香港，他們所討論的「五四」，雖然是以站在香港的這塊土地上發聲，但所關注的卻很少是針對「本土」的或「在地」的問題。他們討論的「五四」，無不帶着巨大的國家身影和折射出愛國主義、民族主義乃至文化保守主義的思想。

然而，南來者紀念五四的聲音或者是論述五四的精神資源，我們仍然是將之看作是與香港有深刻的關係，而這正正反映的家國一體傳統思想觀念不因南來者是背負何種思想負擔滯居香港，但國家政權的更替無阻於他們對於國家或民族身分的認同，這也是中國人從家天下的國到黨天下的國之上還有一個更為神聖不可動搖的民族天下觀。總之，在南來者手上，能夠表現民族情懷的、愛國的政治層面的五四，受到了肯定；在質疑傳統文化的新文化層面的五四，一再受到批判，並且是往往將之與後來反封建反傳統文化、破四舊的文化革命思潮綑綁起來一併批判，視五四思潮直接促成中國出現共產革命以及反傳統的結果。這種多面相的五四觀念在冷戰時期左右對立的香港裏絕不鮮見，其紛歧和複雜的面相所要反映的是香港社群的不同政治光譜。

故此，於南來者眼中，五四既是造成現代中國政治巨變、山河變色的罪魁禍首，但它同時也是救治當下或未來中國的精神燈塔。於在地的左右兩派而言，五四也是他們相互爭奪的歷史遺產與思想資源；或用以振起海外同胞的復國建國之心，或用以鼓動起海外華人對於新民主主義的政治革命熱情，藉以掃清反動勢力和打倒帝國主義。這些看法，在 1949 年以來的香港是一個很普遍地存在於南來知識文化圈裏。待 1970 年代二戰嬰兒潮成長成為戰後第一代大學生開始，隨着南來者的退潮而新生代的進入大學以及關注社會，五四成為了他們正視中國問題、面向在地殖民地社會的革新求變思想泉源。

香港回歸中國已逾二十餘年，但人心還是沒有隨着政權的回歸而回歸。關於香港人的國家意識、國民身分認同或愛國愛港的問題，來自國家的聲音或者是來自社會形形色色的調查，近二十年來從未停止討論。圍繞着一國兩制的問題，不同背景的人都在各執一詞。對於國家而言，今天已是「一國」大於「兩制」和先於兩制，而對於部分香港人而言，則只要兩制而亟欲排除一國。然而，這些主張或態度都是有違歷史發展步伐的，並且引發無窮無盡的爭論。在一國之下，香港的百年歷史發展形成的差異性與獨特性不被看重。在堅持兩制的人眼中，往往塑造出一個被美化、被誇大的殖民地歷史文化。不少人把回歸前十多年香港 150 年裏最美好的一段歷史當作是整個香港的殖民史，也有不少社會論調為了批判中國大陸而美化了殖民地的管治，出現了國家與地方的對抗，內地與香港的切割、差異和分離。從五四提供的視角裏，我們正好清晰看見，粵港的百年深層互動或者是香港社會構成的歷史問題，是如何地被去歷史脈絡化以及是如何地被高度簡單化。

總言之，五四運動成為不同背景的力量或群體的精神旗幟，也成為不同的人在檢討中國國運興衰時的起點與終點。不難看到，國家的五四進入地方而有其在地化的發展後，其結果一定是不完全相同於國家的五四。五四在眾聲喧嘩中所呈現的繽紛多姿面相，實際上透現着不同思想背景的人在對百年中國發展的不同角度及不同層次的反思與展望。我們在五四紀念的場域裏，也往往得以看見當下社會思潮流變裏的時代精神病痛，致使五四運動一直以來都成為在地知識社群瞭望國家民族何去何從的精神燈塔。五四也因為作為現代中國之分水嶺與歷史起源，以致每年周年紀念均成為香港或海外知識社群為故國招魂的別具意義時節；同時，它也是華人社區裏每當抗衡政權宰制而捍衛自主、自由、自治與獨立的精神價值時所高舉的革新、求變旗幟。[40] 在這一點上，過去如此，在可見的將來恐怕亦復如是。

七、編輯提要

透過散落在香港報紙、雜誌、或者學人筆記、日記的文章，可以見到「五四」如何進入香港在地華人的生活世界，五四的被紀念被運動，足可反映在地之人如何或遠或近地關注着思考國家發展前景的問題，而這種面向國家而為建國復國喊話的五四詮釋與言說，隨着香港自身的政局、社會環境的轉變而立足於對於本土問題的思考，五四的理想與精神價值在人們思考本土與國家關係的問題上發揮了它的參考作用乃至批判力量。五四精神的複雜性與多歧性以及人們如何利用其作為言說的工具，與香港華人國族身分認同的變化相互交纏、互為因果，反映了香港社會思潮的百年發展與中國內地之間既有其連續性但也有其斷裂性與差異性。認識五四在香港如何被紀念、被哪些人作了什麼樣的紀念，正好讓我們多了一面鏡子來映照出香港社會的複雜歷史面貌。

本書將透過選錄見於《華字日報》、《華僑日報》、《華商報》等早期報刊乃至 1950 年代以來的《星島日報》、《文匯報》、《大公報》、《中國學生周報》、《學苑》、《大學生活》、《七十年代》等等的報刊雜誌，觀察不同刊物所報導、闡述的五四運動。

本書在檢視上述刊物中關於五四紀念的文章或評論文字時，將盡量力避選輯那些從學術研究角度闡析爆發於民國八年的五四運動的前因後果，也不欲輯錄那些研究五四新文化運動來龍去脈的學術文章或介紹性質的文字。

40 關於這點，最近可見的例子就是2018年5月初圍繞台灣大學校長遴選而發起的「捍衛大學自治，守護學術自由」罷課、示威抗議運動，它們被台灣政界、學界中人喻為「新五四運動」。〈6千人參加「新五四」成大、政大呼應〉，《聯合報》，2018年5月3日。

同時，對於左派報刊如《大公報》在1949年或以後的五四周年紀念日裏所刊登的連篇累牘宣揚新中國下實踐毛澤東政治思想的革命文章——諸如〈五四文藝節專輯：華南文藝運動展望〉（1949年5月2日）、〈紀念「五四」：論與工農結合問題〉（1949年5月2日）、〈「五四」三領袖：李大釗．惲代英．瞿秋白〉（1949年5月3日）、〈五四與文藝〉（1949年5月4日）、〈徹底完成五四的革命任務〉（1951年5月4日）、〈從五四運動看知識分子的道路〉（1951年5月4日）、〈在毛澤東旗幟下前進：記北京五四青年大遊行〉（1950年5月15日）、〈五四運動五十年：《人民日報》、《紅旗》雜誌、《解放軍報》社論〉（1969年5月4日）、〈五四時期批孔鬥爭的歷史經驗：紀念五四運動五十五周年〉（1974年5月6日）。這些文章都是緊貼北京政府的政治動員口號而撰述的千篇一律政治掛帥文稿，本書不擬輯入，由於本書所輯文獻年代久遠，部份原稿文字或難以辨認，本書將以□標示；部份原文為作者刻意缺字或打上X號，又或因政府審查而被禁的文句、文字，將以X標示。同樣，一些直接轉載自內地黨政軍報刊，或是學人在思想史、社會文化層面的五四評論文章，因為未能夠體現香港的本土性，或者是未能襄助於了解香港在地社會文化思想特色的，本書均一概不作選輯。

要之，本書所輯錄的資料，將按文章發表年期或時代背景，劃分為以下五個時段：

第一時期的〈「五四」在香港的播散：1919–1938〉；第二時期的〈抗日救國的「五四」：1939–1945〉；第三時期的〈國共內戰時期的「五四」：1946–1949〉；第四時期的〈冷戰時期與火紅年代中的「五四」：1950–1970〉；第五時期的〈回歸進程中的「五四」：1980–1997〉。相關的分期，一方面固然是依據香港歷史發展的重要時段而劃分的，但另一方面也考慮到「五四」在香港知識世界——特別是報刊媒體出現的整體頻率高低及其表現的思想特質而釐定的。

第一時期裏的香港「五四」，主要表現在內地風潮波及香港後的在地化發展，選取的篇章內容集中於1919年5月4日以來，香港流行報刊如何報導巴黎和會裏山東權益被列強侵奪的反應，進而節錄自5月中旬開始出現在香港的反日罷買日貨新聞與相關評論、有關九名小孩持傘遊街案的審判過程。此外，也會輯錄數篇由魯迅等南來者所撰的文章來展現政治以外的新文化層面五四在香港的發展概況。

第二個時期將選輯國共兩黨在港喉舌刊物以及南來香港文人在抗日救國的危機下，結成抗日民族統一戰線，抵抗帝國主義的侵略，以報刊媒介號角，召集陸港同胞奮起反抗，這個時期中國的民族主義情懷燃至沸點。在香港，各方勢力各顯神通，透過發揚五四的歷史遺產與精神資源來鼓動國人的愛國情懷。

第三個時期輯錄的五四紀念文章篇幅較多，清晰反映出從國共內戰到國共易幟這個時代背景下兩個帶有截然不同政治立場的五四，站在對立面的國共兩黨唇槍舌劍，互相攻擊，二者爭奪五四的話語權可謂使出渾身解數，力求通過對五四的詮釋表現其政權的合理性，突出彼此在各自詮釋者手上有了左右相互對立的內涵面相。

第四個時期是香港歷史的重要轉折點，冷戰時期的香港收容了大批南下香港的知識分子。這個知識社群因不滿共產主義而南下香港，他們獲得了適時撤離內地的一眾國際機構支持，在港延續各自在國內的文教事業。這個時期裏的五四紀念活動及相關文獻，不斷伸張着五四揭櫫的民主、科學、自由、平等的普世價值，五四的愛國內涵反過來也使充滿流亡情懷的知識群體以及在戰後成長的一代找到救國建國的方向和願景。

第五個時期是指 1980 年代初中英兩國商討香港主權回歸開始、再以 1997 年為止的十數年後殖民政府時期。在這個時期裏，我們看見了在五四紀念的場域中，民主、自由等普世價值觀又被提出來，反映紀念者在面對回歸進入倒數時日、香港前景又不甚明朗的情況下，如何擷取五四精神申述「民主回歸」的訴求。

五個時段的分期，實際上反映了中國內地的不同時局變化衝擊而造成的；中國內地的任何時局變化，無不深刻影響着香港時的發展與社會變遷。每個時期的轉變都深遠地影響香港社會結構與人心趨向，影響着他們的身分塑造與民族國家認同。

本書所要呈現於讀者眼前的，會是從一個流動的史觀視察百年五四在香港的歷史發展脈絡，緊扣國家的五四在進入香港這個由英國殖民地政府管轄的華人移民城市，它是如何地進入香港這個有着百年殖民情景的複雜社會裏、並在為本地一群群因不同政治立場聚居一地的市民接受後出現了不同面相的再生展，由此而見出「地方的五四」基於本土的社會問題與時代訴求，必然是有別於「國家的五四」。特別是五四所追求的普世價值或其所遺留下來的精神遺產，與國家政治行為發生衝突時，它的批判力量就立刻能夠爆發出強大的號召力與感染力，成為民族國家的共同記憶所及之處，引導國人實踐自主、自立、自發乃至自決的行動。然而，五四留下的愛國家、爭國體、求尊嚴以及實踐平等互待的價值追尋，在國人甚或國家在處身中西方競爭之世時的共同思想歸宿。這又使國家的五四與地方的五四彼此間又存在了千絲萬縷的關係，於歷史發展的斷裂性之中又有其思想脈絡中的一致性。

最後，本人希望藉此機會表達謝意。在本書的編撰過程中，香港城市大學出版社的編輯陳明慧小姐在編審、設計構思以及排版、校對的工作上提供大量極為專業的協助與寶貴建議；同時，香港城市大學中文及歷史系研究生吳家豪、秦雪、馬淩香、張志翔諸位同學在本書的整理過程中也提供了很多幫助，本人一併致衷心感謝。其中，吳家豪同學在過去多年來一直協助本人搜集各種研究資料以及在整理本書的工作上出力尤鉅，沒有他的努力與付出，本書恐怕也以難以面世。

●學生被拘述聞　昨日上午十一點二十分鐘訪員行經大道中近鹿角酒店門前忽見有身穿白衫褲學生裝束者約七八人均手持中國製造之油紙兩傘行街傘上用白油大書特書（國貨）兩字極爲醒目沿途行人皆翹足而觀適有中環警局之巴剌思路郡辦上前干涉將學生先行者一人拘上警署其餘六七人亦隨之而上惟查此等學生只持油紙傘緩步而行幷無何種暴動而被警察干涉途人皆代抱不平後查悉此等學生係歌賦街卅三號三樓陶英伍棨標英文學塾之學生是日因放假聯隊前往品茗而手持之紙傘除國貨二字外無他字聞傳該校敎員到局盤問後旋向校長及學生解明謂此等舉動不准行於香港現將汝及各學生控告今天提審准校長伍君具保二百五十元其餘學生九名即伍秉注陳榮生司徒桂創司徒長信陳保常黃福澤陳柏芬凌汝創麥柏泉每具保卅五元出外候訊未幾有伍紳濃墀到警局將各人保出聞已延定某律師今早到堂申辯云

1919年6月4日，《華字日報》報導有學生因3日手持雨傘遊街被捕。

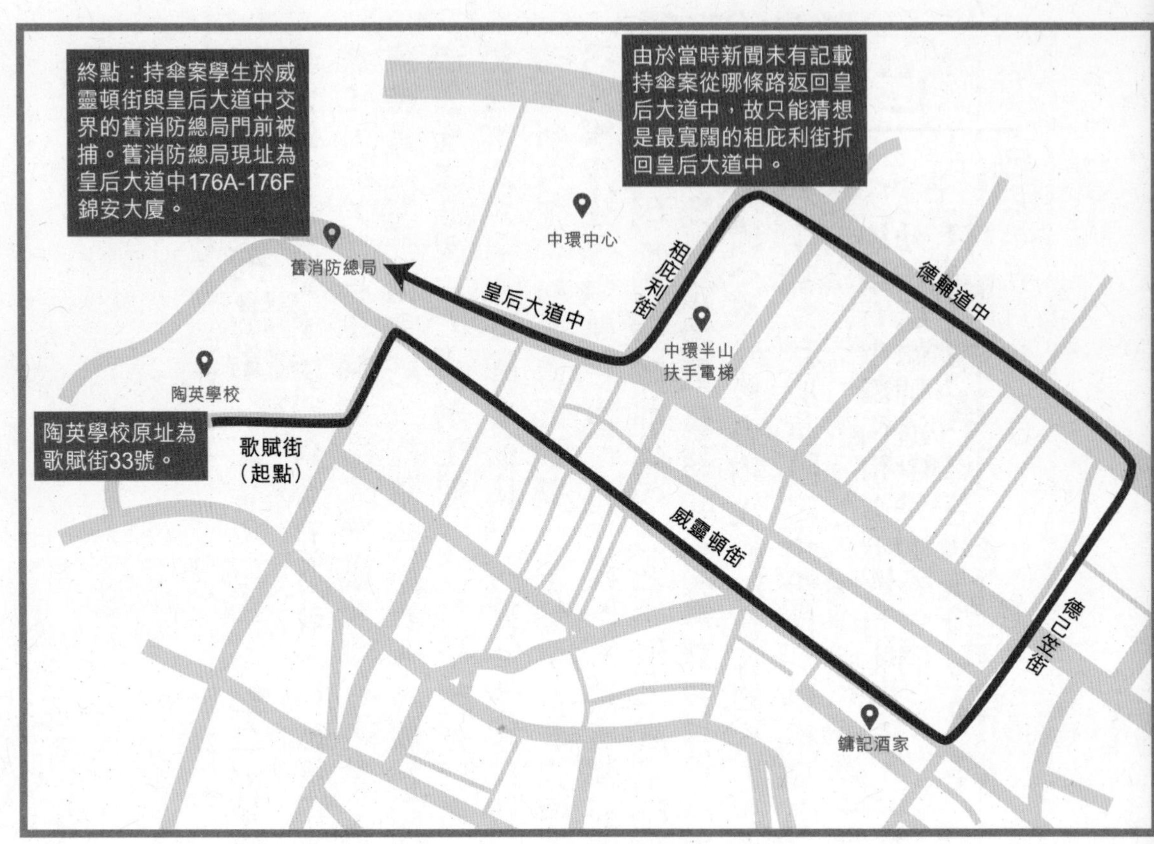
終點：持傘案學生於威靈頓街與皇后大道中交界的舊消防總局門前被捕。舊消防總局現址為皇后大道中176A-176F錦安大廈。
由於當時新聞未有記載持傘案從哪條路返回皇后大道中，故只能猜想是最寬闊的租庇利街折回皇后大道中。
中環中心
舊消防總局
皇后大道中
租庇利街
德輔道中
中環半山扶手電梯
陶英學校
陶英學校原址為歌賦街33號。
歌賦街（起點）
威靈頓街
德己笠街
鏞記酒家

學生持傘遊街路線圖

請用土貨以救國亡

土貨為熱心救國之後援

處今日熱心救國之秋。。而欲我國圖存。。仍立於環球世界之上。。非從事商戰末由。。而欲商戰優勝。。非振興土貨末由。。本公司敢大聲疾呼曰。。請我國同胞。。急用土貨以救國亡。。蓋土貨興。。則利權挽。。利權挽。。則漏卮塞。。國賴以强。。民賴以富矣　茲特將本公司所製雄雞商標，完全土貨之桂花粉。。通心粉。。雞蛋麵。。燕窩粉等。。各種麵品，由五月初四日起至五月廿四日止。。大減價弍拾大。。照原價收回八折。。俾愛國諸君，將本公司之土貨與舶來貨。。比較誰優誰劣。。方知我國尚有土貨為熱心救國之後援也。。發行另訂。。

總發行中環街市海旁四拾七八號
分銷處德輔道中梁國英報局

中國興華製麵公司謹啓

己未年五月初叁日

卅二

五四運動期間，香港有零星的罷買日貨示威，並鼓勵市民用國貨。
1919年6月4日，《華字日報》刊登中國興華製麵有限公司的「請用土貨救國廣告」。

1919年7月11日，中國興華製麵有限公司另一支持土貨的廣告，刊於《華字日報》。

1948年，《大公報》上有「為人民服務　為人民寫作」的漫畫。

1968年5月4日，《新晚報》「迎接五四青年節」漫畫。

1968年5月5日，《新晚報》刊出批判「奴化教育」漫畫。

1968年5月5日，《新晚報》有「徹底打倒奴化教育」漫畫一則。

第一時期

「五四」在香港的播散：1919-1938

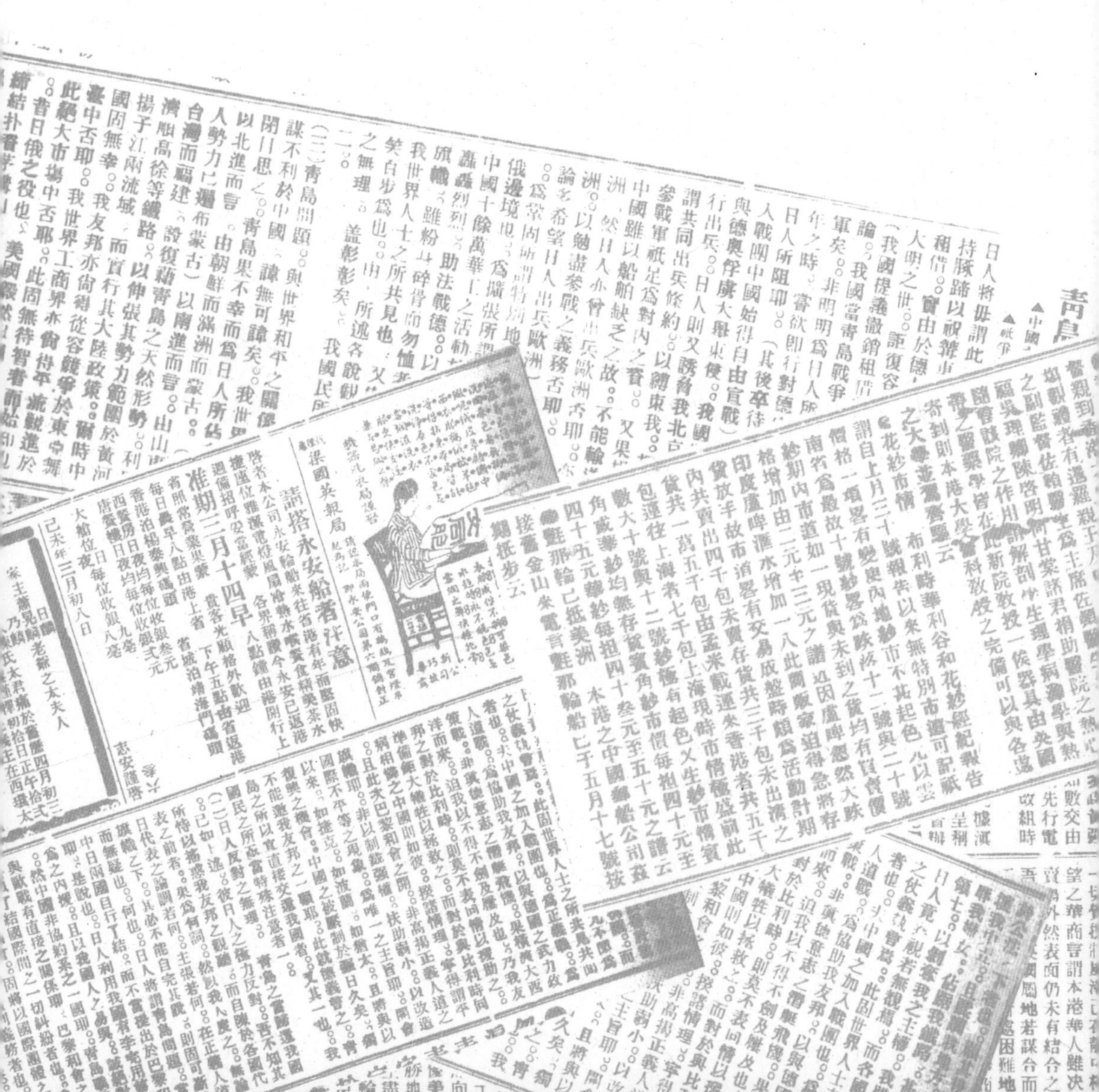

引 言

1919 年，爆發於中國大陸內地的五四運動，規模之浩大與影響力之深遠，讓香港的英國殖民地政府甚為忌憚，港府驚恐五四運動南下蔓延至香港，對殖民管治造成衝擊。尤其是由五四運動發起的「反日」、「罷買罷賣日貨」乃至一切「爭取國權」的口號，最後都會威脅到英國的殖民統治。故此，港英政府對發生在香港的反日風潮採取了嚴格的防範措施。從第一時期裏，我們將會看到以下幾個主題的文獻資料：

1919 年 5 月 3 號開始便在報刊湧現討論山東利權的巴黎和會報導及相關評議文章。

1919 年 5 月中旬開始便可以看見愈來愈多的香港市民參與抵制日貨、杯葛日本商鋪以及張貼罷買日貨的宣傳單張。

自 1919 年 6 月 4 日開始，中文報刊如《華字日報》、*The China Mail*、*South China Morning Post*、*The Hong Kong Telegraph* 詳細報導及跟進九名八至十七歲青少年學生被拘捕的「持傘遊街案」。

香港上層社會透過推動讀經、祭孔、興辦漢文官立中學以及成立香港大學中文學院以強化傳統中國學問的傳授，使五四運動在香港呈現運而不動的狀態。

通過對這時期的資料選編，我們希望幫助大家認識五四運動在 1919 年 5 月 4 日發生後、它是如何從北京擴散至香港的。同時，也可以從相關文獻裏，看到 1919 年之後的二十年間，政治層面的五四是如何產生有限度的迴響、而新文化層面的「五四」又是如何運而不動的。相關文章可見友生的〈香港小記〉、玉霞的〈第一聲的吶喊〉、周拱照的〈香港學生該學「生」了〉、吳灞陵的〈香港的文藝〉、魯迅的〈略談香港〉、貝茜的〈香港新文壇的演進與展望〉、辰江的〈談皇仁書院〉文章中，這些將讓我們看到在港英政府與上層華人緊密互動下，源自中國內地的政治風潮如何被拒於門外，陸港之間的文化落差以及政治區隔進一步被有意識地構建起來。

青島問題之悲觀

原載《華字日報》，1919 年 5 月 5 日，第 1 張第 2 版。

▲ 中國之亡不亡，只爭此最後之五分鐘。

青島問題之解決何若，實為中國生死存亡之一大關頭，吾人亦既言之屢矣。質言之，此而不爭，更無復有應爭之事。此而不聯合四萬萬國民以一致力爭，尤無復容我有再爭之時。其結果則亡國而已，準備為大日本順民而已。天下之痛心事，孰有甚於斯者。嗚呼，今青島已非復我有矣！嗚呼。今青島已為一般賣國賊斷送去矣！據日前消息。青島有暫歸英美法日意五大國共同管理之說。以我之領土，而不容我有行使主權之餘地。此議已非我之所能堪，乃今證諸梁啟超之報告。且謂青島問題，將由德國直接交還我國。惟日本代表反對甚力，英法亦幾為所移等語。梁氏並認為青島問題，已絕對悲觀。中國外交，已絕對失敗，則時機之緊急若何，前途之危險若何。與夫中國今後之命運若何若何，又寧待費詞。我四萬萬國民，其亦有不甘為亡國奴者乎。其亦有不甘為亡國奴，而欲盡匹夫之責，以圖挽救於萬一者乎。記者請貢其一得之愚，以俟邦人諸友之採擇焉。記者今茲之所欲言：(一)青島當直接交還我國之理由。(二)日人反對之無理。(三)青島問題與世界和平之關係。(四)青島問題失敗之原因。及補救之方法。我國民必先於上舉四項，一一了解，然後始可以言對待，始可以言一致對待。茲分別申論之如次：(一)青島當直接交還我國之理由。青島之當直接交還我國。其理由本至顯淺。我國際同胞，誠能以良心公道為判斷之標準，其決不致誘起誤解，自無待言。此固吾人之所敢為世界十五萬萬人類正告者也。何也，青島為中國領土之一部。夫人而知，青島之租借於德國，實根據於膠州條約。又夫人而知，依戰時國際法規定，國與國一經宣戰，所有兩國前此締結之一切條約，皆當然完全消滅，而無復絲毫效力之存在。我國既與德國正式宣戰，是中德兩國前此締結之膠州條約，及與膠州條約有連帶關係，或根據膠州條約取得路礦等權利之一切條約，皆當然完全消滅。其理甚明，青島之租借，固中國履行膠州條約之一種責任也。今條約既消滅，責任既解除，則青島之當由德國直接交還我國。此固絕對不生問題者也，此其就公法言之者也。（未完）

青島問題之悲觀（續）

原載《華字日報》，1919 年 5 月 6 日，第 1 張第 2 頁。

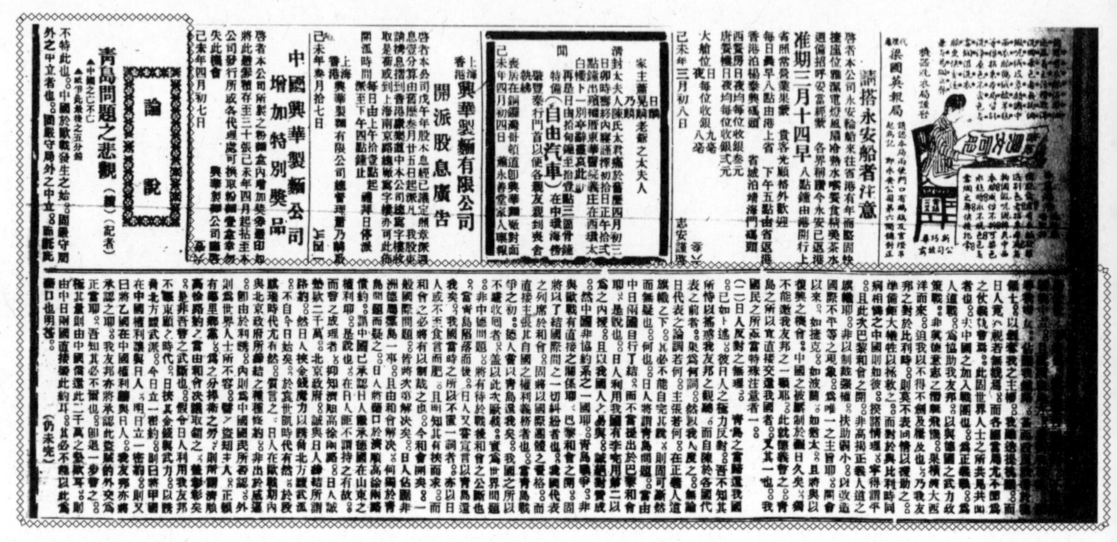

論說

青島問題之悲觀（續）（記者）

▲中國之亡不亡

▲祇爭此最後之五分鐘

不特此也。中國於歐戰發生之始。固嚴守局外之中立者也。固嚴守局外之中立。而託庇……

上海 香港 興華製麵有限公司 開派股息廣告

啓者本公司戊午年股本息經已議定照章派息壹分算由舊歷叁月廿五日起派凡我股東請携息摺到香港德輔道中本公司總寫字樓收取是荷或到上海南京路總寫字樓亦可此佈 開派時間每日由上午拾壹點起至下午四點鐘止 禮拜日停派

己未年叁月拾七日 上海 香港 興華製麵有限公司總管理

中國興華製麵公司 增加特別獎品

啓者本公司所製之粉麵盒內增加獎券蓋印知將此獎券積存至三十張已未年四月起拈至本公司發行所或各代理處可換取粉麵壹盒幸勿失此機會

己未年四月初七日 興華製麵公司謹啓

▲中國之亡不亡，只爭此最後之五分鐘。

不特此也，中國於歐戰發生之始，固嚴守局外之中立者也，固嚴守局外之中立。而託庇於公法□下者，顧其後日德戰起，不惟破壞我中立，且蹂躪我地方，虔□我百姓，淫辱我婦女，佔據我鐵路，甚而設民政署於我領土，亦剝奪我之主權。我雖迭提抗議，而日人竟然視若無睹焉。而各國當局尤不聞為之仗義執言焉，此固世界人士之所共見共聞者也。夫中國之加入戰團也，為正義戰，為人道戰，為協助我友邦，以與德國之武力政策戰。非真德意志之潛艇飛機，果橫渡大西洋而來。迫我以不得不劍及履及也。乃我友邦之對於比利時，則莫不表同情以援助之，準備巨大犧牲以拯救之，而對於與比利時同病相憐之中國則如彼。揆諸情理，寧得謂平，且此次巴黎和會之開，非高揭正義人道之旗幟耶？非以制裁強權，扶助弱小，以改造國際不平等之現象，為惟一之主旨耶？開會以來，如捷克、如波蘭、如猶太，且將與以復興之機會。中國之被壓制於強日久矣，獨不能邀我友邦之一顧耶？此就德義言之，青島之所以宜直接交還我國者。又其一也。我國民之所亟當特殊注意者一。

（二）日人反對之無理，青島之當歸還我國。已如上述，彼日人之極力反對，吾不知其所恃以搖惑我友邦之觀聽，而自陳於各國代表之前者。果為何詞，然以我大度之。無論日代表之論調若何，主張若何，在正義人道旗幟之下，其必不能自完其説，則固可斷然而無疑也，何也？日人將謂青島問題，當由中日兩國自行了結，而不當提出於巴黎和會耶。是説也，日人利用我國有李完用第二以為之內援，且以我國人之易與，誠絕對贊成。然中國非協約系之一國耶，青島戰爭，非與歐戰有直接之關係耶。巴黎和會之開，固將以了結國際間之一切糾紛者也。我國代表之列席於和會，固將以國際團體之資格，而直接主張其自國之權利義務者也。當青島戰爭之初，德人嘗以青島還我矣。我國之所以不遽收回者，蓋以此次歐戰，實為世界問題，非中德問題，將有待於戰後和會之公斷也。當青島陷落而後，日人又嘗宣言以青島還我矣。我國當時之所以不置一詞者，亦以日人或不至食言而肥，且明知其有挾而求，而和會之必將有所制裁之也。今和會開矣，一般國際問題，皆將次第解決矣。日人佔據非洲德屬群島一事，且由和會解決，何獨於青島問題而疑之。日人將藉口於濟順高徐兩路債約，謂中國已承認日人繼承德國在山東之權利耶。是説也，在日人詎不謂持之有故，而言之成理者。抑知濟順高徐兩路，日人誠墊款二千萬。北京政府，誠與日人締結所謂路約。然日人挾金錢魔力以誘脅北方黷武派，不自今日始矣，於袁世凱時代有然，於段祺端時代尤有然。質言之，日人在歐戰期內與北京政府所締結之種種條約，非出於威逼，即由於利誘。內則為中國國民所否認，外則為世界人士所不容。譬之盜劫主人，正賴有鄰里鄉黨，為之分捍衞之勞，則所謂濟順高徐路約之當由和會決議取銷之。蓋彰彰矣。是非吾言之武斷也。假令日人利用我友邦不順東顧之時代。日挾其金錢與武力，以誘脅北方黷武派。今日立一密約，則曰將甲國在中國權利讓與日人；明日立一密約，則又曰將乙國在中國權利讓與日人。我友邦亦將承認之耶，我友邦亦將承認此盜賊的外交為正當耶。吾知其必不爾也，即退一步言之，極其量則有中國償還此二千萬之墊款耳，則由中日兩國直接毀此約耳，其必不能以此為藉口也明甚。（仍未完）

青島問題之悲觀（三）

原載《華字日報》，1919年5月7日，第1張第2頁。

▲ **中國之亡不亡，只爭此最後之五分鐘。**

日人將毋謂此次歐戰，中國未嘗盡力，不應持豚蹄以祝篝車耶。是説也，姑無論青島之租借，實由於德人之以武力佔據，當此公理大明之世，詎復容有此國際間之不平待遇。（我國提議撤銷租借地亦正以此）即以參戰而論，我國當青島戰爭之時，嘗擬加入英日聯軍矣，非明明為日人所阻耶。我國於民國四年之時，嘗欲即行對德宣戰矣，又非明明為日人所阻耶。（其後卒待至民國六年美國加入戰團中國始得自由宣戰）其後俄國過激黨與德奧俘虜大舉東侵，我國擬加入聯軍，實行出兵。日人則又誘脅我北京武人，締結所謂共同出兵條約以縛束我，劫持我。所謂參戰軍祇足為對內之資。又果胡為者，且中國雖以船舶缺乏之故，不能輸送大軍於歐洲，然日人亦曾出兵歐洲否耶？亦曾出兵歐洲，以勉盡參戰之義務否耶？（當時歐洲輿論多希望日人出兵歐洲）日人之圍攻青島也，為鞏固所謂特別地位計耳。日人之出兵中俄邊境也，為擴強所謂勢力範圍耳。以視中國十餘萬華工之活動於歐洲戰場，且甚有轟轟烈烈，助法戰德，以效忠於正義人道之旗幟。雖粉身碎骨而勿恤者，孰公孰私，固我世界人士之所共見也。又安用此以五十步笑百步為也。由上所述各説觀之，日人反對之無理，蓋彰彰矣，我國民所亟宜注意者二。

（三）青島問題與世界和平之關係，日人之謀不利於中國，諱無可諱矣。我世界人士試閉目思之，青島果不幸為日人所佔有，則以北進而言，由朝鮮而滿洲而蒙古（現日人勢力已遍佈蒙古）；以南進而言，由山東而台灣而福建，設復藉青島之天然形勢，利用濟順高徐等鐵路，以伸張其勢力範圍於黃海揚子江兩流域，而實行其大陸政策。爾時中國固無幸，我友邦亦尚得從容競爭於東亞舞臺中否耶？我世界工商界亦尚得平流競進於此絕大市場中否耶？此固無待智者而始知也，昔日俄之役也，美國毅然以調人自任，卒締結扑資茅孈和條約。日人遂得憑藉南滿，逞其豐齒長蛇之毒，其後美人雖有滿洲鐵路中立案之提出，以維持開放門戶之政策，亦終為日人所梗，不得不無形打銷。此非前事之彰明較著者耶？以今視昔，破壞我中立同，蹂躪我邊郵同。（日俄戰爭以東三省為戰場）設戰後之佔據我領土，復如當日朴資茅條約之平分滿洲，以附益日本，而使之如虎添翼。吾不知此短少精悍之日人，其舉動又何若也。其必不能謂與世界和平無關明矣。我國民所亟宜注意者三。（仍未完）

何若也。其必不能謂與世界和平無關明矣。
我國民所亟宜注意者三。（仍未完）

青島問題之悲觀（四）

原載《華字日報》，1919 年 5 月 8 日，第 1 張第 2 頁

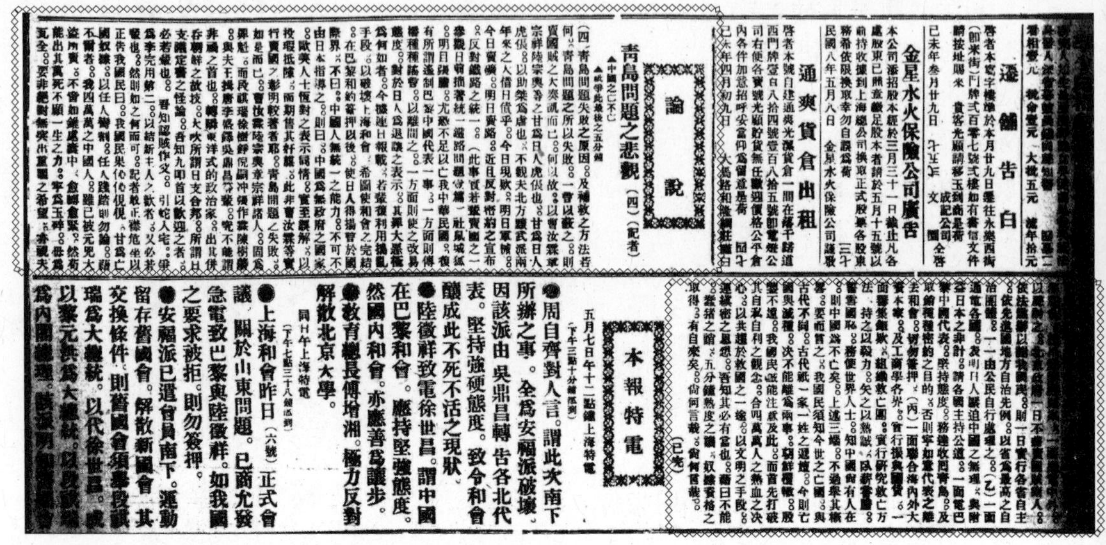

遷舖告白

啓者本寳字樓準於本月廿九日遷往永樂西街(卽米街)門牌弍百零七號弍樓如有書信文件賜按址賜來 貴客光顧請移玉到敝是荷 成記公司 己未年叁月廿九日 全啓

金星水火保險公司廣告

本公司添招股本經於三月三十一日截止凡各處股東已照章繳足股本者請於五月十五號以前持收據到上海總公司換取正式股票各股東務希依限換取幸勿自誤爲荷 民國八年五月八日 金星水火保險公司謹啓

通爽貨倉出租

啓者本號自建通爽光滘貨倉一間在落千踏道西門牌壹百八拾四號壹百八拾五號卽電燈公司右便各寳號光顧貯貨無任歡迎價格公平倉內各件加意招呼妥當仰爲留意是荷 己未年四月初九日 大馬路和隆綢莊謹白

論說

青島問題之悲觀（四）（記者）

本報特電

五月七日午十二點鐘上海特電（下午三點十分鐘抵到）

●周自齊對人言。謂此次南下所辦之事。全爲安福派破壞。因該派由吳鼎昌轉告各北代表。堅持強硬態度。致令和會釀成此不死不活之現狀。

●陸徵祥致電徐世昌。謂中國在巴黎和會。應持堅強態度。然國內和會。亦應善爲讓步。

●教育總長傅增湘。極力反對解散北京大學。

同日午上海特電（下午七點三十八鐘抵到）

●上海和會昨日（六號）正式會議。關於山東問題。已商允發急電致巴黎與陸徵祥。如我國之要求被拒。則勿簽押。

●安福派已選會員南下。運動留存舊國會。解散新國會。其交換條件。則舊國會須舉段祺瑞爲大總統。以代徐世昌。成以黎元洪爲大總統。以段祺瑞爲內閣總理。

▲ 中國之亡不亡，只爭此最後之五分鐘

（四）青島問題失敗之原因，及補救之方法若何。青島問題之所以失敗，一言以蔽之，則賣國賊之大奏凱而已。何以故，以曹汝霖、章宗祥、陸宗輿等之甘為日人虎倀也。甘為日人虎倀，以助桀為虐也。不觀夫北方黷武派兩年來之大借日債乎。今日現款，明日軍械；今日賣礦，明日賣路。近且反對密約之宣佈，反對鐵路之統一。（此事實若輩賣國之一參觀日前拙著統一鐵路問題壹篇）社鼠城狐，明目張膽，尤恐不足以亡我中華民國。復有所謂遙制巴黎中國代表一事，一方面則傳播種種謠言，以離間之。一方面則使之改易態度，對於日人為退讓之表示，其罪大惡極為何如者。

今據連日報載，若輩復利用搗亂手段，以破壞上海和會，希圖使和會之完結。在巴黎和約簽押以後，使日人得揚言於國際界。不曰，中國人無統一之能力，不可不由日本人指導之。則曰，中國為無政府之國家。歐美人

士恆對之表示同情，實至誤解。以投瑕抵隙，而期售其奸謀，此非曹汝霖等實行賣國之彰明較著者耶。青島問題之失敗，如是而已。曹汝霖、陸宗輿、章宗祥諸人，固為罪魁，而段祺瑞、徐樹錚、倪嗣沖、張作霖、陳樹藩，與夫王揖唐李盛鐸、吳鼎昌等輩，究不能謂非禍之首也。轉瞬東洋式的政治家，出其併吞朝鮮之故技，大吹所謂日支合邦。所謂日支議定書之怪論，吾知九叩首以歡迎之者，必若輩也。吾知認賊作父。引蛇入宅，爭為李完用第二。以結新主人之歡者，又必若輩也。然則如之何而可，記者敢正襟危坐以正告我國民曰。我國民果伈伈俔俔，甘為亡國奴隸，以任人臠割，任人踐踏則勿論。藉不爾者，我四萬萬之中國人，雖已被元兇大盜所賣，不啻如錐處囊中，愈縛愈緊。然苟能出其萬死不顧一生之力，寧為玉碎，毋為瓦全。要非絕對無突出重圍之希望。亦視夫我國民之決心何如而已。

職是之故，吾以為我國民亟當進行之事有三：

（甲）一面催促上海和會，提出懲辦國賊案；一面通電中外，以聲討之。北京政府一日不將賣國賊諸人，依法懲辦以謝我國民。則一日實行各省自主。依先進國地方自治先例，以省為最高之自治團體，一一由公民自行處理之。

（乙）一面通電各國，表明日人壓迫中國之無理，與附益日本之非計，請各國主持公道。一面電巴黎中國代表，堅持態度，務達收回青島，及取銷種種密約之目的，否則寧如意代表之離去和會，切勿簽押。

（丙）一面聯合海內外大資本家，及工商學各界，實行振興國貨。一面籌集巨款，組織救亡團，實行研究救亡方法。持之以毅力，矢之以熱誠，臥薪嘗膽，誓雪國恥。務使世界人士，知中國尚有人在，則中國為不亡矣。上述三端，不過舉其概略。要而言之，我國民須知今世之亡國，與古代不同。古代只一家一姓之遞嬗，今則亡國與滅種，決不能離為兩事。朝鮮覆轍，殷鑒不遠。我國民誠能注意及此，而首先打破其自私自利之觀念。合四萬萬人之熱血之決心，以共趨於救國之一途。以文明之手段，運縝密之思想，吾知共必有當也。藉曰不能，蠢豬之誚，五分鐘熱度之譏，奴隸資格之取得。有自來矣。尚何言哉。尚何言哉。（已完）

香港大學生致北京大總統暨國務總理電文

載於楊亮功、蔡曉舟同編《五四——第一本五四運動史料》，台北：傳記文學出版社，1993 年，第 138 頁。

急。北京大總統暨國務總理、各部總長鈞鑒：青島瀕危，同深哀憤。務懇急電陸專使，據理力爭，萬勿簽字；並請廢除中日前後密約，一洗奇恥。曹章賣國，舉國嘩恨。北京學生，迫於義憤，致有本月四日之舉。乃報載將解散大學，並處被捕學生以死刑。如果施行，則人之愛國具有同心，誠恐前仆後繼，殺不勝殺。因懇蠲寢原議，迅予釋放。學生幸甚，大局幸甚。世隆公理，豈慴強權。國不淪夷，尚支士氣。臨電悲籲，淚血與俱。香港中國學生王之方、潘晦□、楊師騫、陳君葆等二百零八人同叩。庚。

余欲無言

原載《華字日報》，1919年5月9日，第1張第2頁。

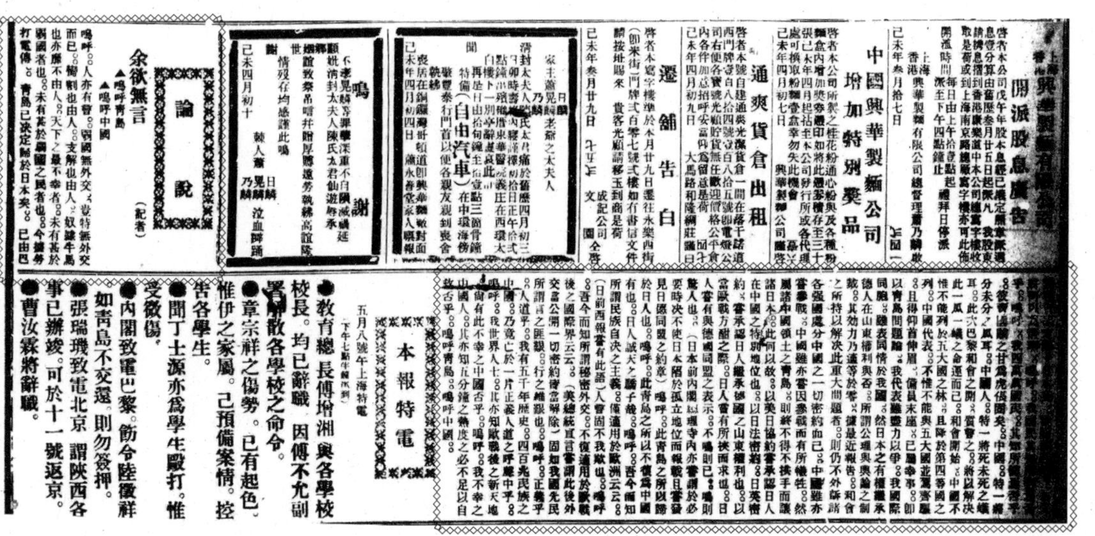

論說

余欲無言
▲嗚呼青島
▲嗚呼中國
（記者）

鳴謝

遷舖告白

通爽貨倉出租

中國興華製麵公司增加特别獎品

開派股息廣告

本報特電

五月八號午上海特電
（下午七點半鐘收到）

●教育總長傅增湘與各學校校長。均已辭職。因傳不允副署解散各學校之命令。

●章宗祥之傷勢。已有起色。惟伊之家屬。己預備案情。控告各學生。

●聞丁士源亦為學生毆打。惟受微傷。

●內閣致電巴黎。飭令陸徵祥如青島不交還。則勿簽押。

●張瑞璣致電北京 謂陝西各事已辦竣。可於十一號返京。

●曹汝霖將辭職。

嗚呼！人亦有言：弱國無外交，豈特無外交而已？臠割也由人、支解也由人、奴隸牛馬亦靡不由人。天下之最不幸者，未有甚於弱國者也，未有甚於弱國之民者也。今據勞打電傳，青島已決定歸於日本矣，已由巴黎和會決定歸於日本。我國民於此，其又將何以為情耶！嗚呼！我國民其所警焉否乎？嗚呼！我四萬萬國民，其知所愧焉否乎？彼賣國賊之甘為虎倀固矣。中國，特一將分未分之瓜耳。中國人，特一將死未死之蟻耳。此次巴黎和會之開，質言之，將以解決此一瓜一蟻之命運而已。和會開始，中國不惟不能列於五大國之林，且降於第四等國之列。中國代表，不惟不能與五大國並駕齊驅，且得仰首伸眉。備員末座，已屬幸事。即以青島問題論，我代表雖盡力以爭；我國際同胞，雖表同情於我國，然日本之有權繼承德人在山東權利與否，所謂公理與輿論之制裁，其效力乃適等於零。

據最近報告，和會之所持以解決此重大問題者，則仍不外訴諸各強國處分中國之一切密約而已。中國雖亦嘗參戰，中國雖亦嘗因參戰而有所犧牲，然屬諸中國領土之青島，則終不得不拱手而讓諸日本。此何以故，以美日協約嘗承認日人在中國之特別地位也。以日法密約，日英密約，嘗承認日人繼承德國之山東權利也。以當歐戰方酣之際，日人嘗有所挾而求也。日人嘗有與德國同盟之表示，不鳴則已，鳴則驚人也。（日本前內閣總理寺內亦嘗謂於必要時決不使日本陷於孤立地位而報載且嘗發見日德同盟之約章）

嗚呼！此青島之所以歸於日人也！嗚呼！此青島之所以不復為中國有也！日人誠天之驕子哉？嗚呼！吾今而知所謂民族自決之主義，僅適用於歐洲云云。（日前西報嘗有此語）人言固不我欺也。嗚呼！吾今而知所謂秘密外交，不復適用於歐戰後之國際界云云。（美總統宣言嘗謂此後外交當公開一切密約皆當解除）固如我國先民所謂言之匪艱，行之維艱也。嗚呼！正義乎？人道乎？我有五千年歷史，四百兆民族之中國，乃竟亡於一片正義人道之呼聲中乎？嗚呼！我世界人士，其亦知歐戰後之新天地。尚有此不幸之中國否乎？嗚呼！我不幸之中國人，其亦知五分鐘之熱度之必不足以救否乎？嗚呼青島！嗚呼中國！

黎和會決定歸于日本矣。我國民於此。其又將何以為情耶。嗚呼。我國民其知所警焉否乎。嗚呼。我四萬萬國民。其知所愧焉否乎。彼賣國賊之甘為虎倀固矣。中國。特一將分未分之瓜耳。中國人。特一將死未死之蟻耳。此次巴黎和會之開。質言之。將以解決此一瓜一蟻之命運而已。和會開始。中國不

我國無與日人磋商交還青島之理由

原載《華字日報》，1919 年 5 月 12 日，第 1 張第 2 頁。

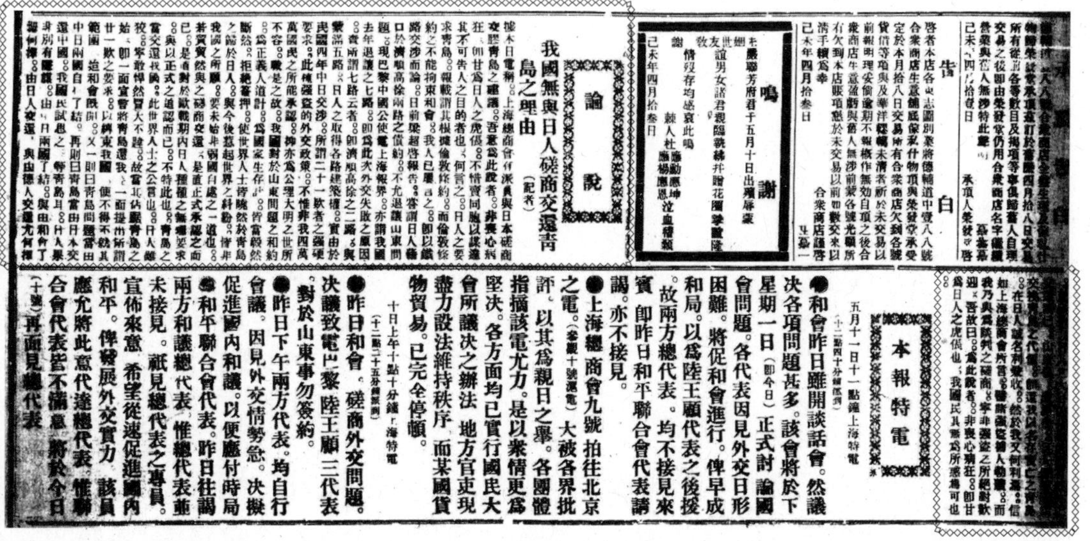

告白

啓者本店各股東志圖別業將德輔道中壹八八號合衆商店生意舖底傢私什物項與榮發堂承受定於本月拾八日交易所有合衆商店欠到各號貨借等項與及華洋轇轕未清者祈於未交易以前報明理妥倘逾期不報概作無効自頂之後合衆商店生意盈虧與舊人無涉前蒙各號光顧所有欠到本店賬項懇於未交易以前如數交來以清手續爲幸

合衆商店謹啓

己未年四月拾叁日

鳴謝

先嚴聯芳府君于五月十日出殯辱蒙

姻世友誼男女諸君親臨執紼并贈花圈挈襚隆情歿存均感哀此鳴

謝

棘人杜應勳應坤應楊應恩泣血稽顙

己未年四月拾叁日

論說

我國無與日人磋商交還青島之理由（記者）

本報特電

五月十一日十一點鐘上海特電（十二點四十分鐘抵港）

●和會昨日雖開談話會。然議決各項問題甚多。該會將於下星期一日（即今日）正式討論國會問題。各代表因見外交日形困難。將促和會進行。俾早成和局。以爲陸王顧代表之後援。故兩方總代表。均不接見來賓。即昨日和平聯合會代表請謁。亦不接見。

●上海總商會九號拍往北京之電。（參觀十號滬電）大被各界批評。以其爲親日之舉。各團體指摘該電尤力。是以衆情更爲堅決。各方面均已實行國民大會所議決之辦法。地方官吏現盡力設法維持秩序。而某國貨物貿易。已完全停頓。

十日上午十點十分鐘上海特電（十二點二十五分鐘抵港）

●昨日和會。磋商外交問題。決議致電巴黎陸王顧三代表。對於山東事勿簽約。

●昨日下午兩方代表。均自行會議。因見外交情勢急。決擬促進國內和議。以便應付時局。

●和平聯合會代表。昨日往謁兩方和議總代表。惟總代表並未接見。祗見總代表之專員。宣佈來意。希望從速促進國內和平。俾發展外交實力。該員應允將此意代達總代表。惟聯合會代表皆不滿意。將於今日（十號）再面見總代表

據本日電稱，上海總商會有派員與日本磋商交膠青島之建議。吾意為此說者，非喪心病狂，即甘為日人之虎倀，不惜賣同胞以謀達其不可告人之目的者也。何言之，日人之要求青島，報載謂其根據倫敦條約，而倫敦條約之不能拘束和會。我人已屢言之，即以鐵路交涉而論。日前梁超啟報告，嘗謂日人藉口於濟順高徐兩路之債約，不允退讓山東問題。現巴黎中國公使電上海報界，亦謂我國去年退讓之七路，即為此次外交失敗之原因。查所謂七路云者，即濟順高徐之二路，與蒙滿五路。日人之取得各路建築權，實由於民國四年中日交涉，所謂二十一款者之強硬要求。此種強盜的外交政策，不惟非我四萬萬國民之所能承認。抑亦為公理大明之世所不容。職是之故，我國對於山東問題之和約，為正義人道計，為國家生存計，皆當毅然斷然，拒絕簽押，使世界人士皆曉然於青島之歸於日人。與今後惹起世界之糾紛，皆非我國之所願，要未始非弱國自處之一道也。若貿貿然與之磋商交還，是

直正式承認之而已，是直對於歐戰期內日人種種之無理要求，與以正式之追認而已。不特此也，青島之當交還我國，此世界人士之公言也。日人雖狡，寧敢悍然冒大不韙。故當其佔據青島之始，即一面宣言將青島還我，一面提出所謂廿一款之要求，以縛束我國，使不得不就其範圍。

迨和會既開，又一則曰青島問題當由中日兩國自行了結。再則曰青島當由日本交還中國，我國民試思之□等青島耳。日人果非別有隱謀，由中日兩國了結，與由和會了結何擇。由日人交還。與由德人交還尤何擇。

本報特電

此無他。日人之大目的。則所謂有條件之交還而已。山東也。蒙滿也。日人皆將視爲交換青島之代價。卽還我以名存實亡之青島。在日人誠名利兼收。然於我又何利焉。信如上海總商會所言。譬諸强盜擄人勒贖。而我乃與爲談判之磋商。寧非强盜之所絕對歡迎。吾故曰。爲此說者。非喪心病狂。卽甘爲日人之虎倀也。我國民其無爲所惑焉可也。

此無他，日人之大目的，則所謂有條件之交還而已，山東也，蒙滿也，日人皆將視為交換青島之代價，即還我以名存實亡之青島。在日人誠名利兼收，然於我又何利焉？信如上海總商會所言，譬諸強盜擄人勒贖，而我乃與為談判之磋商，寧非強盜之所絕對歡迎。吾故曰，為此說者，非喪心病狂，即甘為日人之虎倀也。我國民其無為所惑焉可也。

日艦到港

原載《華字日報》，1919 年 5 月 12 日。

◉本港米市　士蔑西報云數日來本港米市大起大約求過于供所致用米之區其所存之米幾等于無有今雖有洋米應市然自入五月以來米價已漲一成五以本港現時之米價而論各處產米地方之米商富闆而心動赶運到港若非即有大宗白米來港恐米價將有再漲之勢云

◉慶祝和平預誌　聞本港慶祝和平之日其巡遊之儀式中有一裝成英國水師提督之座駕軍艦者該艦上並懸以必地提督之暗號即曰（德國國旗將于今日三點五十七分鐘扯下未蒙許可不准再行扯上）云

◉英皇壽辰與和約　德臣西報云六月三號乃印度恩賀英皇壽誕之假期若屆期而和約尚未簽押則一切慶鬧如閱操鳴炮讌會等事仍不舉行惟國旗則如常高懸云

◉日艦到港　昨禮拜六早有日本巡艦三艘抵港炮台與該軍艦互相鳴砲致敬上午約拾一時日領事偕三艦長登岸港政府派衛隊在卜碼頭歡迎又派兩電汽車迎來賓入督憲府聞此次抵港之日艦中有一是水師提督之座駕船皆將於十八號離港旅港日人欲於該艦到港期內先後款待其中□海軍將士云

◉三孖冷有霍亂症　昨禮拜五日萬里丸由三孖冷到港時報告三孖冷有霍亂症出現

◉憲報譯要　昨禮拜六日憲報登錄禁運額料入口之告示一則又宣佈亞利弗士羅連省為法國之一部份今後可與之通商又宣佈可以與協約國軍所佔駐之奧匈牙利境內通商

憲報又云亞剌巴士打君與政府之問答其大畧如下（問）域多利監獄中未及十六歲之童年犯人若干（答）小童九人（問）除按照監獄章程第二百一十款管理及歲之犯人外是尚有何等章程以管理未及歲者童年犯人（甲）于其監禁期內得有特別書籍並教育書卷觀看（乙）在工場上與別犯人混雜作工（丙）教授工業（丁）每日體操兩次以振發其身體（答）童年犯人在獄中作工分別體操不得觀看書籍不在工場作工未有教以工業每日體操兩次以振發其身體童年中有九人入監者為數算多以平常觀之不過一二人云

昨禮拜六早有日本巡艦三艘抵港，炮台與該軍艦互相鳴炮致敬。上午約拾一時，日領事偕三艦長登岸港，政府派衛隊在卜碼頭歡迎，又派兩電汽車迎來賓入督憲府。聞此次抵港之日艦中有一是水師提督之座駕船，皆將於十八號離港，旅港日人欲於該艦到港期內先後款待其中□海軍將士云。[1]

1　根據香港各大教科書出版社出版的歷史教科書或者是目前有關五四在香港的論述，都指1919年5月的五四運動爆發後，日本政府派了三艘軍艦到港恫嚇市民。但是，我們所見於報刊報導的新聞，日本軍艦到港是獲得港府批准、甚或是港府邀請而至的。1919年間，日英政府締結的「日英同盟」關係仍然生效。故兩國關係密切，當無日艦來港威脅港人之説。詳參陳學然：《五四在香港 — 殖民情況、民族主義及本土意識》，香港：中華書局，2014年，第157–167頁。

日巡艦又駛進省河

原載《華字日報》，1919 年 6 月 13 日，第 1 張第 3 頁。

常彼此在俱樂部作看竹戲者觀此三款理由必
無戰事發生不過居民誤會自擾耳云云書此爲
關心香邑者告
●日巡艦又駛進省河　昨早到港之日本小巡
艦嵯峨聞係奉該國政府命專駛往粵垣以保護
該國之生命財產者准今早（即十三號早）駛進
省河云
●學生持雨傘遊街案判結　歌賦街卅三號三
樓伍榮樞之陶英學塾學生陳榮生陳保常黃福

昨早到港之日本小巡艦嵯峨，聞係奉該國政府，命專駛往粵垣以保護該國之生命財產者。准今早(即十三號早) 駛進省河云。

日艦隊返日本

原載《華字日報》，1919 年 6 月 30 日。

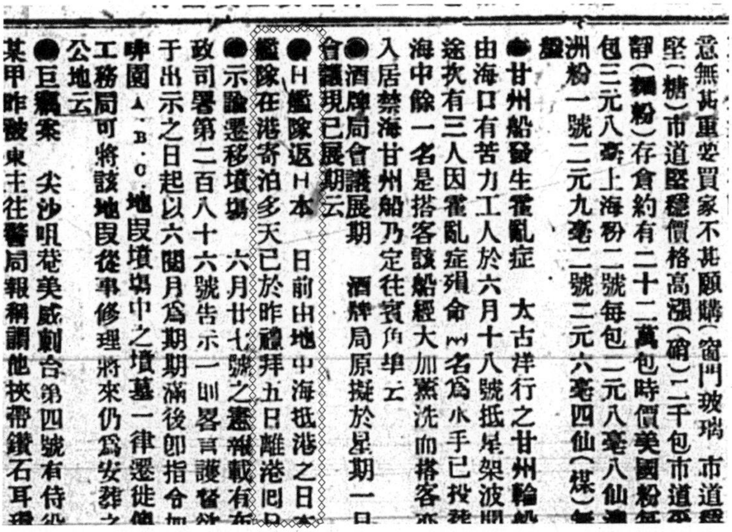
意無甚重要買家不甚願購(窗門玻璃 市道穩
堅(糖)市道堅穩價格高漲(砵)二千包市道平
靜(麵粉)存倉約有二十二萬包時價美國粉每
包三元八毫上海粉二號每包二元八毫八仙澳
洲粉一號二元九毫二號二元六毫四仙(煤)無
盤
●甘州船發生霍亂症 太古洋行之甘州輪船
由海口有苦力工人於六月十八號抵星架波開
途次有三人因霍亂症殞命內一名爲水手已投葬
海中餘一名是搭客該船經大加熏洗而搭客亦
入居禁海甘州船乃定往寳角埠云
●酒牌局會議展期 酒牌局原擬於星期一日
會議現已展期云
●日艦隊返日本 日前由地中海抵港之日本
艦隊在港寄泊多天已於昨禮拜五日離港回日
●示諭遷移墳塜 六月廿七號之憲報載有布
政司署第二百八十六號告示一則略言護督於
于出示之日起以六閱月爲期期滿後即指合加
啤園A·B·C·地段墳塜中之墳墓一律遷徙他
工務局可將該地段從事修理將來仍爲安葬之
公地云
●巨竊案 尖沙咀巷美威劇合第四號有侍役
某甲昨被東主往警局報稱謂他挾帶鑽石耳環

日前由地中海抵港之日本艦隊在港寄泊多天，已於昨禮拜五日離港回日。

誰真賣國（續）

原載《華字日報》，1919 年 5 月 15 日，第 1 張第 2 頁，節錄。

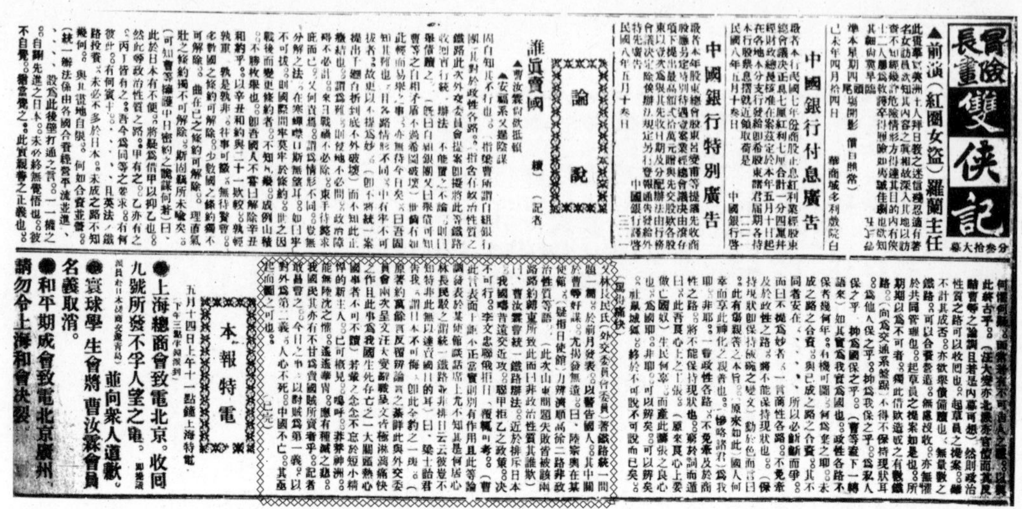

冒險長篇 雙俠記

中國銀行付息廣告

中國銀行特別廣告

論說

誰真賣國（續）

本報特電

又林長民氏（外交委員會委員）著鐵路統一問題一篇，於前月發表，以警告國人。其中關於曹等奸謀，尤揭發無遺。曰：陸宗輿在某使館。（疑指日使館）力辨濟順高徐二路非政治性質等語。（此次山東問題失敗，皆被該兩路路約縛束所致此，而曰非政治性質其誰欺？）曰：曹汝霖言統一鐵路辦法。近於排斥日本，我國疇昔遠交近攻。聯甲拒乙之政策，決不可行。李文忠聯俄拒日，覆轍可考。（曹此言表面上詎不正當，實則別有作用，且此等論調發表於某使館談話，席上尤不知其是何居心。林長民駁之謂統一鐵路，並非排日云云。彼豈不知特非此，無以達賣國目的耳！）曰：梁士詒君告我。謂日本不可侮，即此全豹之一斑。（原著約萬餘言，反覆辯論言之綦詳。此與外交委員會兩次呈文、汪大燮辭職呈文，皆極淋漓痛快之作，且此事為我國生死存亡之一大關頭，熱心國事者不可不讀）若輩之念念不忘於短小精悍的新主人，已可概見。嗚呼！莽莽神洲，能無陸沈之懼。遙遙華胄，應有種滅之悲。我國民其亦有不甘為賣國賊所賣者乎？記者敢昌言之，今日之爭，以討賊為第一義，以對外為第二義。人心不死，中國不亡，其亟起而圖之可也。（已完）

不謀而合之抵制

原載《華字日報》，1919年5月22日，第1張第3頁。

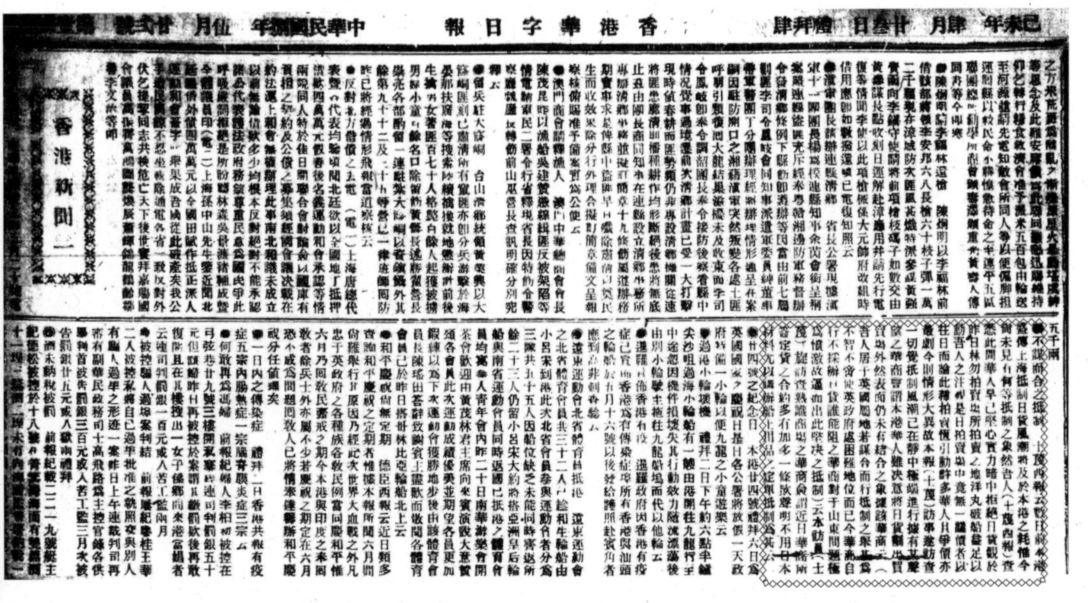

香港華字日報

《士蔑西報》云：數日前本港盛傳上海抵制日貨風潮將及於本港之耗，惟今尚未見有何等抵制之象。然吾人（《士蔑西報》）查悉此間華人早已堅心實力，暗中拒絕日貨。觀於昨日林勿拍賣場所拍賣之地洋丸破船，益足以動吾人之注視。是日拍賣場中竟無一議價者，以往日而論，此種拍賣恆引動許多華人，且爭價亦最劇。今則情形大異，故本報（《士蔑》）訪事遂訪查一切，覺抵制風潮已在靜中極端進行。據有某聲望之華商言謂，本港華人雖決意將日貨劃出買賣場外，然表面仍未有結合之象。據該華商云：「吾人居於英國屬地，若謀合而行抵制之舉，其為不智。不啻使英政府處困難地位，而已今華商自行不採辦日貨，誰能阻之。華商對於山東問題極為憤激，故逼而出此堅決之抵制云」。本訪員（《士蔑》）旋訪查熟識商場之華商，僉謂近日華商所簽定貨之合約，多有加多一條款，聲明不用日本材料，尤以購辦船上用品之定單抵制為甚云。

本港自由貿易舉動

‧原載《華字日報》，1919 年 5 月 26 日‧

電云此間續賣出之錫價爲一一五又八份之一錫之股份行情因此而見活潑六〇上海廿四號電云哥倫比亞輪禮拜六日開行載有絲貨數值二百萬元

●本港自由貿易舉動　本港自由貿易舉動人心更覺堅固惟舉動上極文明表面上并無表示何種態度惟訪員往探友人多見其將屋內陳設某國鏡畫及磁器一律撤去不用而聞某某等公司亦止辦某國貨物惟此次之人心堅決較前大不相同云

●香港大學醫學院開幕　昨禮拜五下午史護督親到香港大學堂行新醫學院開幕禮是日到場觀禮者有暹羅親王及中西紳商多人以醫堂之副監督佐頓醫生爲主席佐頓醫生先宣佈何福吳理卿陳啓明何甘棠諸君捐助醫院之熱心隨曾敘院之作用講解剖學生理學病理學與熱帶之醫藥學曾在此新院教授一俟器具由英國寄到則本港大學醫科教授之完備可以與各處之大學並駕齊驅云

●花紗市情　布利時華利谷和花紗經紀報告謂自上月三十號報告以來無特別市道可記祗價格一項略有變更內地紗市不甚起色凡以雲南省爲最故十號紗略爲跌落十二號與二十號紗期內市道如一現貨與未到之貨均有貿賣價格增加由二元至三元之譜近因盧啤忽然大跌印度盧啤滙水增加一八此間販家迫得急將存貨放手故市消略有交易成盤時頗爲活動計期內共賣出四千包未賣存貨共三千包未出清之貨共一萬五千包由孟米載運來香港者共五千包運往上海者七千包上海現時市情極盛前此數大十號與十二號紗極有起色又生紗市情賓角貳華紗均無存貨賓角紗市價每担四十元至四十五元華紗每担四十叁元至五十元之譜云

●甦那輪已抵美洲　本港之中國郵船公司茲接舊金山來電言甦那輪船已于五月十七號按期抵步云

本港自由貿易，舉動人心更覺堅固。惟舉動上極文明，表面上並無表示何種態度。惟訪員往探友人，多見其將屋內陳設某國鏡畫及磁器一律撤去不用。而聞某某等公司，亦止辦某國貨物。惟此次之人心堅決，較前大不相同云。

提倡振興土貨者須知

原載《華字日報》，1919 年 5 月 28 日，第 1 張第 3 版。

本港自由貿易之風日盛，情形已略誌前報。近兩日來，街上且有白抄，發現是勸人振興土貨者。聞警察司昨早示諭各出巡華差並中西探，如在公眾街上見有貼白抄或種種暴動行為，可即拘案控究。因本港係英國屬土，非比內地也。

公司過海小輪將于六月一號實行其新定價格現時收一毫五仙將減收一毫長行票將行停發月票將減至七元一家三人之月票則收十元

●九龍亦有抵制日貨者　士蔑西報云抵制之事似已傳至九龍之侍役中人吾人日前曾聞九龍某屋之女主人曾飭其侍役携鞋一對往日本鞋店修補惟該侍役出外未幾即回覆其主人曰日本人不能做叫華人做可乎

●美國之紀念日　昨為美國之紀念日此種紀念即為追念前者北美亡于內亂之軍人其禮節即往墳場安插花圈昨旅港之美人多有携花圈親到美人墳場致敬即海面之美國巡艦亦有鳴炮以示追念之意云

●西電譯錄　士蔑西報接五月三十號上海電云此間之抵制日貨風潮日盛棉業開會決定一律停止與日商交易各銀號亦不用日本商場銀單即日本船務亦受影響二十九號星嘉波電云政府已在庇能開米店十三間並訂定米價聞政府將再多開舖戶並擴張辦法云　又電云特別警差已接有命令俟年終常備警差由祖國抵步時即行解散云

●土貨暢消　本港自四月以來土布日形暢消據各販賣土布土貨之商人言近日市上土貨大有求過於供之勢各大公司現亦陸續定購大幫土布及各項國貨來港應客云

九龍亦有抵制日貨者

原載《華字日報》，1919 年 5 月 31 日，第 1 張第 3 頁

《士蔑西報》云，抵制之事似已傳至九龍之侍役中人。吾人日前曾聞九龍某屋之女主人，曾飭其侍役攜鞋一對往日本鞋店修補，惟該侍役出外未幾即回覆其主人曰日本人不能做，叫華人做可乎？

土貨暢消

原載《華字日報》，1919 年 5 月 31 日，第 1 張第 3 頁

本港自四月以來，土布日形暢消〔銷〕，據各販賣土布土貨之商人言，近日市上土貨大有求過於供之勢。各大公司現亦陸續定購大幫土布及各項國貨來港應客云。

傳單日多

原載《華字日報》，1919 年 6 月 4 日，第 1 張第 3 頁。

近兩天南北行永樂街與及皇后大道一帶，均貼有提倡土貨之白抄，措詞非常激烈，且用鷄蛋白貼牢，警差無法撕去，昨用刷刷之始去。最奇者警局附近亦有數張云。

武裝警察出巡忙

原載《華字日報》，1919 年 6 月 4 日，第 1 張第 3 頁。

近兩日政府為防禦本港有暴動事發生，由昨日起日間亦有派出武裝警察出巡，亦係由一英差統帶華印差各二名分作數隊出巡，灣仔亦然。

又聞陶英學校各學生一經持雨傘遊街後，各警局均派出中西探多人前往捕捉，如臨大敵，但各生是由歌賦街轉落威靈頓街、德忌笠街，又轉出皇后大道落德輔道轉回皇后大道。在滅火局門前即被捕獲云。而事後警差之往來巡緝不遺餘力云。

堤岸輪船係新購來而經大加裝飾者於本月初四日正由港開行前往安南故登報端以免搭客之親屬懸念

●傳單日多　近兩天南北行永樂街與及皇后大道一帶均貼有提倡土貨之白抄措詞非常激烈且用鷄旦白貼牢警差無法撕去昨用刷刷之始去最奇者警局附近亦有數張云

●武裝警察出巡忙　近兩日政府爲防禦本港有暴動事發生由昨日起日間亦派出武裝警察出巡亦係由一英差統帶華印差各二名分作數隊出巡灣仔亦然　又聞陶英學校各學生一經持雨傘遊街後各警局均派出中西探多人前往捕捉如臨大敵但各生是由歌賦街轉落威靈頓街德忌笠街又轉出皇后大道落德輔道轉回皇后大道在滅火局門前即被捕獲云而事後警差之往來巡緝不遺餘力云

●渣華火山爆發續聞　士蔑西報轉載星嘉波自由報云渣華火山爆發事前並無警告惟[illegible]則[illegible]林堡之地震儀器于四月三十號既有地

執獲草帽與面盆

原載《華字日報》，1919 年 6 月 7 日，第 1 張第 3 頁。

昨早七點鐘，有人報到警局謂聖保羅書院面前之樹林內，有日本草帽八頂，燒青年盆兩個，手巾仔兩條，白布旗一枝，用竹竿竪起，旗上書有許多振興土貨等字。現攜回警署焚毀。又有人四處派佈傳單云。

學生之兩傘熱

原載《華字日報》，1919 年 6 月 10 日。

自陶英學生持雨傘行街後，有多數學塾紛紛效尤；但不書國貨二字，已紀前報。昨某大書院教員某君對訪員言，該書院之學生亦已購定此等雨傘一百餘柄。另有某某等大學校學生或定購二百、三百至五百柄者，且多由省城某號定購。該號大□應接不暇之勢，想□二日間油紙雨遮遂入行於香港，紛紛映耀眾人之目矣。

港官注意傳單

原載《華字日報》，1919 年 6 月 14 日，第 1 張第 3 頁。

近日，港官對於街上所貼之白抄非常注意。華民政務司亦已加派四環更練往來梭巡，務將此等好事之人懲辦一二。昨日警司閱報，見刊衣〔依〕利近街之電燈柱貼有傳單，當即由華探長侯亨飾、華探陳桂將之撕去。

◉港官注意傳單　近日港官對於街上所貼之白抄非常注意華民政務司亦已加派四環更練往來梭巡務將此等好事之人懲辦一二　昨日警司閱報自刊衣利近　之電燈柱貼有傳單當即由華探長侯亨飾華探陳桂將之撕去

學生被拘續聞

原載《華字日報》，1919年6月5日，第1張第3頁。

歌賦街卅三號三樓陶英學校之學生九名，於初六日上午十一點，各持中國製造之油紙雨傘一柄遊行各街道，雨傘上用白油大書（國貨）兩字，為巴刺思路幫辦在滅火局前一律拘上中環警署。

詳情業誌前報，昨日上午解由裁判署左堂，由連裁判司提審（甲）控陶英學校校長伍榮樞於本月三號上午十一點，主使及輔助各學生伍秉德等九人，手持雨傘遊行街，這有類出會而未先向華民政務司署取牌照。（乙）控學生陳榮生、陳保常、黃福澤、司徒桂創、司徒長信、麥柏泉、陳柏芬、凌汝創、伍秉德於本月三號上午十一點，聯隊在各街道出遊，有如出會，未先向華民政務司署討取執照，至十點一角鐘，官始提審。正警察司胡樂甫躬自上堂，為此案之主控。被告等共十人延廖亞利馬打律師到堂辯護。連司閱所控被告等之案情畢，旋對警司胡氏曰：「今既控各學生與教員未有華民政務司執照即聯隊出遊，余意須傳華民政務司到堂，證出彼等未有執照事方能成案。」胡警司起言曰：「否，余意以為若彼等果有人情紙，當可即日呈出矣，抑余尤有進者，被告等在本港如此行為，誠恐一經具保出外，不免冒險再次巡遊，復蹈前轍，則警察一方面行將抗拒被告等具保出外候訊矣。」廖亞利馬打律師起言曰：「本律師願擔保被告等出外後不再巡遊便是。」連司顧問警司曰：「汝意云何？」胡警司曰：「若廖君允擔保則警察亦不為反對，但具保之數亦不能少過在警局時之保單也。」官遂判押候今天下午三點，准校長具保二百五十元，餘每學生弍十五元出外候訊。

初審學生遊街案

原載《華字日報》，1919年6月6日，第1張第3頁。

前報屢紀歌賦街卅三號三樓陶英學塾校長伍榮樞被警察司控告，謂其於三號上午十一點主使及輔助各學生九人，手持兩傘用白油大書特書（國貨）二字結隊聯行有類出會。而學生陳榮生、陳保常、黃福澤、司徒桂創、司徒長信、麥柏泉、陳柏芬、淩汝創、伍秉德共九人均被控聯隊出遊，未有華民政務司署執照一案。昨日下午連裁判司開正式提審，連四號下午兩點半，探員侯亨在結志所拘之學生劉少蓀〔孫〕、周志雄兩名一併提訊。正警察司胡樂甫為主控，廖亞利馬打律師為陶英學校校長、各學生十一人辯護。是日未開審之前，旁觀者座為之滿，尤以少年人狀若學生者居多。官陞堂後愈覺擠擁後，由中環警局派兩印差協同衙差，將企在路口者一律逐出。而作門外漢者，尚徘徊不肯遠去。

先由警差將執獲之油紙兩傘十柄呈上法庭，警司與廖律師逐一開看。各油傘上只書國貨二字，惟內書愛國土貨四字，且間有刻中華民國旗兩枝於內者。至三打鐘官始陞堂，胡警察司起言：「昨日此案提堂押候時，又有學生二人被補，亦是在結志街結隊而行手持雨傘者，現可否請憲台分別提訊云云。」官亦以分別審訊為宜，遂先審伍榮樞與學生九人一案。先由巴刺司路幫辦上堂供稱：「二號上午十一點半，吾在大馬路巡更，近中市左右，吾見學生由第一位至九位，另有一小童未被捕者，結隊沿途遊行。由東而之西，各持油紙雨傘一柄（呈堂），此等雨傘面上刻有（國貨）兩字，當時有好事者百餘人隨其後，途為之塞。吾亦隨之到滅火局左右，由第九被告伍秉德統帶。吾向前問他曾有華民署執照否？他答無之。他自認係歌賦街三十三號陶英學校者，自願帶我見校長。吾先將學生九人帶回警局，奉警察司命歸案控究。後着人傳校長上堂，亦歸案云。廖律師問幫辦曰：「汝在港幾久。」曰：「廿餘年。」（廖律師問）曰：「汝知何者為出會否？若學生平時放學或上學結隊而行，汝亦將以為出會乎（哄堂）？」（幫辦）答曰：「否，此又不同，若此等遊行，引動行人圍觀，是必惹出不法之舉，且各學生所持之傘係有國貨二字，所以引動行人。如傘上無此二字，吾或不將他等拘捕也，吾當拘被告等時，亦恐惹出事而已，當時被告等係並肩而行，不過十人，都不算係阻礙交通，惟好事者圍觀為數不少矣。又答警司之問曰：「被告等行街與平常行街不同，吾未見過聖若瑟書院學生有如此行動者，又從未見過此等新款雨傘也。」供畢，警察司胡氏起言：「憲台對於此案之證人口供務要研究，此等學生雖不能為擾亂治安之舉動，惟其內容係抵制日貨之起點，故能引動如此多人也。」廖亞利馬打律師起言曰：「憲台曾充過華民政務司，對於華人事務當瞭然於心目中。本律師以為憲台既為裁判官，應要徵集各方面口供而定案，斷不能偏於一方面及存有抵制之事於其中，方昭公平。就以巴幫辦□供詞而論，亦無何等緊要之供詞。他且勿論只以其雨遮有國貨及國旗，就算刻一德國旗在上亦無犯法。憲台須知當初立例出會二字，其宗旨殆指嫁娶與喪事等

者略譯錄如下(一)(甲)年中發小販牌照最多之數即係一九一八年是年發牌之數共有十萬一千二百二十四紙一九一九年至今共發出八千四百六十八紙但一九一八年尚有多數之牌照[illegible]今仍未到期轉換者(乙)現時未有提及不發給牌照如大有理由不發給者不在此例(二)政府不欲照議修改法律刑律中代人負責之要

人均被控聯隊出遊未有華民政務司署執照一案昨日下午連城判司開正式提審連四號下午兩點半探目伍[illegible]在結志街所拘之學生劉少蓀周志雄兩名一併提訊計警察司胡樂甫為主控廖亞利馬打律師為陶英學校校長各學生十一人辯護是日未開審之前旁觀者座為之滿尤以少年人狀若學生者居多官[illegible]

耳，若學生結隊行街即以為出會，余甚以為奇，且余嘗見如聖若瑟等書院皆有一種學堂號衣穿着結隊而者，警差見之亦以為犯法否？」胡警司曰：「余以為學生此次遊行，與尋常之學生有別。伊等之表面上則無他，惟究其內容實有類提倡抵制之舉動。」廖律師曰：「如憲台係立心預備判決此案者，最好以筆墨判詞出之。」胡警司反對此請，曰：「余以為此等不過小小案件，且焉用筆墨之判詞？」廖律師曰：「小小案件乎？然牽連我之事主，誠為不淺矣。以學生而被拘，且被扣留而處以每人廿五元之保單，尚得謂之為小案乎？」至是官亦以廖律師之言為然，旋判押候禮拜六正午十二點半再審，校長無罪先予省釋，准每學生除伍秉德照舊保單廿五元外，其餘減至十元，遂按續提審劉少孫、周志雄二人。

華探長侯亨上堂供稱，昨日下午兩點半，吾在結志街見首被告手持雨傘一柄，次被告亦然，由東而之西，由角〔閣〕麟街而來，有七八名尾隨之。首被告則開其傘，惟尾隨□略幼小，皆且行且笑，引動路人兩旁觀者如堵。官問他等行動有如體操否？曰：「並肩而行」，又答警司曰：「街道因多人圍觀，遂致擁塞」，又答廖律師之問曰：「其餘小童已散去，他等並未言及由省城午車來，只云是讀書者。」廖律師又問曰：「汝奉上司命，如見有人持此等遮即捕拿否？」曰：「否，只拿擾亂地方者耳。」官判押候禮拜六一併提審。警司云：「加控此兩學生有阻礙交通之嫌，故准每人保單十五元出外保釋。」

學生持雨傘遊街案續訊

原載《華字日報》，1919年6月9日，第1張第3頁。

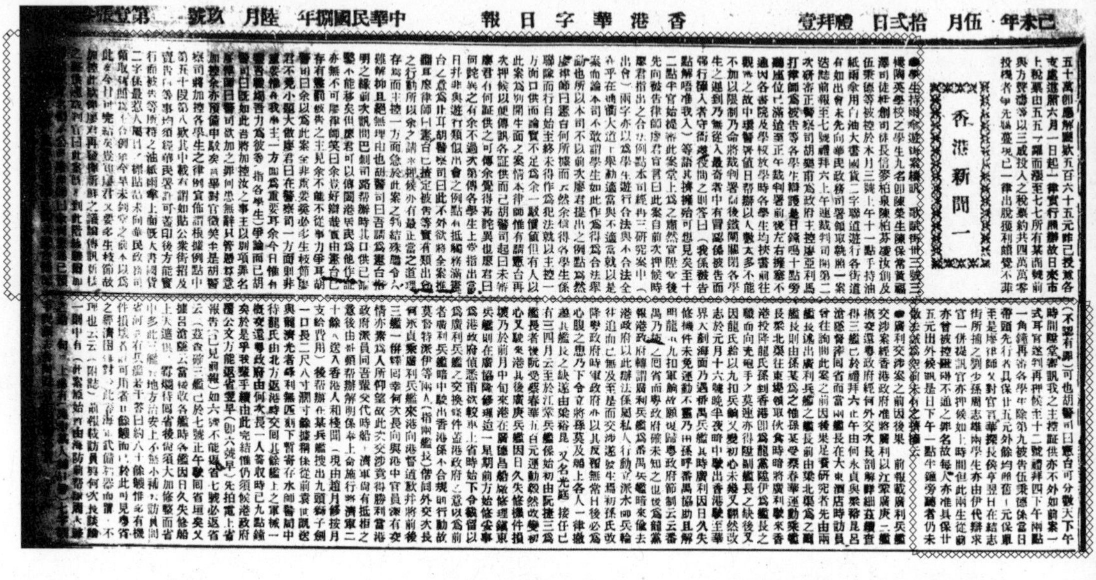

香港華字日報　己未年伍月拾弍日禮拜壹

中華民國捌年陸月玖號　第壹張

香港新聞一

歌賦街卅三號三樓陶英學校之學生九名，即陳榮生、陳保常、黃福澤、司徒桂創、司徒長信、麥柏泉、陳柏芬、淩汝創及伍秉德等被控於本月三號上午十一點手持油紙雨傘，用白油大書國貨二字，聯道遊行各街道，有如出會未先向華民政務司署領取執照一案，迭誌前報至七號禮拜六上午連裁判司開第二次研審。正警察司胡樂甫為政府主控，廖亞利馬打律師為被告等各學生辯護。

是日鐘鳴十點，旁聽座位已滿迨。至正午，裁判署前後左右擁塞不通，因各書院及學校放學時，各學生均挾書前往觀審之故。中環警署值日幫辦以人數太多，不能不加以限制，乃命將裁判署前後鐵閘關閉，各學生之遲到乃無從入。最奇者中有冒認係被告而強行擁入者，守衙差役問之則答曰「我係被告，點解唔准我入」等語，其擠擁殆可相見矣。至十二點半，官始提審此案，堂上為之肅然。官陞堂後，先向被告律師廖君宣言曰：「此案自前次押候時，廖君指出之合法例點，本司經再三研究案中（出會）、兩字，亦以為學生遊行合法與不合法，全在乎在通衢大道上，舉動適當與不適當。就以是案而論，本司不敢謂學生如此作為得為合法舉動也，所以本司不以前次廖君提出之例點為然。」廖律師曰：「憲台何所據而云？然余信得各學生係聯隊而行，自始至終未得作為犯法，就以主控一方面口供而論，實不足為余一駁價值，但有人以此案為別開生面之案情，本律師惟有請憲台再次押候，以便傳訊各證供而已。」胡警司起曰：「未審，廖君有何證供之可傳？余覺得甚詫異也。」廖君曰：「何詫異之有？余不過次第傳各學生上堂，指出當日並非與遊行，類似出會之例點有抵觸，務滿憲台之意為止耳。」胡警察司曰：「此不外欲將全案推翻耳？」廖律師曰：「憲台已揸定被告等實有類出會之行動，所以余之請求押候亦有最正常之道理存焉。而主控一方面急於此案之判結，殊屬令人難解抑，且絕無理由也。」胡警司曰：「吾請為憲台指明之緣，前次訊問巴剌司路幫辦時，其口供已確鑿不能移矣。但廖君可以傳闔港居民為他作證亦無不可。」廖律師笑曰：「余豈好辯哉？實由憲台已存有懲罰被告之主見，余不能不從事力爭耳。」胡警司曰：「余以為此案全非重要，奚必多生枝節，廖君不免小題大做。」廖君曰：「在警察司一方面則非重要，惟在我事主一方面為重要耳。余今日惟有盡吾職，竭吾力為彼等（指各學生）爭論而已。」胡警司曰：「既如此，吾將加控汝之事主以別項罪名。」廖律師曰：「警司欲加之罪何患無辭，只管憑尊意

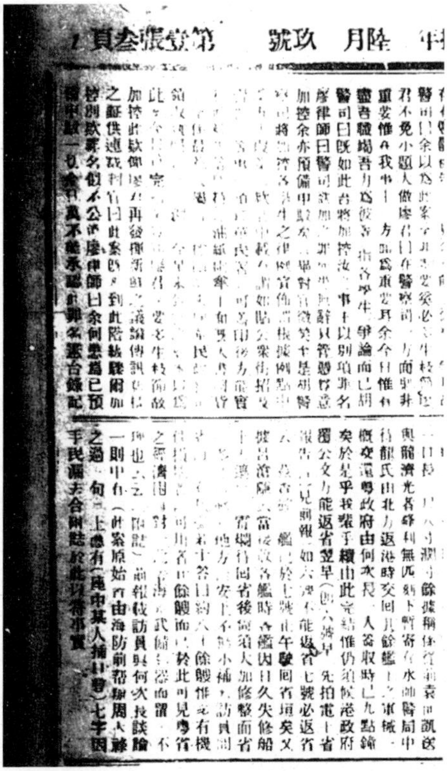

加控，余亦預備申駁矣。」言畢對官微笑。至是胡警察司將加控各學生之律例，宣佈謂根據例點中第五十段第八款，其中載有謂如貼公眾街招及賣告白等事，均須經華民署許可蓋印後方能實行，而被告等所持之油紙雨傘上面既大書國貨二字，係最惹人屬目之標貼品，未向華民政務司領取執照，為不合例。余今早未到堂之前，本以為此案今日可完結矣，豈知廖君又要多生枝節，故加控此款，俾廖君再發揮新鮮之議論，傳訊新樣之證供。連裁判官曰：「此案來到此階級，驟爾加控別款罪名，似不公道。」廖律師曰：「余何患焉，已預備申駁一切，今日萬不能承認此罪名，憲台錄記（不認有罪）可也。」胡警司曰：「憲台可分數天下午時間陞堂，審訊我之主控，證供亦不外如前案一式矣。」官遂判再押候至十二號禮拜四下午兩點一角鐘再審，各學生除第九被告伍秉德係當日帶頭先行者，具保廿五元外，餘均照舊十元保單。至是廖律師又對官言：「華探長侯亨翌日在結志街所捕之劉少孫、周志雄兩學生亦由伊代辯，求官一併提訊。」官亦押候如上時間，但此兩生從前亦曾被控阻礙不通之罪名，故每人亦准具保廿五元出外候訊，是日下午一點半鐘，旁聽者仍未散去，誠為空前未有之擠擁云。

學生持雨傘遊街案判結

原載《華字日報》，1919 年 6 月 13 日，第 1 張第 3 頁。

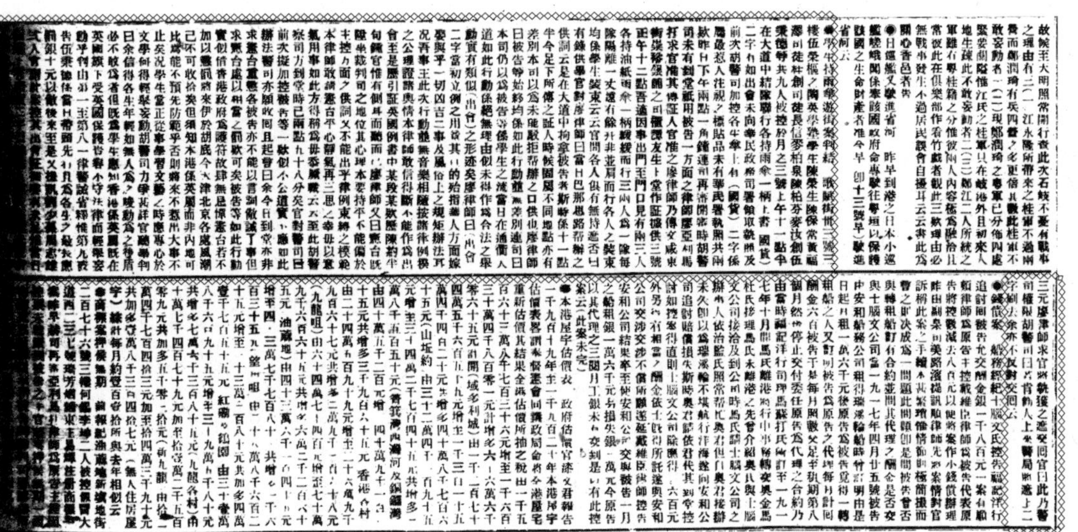

歌賦街卅三號三樓，伍榮樞之陶英學塾學生：陳榮生、陳保常、黃福澤、司徒柱創、司徒長信、麥柏泉、陳柏芬、麥汝創、伍秉德等共九人，被控於月之三號上午十一點半在大道中結隊聯行，各持雨傘一柄，上書（國貨）二字，有如出會，未向華民政務司署領取執照，及前次胡警司加控各生傘上有（國貨）二字，係屬最惹人注視之標貼品，未有華民署執照共兩款。昨日下午兩點一角鐘，連司再審。

開審時，胡警司未有到堂，只用被告一方面之律師廖亞利馬打，求官准其傳證人，官准之。廖律師乃傳文咸東街崇裕銀舖之司櫃譚友生上堂作證。據供三號正午十二點，吾適因事出門，至門口見有兩三人，各持油紙雨傘一柄，緩緩而行，三兩人為一隊，每隊隔離一丈遠有餘，並非並肩而行，各人之裝束均係學生裝束云云。官問各人俱有無持遮否，曰：「有錄供畢」官對廖律師曰：「當日巴那思路幫辦之供詞云，是在大道中拘拿被告者，斯時係十一點半，今足下所傳之證人時候，固屬不同，地點亦有差別，本

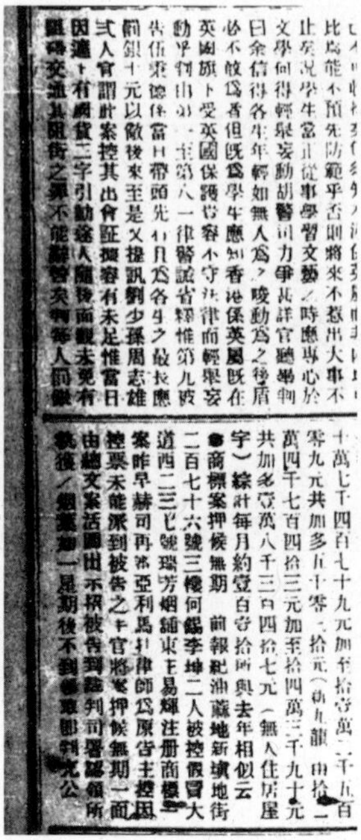

司以為未能駁拒幫辦之口供也。」廖律師曰：「被告等始終均係如此行動，並無差別。」連司曰：「本司仍以為被告等係學生之流，當日在通衢大道如此行動係絕無理由，似未得作為合法之舉動，實有類似（出會）之形迹矣。」廖律師曰：「（出會）二字當初立例之用，章其目的殆指華人方面嫁娶，與乎一切凶吉二事及風俗上之規矩辦法耳，況吾事王此次行動並無音樂相隨，按諸律例，揆之公理，證諸輿情，本律師敢信得斷不能作為出會。」至是歷引證英國例書中某段某款，歷陳約半句鐘，官惟有側耳而聽而已。廖律師又曰：「憲台既陞坐裁判司之地位，其心理本要持平，不能偏於主控方面之供詞，又不能出乎律例束縛之模範，本律師敢請憲台平心靜氣再三思之幸，毋以意氣用事，如此方得稱為毋忝厥職云云。」至此胡警察司方到堂，時已兩點五十八分矣。官對警司曰：「前次擬加控被告等一款，似不公道，實不應如此辦法。」警司亦願收回，且起言曰：「余今日到堂，亦非求憲台重懲各被告，亦不能以言詞儆誡了事，但求憲台處以相當之罰款可矣。被告等如此行動，實似借香港政府為護符，故肆無忌憚，憲台若不加以懲罰，將來伊於胡底。今天津北京各處風潮已不可收拾矣，但須知本港係英屬，而非內地可比焉，能不預先防範乎？否則將來不惹出大事不止矣，況學生正從事學習文藝之時，應專心於文學，何得輕舉妄動。」胡警司力爭甚詳。

官聽畢，判曰：「余信得各生年輕，如無人為之唆動為之後盾，必不敢為者，但既為學生，應知香港係英屬，既在英國旗下受英國保護，豈容不守法律而輕舉妄動乎？判由第一至第八，一律警誡省釋。惟第九被告伍秉德，係當日帶頭先行，且為各生之最長，應罰銀十元以儆後來。」至是，又提訊判劉少孫、周志雄弍人。官謂此案控其出會，證據容有未足，惟當日因遮上有國貨二字，引動途人隨後而觀，未免有阻礙交通，其阻街之罪不能辭咎矣，判每人罰銀三元。廖律師求官將執獲之遮交回。官曰：「此乃警司權限」，胡警司曰：「若肯飭人上來警局，將遮上二字刷去，余亦不反對交回云。」

The Boycott
—Chinese Students Charged

The Hong Kong Telegraph, 3rd June, 1919. P. 4.

THE BOYCOTT.

:o:

CHINESE STUDENTS CHARGED.

Inflamed by patriotic enthusiam and doubtless encouraged by the example set by their brethern in other ports, a party of local Chinese students under the leadership of their school-master held a procession in the central part of the town yesterday, and had the ignomenous experience of being run in by the Police, who swooped down upon them before they could make much headway. These patriots faced the magisterial music to-day, with some confidence, as they had engaged Mr. Leo d' Almada to speak up for their cause. Mr. R. E. Lindsell adjourned the hearing until to-morrow.

Inflamed by patriotic enthusiasm and doubtless encouraged by the example set by their brethern in other ports, a party of local Chinese students under the leadership of their school–master held a procession in the central part of the town yesterday, and had the ignomenous experience of being run in by the Police, who swooped down upon them before they could make much headway. These patriots faced the magisterial music today, with some confidence, as they had engaged Mr. Leo d'Almada to speak up for their cause. Mr. R. E. Lindsell adjourned the hearing until tomorrow.

Japanese Boycott
—Local Scholars Charged

The China Mail, 4th June, 1919. P. 5.

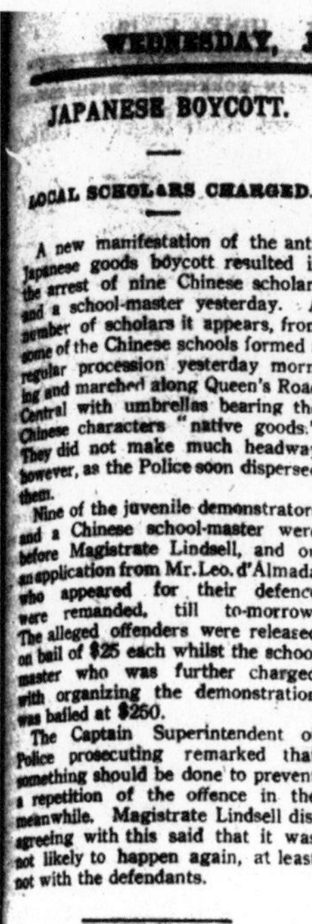

WEDNESDAY, JUNE 4, 1919.

JAPANESE BOYCOTT.

—

LOCAL SCHOLARS CHARGED.

—

A new manifestation of the anti-Japanese goods boycott resulted in the arrest of nine Chinese scholars and a school-master yesterday. A number of scholars it appears, from some of the Chinese schools formed a regular procession yesterday morning and marched along Queen's Road Central with umbrellas bearing the Chinese characters "native goods." They did not make much headway however, as the Police soon dispersed them.

Nine of the juvenile demonstrators and a Chinese school-master were before Magistrate Lindsell, and on an application from Mr. Leo. d'Almada who appeared for their defence were remanded, till to-morrow. The alleged offenders were released on bail of $25 each whilst the school master who was further charged with organizing the demonstration was bailed at $250.

The Captain Superintendent of Police prosecuting remarked that something should be done to prevent a repetition of the offence in the meanwhile. Magistrate Lindsell disagreeing with this said that it was not likely to happen again, at least not with the defendants.

CHARGE AGAINST A

BRISBANE RIOTS

AN ANTI-BOLSHEVIST A
IN QUEENSLAND CAPI

A Brisbane message dated 22 to the *Sydney Sun* conta following: There is only on talked about here this mornir returned soldiers' anti-Bo demonstration of last night. M street, across the river, is the of a constant stream of pilgri

Even by this time there sorts of varying stories of the But it is certain that all ye the returned soldiers were mob Somehow or other the wo round. Towards evening men to dribble in from the outly tricts.

Their purpose was plain Revolvers were openly carri here and there pockets bulg usually—with hastily-made "j bombs, it is said. In any c men made no secret of thei tions.

"AUSTRALIA WILL BE T

Somewhere a soldier sta song, "Australia will be ther straightway every man was it as he was swept along.

The objective—the Russi ciety's headquarters, down M street—soon came into view. A cry went up. The police wer before them. A line of mount was drawn across the street, ing that approach, and furthe was another line to resist from the other direction. B

A new manifestation of the anti-Japanese goods boycott resulted in the arrest of nine Chinese scholars and a school-master yesterday. A number of scholars it appears, from some of the Chinese schools formed a regular procession yesterday, morning and marched along Queen's Road Central with umbrellas bearing the Chinese characters "native goods." They did not make much headway however, as the Police soon dispersed them.

Nine of the juvenile demonstrators and a Chinese school-master were before Magistrate Lindsell, and on an application from Mr. Leo. d'Almada who appeared for their defence were remanded, till tomorrow. The alleged offenders were released on bail of $25 each whilst the school master who was further charged with organizing the demonstration was bailed at $250.

The Captain Superintendent of Police prosecuting remarked that something should be done to prevent a repetition of the offence in the meanwhile. Magistrate Lindsell disagreeing with this said that it was not likely to happen again, at least not with the defendants.

The Japanese Boycott
—Students Charged

South China Morning Post , 6th June, 1919.

THE JAPANESE BOY-COTT.

STUDENTS CHARGED.

Mr R.E. Lindsell's court yesterday was crowded to the limit with spectators, mostly students, to hear the case in which a Chinese schoolmaster and nine boys were charged with creating a disturbance in a public thoroughfare on the 3rd inst. The Hon. C.S.P. prosecuted while Mr Leo d'Almada appeared for the defendants. The C.S.P. stated that two more students were charged with the same offence, and they being from the same school it looked rather serious.

Mr d'Almada:—Your Worship, I plead not guilty.

His Worship:—Mr d'Almada are you pleading not guilty to law or to facts?

Mr d'Almada:—Both to law and to facts.

Inspector Brazil give evidence as to the arrest of the defendants. He stated that at 11.30 a.m. on the 3rd inst., when on patrol in Queen's Road Central, he saw the defendants marching along the road from East to West, each carrying an open umbrella with Chinese characters on it. The characters "Kwok Faw," meaning native products, were distinctly clear. A crowd of over a hundred followed them. Witness followed until they reached the Fire Station, where they were stopped. The leader was questioned as to whether he had any permission to patrol the streets. He replied there was no permit, and that he was out under instructions from his master. He offered to take witness to see the master. They were all brought to the Station, and the master was sent for.

Mr d'Almada: — Inspector Brazil, do you know the meaning of the word "procession"?

Inspector Brazil:—There is only the definition to be found in the Boycott Prevention Ordinance.

Mr d'Almada:—Would you call the boys of the St. Joseph's College when they marched to-

Mr. R. E. Lindsell's court yesterday was crowded to the limit with spectators, mostly students, to hear the case in which a Chinese schoolmaster and nine boys were charged with creating a disturbance in a public thoroughfare on the 3rd inst. The Hon. C.S.P. prosecuted while Mr. Leo d'Almada appeared for the defendants. The C.S.P. stated that two more students were charged with the same offence, and they being from the same school it looked rather serious.

Mr. d'Almada: Your worship, I plead not guilty.

His Worship: Mr. d'Almada are you pleading not guilty to law or to facts?

Mr. d'Almada: Both to law and to facts.

Inspector Brazil give evidence as to the arrest of the defendants. He stated that at 11.30 a.m. on the 3rd inst. When on patrol in Queen's Road Central, he saw the defendants marching along the road from East to West, each carrying an open umbrella with Chinese characters on it. The characters "Kwok Faw," meaning native products, were distinctly clear. A crowd of over a hundred followed them. Witness followed until they reached the Fire station, where they were stopped. The leader was questioned as to whether he had any permission to patrol the streets. He replied there was no permit, and that he was out under instructions from his master. He offered to take witness to see the master. They were all brought to the Station and the master was sent for.

Mr. d'Almada: Inspector Brazil, do you know the meaning of the word "procession"?

Inspector Brazil: There is only the definition to be found in the Boycott Prevention Ordinance.

Mr. d'Almada: Would you call the boys of the St. Joseph's college when they marched together a procession?

Inspector Brazil: Certainly.

Mr. d'Almada: Would you call that illegal?

Inspector Brazil: It all depends on circumstances. It might or might not be.

Mr. d'Almada: The reason for your arresting the boys was that they were creating some curiosity?

Inspector Brazil: That conduct might lead to disorder.

Mr. d'Almada: In what way do you suggest that there would be disorder?

Inspector Brazil: Because of the crowd.

Mr. d'Almada: But for the two Chinese characters, you would not have arrested them?

Inspector Brazil: No, I would disperse them only.

Mr. d'Almada: Put plainly, Inspector Brazil, you thought it was an attempt to boycott Japanese goods?

Inspector Brazil: I would not say that.

Mr. d'Almada: But for the crowd, the students were not causing an obstruction?

Inspector Brazil: Then they would not be causing much obstruction.

The C.S.P.: Was not obstruction actually caused in the street?

Inspector Brazil: The street was blocked.

Mr. d'Almada stated that on any ordinary day, people were committing a crime if the word "procession" was so hardly pressed. The pupils of St. Joseph's College and of the Italian Convent were to be seen occasionally in the public streets going two and two, and he certainly thought that where only ten participated in what was called a "procession" it would be a slight matter. Moreover they were not charged under the Boycott Ordinance.

The C.S.P. remarked that it was simply ridiculous for people to carry on, as defendants were doing, and it must be stopped.

The first defendant, the master, was discharged, the evidence against him being insufficient. After a consultation His Worship granted bail of $10 each, with the exception of the tenth defendant, the ringleader of the affair, whose bail would be $25. His Worship adjourned the case till Saturday at 12.30 p.m.

gether a procession?

Inspector Brazil:—Certainly.

Mr d'Almada:—Would you call that illegal?

Inspector Brazil:—It all depends on circumstances. It might or might not be.

Mr d'Almada:—The reason for your arresting the boys was that they were creating some curiosity?

Inspector Brazil:—That conduct might lead to disorder.

Mr d'Almada:—In what way do you suggest that there would be disorder?

Inspector Brazil:—Because of the crowd.

Mr d'Almada:—But for the two Chinese characters, you would not have arrested them?

Inspector Brazil:—No, I would disperse them only.

Mr d'Almada:—Put plainly, Inspector Brazil, you thought it was an attempt to boycott Japanese goods?

Inspector Brazil:—I would not say that.

Mr d'Almada:—But for the crowd, the students were not causing an obstruction?

Inspector Brazil:—Then they would not be causing much obstruction.

The C. S. P.:—Was not obstruction actually caused in the street?

Inspector Brazil:—The street was blocked.

Mr d'Almada stated that on any ordinary day, people were committing a crime if the word "procession" was so hardly pressed. The pupils of St. Joseph's College and of the Italian Convent were to be seen occasionally in the public streets going two and two, and he certainly thought that where only ten participated in what was called a "procession" it would be a slight matter. Moreover they were not charged under the Boycott Ordinance.

The C.S.P. remarked that it was simply ridiculous for people to carry on, as defendants were doing, and it must be stopped.

The first defendant, the master, was discharged, the evidence against him being insufficient. After a consultation His Worship granted bail of $10 each, with the exception of the tenth defendant, the ringleader of the affair, whose bail would be $25. His Worship adjourned the case till Saturday at 12.30 p.m.

The Boycott Case
—What is a Procession?

South China Morning Post, 9th June, 1919.

ING POST. MONDAY.

THE BOYCOTT CASE.

WHAT IS A PROCESSION?

The nine students of the To Ying School of Gough Street again appeared before Mr R. E Lindsell, on the charge of demonstrating and causing an obstruction on the public streets on the 3rd inst.

The Hon. Mr E. D. C. Wolfe, C.S.P., prosecuted, and Mr Leo d'Almada represented defendants.

His Worship remarked that he had came to the conclusion that the definitien of the word "procession" in the ordinance and in the legal sense was a going forth in some kind in formal order. Whether the procession was legal or illegal apparently depended on the use made of the highway. He could not find that the form of procession charged was reasonable and therefore disagreed with Mr d'Almada regarding the point.

Mr D'Almada submitted that defendants were marching out in a bunch. He thought he had come to Court that morning to hear the decision but as the case had assumed a new aspect, he would ask for an adjournment to allow him to obtain evidence in fuller detail.

Mr Wolfe:—Your Worship, what more evidence has Mr D'Almada to give?

Mr D'Almada—In the prosecution there is the word "procession" and it is my duty on behalf of my clients to prove that it was not a procession.

His Worship:—Do you want to call your clients?

Mr D'Almada:—Yes, and I will satisfy your Worship that there was no procession.

Mr Wolfe:—It is ridiculous and absolute rubbish for Mr D'Almada to obtain any evidence. I should like to point out to your Worship that Mr d'Almada asked Inspector Brazil no questions when he gave evidence and that, if he in any way doubted the facts given, he was entitled to call everybody in the Colony as his witnesses.

Mr D'Almada:—I hope that Mr Wolfe will consider what is he

The nine students of the To Ying School of Gough Street again appeared before Mr. R.E. Lindsell, on the charge of demonstrating and causing an obstruction on the public streets on the 3rd inst.

The Hon. Mr. E.D.C. Wolfe, C.S.P., prosecuted, and Mr. Leo d'Almada represented defendants.

His Worship remarked that he had come to the conclusion that the definition of the word "procession" in the ordinance and in the legal sense was a going forth in some kind in form of order. Whether the procession was legal or illegal apparently depended on the use made of the highway. He could not find that the form of procession charged was reasonable and therefore disagreed with Mr. d'Almada regarding the point.

Mr D'Almada submitted that defendants were marching out in a bunch. He thought he had come to Court that morning to hear the decision but as the case had assumed a new aspect, he would ask for an adjournment to allow him to obtain evidence in fuller detail.

Mr. Wolfe: Your Worship, what more evidence has Mr. D'Almada to give?

Mr. D'Almada: In the prosecution there is the word "procession" and it is my duty on behalf of my clients to prove that it was not a procession.

His Worship: Do you want to call your clients?

Mr. D'Almada: Yes, and I will satisfy your Worship that there was no procession.

Mr. Wolfe: It is ridiculous and absolute rubbish for Mr. D'Almada to obtain any evidence. I should like to point out to your Worship that Mr. D'Almada asked Inspector Brazil no questions when he gave evidence and that, if he in anyway doubted the facts given, he was entitled to call everybody in the Colony as his witnesses.

Mr. D'Almada: I hope that Mr. Wolfe will consider what is he saying. It was owing to the circumstances brought about by his Worship's decision that he had brought up the contention.

Mr. Wolfe maintained that the case was not sufficiently important in itself to warrant an extension of the hearing.

Mr. D'Almada: It may not be important to the C.S.P. but it is very important to my clients and I have to do my duty to them.

Mr. Wolfe: In that case, I have a further charge against your clients.

Mr. D'Almada: Whatever charge the C.S.P. may have to add, I am prepared to answer it.

of my clients to prove that it was not a procession.

His Worship:—Do you want to call your clients?

Mr D'Almada:—Yes, and I will satisfy your Worship that there was no procession.

Mr Wolfe:—It is ridiculons and absolute rubbish for Mr D'Almada to obtain any evidence. I should like to point out to your Worship that Mr d'Almada asked Inspector Brazil no questions when he gave evidence and that, if he in any way doubted the facts given, he was entitled to call everybody in the Colony as his witnesses.

Mr D'Almada:—I hope that Mr Wolfe will consider what is he saying. It was owing to the circumstances brought about by his Worship's decision that he had brought up the contention.

Mr Wolfe maintained that the case was not sufficiently important in itself to warrant an extension of the hearing.

Mr D'Almada: It may not be important to the C.S.P. but it is very important to my clients and I have to do my duty to them.

Mr. Wolfe:—In that case, I have a further charge against your clients.

Mr D'Almada: Whatever charge the C.S P. may have to add, I am prepared to answer it.

Mr Wolfe said that the new charge was under section 50, subsection 8 of the Ordinance, and was to the effect that the defendants had exhibited a public notice on the umbrellas bearing the Chinese charactors *Kwok Fau* (Native goods) without a permit from the S.C.A. He had thought when he came into Court that the case would come to an end that morning, and that it would not be necessary to bring on this charge. He did so now so that Mr D'Almada might have fresh evidence to go on.

Mr Lindsell said it was not fair to add a further charge at that stage of the proceedings.

Mr d'Almada:—I am prepared to meet the case. I plead not guilty to this charge.

Hon. Mr Wolfe:—Your Worship will set apart a few afternoons? My evidence will be exactly the same as in the prior case.

Mr Lindsell fixed the resumption of the hearing for next Thursday at 2.15 p m.

Mr. Wolfe said that the new charge was under section 50, subsection 8 of the Ordinance, and was to the effect that the defendants had exhibited a public notice on the umbrellas bearing the Chinese characters "Kwok Fau" (Native goods) without a permit from S.C.A. He had thought when he came into Court that the case would come to an end that morning, and that it would not be necessary to bring on this charge. He did so now that Mr. D'Almada might have fresh evidence to go on.

Mr. Lindsell said it was not fair to add a further charge at that stage of the proceedings.

Mr. D'Almada: I am prepared to meet the case. I plead not guilty to his charge.

Hon. Mr. Wolfe: Your Worship will set apart a few afternoons? My evidence will be exactly the same as in the prior case.

Mr. Lindsell fixed the resumption of the hearing for next Thursday at 2.15 p.m.

Anti-Japanese Boycott
—Demonstration in Hong Kong

South China Morning Post , 13th June , 1919.

ANTI-JAPANESE BOYCOTT.

DEMONSTRATION IN HONGKONG.

The anti-Japanese boycott movement has appeared in Hongkong. Circulars urging Chinese merchants to "patronize native products" and "stop business transactions with Japanese" have been freely diffused while placards containing similar advice have also been noticed. Yesterday a new method of appeal was introduced. At noon a body of Chinese youths, nine in number, passed along Queen's Road Central. Each youth carried an oil paper umbrella, Chinese made, on which was written eight large Chinese characters "Chinese community should patronize native products." The meaning was significant enough. We understand the party was made up of students of local schools and was sent out by an organized anti-Japanese boycott association. This is, however, not officially confirmed. This kind of demonstration, being detrimental to foreign business interests, cannot be allowed in a British Colony. The boys, whoever they may be, before they volunteered their services must have been prepared to accept the consequences when Inspector Brazil, acting on instructions, brought them to the Police Station. We are informed that they will be charged in due course with participating in a street procession for which they had not obtained the required permit from the Secretary for Chinese Affairs. It is most satisfactory that the Police stopped the movement, for such activities, if allowed full scope might develop into a serious matter.

The anti-Japanese boycott movement has appeared in Hong Kong. Circulars urging Chinese merchants to "patronize native products" and "stop business transactions with Japanese" have been freely diffused while placards containing similar advice have also been notice. Yesterday a new method of appeal was introduced. At noon a body of Chinese youths, nine in number, passed along Queen's Road Central. Each youth carried an oil paper umbrella, Chinese made, on which was written eight large Chinese characters "Chinese community should patronize native products." The meaning was significant enough. We understand the party was made up of students of local schools and was sent out by an organized anti-Japanese boycott association. This is, however, not officially confirmed. This kind of demonstration, being detrimental to foreign business interests, cannot be allowed in a British Colony. The boys, whoever they may be, before they volunteered their services must have been prepared to accept the consequences when Inspector Brazil, acting on instructions, brought them to the Police Station. We are informed that they will be charged in due course with participating in a street procession for which they had not obtained the required permit from the Secretary for Chinese Affairs. It is most satisfactory that the Police stopped the movement, for such activities, if allowed full scope might develop into a serious matter.

The Boycott Case
—Demonstrators Fined

South China Morning Post , 13th June , 1919.

THE BOYCOTT CASE.

DEMONSTRATORS FINED.

The students who were charged with causing an obstruction and exhibiting a public notice on their umbrellas, the characters "Kwok Faw," in the public streets, without the permission of the Secretary for Chinese Affairs, were again before Mr R. E. Lindsell yesterday.

The Hon. Mr E. D. C. Wolfe, C.S.P., prosecuted and Mr Leo D'Almada defended.

The accountant of the Sang Yu Bank, of Bonham Strand West, who witnessed the demonstration stated that on the 3rd inst., he was in the doorway of the shop and saw the students carrying umbrellas.

Mr d'Almada: In what order where they walking in the street?

Witness: In two's or three's.

Mr d'Almada: They were not in what they call an unorderly fashion?

Witness: No.

Mr Lindsell: All of them had umbrellas?

Witness: Yes, all of them had.

Mr d'Almada in addressing the Court remarked that it was his duty in the first place to submit to His Worship that even accepting the definition of the word "procession", it was absolutely inapplicable under the circumstances of the present case, and it was inapplicable to the Ordinance under which the boys were charged. He submitted that the word "procession" was intended by the Legislature to apply to Chinese processions. His Worship would see from the Ordinance of 1888 that certain regulations were applicable to Chinese and to Chinese concerns which had to do with registration of householders, district watchmen, religious and theatrical performances. It was clear and conclusive that the word "procession" in the Ordinance simply meant in the strict sense of the term, a religious or a festival ceremony. He would like to say that the boys were not causing much obstruction, and as it was a trivial offence, he asked that they be discharged.

Mr Wolfe insisted that His Worship impose a fine

The students who were charged with causing an obstruction and exhibiting a public notice on their umbrellas, the characters "Kwok Faw," in the public streets, without the permission of the Secretary for Chinese Affairs, were again before Mr R. E. Lindsell yesterday.

The Hon. Mr. E.D.C. Wolfe, C.S.P., prosecuted and Mr. Leo D'Almada defended.

The accountant of the Sang Yu Bank, of Bonham Strand West, who witnessed the demonstration stated that on the 3rd inst, he was in the doorway of the shop and saw the students carrying umbrellas.

Mr. d'Almada: In what order where they walking in the street?

Witness: In two's or three's.

Mr. d'Almada: They were not in what they call an unorderly fashion?

Witness: No.

Mr. Lindsell: All of them had umbrellas?

Witness: Yes, All of them had.

Mr. d'Almada in addressing the Court remarked that it was his duty in the first place to submit to His Worship that even accepting the definition of the word "procession", it was absolutely inapplicable under the circumstance of the present case, and it was inapplicable to the Ordinance under which the boys were charged. He submitted that the word "procession" was intended by the Legislature to apply to Chinese processions. His Worship would see from the Ordinance of 1888 that certain regulations were applicable to Chinese and to Chinese concerns which had to do with registration of householders, district watchmen, religious and theatrical performances. It was clear and conclusive that the word "procession" in the Ordinance simply meant in the strict sense of the term, a religious or a festival ceremony. He would like to say that the boys were not causing much obstruction, and as it was a trivial offence, he asked that they be discharged.

Mr. Wolfe insisted that His Worship impose a fine on the defendants, they being all big boys who should know the laws of the Colony. Living in a British Colony and having its protection, they might have been better employed. Everyone had heard of the boycott trouble in Peking, where the Government was practically run over by the students. He was afraid that there would be bloodshed and disorder in Hong Kong if such things continued, and he being the representative of law and order, must take every measure against the likelihood of trouble.

His Worship cautioned the defendants, warning them to be more careful in future, and reminding them that while staying in a British Colony, the laws and regulations were expected to be observed. He discharged eight of the defendants, but the ringleader was fined $10. In the other case where two more were also charged, a fine of $30 was imposed on each of them.

Mr. d'Almada asked His Worship's permission to obtain the umbrellas, as there was no order for their forfeiture; but His Worship said the question was entirely one for the C.S.P.

Mr. Wolfe: If Mr. d'Almada would send up a scraper, to scrape off the two Chinese characters, and give the umbrellas quite a different outlook, certainly, they may be taken.

to His Worship that even accepting the definition of the word "procession", it was absolutely inapplicable under the circumstances of the present case, and it was inapplicable to the Ordinance under which the boys were charged. He submitted that the word "procession" was intended by the Legislature to apply to Chinese processions. His Worship would see from the Ordinance of 1888 that certain regulations were applicable to Chinese and to Chinese concerns which had to do with registration of householders, district watchmen, religious and theatrical performances. It was clear and conclusive that the word "procession" in the Ordinance simply meant in the strict sense of the term, a religious or a festival ceremony. He would like to say that the boys were not causing much obstruction, and as it was a trivial offence, he asked that they be discharged.

Mr Wolfe insisted that His Worship impose a fine on the defendants, they being all big boys who should know the laws of the Colony. Living in a British Colony and having its protection, they might have been better employed. Everyone had heard of the boycott trouble in Peking, where the Government was practically run over by the students. He was afraid that there would be bloodshed and disorder in Hongkong if such things continued, and he being the representative of law and order, must take every measure against the likelihood of trouble.

His Worship cautioned the defendants, warning them to be more careful in future, and reminding them that while staying in a British Colony, the laws and regulations were expected to be observed. He discharged eight of the defendants, but the ringleader was fined $10. In the other case where two more were also charged, a fine of $30 was imposed on each of them.

Mr d'Almada asked His Worship's permission to obtain the umbrellas, as there was no order for their forfeiture; but His Worship said the question was entirely one for the C.S.P.

Mr Wolfe: If Mr d'Almada would send up a scraper, to scrape off the two Chinese characters, and give the umbrellas quite a different outlook, certainly, they may be taken.

Correspondence
—The Students and the Umbrellas

South China Morning Post, 16th June, 1919.

[To the Editor, S.C.M. Post.]

Sir, - Mr. John Kestrel's correspondence anent the recent Umbrella case is interesting. It fairly represents the views of those who are in sympathy – or at least think that they are in sympathy—with the students. However, the finding of the Magistrate has set them a good object lesson and should serve as an effective deterrent to the proclivities of those who do not exercise discretion in using the public highways. As explained by Mr. Kestrel, "Kwok Fau" (literally, "national goods") means "national made goods," which is but another form of "Made in China." That the characters "Kwok Fau" are in some sense some sort of a notice cannot be denied; but if construed otherwise than strictly as an indication of the "place of origin" (which, so far as is known, is permissible in law) it would be just as reasonable to infer that the bearers of those umbrellas were advertising themselves as native goods!! Well, Mr. Editor, each of us may have views altogether different from those of the other in regard to any particular point. It would therefore indeed be a great boon to some of the Chinese community if the Honourable C.S.P. would be so good as to cause notifications fully defining what the Police consider as a "procession" and what a "public notice, to exhibit which permission must first be obtained," to be posted throughout the Colony, as of late he has so successfully done in regard to traffic. Further, would such big characters as one often sees painted on native hats worn by coolies be considered "public notice," and hence whether or not the wearers thereof are liable to prosecution by the police? What constitutes "a procession" in regard to school boys, who, as everyone well knows, are so fond of rambling in groups? Enlightenment of this kind will be welcome. It will also help to lessen the possibility of a recurrence of similar offences arising out of ignorance, and thus enable the Honourable C.S.P. to devote more time to more important matters regarding the welfare of the Colony. —Yours etc.

W.Y.S.

Hongkong, 16th June 1919.

CORRESPONDENCE.

THE STUDENTS AND THE UMBRELLAS.

[To the Editor, *S. C. M. Post.*]

Sir,—Mr John Kestrel's correspondence anent the recent Umbrella case is interesting. It fairly represents the views of those who are in sympathy—or at least think that they are in sympathy—with the students. However, the finding of the Magistrate has set them a good object lesson and should serve as an effective deterrent to the proclivities of those who do not exercise discretion in using the public highways. As explained by Mr Kestrel, "Kwok Fau" (literally, "national goods") means "national-made goods," which is but another form of "Made in China." That the characters "Kwok Fau" are in some sense some sort of a notice cannot be denied; but if construed otherwise than strictly as an indication of the "place of origin" (which, so far as is known, is permissible in law) it would be just as reasonable to infer that the bearers of those umbrellas were advertising themselves as native goods!! Well, Mr Editor, each of us may have views altogether different from those of the other in regard to any particular point. It would therefore indeed be a great boon to some of the Chinese community if the Honourable C.S.P. would be so good as to cause notifications fully defining what the Police consider as a "procession" and what a "public notice, to exhibit which permission must first be obtained," to be posted throughout the Colony, as of late he has so successfully done in regard to traffic. Further, would such big characters as one often sees painted on native hats worn by coolies be considered "public notice," and hence whether or not the wearers thereof are liable to prosecution by the police? What constitutes "a procession" in regard to school boys, who, as everyone well knows, are so fond of rambling in groups? Enlightenment of this kind will be welcome. It will also help to lessen the possibility of a recurrence of similar offences arising out of ignorance, and thus enable the Honourable C.S.P. to devote more time to more important matters regarding the welfare of the Colony.—Yours etc.,

W.Y.S.

Hongkong, 16th. June 1919.

Kwok Fo

The China Mail, 16th June, 1919.

ACKNOWLEDGMENT.

Mr. and Mrs. Pedro d'Alcantara Xavier beg to acknowledge with sincere gratitude the kind expressions of sympathy received from their relatives and friends on the demise of their beloved son, as well as to those who have kindly sent floral wreaths and taken part at the funeral.

The China Mail.

"TRUTH, JUSTICE, PUBLIC SERVICE."

HONGKONG, MONDAY, JUNE 16, 1919.

RESPONSIBILITY.

No one on our side requires laboured proof of the guilt and responsibility of the enemy, and no one with any sense will pay too much attention to enemy attempts at rebuttal. What we foresaw has happened. The false and exaggerated stories of German atrocities have given the Germans a chance to argue. If our journalists had been content to record the fact that the Hun killed the woman, without going on to say that he ate her baby, he could not have opened his mouth to reply, because he announced beforehand that he would kill the woman, in pursuit of a policy of terrorism. The German proclaimed that might was right, and if his own notion of his might had been correct, he might have been right. It wasn't, and he was wrong, and out of his own mouth he has convicted himself. One item in the long report of the Commission on Responsibility rather puzzles us. The just indictment was so long that (as in the case of our baby-eating illustration) there was no need to pad it. Yet how explain clause no. 10, "usurpation of sovereignty during military occupation?" We cannot understand that. Successful military occupation *is* sovereignty. However - - .

Not long ago "Havas" perpetrated a statement so outrageous that we thought it needed no comment other than the headline we gave it. The telegram began by saying that in Allied countries there is private property owned by Germans which totals about 15 milliards of francs, and it went on, "while the principle of the inviolability of private property is recognized by the Entente, it is intended to request the German Government to seize the property of its citizens and then turn it over to the Allies as part payment of the indemnity." In plain English that means, "We believe theft to be immoral. We will not steal. We will ask the other man to steal what we covet and give it to us." Usually we *interpret Havas* as experience has shown to be necessary. If the French news agency says a thing will be done, we understand it to mean that the official propagandists behind *Havas* desire that thing to be done, and we let it pass as a mere opinion. It now seems that we should act differently. We hear of patriots, themselves leading honest lives, who see no dishonesty in such a procedure, and we hear that there is even some likelihood of the proposition being seriously entertained. This horrible moral debacle must be strenuously protested, or the Germans will indeed have defeated us. In the long indictment against them, drafted by the Commission on Responsibility, we find the Germans accused of confiscating private property. Their chief wickedness, as we know, was their attitude towards the persons and property of non-combatants. It is for that we desire to see them punished. The rest of their crimes, being more or less normal to a war-maddened people, do not stir us so much to resentment as that did. So we simply cannot bear to see our own people dropping to their level. Better an inextinguishable national debt than a permanent rotting of our moral fibre. Since German private property in Allied countries is manifestly beyond the power of Germany to seize, that part of the *Havas* message was glaringly false. We could not ask them to do it: we would not let them do it. That was the plainest of plain camouflage to cover the proposal that we should grab this property, (as an asset against Germany's indebtedness) and refer the owners to their government for repayment. In other words, we rob the child's money-box, and tell it not to cry because its parent is in our debt. He will restore it, we add—which is another lie, because if we believed he could restore it, there would be no need to grab the property of the child. We would collect from the parent. It is damnably hard luck to be chiselled by a vulgar impostor such as the German nation has turned out to be, but it is no excuse for us to break the rules of honesty and recognized international law. We invite the Church to put forward words of moral guidance on this point. It should carry more weight than anything we can say.

NEW ORDINANCE WANTED.

An advertisement in Saturday's *China Mail* indicated that the advertiser was desperately in need of house accommodation. He mentioned pigstyes, but whether this was a humorous way of proving the desperate nature of the demand, or a genuine attempt to secure quarters where he would feel really at home, we do not know. Whatever else the advertisement may have done, it

General won't be jealous, but that he will go ahead and give us that much-needed and very desirable new law. We call the public to witness that it isn't the *China Mail's* fault if we don't get it.

KWOK FO.

The odd thing about "the boycott case," as the papers insisted on calling it, was the anxiety of the authorities to call it something else. A number of schoolboys carrying umbrellas with a Chinese inscription were prosecuted and fined, not under the boycott ordinance, but for organizing a procession without a permit, and thereby causing an obstruction. Evidence showed that the procession wasn't a cortege or a file or a train or a catenation or a procession at all. It was a straggling string of unusual umbrellas carried by self-important schoolboys, conscious of public approval of their patriotism. Nor did it of itself cause an obstruction, though it may have led to one, may have been the occasion of one. We wonder just how the law interpreters manage to discriminate in such cases. Lady Godiva would undoubtedly cause an obstruction, being a more interesting sight than a schoolboy carrying an umbrella. But a man fainting in the street, owing to the heat or other illness, would as certainly cause an obstruction, and we are supposing that they wouldn't prosecute him. However, the case is settled, and no great harm done. The boys more than achieved their object. An excellent point made by Mr. John Kestrel in one of the morning papers seems to us to deserve wider publicity, and we give it. The C.S.P. told the boys, through their counsel, that they could have their umbrellas back if they would first scrape off the Chinese words they carried. This we passed over at the time as a very reasonable stipulation intended to prevent the umbrellas being again used in the same way. Mr Kestrel points out that the characters *Kwok fo* are a contraction of *Chung Kwok So Tso Chi Fo*, which means no more than "made in China." This puts another complexion on the matter. That is straight out business advertising, and obstruction or no obstruction, the makers of the umbrellas have as much right to expose such a sign as any other firm has to send round "sandwich men." If the advocate for the boys had taken that line of defence, that they were "sandwich men" advertising this brand of home-made gamp, we fancy a conviction would have been harder to get. One of our staff, who recently had his new umbrella stolen, is suddenly smitten with the idea that this sort in the C.S.P's custody must be the long awaited unstealable umbrella. He therefore makes a sporting offer to carry one on rainy days, and chance the prosecution.

a harmless caterpillar a venomous insect, and so on. This is natural hypocrisy designed to serve the purpose of the survival of the fittest. In such cases, quite obviously, the fittest are the most successfully hypocritical. As no sane person attributes immorality to the inarticulate members of the organic family, we seem to have found an instance of virtuous hypocrisy. If so in one, why not in others? Man is subject to the Darwinian law. . . .

There is no time to-day to examine this new problem thoroughly. This note may give the wits of our readers some exercise. Perhaps they will favour us with the results?

PEAK TRAM FARES.

More than one reader has enquired why the *China Mail* didn't complain about the high fares charged by the Peak Tramway, when it was dealing with the Ferry fares. We agree that the charges are too high, and eventually they must be reduced. We regard ferries and trams as public services, out of which no more than a reasonable margin of profit should be made. The Government should have a representative on the Board of each company, and divide with the shareholders any surplus over a reasonable percentage. First and foremost the public interest should be considered. But between ferry and Peak tram there is one difference which we point out in justification of our supposed partiality. The Peak tram is used only by wealthy people, who would probably prefer to continue paying these big rates to discourage the proletariat from invading their sacred mountain. On the other hand the ferry is used, and must be used, by all classes, including the workers and local Bolsheviks.

THE VICTORIA THEATRE.

The management of the Victoria Theatre made a happy selection when they took that masterpiece film "Moral Suicide" to show their patrons. Despite the hot weather record attendances have been the order while this film has been showing. This illustrates the advisability of securing good pictures. On Saturday the theatre was packed.

By request of parents and numerous other patrons the Victoria management will screen "Moral Suicide" once more. That will be at the matinee on Wednesday.

The management are sure of a big house as "Moral Suicide" is included in the programme. Patrons are requested to attend early.

To-night "Hands Up" will be shown as well as a Harold Lloyd and other films. A special attraction will be the appearance of the string band from the P. M. s.s. *Venezuela*.

at Gosport.

The population of th
estimated to be 1,279,854
there were 33,011 births,
of 1,752 compared with
birth-rate was 25.79 pe
1911, the census year, th
was 19.41.

Sergeant Cockle f
revolvers and 100 rounds
tion in a Malay boardir
the Praya. He had ha
Inspector Kent said the
house keeper had lived in
40 years and should kn
Fined $25.

In his report on the
1918, the Chief Secretary
view of the difficulties
with shipping an invest
the storage of raw rubbe
menced, and it is believe
terioration of raw rubber s
suitable conditions in th
for a period of six month
possibly longer, is small.

At the Ayer Kuni
meeting in Penang Mr.
who presided, stated th
profit of $8,274 was due t
low price of rubber, th
selling price being 56 c
acres more would be br
bearing gradually during
year, together with mar
present being rested. T
crop was estimated at
They had sold forward
monthly from April to Se
79 cents per pound. $
voted as directors' fee
Pritchard re-elected a dire

The Commissioner
F.M.S., has reported that t
of Criminals continues
rapidly in usefulness and i
It now contains the
134,000 persons, and the
unrelaxed which requires
of every reference to be con
(telegraphically where
munication exists) to th
officer on the day the
received. More than 2
enquiries were received
year; of these 3,545 or
cent. resulted in identific
previous criminal historie

Concerning the exch
tion the Government of
reply to the Bombay In
chants and the Chamber
merce say the Chambers
realise that it is imposs
Secretary of State to cont
rupees in India at consider
their cost. They are as
the Government of India
anxious to secure stabil
change and that the whol
will be comprehensively
by the coming Currency
upon which an Indian rep
Dadaiba Merwanjee Dalal,

The odd thing about "the boycott case," as the papers insisted on calling it, was the anxiety of the authorities to call it something else. A number of schoolboys carrying umbrellas with a Chinese inscription were prosecuted and fined, not under the boycott ordinance, but for organizing a procession without a permit, and thereby causing an obstruction. Evidence showed that the procession wasn't a cortege or a file or a train or a catenation or a procession at all. It was a straggling string of unusual umbrellas carried by self-important schoolboys, conscious of public approval of their patriotism. Nor did it of itself cause an obstruction, though it may have led to one, may have been the occasion of one. We wonder just how the law interpreters manage to discriminate in such cases. Lady Godiva would undoubtedly cause an obstruction, being a more interesting sight than a schoolboy carrying an umbrella. But a man fainting in the street, owing to the heat or other illness, would as certainly cause an obstruction, and we are supposing that they wouldn't prosecute him. However, the case is settled, and no great harm done. The boys more than achieved their object. An excellent point made by Mr. John Kestrel in one of the morning papers seems to us to deserve wider publicity, and we give it. The C.S.P. told the boys, through their counsel, that they could have their umbrellas back if they would first scrape off the Chinese words they carried. This we passed over at the time as a very reasonable stipulation intended to prevent the umbrellas being again used in the same way. Mr. Kestrel points out that the characters *Kwok fo* are a contraction of *Chung Kwok So Tso Chi Fo*, which means no more than "made in China." This puts another complexion on the matter. That is straight out business advertising, and obstruction or no obstruction, the makers of the umbrellas have as much right to expose such a sign as any other firm has to send round "sandwich men." If the advocate for the boys had taken that line of defence, that they were "sandwich men" advertising this brand of home-made gamp, we fancy a conviction would have been harder to get. One of our staff, who recently had his new umbrella stolen, is suddenly smitten with the idea that this sort in the C.S.P's custody must be the long awaited unstealable umbrella. He therefore makes a sporting offer to carry one on rainy days, and chance the prosecution.

The Japanese Boycott
—Another Demonstration

The China Mail, 6th June, 1919.

THE JAPANESE BOYCOTT.

ANOTHER DEMONSTRATION.

The Anti-Japanese boycotters are still busy among the Chinese in Hongkong. Office and shop contingents going to work this morning were treated to a rather unusual sight outside the Dairy Farm. An array of broken straw hats of Japanese make, banners bearing Chinese characters urging the passers-by to boycott Japanese goods, and tattered cloths with the inscription " native goods " were seen suspended from the branches of a tree outside the Dairy Farm Company's premises.

Shortly after 8.30 a.m. the Police arrived on the scene and dispersing the crowd who had assembled to gaze at these things, removed the exhibits to the Central Station. It is presumed that the agitators had carried out their work in the night. No one knows who did it.

The Anti-Japanese boycotters are still busy among the Chinese in Hong Kong. Office and shop contingents going to work this morning were treated to a rather unusual sight outside the Dairy Farm. An array of broken straw hats of Japanese make, banners bearing Chinese characters urging the passers-by to boycott Japanese goods, and tattered clothes with the inscription "native goods" were seen suspend from the branches of a tree outside the Dairy Farm Company's premises.

Shortly after 8.30 a.m. the Police arrived on the scene and dispersing the crown who had assembled to gaze at these things, removed the exhibits to the Central Station. It is presumed that the agitators had carried out their work in the night. No one knows who did it.

Ellis Kadoorie School

—Peace Celebration

The China Mail, 16th July,1919.

ELLIS KADOORIE SCHOOL.

PEACE CELEBRATION.

The Hall of this School was beautifully decorated for its Peace Celebration—all done by the pupils themselves. Before the Chinese Play began, after a few introducing remarks by the Headmaster, Mr. Lau Chu Pak delivered an address from the stage in Chinese. Seated on the stage were Sir Ellis Kadoorie, the Inspector of English Schools and the Headmaster.

Crayon and water colour sketches were put up in the Confucian Hall. A picture of President Wilson was also exposed in a conspicuous position. Amongst the notable visitors were Sir Ellis Kadoorie (founder of the Institute), the Hon. Mr. Lau Chu Pak and Mr. E. Ralphs, of the Education Department. Mr. Lau Chu Pak declared his intention of presenting to every scholar present a souvenir booklet, with his speech in English and Chinese, as a lasting memento of the occasion.

Congratulations and good wishes were sent in a message from H.E. the Officer Administering the Government. This was read to the boys by Mr. James, the Headmaster.

The Chinese play which lasted for four hours was a great success. In the afternoon a dinner was provided.

Mr. Lau Chu Pak's address is thus translated:—Mr. James, gentlemen and my young friends,—When your Headmaster asked me to address you on the subject of the Great Peace which you are celebrating to-day, I accepted his invitation unhesitatingly and with keen pleasure, for I have taken a deep interest in your school ever since its establishment about 20 years ago. In fact, I was associated with Sir Ellis Kadoorie (whom I am glad to see here) in founding the institution, and I acted as honorary secretary to the Committee of Management from the day the school was opened to the time [illegible]

[illegible] of her [illegible] now looks for her [illegible]. Indeed, it is upon your [illegible], and endeavours for knowledge, depends the future of your mother-land. I want you to remember, as I hope all will remember, that it is only by justice, fairplay, brotherly love, and a strict regard for the rights of your neighbours, however humble and weak they may be, can peace be preserved. And, remembering these precepts, let us, each according to his own ability and according to his station, strive to work for a real and lasting peace. I want you particularly to note the words "each according to his station." A governor should do the work of a governor; a policeman, the work of a policeman; a school boy, the work that his parents and masters expect of him. The world would soon go to pieces if we all poked our noses into matters of which we know very little, or which are not our business. I have been watching with alarm the growing tendency on the part of Chinese students to interfere in public affairs. No doubt some of those who have acted thus foolishly were actuated by the best of motives; but I am afraid that some did so through a desire for notoriety. But whatever might have been their motives, this action is one that should be strongly condemned. You may take refuge behind the plea that the end justifies the means. No, nothing justifies such action; the principle is wrong. It is not the business of a school-boy to interfere in public affairs. His duty is to acquire knowledge, and to learn how to obey, so as to prepare himself to become a useful member of society. However well endowed with natural gifts a boy may be, he is, by reason of his inexperience, unfit to take a hand in the affairs of the State. In almost all cases where school-boys got themselves mixed up in public affairs, in defiance of recognised authority, there were some interested persons, grown up persons, behind the scene pulling the string, as

The Hall of this School was beautifully decorated for its Peace Celebration—all done by the pupils themselves. Before the Chinese Play began, after a few introducing remarks by the Headmaster, Mr. Lau Chu Pak delivered an address from the stage in Chinese. Seated on the stage were Sir Ellis Kadoorie, the Inspector of English Schools and the Headmaster.

Crayon and water colour sketches were put up in the Confucian Hall. A picture of President Wilson was also exposed in a conspicuous position. Amongst the notable visitors were Sir Ellis Kadoorie (founder of the Institute), the Hon. Mr. Lau Chu Pak and Mr. E. Ralphs, of the Education Department. Mr. Lau Chu Pak declared his intention of presenting to every scholar present a souvenir booklet, with his speech in English and Chinese, as a lasting memento of the occasion.

Congratulations and good wishes were sent in a message from H. E. the Officer Administering the Government. This was read to the boys by Mr. James, the Headmaster.

The Chinese play which lasted for four hours was a great success. In the afternoon a dinner was provided.

Mr. Lau Chu Pak's address is thus translated:—Mr. James, gentlemen and my young friends, - When your Headmaster asked me to address you on the subject of the Great Peace which you are celebrating to-day, I accepted his invitation unhesitatingly and with keen pleasure, for I have taken a deep interest in your school ever since its establishment about 20 years ago. In fact, I was associated with Sir Ellis Kadoorie (whom I am glad to see here) in founding the institution, and I acted as honorary secretary to the Committee of Management from the day the school was opened to the time when it was transferred to the control of the Director of Education a few years ago. Though I am no longer connected with the school in any official capacity, the interest I take in it has in no way diminished. You can therefore imagine with what pleasure I come to address you this morning. I have, before, addressed this school on Prize-giving days; I have more than once talked to its scholars regarding matters of discipline. But on no occasion did I ever come before you with a subject of greater import than the one on which your Headmaster has asked me to speak to you. To-day you are celebrating the Great Peace, just as the whole Colony did so a few days ago. I wonder whether it has occurred to you that you are celebrating what is undoubtedly the biggest event in the memory of living men. You are celebrating a peacc which has brought to a conclusion four and a half years of a world-conflict entailing untold miseries on mankind, and upon which are now centered the hopes of a broken world. In joining so (heartily) in the festivities, what are your thoughts, feelings and emotions of the moment? And do you understand what this Peace means to you and to mankind? It is because your Headmaster wants you to have a right conception of the whole thing, that he has asked me to address you, and to do so in your own mother-

as honorary secretary to the Committee of Management from the day the school was opened to the time when it was transferred to the control of the Direcor of Education a few years ago. Though I am no longer connected with the school in any official capacity, the interest I take in it has in no way diminished. You can therefore imagine with what pleasure I come to address you this morning. I have, before, addressed this school on Prize-giving days; I have more than once talked to its scholars regarding matters of discipline. But on no occasion did I ever come before you with a subject of greater import than the one on which your Headmaster has asked me to speak to you. To-day you are celebrating the Great Peace, just as the whole Colony d'd so a few days ago. I wonder whether it has occurred to you that you are celebrating what is undoubtedly the biggest event in the memory of living men. You are celebrating a peace which has brought to a conclusion four and a half years of a world-conflict entailing untold miseries on mankind, and upon which are now centered the hopes of a broken world. In joining so heartily in the festivities, what are your thoughts, feelings and emotions of the moment? And do you understand what this Peace means to you and to mankind? It is because your Headmaster wants you to have a right conception of the whole thing, that he has asked me to address you, and to do so in your own mother-tongue. You undoubtedly know why practically the whole world—Great Britain, America, China and a number of other countries—went to the aid of France when she was suddenly attacked by a powerful and unprincipled friendly nation. It was because we could not let Might triumph over Right. We Chinese are essentially a peaceable people, but we still know what is right and what is wrong; and the part that China took in the War, though small in comparison with the gigantic efforts of some of her Allies, was not inconsiderable. Now that the War is over, our first feeling is one of deep thankfulness that Peace once more reigns on this fair Earth. Our next thought instinctively turns to the brave men who, on land, on

authority, there were some interested persons, grown up persons, behind the scene pulling the string, as it were, to serve their own ends. I warn you against falling into the pitfalls prepared by such unprincipled people. I want you to know that unless you make good sons and good pupils, you can never become good, fathers and good teachers. You are like the jade that is being shaped into a serviceable vessel. If the process of shaping is abruptly stopped, you will remain a useless stone. Endeavour, then, to acquire knowledge while you have the opportunity, to improve yourselves morally, mentally and physically, to learn what is right and what is wrong, to submit to discipline, and to mind your own business. If you do all these, steadfastly and with earnestness of purpose, you will assuredly become useful sons of your country, and go a long way towards assisting in achieving a real and lasting peace.

Mr. B. James, the Headmaster, responded:—Masters and Boys of Ellis Kadoorie School, as you all know, we are assembled here to-day to celebrate the Great Peace. The grown-up people of Hongkong have already celebrated this great event in the world's history in such a way that no one who was present in Hongkong on July 18 and 19, is ever likely to forget what he saw. But the grown-up people who rule Hongkong have said that every school must have an extra celebration—because school-children will live longer than grown-up people, and will therefore be able to pass on a memory of this supreme event when the grown-up people have joined the great majority. You have been invited to fix your own form of celebration and a committee of 40 masters and boys, after gravely deliberating in the Confucian Hall of this building, decided that our ideal form of celebration should consist of a Chinese play, a Chinese d'nner and an address in Chinese from the Honourable Mr. Lau Chu Pak. You have given ample proof that you do not regard this celebration as an empty formality. Every detail of the decoration of this hall has been carried out by yourselves—you have retongue. You undoubtedly know why practically the whole world—Great Britain, America, China and a number of other countries—went to the aid of France when she was suddenly attacked by a powerful and unprincipled friendly nation. It was because we could not let Might triumph over Right. We Chinese are essentially a peaceable people, but we still know what is right and what is wrong; and the part that China took in the War, though small in comparison with the gigantic efforts of some of her Allies, was not inconsiderable. Now that the War is over, our first feeling is one of deep thankfulness that Peace once more reigns on this fair Earth. Our next thought instinctively turns to the brave men who, on land, on the seas and in the air have fought with such indomitable courage and high ideals to preserve for us freedom and justice. Our hearts also go out to those bereft of noble sons, brothers or husbands who had consecrated our righteous cause with their life-blood. In thus contemplating the past, we must not neglect the future. Time and again during the course of the gigantic struggle, Mr. Lloyd George, the Premier of Great Britain, said that what we were fighting for was a just and lasting peace. A just peace we have, judging by the terms imposed upon, and accepted by, Germany. But will it be a lasting peace? A peace will not be lasting, no matter how wise the provisions in the treaty that brings it about, if such provisions are not supported by the right spirit of the peoples concerned. The soldiers have sheathed their swords; the statesmen and diplomats have done their work at the conference-table. It now remains for the peoples—the common peoples—to bring to fruition the labours of these men. This applies not only to the peoples of Great Britain, France, America and even to the peoples of Germany and Austria, but also to the people of China—to you boys no less than to your elders. I need not tell you that the boys of to-day will be the fathers of to-morrow. To you, to the millions of her (younger Chinese) now looks for her regeneration. Indeed, it is upon your behaviour, character, and endeavours for knowledge, depends the future of your mother-land. I want you to remember, as I hope all will remember, that it is only by justice, fairplay, brotherly love, and a strict regard for the rights of your neighbours, however humble and weak they may-be, can peace be preserved. And, remembering these precepts, let us, each according to his own ability and according to his station, strive to work for a real and lasting peace. I want you particularly to note the words "each according to his station." A governor should do the work of a governor; a policeman, the work of a policeman; a school boy, the work that his parents and masters expect of him. The world would soon go to pieces if we all poked our noses into matters of which we know very little, or which are not our business. I have been watching with alarm the growing tendency on the part of Chinese students to interfere in public affairs. No doubt some of those who have acted thus foolishly were actuated by the best of motives; but I am afraid that some did so through a desire for notoriety. But whatever might have been their motives, this action is one that should be strongly condemned. —You may take refuge behind the plea that the end justifies the means. No, nothing justifies such action: the principle is wrong. It is not the business of a school-boy to interfere in public affairs. His duty is to acquire knowledge, and to learn how to obey, so as to prepare himself to become a useful member of society. However well endowed with natural gifts a boy may be, he is, by reason of his inexperience, unfit to take a hand in the affairs of the State. In almost all cases where school-boys got themselves mixed up in public affairs, in defiance of recognised authority, there were some interested persons, grown up persons, behind the scene pulling the string, as it were, to serve their own ends. I warn you against falling into the pitfalls prepared by such unprincipled people. I want you to know that unless you make good sons and good pupils, you can never become good fathers and good teachers. You are like the jade that is being shaped into a serviceable vessel. If the process of shaping is abruptly stopped, you will remain a useless stone. Endeavour, then, to acquire knowledge while you have the opportunity, to improve yourselves morally, mentally and physically, to learn what is right and what is wrong, to submit to discipline, and to mind your own business. If you do

en, China and a number of other countries went to the aid of France when she was suddenly attacked by a powerful and unprincipled friendly nation. It was because we could not let Might triumph over Right. We Chinese are essentially a peaceable people, but we still know what is right and what is wrong; and the part that China took in the War, though small in comparison with the gigantic efforts of some of her Allies, was not inconsiderable. Now that the War is over, our first feeling is one of deep thankfulness that Peace once more reigns on this fair Earth. Our next thought instinctively turns to the brave men who, on land, on the seas and in the air have fought with such indomitable courage and high ideals to preserve for us freedom and justice. Our hearts also go out to those bereft of noble sons, brothers or husbands who had consecrated our righteous cause with their life-blood. In thus contemplating the past, we must not neglect the future. Time and again during the course of the gigantic struggle, Mr. Lloyd George, the Premier of Great Britain, said that what we were fighting for was a just and lasting peace. A just peace we have, judging by the terms imposed upon, and accepted by, Germany. But will it be a lasting peace? A peace will not be lasting, no matter how wise the provisions in the treaty that brings it about, if such provisions are not supported by the right spirit of the peoples concerned. The soldiers have sheathed their swords; the statesmen and diplomats have done their work at the conference-table. It now remains for the peoples—the common peoples—to bring to fruition the labours of these men. This applies not only to the peoples of Great Britain, France, America and even to the peoples of Germany and Austria, but also to the people of China—to you boys no less than to your elders. I need not tell you that the boys of to-day will be the fathers of to-morrow. To you, to the men will therefore be able to pass on a memory of this supreme event when the grown-up people have joined the great majority. You have been invited to fix your own form of celebration and a committee of 40 masters and boys, after gravely deliberating in the Confucian Hall of this building, decided that our ideal form of celebration should consist of a Chinese play, a Chinese dinner and an address in Chinese from the Honourable Mr. Lau Chu Pak. You have given ample proof that you do not regard this celebration as an empty formality. Every detail of the decoration of this hall has been carried out by yourselves—you have received no help from any servants—it has been entirely a labour of love. Many of you were working up to two o'clock this morning and many of you began work again at six o'clock this morning. I congratulate you all on the result. I have been asked to tell you that, on an early date when the holidays are over, you will be asked to assemble here again when a medal will be presented to every pupil of Ellis Kadoorie School who has attended the Celebration to-day. (Cheers.) I would like to remind you that we are greatly honoured to-day by the presence of two of the founders of this school—Sir Ellis Kadoorie—(cheers)—after whom the school is named, and the Hon. Mr. Lau Chu Pak,—(cheers)—whose portraits you see on our walls, and whose names you see recorded on a tablet as having given large sums of money towards the construction of our fine school buildings. (Cheers.) Before I ask Mr. Lau Chu Pak to address you in the language which you understand best and which you like best I would like to say one or two things clearly and slowly. The Great War is over. The Great Peace has begun. There are no longer any Enemy Nations, or Neutral Nations, or Allied Nations. But I sincerely believe that it will be for the good of China, for the good of England and for the [illegible] all these steadfastly and with earnestness of purpose, you will assuredly become useful sons of your country, and go a long way towards assisting in achieving a real and lasting peace.

Mr. B. James, the Headmaster, responded: —Masters and Boys of Ellis Kadoorie School, as you all know, we are assembled here to-day to celebrate the Great Peace. The grown-up people of Hong Kong have already celebrated this great event in the world's history in such a way that no one who was present in Hong Kong on July 18 and 19, is ever likely to forget what he saw. But the grown-up people who rule Hong Kong have said that every school must have an extra celebration—because school-children will live longer than grown-up people, and will therefore be able to pass on a memory of this supreme event when the grown-up people have joined the great majority. You have been invited to fix your own form of celebration and a committee of 40 masters and boys, after gravely deliberating in the Confucian Hall of this building, decided that our ideal form of celebration should consist of a Chinese play, a Chinese dinner and an address in Chinese from the Honourable Mr. Lau Chu Pak. You have given ample proof that you do not regard this celebration as an empty formality. Every detail of the decoration of this hall has been carried out by yourselves – you have received no help from any servants—it has been entirely a labour of love. Many of you were working up to two o'clock this morning and many of you began work again at six o'clock this morning. I congratulate you all on the result. I have been asked to tell you that, on an early date when the holidays are over, you will be asked to assemble here again when a medal will be presented to every pupil of Ellis Kadoorie School who has attended the Celebration to-day. (Cheers.) I would like to remind you that we are greatly honoured to-day by the presence of two of the founders of this school—Sir Ellis Kadoorie—(cheers)— after whom the school is named, and the Hon. Mr. Lau Chu Pak, —(cheers)—whose portraits you see on our walls, and whose names you see recorded on a tablet as having given large sums of money towards the construction of our fine school buildings. (Cheers.) Before I ask Mr. Lau Chu Pak to address you in the language which you understand best and which you like best I would like to say one or two thins clearly and slowly: The Great War is over, The Great Peace has begun. There are no longer any Enemy Nations, or Neutral Nations, or Allied Nations. But I sincerely believe that it will be for the good of China, for the good of England and for the good of the world.

駐港日領事對於抵制之報告

原載《華字日報》，1919 年 7 月 22 日，第 1 張第 3 版

日本啤酒受華人提倡抵制之影響者甚微煤炭亦然惟香港之海味則跌低三成然與抵制之舉無關華人酒樓仍然通用日本食品內地之煽動抵制于日貨之銷場不無受間接之打擊華人躉家心甚怯弱欲將日貨私售其所賣由日本而來之貨先將日商標變換並隱其來源日商之辦貨入口者覩此情形大覺爲難日本火柴未經華人抵制入口之火柴幾有九成六是由日本來者故欲抵制亦不能行然其中有喜用歐洲之火柴者日本藥料之大販家生意如常然爲數甚少但零賣之家則受此抵制之風潮云

《南華日報》轉載《上海泰晤士報》云，駐香港日本總領事報告言，日木啤酒受華人提倡抵制之影響者甚微，煤炭亦然。惟香港之海味則跌低三成，然與抵制之舉無關。華人酒樓仍然通用日本食品，內地之煽動抵制於日貨之銷場，不無受間接之打擊。華人躉家心甚怯弱，欲將日貨私售，其所賣由日本而來之貨，先將日商標變換，並隱其來源。日商之辦貨入口者，睹此情形大覺為難。日本火柴未經華人抵制，入口之火柴幾有九成六是由日本來者，故欲抵制亦不能行。然其中有喜用歐洲之火柴者，日本藥料之大販家生意如常，然為數甚少，但零賣之家則受此抵制之風潮云。

一九一九年香港商業談

原載《華字日報》，1920 年 1 月 5 日，第 1 張第 3 頁，節錄。

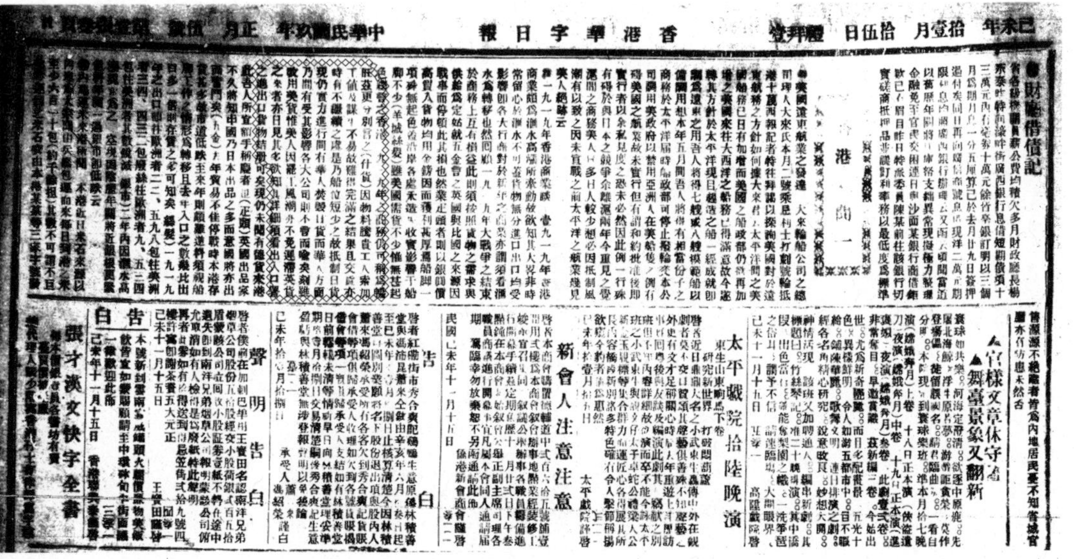

己未年拾壹月拾伍日 禮拜登 香港華字日報 中華民國玖年正月伍號

財政借債記

官樣文章休守舊

舞臺景象又翻新

太平戲院拾陸晚演

新會人注意注意

告白

聲明告白

張才淡文快字全書

總言之，香港一九一九年之商務仍可稱為暢旺，茲更分別言之，（什貨）因物料騰貴，工人索加工值及謀生不易，故難得完滿之結果，且交貨亦時有不繼續之虞，是乃船位短少之故。抵制日貨現仍實力進行，間有華人焚毀日貨，而華人方面乃間有受其影響，各大公司則不言而喻矣。刻雖改用美貨，惟美人因罷工風潮亦不免遲滯。英貨之來者，亦日見其多。

香港學生；學「生」乎；學「死」乎；

［孫受匡］

原載《熱血痕説集》，香港：虞初小説社，1923 年，第 59–70 頁

香港學生；學「生」乎；學「死」乎；

香港學生學「死」香港多數的學生學「死」香港多數讀中文讀英文的學生學「死」此近日社會上言論家對我香港學生所下之批評也余聞斯言余愧斯言余有感于斯言余更大惑不解于斯言

香港學生何常學「死」哉溯自國內「五四」「六三」運動以來各省學生莫不桴鼓應惟香港學生寂然不動各界人士遂以爲香港學生無愛國心有凉血性不知處乎掣肘之下不得不如是也然亦何嘗不有消極之救國運動乎今之破天荒露頭角于香港爲中國儲蓄人才爲貧民教育子弟爲平民教育之先鋒隊非策羣義學乎非香港卅

香港學生學「生」乎學「死」乎

（九五）

香港學生學「死」，香港多數的學生學「死」，香港多數讀中文讀英文的學生學「死」。此近日社會上言論家對我香港學生所下之批評也。余聞斯言，余愧斯言，余有感於斯言，余更大惑不解於斯言。

香港學生何常學「死」哉？溯自國內「五四」、「六三」運動以來，各省學生莫不桴鼓應，惟香港寂然不動。各界人士遂以為香港學生無愛國心。有涼血性，不知處乎掣肘之下不得不如是也。然亦何嘗不有消極之救國運動乎？今之破天荒露頭角於香港，為中國儲蓄人才、為貧民教育子弟、為平民教育之先鋒隊、非策群義學乎？非香港卅六校學生所辦之策群義學乎？

香港學生學「生」乎學「死」乎

六校學生所辦之策羣義學乎若然則香港學生何有學「死」何有多數學生學「死」更何有多數讀中文讀英文的學生學死乃社會上言論家竟批評我香港學生學「死」果何故哉其之批評豈意氣用事乎抑觀察不周乎抑香港學生果有學「死」者在而授人以口實乎孟子曰「夫人必自侮然後人侮之」若然則香港學生必有學「死」者在而後人以學「死」一名詞賜之也彰彰明甚請予不信請觀左列八派學生。

(一)刨書派　此派學生之心理若曰吾輩既名爲學生則吾輩之事業在讀書在求學問進境而已吾輩現處少年時期腦力優良猶宜精勤以貯蓄學問否則「少壯不努力老大徒傷悲」其不爲沈攸子

(十六)

香港學生學「生」乎學「死」乎

晚年好學而嘆「早知窮達有命恨不十年讀書」者鮮矣況吾輩有父兄披星戴月勤勞辛苦而得之金錢以讀書或則不遠千里而來離鄉別井拋別父母兄弟以讀書用無量之金錢費幾許之光陰其目的所在祇讀書一問題則吾輩欲償所犧牲之代價惟有「努力精勤」而已持此宗旨于是對於英文國文數學地理歷史物理等科目大刨特刨大讀特讀以爲萬事萬物皆從書本中得來故腦所記者記書本口所念者念書本筆所默者默書本一若舍書本外無他事世界上近日之潮流外來之事物社會之黑暗國家所處之危機之地位一概不理「五四」「六三」之運動山東之問題廿一條件之秘約某人在東三省之經營之横暴視作等閒彼輩所最注意者考試分數之高低以爲彼

(一六)

若然，則香港學生何有學「死」？何有多數學生學「死」？更何有多數讀中文讀英文的學生學死？乃社會上言論家竟批評我香港學生學「死」，果何故哉？其之批評，豈意氣用事乎？抑觀察不周乎？抑香港學生果有學「死」者在而授人以口實乎？孟子曰「夫人必自侮然後人侮之」。若然，則香港學生必有學「死」者在，而後人以學「死」一名詞賜之也！彰彰明甚，謂予不信，請觀左列八派學生。

（一）刨書派　此派學生之心理，若曰吾輩既名為學生，則吾輩之事業在讀書、在求學問進境而已。吾輩現處少年時期，腦力優良，猶宜精勤以貯蓄學問。否則，「少壯不努力，老大徒傷悲」。其不為沈攸子晚年好學而嘆：「早知窮達有命，恨不十年讀書」者鮮矣！況吾輩有父兄披星戴月、勤勞辛苦，而得之金錢以讀書，或則不遠千里而來，離鄉別井、拋別父母兄弟以讀書。用無量之金錢，費幾許之光陰，其目的所在，祇讀書一問題，則吾輩欲償所犧牲之代價，惟有「努力精勤」而已！持此宗旨，於是對於英文、國文、數學、地理、歷史、物理等科目大刨特刨，大讀特讀，以為萬事萬物皆從書本中得來。故腦所記者記書本，口所念者念書本，筆所默者默書本。一若舍書本外無他事。世界上近日之潮流、外來之事物、社會之黑暗、國家所處之危機之地位，一概不理。「五四」、「六三」之運動，山東之問題、廿一條件之秘約，某人在東三省之經營之橫暴，視作等閒。彼輩所最注意者，考試分數之高低，以為彼輩讀書之勤奮、學問之良否的商標而已。此輩學生，其所定之宗旨，未嘗不是。但只知刨書，不理外來所發生之事物。於是，（一）學生所得之學問，不能應用於社會。（二）外來事物既不理會，則所得之知識，祇限於「書本式」的，而於常識必缺乏，此其弊也。

（二）片面覺悟派　此派學生因常閱報紙，故知國家之現狀。頗讀新出版雜誌，故略知世界之潮流。與工人相接觸，故知工人之艱苦。與社會相周旋，故瞭然社會之黑暗之腐敗。新思潮之雜誌，無一不有翻譯世界之叢著，部部皆存。因傾心於新學問之中，故一下課堂即讀新雜誌。又因雜誌所討論之問題，所發表之言論，極為新奇，於是不特散課堂而後讀雜誌，甚至溫習功課之鐘點，亦以之而讀雜誌。其結果則「誌雜式」的新思想滿腦，而功課上則缺如。至學校考試期到，不及格者有之；因功課不熟而大倡廢止考試制度、以掩其醜者亦有之；此派學生恰與刨書派成一反比例。

（三）渾帳派　此派學生不知何者為世界、不知何者為國家、不知何者為廿世紀之潮流之趨向，亦不知何者為學生應有之責任。人之淩我弱我，彼等不知有恥，木屐兒欲強取我青島，彼等不知有憤。廿一條件秘約，無形亡我國者也，彼等不知有懼。我中國各處之重要口岸為人割據，盡彼等不知有憂。彼等所知者，飢也則食、飽也則游、倦也則眠、覺也則起衣服之；花紋何者為新款，鞋履之様子何者為新式，游樂之地方何者為最適宜而已！彼等心目中，一若舍此以外，無有應辦之事、應盡之義務。故祖國無所用其愛，亦無所憂其忘。蓋愛祖國於彼無大益，而忘祖國於彼無所損也！彼等之生，如行尸走肉，能運動而不能知覺，徒懦懦然虛度此數十秋而已！

（四）嘆息派　此派學生非不知國家所處之危機，亦非不知國之當愛當救。但彼等雖知，而實等於無知；彼等之面常蹙其眉而皺其額，若有深憂者。然彼等之口常曰：「皮之不常，毛將焉附？」國既滅亡，家於何有？況「國家興亡，匹夫有責」乎！讀「國破山河在，城深草木春，感時花濺淚，恨別鳥驚心。」之句，未嘗不三嘆息也，若有極哀時事之語焉。彼等之面之語，雖如此然，使問之曰：「汝等既有覺悟，盍不獻身於社會、於國家、辦救國愛國之事業，以拯此危亡之祖國乎？」則彼必曰：「吾非不知，但以個人之力，雖鞠躬盡瘁、死而後已，何濟於事？且中國衰弱之原因，其來源其背景皆非一朝一夕所能為力，則我雖獻身於社會，亦何從救起愛起我祖國。現在國中有志之士不少，若中國可救，則彼等已先我救之矣！彼等尚不為，況我乎故？我雖有救國愛國之心，我亦不能做救國愛國之事。豈所欲哉？不得已也！」此派學生，吾無以名之，特名之曰嘆息派。

（五）罵新亦罵舊派　此派學生，無一定之宗旨。故見新則罵新，見舊則罵舊。新人物則罵為過激派，舊人物則罵為頑固派；新學說則罵為甚於洪水猛獸，有過之焉，舊學說則罵為阻礙思想進化，毒莫大焉。新學生欲辦一事，則罵之曰：「沽名釣譽，浮躁喜事。」舊老輩坐食安閒，則罵之曰：「寄生毒蠹，暮氣太深。」聞有說新道德者則曰：「此萬善淫為首、萬惡孝為先之新文化家也。」有說自由戀愛者，則罵之曰：「此提倡公妻主義者也。」總而言之，則新也罵、舊也罵，無一不被其大罵而特罵然！因彼之罵，意志稍薄弱者於是裹足而不敢熱心負責辦事矣！

（六）不理事派　此派學生素持一達觀的消極主義，以為「人之生也不過數十寒暑耳，幼穉老衰而外，所餘者不過四十年。此四十年中，疾病夢寐去其大半，所餘人生，行樂之日不過二十餘年，此二十餘年中即使優游安樂，備享生人之幸福，則為期亦暫耳。空也即色，色亦即空，今之華屋、朱門，重茵列鼎，食錢方丈者，不移時又歌。舞場空、繁華夢冷，白楊宿草，齎恨終天，冷炙殘羹，銷魂坏土矣！千古之偉人之聖賢之英雄之豪傑，炙手可熱，聲勢煊赫者，而今安在哉？」持此宗旨，於是對於外來事物，無論其目的為愛國與否，其宗旨為救國與否，均一律不理。不獨對於外來事物不理，且對於一己之學業上進步與否，亦不理矣。此派學生達觀則誠達觀矣，但今日世界為分工互助之世界，故無論智愚賢否，均應盡一己之能力，服務於社會，投身於事業，使「各盡其所能，各取其所需」，以無負個人之一生為學生者，更宜努力學問，為將來獻身社會上地步，豈可持此達觀的消極主義乎？且既持此主義，以不理事為目的，則直「寄生蠹」、「蛀米蟲」而已。國家上何貴有此學生乎？

（七）奴隸派　此派學生以讀英文者為多，彼輩之讀英文也，其目的非欲研究人之政治風俗也，非欲明晰人之如何進化、如何變遷而為改革中國將來計也，非欲藉此以知近世紀之潮流趨向也，非欲讀之以為介紹外人名著於祖國也。彼輩讀英文之目的非他，不過欲賺較高之薪水而已。嗚呼！可敬可愛有無窮希望之學生，竟因區區較優之薪水，棄本國之文字，讀人之語言，做人之奴隸，為人所揮喝、所吒咤、所怒罵而亦恬然不以為恥者，何故乎？此非予之過言也。試觀香港讀外國文之學生，如此其眾也。於「如此其眾」之中，對於中文稍有根底、文字通順流暢者，雖未嘗不多，然亦實居小數也。其餘之能寫普通信札，無若何之，錯悟者仍居小數也。除此二者之外，對於中文目不識丁或識而不通其意義、或通其意義而不能用之於文字上，仍比比然也。予亦非謂讀外國文之學生，雖先有極高深的中文程度始可讀外國文也，不過見近日之學生對於中文已不甚了解，而當上中文堂時或告假或偷眠或看言情小說，一若與中文無絲毫關係者，而細察彼輩之中文程度，文言文字固不通，甚至寫一白話文字能達一己之意仍艱。干「牽牛上樹」者，故欲為彼等下一勸告，而望其中文與外國文並重也。然彼輩之所以如此者，果何故乎？曰做奴隸，不必識中文。不必識中文，又何為而多加一重苦以讀中文哉！此派學生吾無以名之，名之曰奴隸派。

今日中國如此其弱矣，人之以強權凌我中國，如此其甚矣！各省重要口岸為人所割據者，如此其多矣！而我旅港之學生，尚如游魚居將沸之鼎，誤為水暖之春江；巢燕處半火之堂，疑為照屋之出日。彼刨書派也、片面覺悟派也、渾帳派也、嘆息派也、罵新亦罵舊派也、不理事派也、奴隸派也，只知刨書而已、片面覺悟而已、渾帳而已、嘆息而已、罵新亦罵舊而已、不理事而已、做奴隸而已。一若捨此數者以外，不知尚有所謂愛國救國之事業、盡學生一分子之義務。此八派學生，徒有學生之名，毫無學「生」之實。在讀者諸君觀之，此八派香港之學生是學「生」乎？抑是學「死」乎？

人生自古誰無死．留得丹心照汗青．「文天祥」

學生應具之精神及宜盡之責任 ［孫受匡］

原載《熱血痕説集》，香港：虞初小説社，1923 年，第 91–111 頁。

學生應具之精神及宜盡之責任

學生界自「五四」「六三」運動焚曹擊章拒簽德約力爭青島而後而學生愛國之精神始現自第二次罷課失敗工商各界不表同情而後學生于是知欲改造中國非先使平民有新思想與自動力不可欲使平民有新思想與自動力非先實行施以平民教育不爲功乃以課餘時間露天平民演講辦平民義學灌輸平民常識而學生眞愛國之責任始稍盡然此種精神與責任雖足爲學生界自中華民國開國以來未有之第一大事爲中國政治史上增一新改革爲社會史上開一新紀元爲思想史上起一新變化然亦不過學生應有之精神中責

學生應具之精神及宜盡之責任

(一 七)

學生應具之精神及宜盡之責任

任中一部份而已夫國家興亡匹夫有責救國事業豈學生所能獨占乎學生救國之精神豈發揚淬勵若「五四」「六三」運動而已乎學生救國之責任豈灌輸平民常識辦平民教育而已乎若然則學生何貴乎爲學生救國之精神與責任何貴乎爲學生之救國精神與責任由此觀之則學生應具之精神必不止「五四」「六三」之精神必有超乎其上者學生應有之責任亦必不止辦平民教育之責任必有逾乎其上者此精神爲何此責任爲何則拙所欲以管見所及而與學生諸君一討論者也

應具之精神

(A)互助精神 自世界大戰德國失敗而後所謂軍國主義強

(二 七)

學生界自「五四」、「六三」運動焚曹擊章，拒簽德約，力爭青島而後，而學生愛國之精神始現。自第二次罷課失敗，工商各界不表同情。而後，學生於是知欲改造中國，非先使平民有新思想與自動力不可。欲使平民有新思想與自動力，非先實行施以平民教育不為功。乃以課餘時間，露天平民演講，辦平民義學，灌輸平民常識，而學生真愛國之責任始稍盡。然此種精神與責任，雖足為學生界自中華民國開國以來未有之第一大事，為中國政治史上增一新改革，為社會史上開一新紀元，為思想史上起一新變化。然亦不過學生應有之精神中責任中一部分而已。夫國家興亡，匹夫有責，救國事業豈學生所能獨佔乎？學生救國之精神豈發揚淬勵若「五四」、「六三」運動而已乎？學生救國之責任豈灌輸平民常識、辦平民教育而已乎？

若然則學生何貴乎？為學生救國之精神與責任何貴乎？為學生之救國精神與責任，由此觀之，則學生應具之精神，必不止「五四」、「六三」之精神，必有超乎其上者！學生應有之責任，亦必不止辦平民教育之責任，必有逾乎其上者！此精神為何？此責任為何？則拙所欲以管見所及，而與學生諸君一討論者也。

應具之精神

(A) 互助精神

自世界大戰德國失敗而後，所謂軍國主義、強權主義、大某某主義隨之逐漸而湮滅。而物競天擇，生存競爭等説亦受攻擊而動搖。而持人道主義為宗旨者，莫不大聲疾呼提倡人類生存宜互助之説，大學問家克魯泡特金 Kropotkin 更著為論文，旁徵博引證明互助為進化之一要素，今請節略述之。

（一）動物之互助

例 （甲）蟻 飽食之蟻遇他之友，必將已所食者吐出以飼之，如有只顧一己之飽而拒朋友之要求者，則其他諸蟻必視之為仇敵。雖異群之蟻若能分給食物於他蟻，眾必視之為友。

（乙）蜜 蜜蜂雖無防護器官，時為別種動物所垂涎，但他等能合群，能互助協力，故得以繁盛。每逢遷徙，必以幾隻為先探，無危險始全群遷去，且輪流守衛以防敵人侵犯。間或有掠奪性和怠惰性之蜜蜂，但必受自然淘汰，為合群之蜜蜂所逐。

（丙）鳥 鳥當移往別處時，於未出發之前數日，數千小鳥群集廣野，以討論旅行事。每日午後必習飛翔一次以為長途旅行準備，如有遲到者，必待至全數到齊而後，聯群渡而過，至翌年春暖，復聯群結隊返。

其他若鳶鷲、海鷗、鶴、鸚鵡、狼、熊、野馬、野驢、猴猿等等，其生活雖不同，而共同狩獵以尋食物，共同飛翔以取娛樂，一隊守衛一隊安眠，以互助為宗旨，則一也。

（二）蒙昧人之互助

例 （甲）古代發現人類之蹤跡，可證當時之人群是合群者。冰代在地中所發現之石器，堆積者多，而零散者少。人類穴居之時，所築之巢穴互相連接，如燕子巢穴般者多，單獨一穴者少。新石代所發現之人類居住地方極多，每一處必有極多石器堆積。

（乙）Esquimouix 與其同種之 Thlinkets 及 Kolocdes 諸族，恆聚數家族而為部落，極少爭論，不犯公安。在最大之團體中以公同之意旨為判斷，以當眾斥責為罰則，漁獵之取得，屬於部屬之全體。如有一人致富，則聚全部之人而宴之。飽餐後，則散其財於眾。以吝嗇為羞恥之事，以工作為應盡之義務。

由此觀之，極多部落是互助合群而居，又足以證明者也。

（三）近世社會之互助

例 近來年歐州、美州數千次同盟罷工，或為擁護團體之權利起見，或為社會黨之報紙所鼓勵。當罷工時期，彼等互助之精神，實足令人驚歎。倫敦船渠勞働者同盟罷工時，各地之勞働者即設立罷工者救助會。一職工罷工，則各種之職工均設法救援是。（以上數例節錄克氏互助論）

總上觀之，動物之互助既如此蒙昧，人與近世社會之互助又如彼，則互助為進化一要素之結論，確切不移，可斷然也。反觀我國國民最大之特性，莫嫉妒若，莫傾陷若。曾文正公戒子書《不忮求詩》有曰：「善莫大於恕，德莫凶於妒。妒者妾婦行，瑣瑣奚足數。已拙忌人能，已塞忌人遇。已若無事功，忌人得成務。已若無黨援，忌人得多助。勢位苟相敵，畏偪又相惡。已無好聞望，忌人文名著。已無賢子孫，忌人後嗣裕。爭名日夜奔，爭利東西騖。但期一身榮，不惜他人污。聞災或欣幸，聞禍或豫悅。問渠何以然，不自知其故。」斯數語也，實中國人之描生妙諦，亦中國人之特有性也。吾儕捫心自問，其能免於此者幾何乎？

夫學生入學校，志在求切實學問而已。考試之能名列前茅與否，非所計也。能躐級升班與否，非所宜問也。何也？學問之有無，本不藉此而為表示。

乃有等學生，不務求切實學問，只知考試之積分；以為考試積分高即學問高深之表示。於是考試而分數高出同學也，則趾高氣揚，欣欣然有喜色；考試而分數低也，則隱兒而臥、仰天而噓，嗒然若喪其偶。考試後而得躐級升班也，則睟然見於面、盎於背，高視闊步沾沾自得。積分高而不得升班，反為同學所躐升也，則尋人之瑕，說人之短曰：「某科某某不如我，某科某某僥倖而已」。噫嘻！以有思想受教育之學生且然，其他又何論哉？

世人有恆言曰：「學生者，未來之主人翁也。」若然則未來中國之良否，與中國社會之良否，可於今日學生界之良否斷之。使今日之學生而有傾陷性嫉妒性也，則未來之中國亦必佈滿傾陷嫉妒無疑也。何也種瓜得瓜、種豆得豆理所必然也。

我中國今日棼亂極矣。軍閥秉政，武人弄權，南北分爭，窮兵黷武，財政困乏，仰外債於他邦，國敝民疲受欺淩於強國。將來中國之生命莫不繫乎學生之身，我輩學生而學「死」也，非吾所敢知。我輩學生而學「生」也，則非以消極除去嫉妒性、傾陷性不可，則非以積極而提倡、而實行互助精神以求學問以討論學理不可。

（B）堅忍精神

聞嘗讀西洋雜史至士提反孫之作行動機器，十五年始成也；孟德斯鳩之萬法精理，二十五年始成也；斯密亞丹之原富，十五年始成也；達爾文之物種原始，十六年始成也；倭斯達之大辭典，三十六年始成也；吉朋之羅馬興衰史，二十年始成也；又讀我國史至何休之注《公羊傳》，十九年始成也；曹雪芹之改《紅樓夢》小說，十年始成也；唐國師元奘之橫葱嶺，適印度語言不通，卒經十七年，盡學其正法外道始歸，而弘法於祖國也；張騫之出使西域，屢瀕□死，往往絕食數日乃至十數日，前後歷十三年，而終宣漢威於域外，也不禁五體投地而歎彼輩之成功非偶然也，非天賜也，非僥倖而得也。堅忍精神致之也，孟子曰：「禍福無不自己求之者」斯言真不我欺哉。

今中國事故多矣，應待我輩學生將來解決者、改革者亦夥矣。政府之腐敗，官僚之貪婪，社會之渙散，教育之不良，實業之不振，資本家之剝奪壟斷，勞動界之生活艱難及其他種種問題，莫不需我輩批評之、討論之、破壞之、建設之。使我輩而抱持「各家打掃門前雪，不管他人瓦上霜」之舊劣思想，則非吾所敢知。如不然也，則堅忍精神實成功者之錦囊也、之秘訣也、之所不能欠缺之精神也。孔子曰：「譬如為山，未成一簣，止，吾止也！譬如平地，雖覆一簣；進，吾往也。」孟子曰：「有為者譬如掘井，掘井九仞而不及泉，猶為棄井也。」曾子曰：「士不可以不弘毅，任重而道遠。仁以為己任，不亦重乎？死而後已，不亦遠乎？」請我輩學生三復斯言。

（C）嘗試精神

「江閣欲開千尺像，雲龕先定此規模。斜陽徙倚空長歎，嘗試成功自古無。」之詩也。雖陸放翁有所為而作然：「嘗試成功自古無」一語實誤盡我輩學生不鮮也，真我輩無窮希望遠大，自期之學生之大敵也。何也古今來，英雄偉人之所以成功者，何一不由嘗試者乎？哥侖布士之孑身萬里，卒覓阿美利加也。馬丁路得之當羅馬教皇，權力達於極點，而揭九十五條檄文於大府，數舊教之罪惡，卒開宗教改革之端也。麥加倫之以孤舟繞地球一周，卒開通太平洋航路也。俄皇大彼得之以萬乘之尊微服外游，雜伍傭作，學其文明技術傳播其民，使其國為今日一大國也。華盛頓之揭獨立旗，毫無憑藉以抗英國，卒能建美國於新世界也。其成功也，皆由嘗試而成功者也。使哥侖布士等缺乏嘗試精神，又焉能成若大之事蹟名留史冊，令人羨慕不置者哉？故嘗試精神為成功之母，為少年學子不可不具之精神，尤為中國有志學子所不可不具之精神也。

今日中國之衰弱，有識者莫不知由於實業不振興、天然礦產不開拓矣。故「振興實業」、「開拓礦產」二語已為志士之口頭禪。其中口是心非，藉茲旗幟以沽名者固多，然真心欲以此法救國者抑亦未嘗無人。但試觀近年來，國內真能集合資本，實行開礦者有幾人？能組織工廠提倡實業者有幾人？豈彼等誤於「知之非艱行之為艱」之說歟，抑亦缺乏嘗試精神也。吾以為彼等最大之謬點在乎缺乏嘗試精神，而其缺乏嘗試精神之原因；由於欲朝開礦，而夕即致富及貪成功，而畏失敗之誤見解，不知非也。凡事不能無失敗，亦不能無成功，何也？失敗者成功之母也。故失敗愈大者，則其成功也亦愈偉。昔法蘭西之著名美術家巴律西，當其憫法國磁器之粗劣，而欲嘗試以改良之也，潛心築竈，以試驗失敗者，不知若干次。然彼不以失敗而灰嘗試之心，反因失敗而嘗試之心愈烈。卒經十八年，而其所嘗試者始成功。噫嘻！天下事豈有嘗試而不失敗者哉？豈有嘗試不先失敗而後成功者哉？

國內學生界自「五四」、「六三」運動以來，知補救中國非有高深學問無能為力也，研究學問非互相討論，無能得真見解也，乃有學術研究會、某某講演會之設。著者負笈香港，幾已二載，見夫學校星羅林立，學生濟濟眾多，然未聞有學生獨力出版之雜誌。（祇有香港華僑學生公立之策群義學曾出一期「香港策群」討論學生問題）學術研究之團體詢之，學生界中之熱心人則曰：「非不欲刊行出版物，也非不欲組織學生研究團體也，不過恐諸多掣肘，實行不易耳。」余曰：「盍一嘗試之乎？」即此觀之人謂香港學生「不是學生乃是學死」，雖屬過激之論，亦未嘗無因。吾謂香港學生需要者不在「知」之方面，而在「行」之方面，更在有嘗試精神的「行」之方面。然此種嘗試精神豈止香港學生所不能缺乏而已乎？

（D）實行精神

吾見近日學生所作之文章，所發之言論，如有關於孝悌方面者則曰：「大孝終身慕父母也」、「父母在不遠遊，遊必有方也」、「生事之以禮，死葬之以禮，祭之以禮也」、「有事弟子服其勞也」、「養志養體也」、「晨昏定省也」、「敬兄敬長也」。有關於愛國方面者則曰：「執干戈以衛社稷無殤也」、「鞠躬盡瘁，死而後已也」。關於朋友方面者則曰：「有無相通也」、「肥馬輕裘與朋友共也」。關於立志方面者則曰：「三軍可奪帥也，匹夫不可奪志也」、「自棄者不足以有為也」、「吾身不能居仁由義，謂之自棄也」、「彼丈夫也，我丈夫也。吾何畏彼哉？舜何人也？予何人也？有為者亦若是。」有關於進德方面者則曰：「修身慎獨也，改過刻勵也，慎言勤儉也，懲忿窒慾也，知足達觀也。」洋洋灑灑，千首一律，發揮盡致，題無餘蘊。然詳細察之，則真能實行者有幾人？此所以有「言不顧行，行不顧言」之誚也。

然往者已矣，吾甚望今後之學生，洗除此種空言泛論，紙上空談之病根，而為一廿世紀之「言顧行、行顧言」的實行家。則中國其有豸乎！

（E）奮鬥精神

中國社會至於今日腐敗極矣！黑暗極矣！所謂上等社會者流（如資本家紳士善長政客等），衣則履絲曳縞，食則山珍海錯，出入則摩托車；娛心有豔妻美妾，歌筵賭局，長日沉酣。於社會無絲毫之貢獻，反製造偷惰之風氣，淫奢之罪惡。至於披星戴月、終歲勤苦、駢手胝足莫敢休息之勞動家則生活艱難，朝不顧夕。於是有失奮鬥力，畏難而為無業遊民者矣，有妄冀非份而至傾家蕩產者矣，有挺而走險流為盜賊者矣，有沒其羞惡之心而為乞丐者矣。此中國社會所以地大物博而遊民滿地也。然其致此之原因，由於寄生蟲生活者多，而正當生活者少，好享福者多，能勞動者少；消極人生觀者多，積極人生觀者少，有奮鬥精神之積極人生觀者更少。

反觀我輩學生又何如乎？望放假也，望教員病或缺席也；平日不讀書，臨考試時臨渴掘井而焚膏繼晷、日夜不休以求強記也；或彼此作弊、互相鈔襲也。問其何以然？則曰：「求考試分數及格故也。」若此類者，吾非謂人人如是，然亦多數學生之弊病也。所以如此由懶惰故，由依賴故，由缺乏奮鬥精神故。

學生時期中有一最危險之病，斯病也。凡染之者，雖有壯志可墮落之；雖有生命可戕賊之志，行純潔遠大自期之學生，可使其變為卑鄙齷齪、頹唐不振之流。大之影響於一國一社會，小之亦關繫乎個人將來之。一身此病為何？曰：學生時代結婚是也。夫學生處乎今日二十世紀求學時代，學科之繁多，學理之精密，雖心清理靜、專心致志、驅除萬慮以研究之，猶懼不勝，況加以春花秋月之兒女情哉？歐州大文豪擺倫有曰：「天才者實與妻不兩立」，此奈端，笛卡兒等所以終身不婚也。況乎我輩學生生於今日驚濤駭浪、風雨飄搖之中國，正宜磨礪精神為國效力，豈可顛倒情場之中，拜倒愛戀之下，而過昏昏沉沉之生活哉？欲戰勝此舍奮鬥精神沒由。

噫嘻！舉目有山河之恨，誰泣新亭中原多戎馬之驚，空悲大陸。覽山東之圖想青島而淚隕，聆福建之事念學生而神傷，而我中國負有無窮希望，可敬可愛之學生，竟如此衰頹，如此謬誤，如此墮落，如此學風。尚望將來效力於中國，改革中國，建設新中國哉？然袁了凡有言：「從前種種，譬如昨日死，以後種種，正如今日生。」甚望今日之學生諸君，三復斯言，徹底覺悟，以熱忱真摯之氣慨，深遠穩健之手腕，紮硬寨、打死仗之破釜沉舟精神與一己心中之黑暗宣戰，而造出光明之心境，由光明之心境而發闡世界之真理。以祈無負「我」之一生，推而至於無負我之一國，更推而至於無負於人類，則為現世之高尚人格庶乎近焉。

宜盡之責任

(A) 對於改造思想之責任

中國人之頭腦之思想，至於今日，其腐敗、其頑固、其陳舊不堪、其食古不化，可謂極矣！言堯之言，服堯之服，信而好古述而不作，不知有個性存在，只知依附古人。論西洋技術則曰：「奚能及漢朝諸葛孔明。不必用機器、蒸氣、電氣，而能自走自行之木牛流馬。」論文學則曰：「白話不及文言；今文不及古文。梁任公之新文派不及前清之桐城派；前清之桐城派又不及唐宋之八大家；唐宋之八大家又不及漢之班馬；漢之班馬更不及春秋時之左邱明。」論士風則曰：「士器囂張，人心浮動，道德敗壞，一落千丈，青年學子動輒詆毀先聖，蔑棄儒書，倡家庭革命之邪說，馴至父子倫亡、夫婦道苦。」論婦女則曰：「一入學堂便喜摭拾新學之口頭禪語，以良母賢妻為不足學，以自由戀愛為正理，以再嫁失節為當然。甚至剪髮髻、曳革履，要求男女同學，請願女子參政權，高視闊步，大出風頭，恬不知恥。」其口頭禪則曰：「人心不古！世風不古！斯文不古！士風不古！」其救弊計劃則曰：「正人心先正學術。」使問其如何正學術？則曰：「讀聖賢書而已。」噫嘻！以如此知有古的舊的不知有現在的，合時勢潮流的之國民，而欲其為共和國民，為二十世紀之中華民國國民難矣！

夫思想者遷流不息，日進不已者也，故一時代有一時代之思想，一世紀有一世紀之潮流，而該時代與該世紀之思想之潮流，亦必與該時代該世紀之環境相適合。且其適合非退化之適合，非消極之適合，而為進化的積極的之適合焉，謂予不信，請一證之。

夫西洋近代之文明，其發展不可謂不速也。而溯其發展之源，則始於十五世紀，起源於伊大利傳播於英法，而終及於日耳曼，為中古與近世相蟬蛻之文藝復興時代 Renaissance。此時代之發生，則以處該時代之學者之具有懷疑精神。蓋斯時十字軍之戰爭，教皇之威力，神權之束縛，宗教之殘殺達於極點致處。其時代之學者，不得不逃而之伊大利。及後受伊大利自由都市之影響，各均不滿意於當時現狀，而懷疑之心以起，而人生問題於以發生，自此而「人本主義」Humanism 之新人生觀遂定矣（所謂人本主義之新人生觀者，不過認定個人之價值不為思想或宗教之奴隸。即個人主義 Individualism 之覺悟）。其時之學者，如馬丁路德 Luther Martin（德之改教首倡者），如約翰加耳文 Calvin John（法之改教首倡者）等，鑒於教皇之窮奢極侈，與原始基督教之刻苦貞節絕然相反，且教會教義亦與原始教義不相合，乃以改革宗教自命翻譯聖經印行流播，而教皇政治之迷信，於以打破，真的聖經，於以建設。自路德、加耳文第一步打破教皇之迷信後，眾人亦進第二步而打破聖經之迷信。思想之自由、思潮之澎湃，至於斯遂蓬蓬勃勃發展極矣！然其若此，則以有批評精神，求真旨趣之科學發達故也。

自法蘭西十八世紀大革命而後，不獨對於政治上有極大之變遷，且與近世紀思想上有莫大之影響。自古以來，所奉為天經地義之聖經，廢棄不讀而讀憲法，數百年來世襲罔替之階級破除消滅，而使芸芸眾生趨於平等。且以「平等」、「自由」、「博愛」之信條公之世界，使今後之政治思想學術皆趨於平民方面。不自由、毋寧死，遂進化而有今日之民治，此可證明該時代與該世紀之思想之潮流，亦必與該時代該世紀之環境，為進化的積極的之適合者。此其一（參觀蔣百里著之《歐洲文藝復興史》）。

請言我國，我國自鴉片戰爭五埠通商以前，當時之士莫不以外國為蠻夷之邦，不足深道。故其時王壬秋在《陳夷務疏》中謂：「火輪者，至拙之船也，洋礮者，至蠢之器也；船以輕捷為能械以巧便為利。今夷船未發，則莫能行礮，須人運而重不可舉。若敢決之士，奄血臨之，驟失所恃，束手待死而已」

之謬論（見《湘綺全集》）。視中國為文化之國，禮義之邦，偉大神聖無可倫比。及鴉片戰後，海禁大開，中法之役，勞師不勝。於是始知外人之槍之犀、礮之利。然其時，制敵之策不過如容純甫所獻議：「對於教育計劃當暫束之高閣，而以機器廠為前提……以今日之時勢言之，槍砲之於中國，較他物更為重要」而已（見《西學東漸記》）。乃設立江南製造廠，翻譯格致書，謀國之士莫不高談聲光電化，以為中國砲利船堅，以後背城借一，可以雪仇，可以富國。及兵器利矣，兵船多矣，兵士精且眾矣，奈政府不良，將士不睦。至甲午一敗於日本，庚子在敗於聯軍，於是舉國震驚，要求立憲效日本明治之維新變法。暨乎民國成立，中國人留學外國者日多，與外國相接觸者亦日眾，始知外人不獨有文明，且有文化；不獨有其政治，且有社會；不獨有法律，且有倫理。其他各種事物，不獨不劣於中國，且更優於中國，遂有民國八年之文化運動。此可證明該時代與該世紀之思想之潮流，亦必與該時代該世紀之環境為進化的積極的之適合者，此其二。

觀上二端，則思想者遷流不息，日進不已。然後能有進化的積極的之適合發生，可斷然也。我中國人之思想又何如乎？總括言之，只有奴性之思想，專制之思想，昏亂之思想而已。有奴性之思想，於是凡聖賢所說者，即以為是，而改制亦託古，有專制之思想。於是凡聖賢所言者，即以為天經地義，不敢下理性之批評。有昏亂之思想，於是凡百學問雜亂無章。有「一部廿四史無從說起」之概矣。羅素 Banard〔Bertrand〕所著之《社會改造原理》一書謂：「思想者，倔強者也，革命者也，破壞者也，可懼者也。思想對於特殊之勢力，已成之制度，適意之習慣，是無情者也。無政府無法律不畏強權者也，偉大者也，敏捷者也，自由者也，是世界之光明人類之榮耀者也。」而我中國人之思想則適得其反，此無怪乎民國建國十年而思「復辟」者盈天下也。

夫「荊棘中能摘葡萄乎？蒺藜中能採無花果乎？好樹結好果，惡樹結惡果，好樹不能結惡果，亦猶惡樹不能結好果，故凡不結美果之樹，應伐之而投於火」（《馬太福音》第七章）。今我國人之思想，既如此奴性、如此專制、如此昏亂，則惟有投此惡劣之思想於火，而建設以更優善者而已。何者為今後應有之更優善思想乎？吾敢謂非有解放之思想、科學之思想、獨立之思想不可。而擔負下此改造思想之責任工夫，決為我輩學生。法國實證哲學家孔德謂：「欲改良政治，非先變思想改風俗不行。」以此而觀，則改造思想不獨有助於文化之進步，且有益於政治之改良也，彰彰明甚。

吾輩學生既負此改造思想之責任工夫，則吾輩自身應持何種態度乎？請就鄙見一論之。

夫真理與威權，永處不兩立之地位者也。故真理常敵威權，而威權亦常壓真理。吾輩既以改造思想自命，惟有特立獨行安乎？良心倚乎？學問崇信真理，勇往直前，固不必求見諒於君子，更不必妨見嫉於小人。至於社會之誶罵、強權之壓抑、金錢之困迫、境遇之坎坷，吾輩惟有犧牲，惟有為真理而犧牲，惟有為主張而犧牲而已，惟有以堅強之意志、熱烈之情感為理性之犧牲而已。誶罵也、壓抑也、困迫也、坎坷也。又焉能阻吾輩之雄心！昔宗教家解釋宇宙，謂地體居中，永久不移，日月星辰繞之而轉，各有天神主持。其時之人均以為是，及至十六世紀哥白尼 Copernicus 出而批評之、反對之，證明地球動而不息，日月星辰繞地球而轉，終發天體而至顛沛流連。加利盧 Galileoa [Galileo] 以望遠鏡説明地球所以繞日球之理，而致受教庭鞫訊；大戰期內，法國大社會黨學者 Jaures 因非攻而被殺；英國大哲學家羅素因著「戰時之正義」而被苛禁；蕭伯納因著 Good Sense in Law 而幾不見容於國；易卜生因著「國民公敵」而至顛沛流連之。數子者皆能為真理犧牲，不畏強權，卒能成偉大之事業，享偉大之令名。今吾輩既以改造思想自命，不可不有「寧為玉碎無為瓦全之目的」。尤不可不有「不入監獄便入研究室，不入研究室便入監獄」之宗旨。

（B）對於政治上之責任

近人見共和建設於茲，十年南北分爭，禍無寧日，外交屢北，國勢日趨於分崩，秘約頻仍，國運日流於危險。軍閥派只注意於發展勢力，鞏固地盤；官僚派只專心於括削民脂，私囊飽滿。兵戈疊起閭閻為驚，見草木而疑兵，聞風聲而心恐，致商苦於市工，難於作農，輟於耕士，艱於學實業，不振外貨，日見侵多。礦產不開，天然物品淹沒，交通不便，行旅為艱，盜賊如毛，擄掠遍地。於是有灰心而不理國事，有縱情於花酒以流連，有對於國家現狀一毫不知國事如何。一些不懂而均以「不談政治」四字為宗旨，以表示其高潔，其廉介，不知非也。夫中國為誰之中國？豈碧其睛而黃其髮之人之中國乎？抑我中國人之中國乎？我國民如承認中國為我中國人之中國也。則中國之強，我國民強之，中國之弱，我國民弱之。中國對外之勝負，我國民勝負之。中國政治之良否，我國民良否之；極之而至，中國將來執世界之牛耳，稱雄霸於西歐，亦莫非我國民致之、為之。準斯，以觀我國民對於國事，豈可不理？對於政治，豈可不問乎？

閒嘗默考國民所不以談政治之故有二端焉。

（一）滿清時代習用愚民君主專制，民權莫展，且以翰林、舉人、進士、秀才之美名籠絡我漢人，使上下四方之神明華冑，銷磨數十年之精神魄力，盡入其彀中，猶復緣飾經傳中一二語曰：「天下有道，則庶人不議」；曰「位卑而言，高罪也」；曰「既明且哲，以保其身」。使人人對於政治不問不聞，以遂其專斷之私。及滿清既除，而武人猶在，徒掛共和民國之名，只有壓制民權之實，其思想無非反對五族共和，其習慣無非野蠻專斷，使國民而談政治，則無以肆其所大欲，而得其所私利，乃發其議論，以不談政治為高尚，以削奪國民之自由權。

（二）談政治三字在今日之中國，所以為一極可厭惡之名詞者。由於前此吾國人以「談政治」自命者，全不解政治為何物，只知假「談政治」以達其鑽營作官之工具，滿足其個人權利之觀念。而常人亦以為談政治者不過如是，如是這般。這般於是遂視談政治者為鑽營作官之人，為社會之茅賊，為不良之分子，而稍知自愛者亦視談政治如西子蒙不潔，人皆掩鼻而過，避之，若惟恐其不速焉矣。

綜上二端以觀，則國人之標不談政治主義者，由於誤解也，可知矣。然則談政治之真意義，果如何乎？曰：「凡談政治者，其宗旨其目的須為保存其國家起見，懷抱一有統系有計劃之理想，對於政治現象，無論其為全體的或局部的，如感覺不滿足，始以公開之形式聯合多數同志，繼續不絕，以互助之精神協同動作。」從事於散佈印刷品、公開演說、示威警告之宣傳，與不惜身命死無後悔，非馬革裹尸不還之實行，以貫徹政治改革或政治革命之公共目的之所採一種手段也。

談政治之真意義既如上述，然我輩學生界又為何而須負荷政治上之責任乎？請畢吾說。

我國自前清鴉片戰役之後，割香港、亡緬甸、租威海衞於英；割黑龍江以北二千七百里之地於俄；亡琉球、失台灣、割朝鮮於日；失安南、租廣州灣於法；借青島於德……等等。然此種外交失敗史，猶可說滿清專制不以民意為前提也。入民國以後，三島木履兒乘歐戰方酣之際，以其野心侵略政策，提出一古今中外外交史上所絕無而僅有至矣盡矣，滅以復加之廿一條件於我大中國要求承認。斯條約也，聞之其不令人骨折髮豎，魄動魂驚者，鮮矣！該廿一條件共分五大頃，今請節述之如下：

第一項　要求山東全部之利權。

第二項　要求在滿州蒙古殖民上、軍事上及經濟上有特別利權，不許讓與別國。

第三項　要求我國允許中日合辦漢冶萍公司，不得日本資本家同意，我國不能將之收歸國有，並不許借別國之資本。

第四項　要求我國允許不得將中國沿海一帶之港灣及海島讓與別國。

第五項　(A)要求我國用日本人作軍事上、財政上最有力之顧問。

(B)要求在常和我國發生衝突之地方與我國合辦警察。

(C)要求我國將南昌與九江間、南昌與杭州間、南昌與潮州間、九江與武昌間之鐵路讓與日本建築。

(D)要求我國合辦兵工廠並用日本技師及藥料。

學生諸君，讀此廿一條件之五大項節略，而猶以歌以舞以遨以嬉，如享太牢、如登春臺、如禽視如鳥息、如行尸如走肉延一線之息，偷一日之活，詬之而不聞，曳之而不動，唾之而不怒，役之而不慙，刲之而不痛，縻之而不覺。不思摩蕩熱力，震撼精神，革故洗常，同心竭慮，蘇己死之國，完瓦裂之區，則將來鄉井不知為誰氏之藩眷屬，不知為誰氏之奴，血肉不知為誰氏之俎，魂魄不知為誰氏之鬼矣。

學生應具之精神及宜盡之責任

說。示威。警告之宣傳與不惜身命死無後悔非馬革裹尸不還之實行。以貫澈政治改革或政治革命之公共目的之所採一種手段也。

談政治之眞意義既如上述然我輩學生界又爲何而須負荷政治上之責任乎請畢吾說

我國自前清鴉片戰役之後割香港亡緬甸租威海衛于英割黑龍江以北二千七百里之地于俄亡琉球失台灣割朝鮮于日失安南租廣州灣于法借青島于德……等等然此種外交失敗史猶可說滿清專制不以民意爲前提也入民國以後三島木屐兒乘歐戰方酣之際以其野心侵略政策提出一古今中外外交史上所絕無而僅有至矣盡矣滅以復加之廿一條件于我大中國要求承認斯條約也開

一零四

學生應具之精神及宜盡之責任

之其不令人骨折髮豎魄動魂驚者鮮矣該廿一條件共分五大項今請節述之如下

第一項　要求山東全部之利權

第二項　要求在滿州蒙古殖民上軍事上及經濟上有特別利權不許讓與別國

第三項　要求我國允許中日合辦漢冶萍公司不得日本資本家同意我國不能將之收歸國有並不許借別國之資本

第四項　要求我國允許不得將中國沿海一帶之港灣及海島讓與別國

第五項　（A）要求我國用日本人作軍事上財政上最有力之顧

一零五

學生諸君乎！諸君其知我大中華民國，將步越南、朝鮮、緬甸、印度、波蘭之後乎？諸君知我大中國在世界上論人口居第一，論地域居第四，而在國際上之地位則居三十名以下乎？諸君知我大中國稅關及領事裁判權握之外人之手乎？諸君知我國工商業受奪，經濟界受困於外人乎？諸君知外人到我國各地雖恣意橫行而官吏不敢管，警察不敢問乎？諸君其知中國國權已落於日人之手，視我為屬國支配之宰制之否乎？諸君若對於中國現狀如此，其有惻然於心否乎？其有救國之熱血滿腔否乎？其有強中國之心否乎？諸君如知之有之，予請述鄰邦日本之強，強於二學生。

夫日本人民不過七千七百萬之眾，地域不過二十六萬餘方里之廣，其全國與我國四川省正相等，且於五十年前在東方不過一野蠻之國家。其國勢亦不如今日之中國，而能有今日之強，為五大列強之一者，何也？曰有二學生使之焉，伊為誰？伊為誰？曰大限重信與井上馨是。大限重信與井上馨二學生曷為而強日本乎？曰日本未維新以前，其國家之主權已為列強所蠶食，其

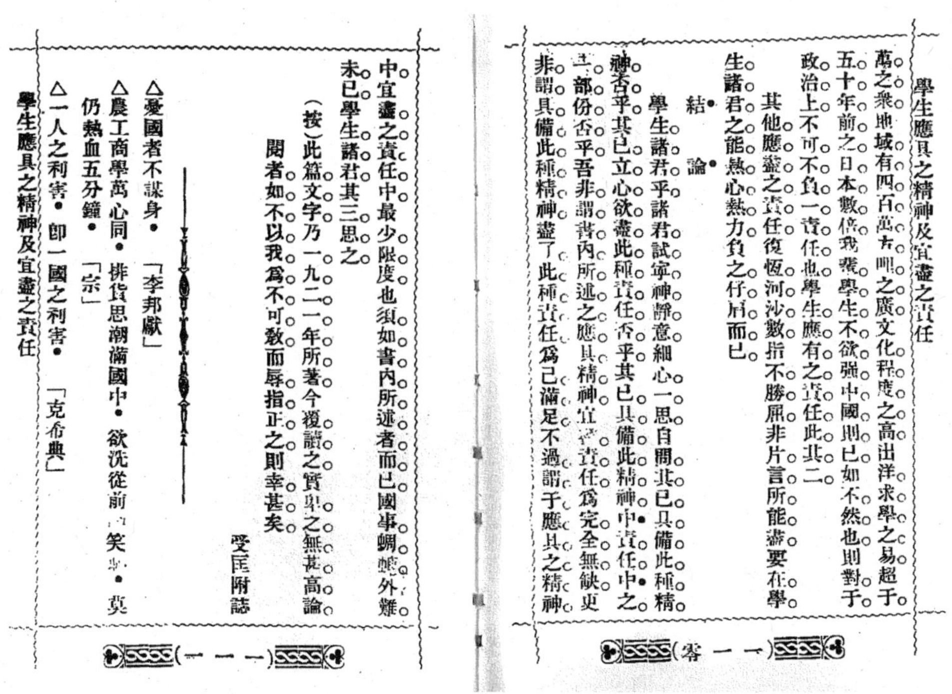

學生應具之精神及宜盡之責任

萬之衆地域有四百萬方哩之廣文化程度之高出洋求學之易超于五十年前之日本數倍我衆學生不欲強中國則已如不然也則對于政治上不可不負一責任也學生應有之責任此其二

其他應盡之責任復恆河沙數指不勝屈非片言所能盡要在學生諸君之能熱心熱力負之仔肩而已

結論

學生諸君乎諸君試寧神靜意細心一思自問其已具備此種精神否乎其已立心欲盡此種責任否乎其已具備此精神中責任中之一部份否乎吾非謂書內所述之應具精神宜盡責任為完全無缺更非謂具備此種精神盡了此種責任為已滿足不過謂于應具之精神

(一一零)

中宜盡之責任中最少限度也須如書內所述者而已國事蜩螗外難未已學生諸君其三思之

(按)此篇文字乃一九二一年所著今復讀之實卑之無甚高論閱者如不以我為不可教而辱指正之則幸甚矣

受匡附誌

△憂國者不謀身・「李邦獻」

△農工商學萬心同・排貨思潮滿國中・欲洗從前[illegible]笑[illegible]・莫仍熱血五分鐘・「宗」

△一人之利害・即一國之利害・「克希典」

學生應具之精神及宜盡之責任

(一一一)

所持之閉關主義亦已為列強所攻破。斯時也千鈞一髮危在旦夕，杌隉之象，甚於纍卵。彼二學生知人生在世非徒飲食睡眠，對於國家須負一種責任，遂生一覺悟心，立一救國志。又知十年窓下孤陋寡聞，黃卷青燈，頭顱空負，秀才不出門，焉知天下事，讀書破萬卷，奚補於國家。況也救國不能托諸空言，必須有新知識以為之準備，於是出洋求學於異國之念萌矣，之心決矣。無如當時國家明令禁人出洋，彼二人者有志難成，惟有徒呼荷荷而已。幸也志堅事成，從其所願得一機會逃走出洋，卒之學成歸國，改革國家。舊染污濁咸除，維新事業建設，遂使三島之國不五十年間而國勢蒸蒸日上，致今日為五大列強之一焉。

嗚呼！地之小如日本，民之寡如日本，幕府秉政以來，士之偷、民之靡、國之貪、兵之弱如日本，君相爭權、內外交訌、時勢之厄感如日本，學生出洋求學之艱難如日本，文化程度之低下如日本，而以大隈，井上二人人之力竟能挽救之，轉貧以為富，轉弱以為強。況我中國人民有四萬之眾，地域有四百萬方里之廣，文化程度之高，出洋求學之易，超於五十年前之日本數倍，我輩學生不欲強中國則已，如不然也，則對於政治上不可不負一責任也，學生應有之責任。此其二。

其他應盡之責任，復恆河沙數指不勝屈，非片言所能盡要，在學生諸君之能熱心熱力負之仔肩而已。

結論

學生諸君乎，諸君試寧神靜意，細心一思，自問其已具備此種精神否乎？其已立心欲盡此種責任否乎？其已具備此精神中責任中之一部分否乎？吾非謂書內所述之應具精神，宜盡責任為完全無缺，更非謂具備此種精神、盡了此種精神為已滿足。不過謂於應具之精神中、宜盡之責任中最少限度也，須如書內所述者而已。國事蜩螗，外難未已，學生諸君其三思之。

（按）此篇文字乃一九二一年所著，今覆讀之，實卑之，無甚高論。

閱者如不以我為不可教，而辱指正之，則幸甚矣。

受匡附誌

皇娘或皇仁

原載《語絲》，1926 年第 118 期，第 390 頁。

語絲　第一百十八期

一月二十七日，洪熈。

洪熈先生：

我們中國此刻的輿論大抵傾向于教員不吃飯說，其中又可以分作兩派。一種是老派，以爲教育是清高事業，不應該要錢的，前教長范源廉先生即是代表，便是蔡孑民先生也多少有這種氣味，——但是現在聽說范先生已就文化基金的什麼職業，月薪一千元，或者對於北京窮教員之只顧索薪這一節會有一點怨詞也未可知。又一種是新派，其理論我不很明白，總之教育者是應該爲青年盡義務的，這是具體的主張。至于我自己的意見則與先生相同，教書是一種職業，有勞動當然要有報酬。我也希望有一天，教員白講，學生白聽；不過大家都須由政府領得飯票才行，這又有點像什麼惡化了。先生的行止問題，還得由先生自己解決；倘若不怕「青年」的罵，那麼不妨做教書匠下去，否則回去種田也好，如要圖耳根清淨。

二月二日，豈明。

三九〇

皇娘或皇仁

豈明先生：

語絲第一一二期所登柳亞子先生的絳紗記之考證，內中有幾句關於香港皇娘書院的話，說他不知道這個書院是否實有。據我所知，香港有一個英語學校，叫做皇仁書院；「仁」和「娘」是一音之轉，所謂皇娘書院，恐怕就是指的這個學校。這個學校由英國人辦理，本來是以養成商業人材（或者更好說是「買辦」人材）爲宗旨的，但是因爲要迎合「旅港華人」的心理，所以除了教授英，算之外，又聘了一位孔教會會員區翰林來教經史：經學課本是用十三經注疏，史學課本是用資治通鑑。——我不知道他要教多少時候才教得完這兩部書。凡投考該校的照例要作一篇經義或史論，用英文譯幾節四書。因爲是這樣的情形，（這裏說的是現在的情形，以前如何呢？——「予生也晚」，不得而知了。）所以教出來的學生，大都不免有點「遺少氣」。

呂逢尊敬上。十六，一，一九，在新會。

—20—

豈明先生：

《語絲》第一一二期所登柳亞子先生的《絳紗記之考證》，內有幾句關於香港皇娘書院的話，說他不知道這個書院是否實有。據我所知，香港有一個英語學校，叫做皇仁書院；「仁」和「娘」是一音之轉，所謂皇娘書院，恐怕就是指的這個學校。這個學校由英國人辦理，本來是以養成商業人材（或者更好說是「買辦」人材）為宗旨的，但是因為要迎合「旅港華人」的心理，所以除了教授英，算之外，又聘了一位孔教會會員區翰林來教經史：經學課本是用《十三經注疏》，史學課本是用《資治通鑑》。我不知道他要教多少時候才教得完這兩部書。凡投考該校的照例要作一篇經義或史論，用英文翻譯幾節《四書》。因為是這樣的情形，（這裏說的是現在的情形，以前如何呢？——「予生也晚」，不得而知了。）所以教出來的學生，大都不免有點「遺少氣」。

呂逢尊敬上。十六，一，一九，在新會。

香港的書店和學生 [吹風]

原載《華僑日報》，1926 年 12 月 15 日，第 1 張第 1 頁

書籍是現代人類精神的糧食，無論我們研究那種科學，全靠書籍助力，尤其是書籍與學生，有密切的關係。

書店的營業，從一方面説，當然是圖利。但從他方面説，書店的性質，卻又和其他的不同。他所販賣的，是滋養精神的物品。它是文化的媒介，所以書店的經營，決不能專顧圖利，而忘卻精神的價值。它除了應守一般的商業道德外，更負有宣傳文化的責任。

本港華人書店，最宏偉的就算是某某店。她的出版物有許多是很好的。但對於中國現代的大文豪和主義家的著述品，卻又很少。我昨天想找一本魯迅的「華蓋集」，在荷李活道走幾個鐘頭，都找不到。以為是失望了。最後走那間某某書坊，循例問問，纔知道在那最後的一間發現。我付了賬後，向櫃裏看看它的新文化書籍，可是寥寥數十種，未免太少。還望那間書店購備多百數十種罷。

香港的學生，向來是陳腐不堪。對於國家現狀及世界潮流，多是不懂的。我敢説，若然你向好些學生問起胡適、魯迅、郭沫若係那種人，恐怕他們是啞口無言。同學們勿向黑暗裏走進去。請你向光明路上走罷。請你讀多幾本新文化的書籍，你的頭腦便不會陳舊，你不至變作一箇新時代的落伍者。

六月二十四號督轅茶會金制軍演說詞

原載《華僑日報》，1927 年 6 月 28 日，第 2 張第 3 頁。

本港新聞

六月二十四號督轅茶會金制軍演說詞

列位先生　提高中文學業、周爵紳、賴太史今日已經發揮盡至、毋庸我詳細再講略、我對於呢件事、覺得有三種不能不辦嘅原因、而家想同列位談談、

第一　係中國人要顧全自己祖國學問呀、香港地方、華人居民最佔多數、香港大學學生華人子弟亦係至多、如果在呢間大學、徒然側重外國科學文字、對於中國歷代相傳嘅大道宏經、反轉當作等閒、視爲無足輕重嘅學業、豈唔係一件大憾事咩、所以爲香港中國居民打算、爲大學中國學生打算、呢一科實在不能不辦、

第二　係中國人應該『整理國故』呀、中國事物文章、原本有極可寶貴嘅價值、不過因爲文過於艱深、所以除曉書香家子弟、同埋天分極高嘅人以。外能夠領畧其中奧義嘅、實在很少、爲呢个原故、近年中國學者、對於『整理國故』嘅聲調、已經遞唱——越高——香港地方、同中國大陸相離、僅僅隔一衣帶水、如果今日所提倡嘅中國學科、能夠設立完全、將來集合一班大學問嘅人、將向來所有困難、一一加以整理、爲後生學者、開條輕便嘅路途、豈唔係極安樂嘅事咩、所以爲中國發揚國光計、呢一科更不能不辦、

第三　就係令中國道德學問普及世界呀、中國通商以來華人學習外國語言文字、成通材嘅雖然項背相望、但係外國人精通漢學、同理中國人精通外國學、能夠用中國語言文字翻譯介紹各國高深學術嘅、仍然係好少、呢的豈係因外國人間中國外洋留學生唔願學華國文章咩、不過因中國文字語言未曾用科學方法整理完備、令到呢兩班人抱一種『可望而不可即』之嘆嗟、如果港大『華文學系』得到成立健全、就件前所有困難、都可以由呢處逐漸解免、個時中外求學之士、一定多到門牆、爭自濯磨、中外感情、自然更加濃浹、唔啥有乜野隔膜咯、所以爲中國學間普及世界打算、呢一科亦不能不辦

列位先生—我記得十幾年前、有一班中國外洋留學生、因爲想研精中國學問、也曾出過一份『漢風雜誌』一個份雜誌書面題辭有四句、集文選句、十份動人嘅、我願借嚟貢獻過列位、而且望列位實行個四句題辭嘅意思、對於『香港大學文科華文系』贊襄盡力、務底於成、

個四句題詞話

攄懷舊之蓄念

發思古之幽情

光祖宗之玄靈

發大漢之天聲

列位先生、提高中文學業、周爵紳、賴太史今日已經發揮盡至、毋庸我詳細再講咯。我對於呢件事，覺得有三種不能不辦嘅原因，而家想同列位談談。

第一，係中國人要顧全自己祖國學問呀，香港地方，華人居民最佔多數，香港大學學生華人子弟亦係至多。如果在呢間大學，徒然側重外國科學文字，對於中國歷代相傳嘅大道宏經，反轉當作等閒，視為無足輕重嘅學業，豈唔係一件大憾事咩？所以為香港中國居民打算，為大學中國學生打算，呢一科實在不能不辦。

第二，係中國人應該「整理國故」呀。中國事物文章，原本有極可寶貴嘅價值，不過因為文過於艱深，所以除曉書香家子弟，同埋天分極高嘅人以外，能夠領略其中奧義嘅，實在很少。為呢個原故，近年中國學者，對於「整

理國故」嘅聲調，已經越唱──越高──。香港地方，同中國大陸相離，僅僅隔一衣帶水。如果今日所提倡嘅中國學科，能夠設立完全，將來集合一班大學問嘅人，將向來所有困難，一一加以整理。為後生學者，開條輕便嘅路途，豈唔係極安慰嘅事咩？所以為中國發揚國光計，呢一科更不能不辦。

第三，就係令中國道德學問普及世界呀，中國通商以來華人學習外國語言文字，成通材嘅雖然項背相望。但係外國人精通漢學，同埋中國人精通外國學，能夠用中國語言文字翻譯介紹各國高深學術嘅，仍然係好少。呢的豈係因外國人問中國外洋留學生唔願學華國文章咩？不過因中國文字語言未曾用科學方法整理完備，令到呢兩班人抱一種「可望而不可即」之歎啫。如果港大「華文學系」得到成立健全，就往前所有困難，都可以由呢處逐漸解免。個時中外求學之士，一定多列門牆，爭自濯磨。中外感情，自然更加濃浹，唔噲有乜野隔膜咯。所以為中國學問及世界打算，呢一科亦不能不辦。

列位先生──我記得十幾年前，有一班中國外洋留學生，因為想研精中國學問，也曾出過一份「漢風雜誌」。個份雜誌書面題辭有四句，集文選句，十分動人嘅。我願借嚟貢獻過列位，而且望列位實行個四句題辭嘅意思，對於「香港大學文科華文系」贊襄盡力，務底於成。

個四句題詞話

攄懷舊之蓄念

發思古之幽情

光祖宗之玄靈

發大漢之天聲

魯迅

略談香港 ［魯迅］

原載《語絲》，1927年第114期，第6–12頁。

本年一月間我曾去過一回香港，因為跌傷的腳還未全好，不能到街上去閒走，演說一了，匆匆便歸，印象淡薄得很，也早已忘卻了香港了。今天看見《語絲》一三七期上辰江先生的通信，忽又記得起來，想說幾句話來湊熱鬧。

我去講演的時候，主持其事的人大約很受了許多困難，我都不大清楚。單知道先是頗遭干涉；中塗〔途〕又有反對者派人索取入場券，收藏起來，使別人不能去聽；後來又不許將講稿登報，經交涉的結果，是削去和改竄了許多。

然而我的講演，真是「老生常談」，而且還是七八年前的「常談」。

從廣州往香港時，在船上還親自遇見一樁笑話。有一個船員，不知怎地，是知道我的名字的，他給我十分擔心。他以為我的赴港，說不定會遭謀害；我遙遙地跑到廣東來教書，而無端橫死，他——廣東人之一——也覺得抱歉。於是他忙了一路，替我計畫〔劃〕，禁止上陸時如何脫身，到埠捕拿時如何避免。到埠後，既不禁止，也不捕拿，而他還不放心，臨別時再三叮囑，說倘有危險，可以避到什麼地方去。

我雖然覺得可笑，但我從真心裏十分感謝他的好心，記得他的認真的臉相。

三天之後，平安地出了香港了，不過因為攻擊國粹，得罪了若干人。現在回想起來，像我們似的人，大危險是大概沒有的。不過香港總是一個畏途。這用小事情便可以證明。即如今天的香港《循環日報》上，有這樣兩條瑣事：

陳國被控竊去蕪湖街一百五十七號地下布褲一條，昨由史司判笞十二藤云。

昨晚夜深，石塘嘴有兩西裝男子，……遇一英警上前執行搜身。該西裝男子用英語對之。該英警不理會，且警以□□□（原文如此）。於是雙方纏上警署。……

第一條我們一目了然，知道中國人還在那里〔裏〕被抽藤條。「司」當是「藩司」「臬司」之「司」，是官名；史者，姓也，英國人的。港報上所謂「政府」，「警司」之類，往往是指英國的而言，不看慣的很容易誤解，不如上海稱為「捕房」之分明。

第二條是「搜身」的糾葛，在香港屢見不鮮。但三個方圍不知道是什麼。何以要避忌？恐怕不是好的事情。這□□□（原文如此）似乎是因為西裝和英語而得的；英警嫌惡這兩件：這是主人的言語和服裝。顏之推以為學鮮卑語，彈琵琶便可以生存的時代，早已過去了。

在香港時遇見一位某君，是受了高等教育的人。他自述曾因受屈，向英官申辯，英官無話可說了，但他還是輸。那最末是得到嚴厲的訓斥，道：「總之是你錯的：因為我說你錯！」

帶着書籍的人也困難，因為一不小心，會被指為「危險文件」的。這「危險」的界說，我不知其詳。總之一有嫌疑，便麻煩了。人先關起來，書去譯成英文，譯好之後，這纔審判。而這「譯成英文」的事先就可怕。我記得蒙古人「入主中夏」時，裁判就用翻譯。一個和尚去告狀追債，而債戶商同通事，將他的狀子改成自願焚身了。官說道好；於是這和尚便被推入烈火中。我去講演的時候也偶然提起元朝，聽說頗為「X司」（原文如此）所不悅，他們是的確在研究中國的經史的。

但講講元朝，不但為「政府」的「X司」所不悅，且亦為有些「同胞」所不歡。我早知道不穩當，總要受些報應的。果然，我因為謹避「學者」，搬出中山大學之後，那邊的《工商報》上登出來了，說是因為「清黨」，已經逃走。後來，則在《循環日報》上，以講文學為名，提起我的事，說我原是「《晨報副刊》特約撰述員」，現在則「到了漢口」。我知道這種宣傳有點危險，意在說我先是研究系的好友，現是共產黨的同道，雖不至於「鎗終路寢」，益處大概總不會有的，晦氣點還可以因此被關起來。便寫了一封信去更正：

在六月十日十一日兩天的《循環世界》裏，看見徐丹甫先生的一篇〈北京文藝界之分門別戶〉。各人各有他的眼光，心思，手段。他要他的，我不想來多嘴。但其中有關於我的三點，我自己比較的清楚些，可以請為更正，即：

一，我從來沒有做過《晨報副刊》的「特約撰述員」。

二，陳大悲被攻擊後，我並未停止投稿。

三，我現仍在廣州，並沒有「到了漢口」。

從發信之日到今天，算來恰恰一個月，不見登出來。「總之你是這樣的：因為我說你是這樣」罷。幸而還有內地的《語絲》；否則，「十二藤」，「□□□」（原文如此），那裏去訴苦！

我現在還有時記起那一位船上的廣東朋友，雖然神經過敏，但怕未必是無病呻吟。他經驗多。

若夫「香江」（案：蓋香港之雅稱）之於國粹，則確是正在大振興而特振興。如六月二十五日《循環日報》的「昨日下午督憲府茶會」條下，就說：

（上略）賴濟熙太史即席演說、略謂大學堂漢文專科異常重要、中國舊道德與乎國粹所關、皆不容緩視，若不貫徹進行，深為可惜，（中略）周壽臣爵士亦演說漢文之宜見重於當世、及漢文科學之重要、關係國家與個人之榮辱等語、後督憲以華語演說、略謂華人若不通漢文為第一可惜、若以華人而中英文皆通達、此後中英感情必更融洽、故大學漢文一科、非常重要、未可以等閒視之云云。（下略）

我又記得還在報上見過一篇「金制軍」的關於國粹的演說，用的是廣東話，看起來頗費力；又以為這「金制軍」是前清遺老，遺老的議論是千篇一律的，便不去理會它了。現在看了辰江先生的通信，纔知道這「金制軍」原來就是「港督」金文泰，大英國人也。大驚失色，趕緊跳起來去翻舊報。運氣，在六月二十八日這張《循環日報》上尋到了。因為這是中國國粹不可不振興的鐵證，也是將來「中國國學振興史」的貴重史料，所以毫不刪節，並請廣東朋友校正誤字（但末尾的四句集文選句，因為不能懸揣「金制軍」究竟如何說法，所以不敢妄改），剪貼於下，加以略注，希《語絲》記者以國學前塗〔途〕為重，予以排印，至紉公誼：

六月二十四號督轅茶會金制軍演説詞

列位先生、提高中文學業、周爵紳、賴太史、今日已經發揮盡致、毋庸我詳細再講咯、我對於呢件事、覺得有三種不能不辦嘅原因，而家想同列位談談、(第一) 係中國人要顧全自己祖國學問呀、香港地方、華人居民、最佔多數、香港大學學生、華人子弟、亦係至多、如果在呢間大學、徒然側重外國科學文字、對於中國歷代相傳嘅大道宏經、反轉當作等閒、視為無足輕重嘅學業、豈唔係一件大憾事嗎、所以為香港中國居民打算、為大學中國學生打算、呢一科實在不能不辦、(第二) 係中國人應該整理國故呀、中國事物文章、原本有極可寶貴嘅價值、不過因為文字過於艱深、所以除曉書香家子弟、同埋天分極高嘅人以外、能夠領略其中奧義嘅、實在很少、為呢個原故、近年中國學者、(對於整理國故) 嘅聲調已經越唱越高、香港地方、同中國大陸相離、僅僅隔一衣帶水、如果今日所提倡嘅中國學科、能夠設立完全、將來集合一班大學問嘅人、將向來所有困難、一一加以整理、為後生學者、開條輕便嘅路途、豈唔係極安慰嘅事咩、所以為中國發揚國光計、呢一科更不能不辦、(第三) 就係令中國道德學問、普及世界呀、中國通商以來、華人學習語言文字、成通材嘅、雖然項背相望、但係國人精通漢學、[1] 同埋中國人精通外國科學、能夠用中國言語文字翻譯介紹各國高深學術嘅、仍然係好少、呢的豈係因外國人、同中國外洋留學生、唔願學華國文章、不過因中國文字語言、未曾用科學方法整理完備、令到呢兩班人、抱一類 (可望而不可即) 之歎啫、如果港大 (華文學系) 得到成立健全、就從前所有困難、都可以由呢處逐漸解免、個時中外求學之士、一定多列門牆、爭自濯磨、中外感情、自然更加濃浹、唔噲有乜野隔膜咯、所以為中國學問及世界打算、呢一科亦不能不辦、列位先生、我記得十幾年前有一班中國外洋留學生、因為想研精中國學問，也曾出過一份 (漢風雜誌) 個份雜誌、書面題辭、有四句集文選句、十分動人嘅、我願借嚟貢獻過列位、而且望列位實行個四句題辭嘅意思、對於 (香港大學文科，華文系) 贊襄盡力、務底於成、個四

1 按：從《華僑日報》所載演講詞，此句應為「外國人精通漢學」。

句題辭話、（懷舊之蓄念、發思古之幽情、光祖宗之玄靈、大漢之發天聲、）

略注：

這裏的括弧，間亦以代曲鈎之用。爵紳蓋有爵的紳士，不知其詳。呢＝這。而家＝而今。嘅＝的。係＝是。唔＝無 or 不。嘵＝了。同埋＝和。咩＝呢。喈＝呵。唔噲有乜野＝不會有什麼。嚟＝來。過＝給。話＝説。

注畢不免又要發感慨了。「漢風雜誌」我沒有拜讀過；但我記得一點舊事。前清光緒末年，我在日本東京留學，親自看見的。那時的留學生中，很有一部分抱着革命的思想，而所謂革命者，其實是種族革命，要將土地從異族的手裏取得，歸還舊主人。除實行的之外，有些人是辦報，有些人是鈔舊書。所鈔的大抵是中國所沒有的禁書，所講的大概是明末清初的情形，可以使青年猛省的。久之印成了一本書，因為是湖北學生界的特刊，所以名曰《漢聲》，那封面上就題着四句古語：攄懷舊之蓄念，發思古之幽情，光祖宗之玄靈，振大漢之天聲！

這是明明白白，叫我們想想漢族繁榮時代，和現狀比較一下，看是如何，──必須「光復舊物」。説得露骨些，就是「排滿」；推而廣之，就是「排外」。不料二十年後，竟變成在香港大學保存國粹，而使「中外感情，自然更加濃浹」的標語了。我實在想不到這四句「集文選句」，竟也會被外國人所引用。

這樣的感慨，在現今的中國，發起來是可以發不完的，還不如講點有趣的事做收梢，算是「餘興」。從予先生在《一般》雜誌（目錄上説是獨逸）上批評我的小説道：「作者的筆鋒……並且頗多詼諧的意味，所以有許多小説，人家看了，只覺得發鬆可笑。換言之，即因為此故，至少是使讀者減卻了不少對人生的認識。」悲夫，這「只覺得」也！但我也確有這種的毛病，什麼事都不能正正經經。便是感慨，也不肯一直發到底。只是我也自有我的苦衷。因為整年的發感慨，倘是假的，豈非無聊？倘真，則我早已感憤而死了，那裏還有議論。我想，活着而想稱「烈士」，究竟是不容易的。

我以為有趣，想要介紹的也不過是一個廣告。港報上頗多特別的廣告，而這一個最奇。我第一天看《循環日報》，便在第一版上看見的了，此後每天必見，我每見必要想一想，而直到今天終於想不通是怎麼一回事：

香港城余蕙賣文

人和旅店余蕙屏聯榜幅發售

香港對聯　香港七律

香港七絕　青山七律

荻海對聯　荻海七絕

花地七絕　花地七律

日本七絕　聖經五絕

英皇七絕　英太子詩

戲子七絕　廣昌對聯

三金六十員

五金五十員

七金四十員

屏條加倍

人和旅店主人謹啟

小店在香港上環海傍門牌一百一十八號

七月十一日，於廣州東堤。

述香港恭祝聖誕[1]

原載《語絲》，1927年11月第156期，第325–327頁

記者先生：

文宣王大成至聖先師孔夫子聖誕，香港恭祝，向稱極盛。蓋北方僅得東鄰鼓吹，此地則有港督督率，實事求是，教導有方。僑胞亦知崇拜本國至聖，保存東方文明，故能發揚光大，盛極一時也。今年聖誕，尤為熱鬧，文人雅士，則在陶園雅集，即席揮毫，表示國粹。各學校皆行祝聖禮，往往歡迎各界參觀，夜間或演新劇，或演電影，以助聖興。超然學校每年祝聖，例有新式對聯，貼於門口，而今年所製，尤為高超。今敬謹錄呈，乞昭示內地，以愧意欲打倒帝國主義者：

乾　男校門聯

本魯史，作春秋，罪齊田恆，地義天經，打倒賊子亂臣，免得赤化宣傳，討父仇孝，共產公妻，破壞綱常倫紀。

墮三都，出藏甲，誅少正卯，風行雷厲，剷除貪官悍吏，訓練青年德育，修身齊家，愛親敬長，挽回世道人心。

坤　女校門聯

母憑子貴，妻藉夫榮，方今祝聖誠心，正宜遵懍三從，豈可開口自由，埋口自由，一味誤會自由，趨附潮流成水性。

男稟乾剛，女占坤順，此際尊孔主義，切勿反違四德，動說有乜所謂，冇乜所謂，至則不知所謂，隨同社會出風頭。

埋猶言合，乜猶言何，冇猶言無，蓋女子小人，不知雅訓，故用俗字耳。輿論之類，琳琅尤多，今僅將載於《循環日報》者錄出一篇，以見大概：

1　原文刊於《語絲》，1927年11月26日，第156期的〈來函照登〉欄目，後收入魯迅《三閑集》，並題為〈述香港恭祝聖誕〉。

孔誕祝聖言感　(佩蘅)

金風送爽。涼露驚秋。轉瞬而孔誕時期屆矣。邇來聖教衰落。邪説囂張。禮孔之舉。惟港中人士。猶相沿奉行。至若內地。大多數不甚注意。蓋自新學説出。而舊道德日即於淪亡。自新人物出。而古聖賢胥歸於淘汰。一般學子。崇持列寧馬克思種種謬説。不惜舉二千年來炳若日星之聖教。摧陷而廓清之。其詆人也。不曰腐化即曰老朽。實則若曹少不更事。鹵莽滅裂。不惜假新學説以便其私圖。而古人之大義微言。儼如肉中刺。眼中釘。必欲拔除之而後快。孔子且在於打倒之列。更何有孔誕之可言。嗚呼。長此以往。勢不至等人道於禽獸不止。何幸此海隅之地。古風未泯。經教猶存。當此祝聖時期。濟濟蹌蹌一時稱盛耶。雖然。吾人祝聖。特為此形式上之紀念耳。尤當注重孔教之精神。孔教重倫理。重實行。所謂齊家治國平天下。由近及遠。由內及外。皆有軌道之可循。天不變道亦不變。自有確鑿之理由在。雖暴民囂張。摧殘聖教。然浮雲之翳。何傷日月之明。吾人當蒙泉剝果之餘。傷今思古。首當發揮大義。羽翼微言。子輿氏謂能言距楊墨者。聖人之徒。生今之世。群言淆亂。異説爭鳴。眾口鑠金。積非成是。與聖教為難者。向祗楊墨。就貴詞而闢之。為吾道作干城。樹中流之砥柱。若乎張皇耳目。塗飾儀文。以敷衍為心。作例行之舉。則非吾所望於祝聖諸公也。感而書之如此。

香港孔聖會則於是日在太平戲院日夜演大堯天班。其廣告云：

祝大成之聖節，樂奏鈞天，彰正教於人群，歡騰大地。我國數千年來，崇奉孔教，誠以聖道足以維持風化，挽救人心者也。本會定期本月廿七日演大堯天班。是日演《加官大送子》，《遊龍戲鳳》。夜通宵先演《六國大封相》及《風流皇后》新劇。查《風流皇后》一劇，情節新奇，結構巧妙。惟此劇非演通宵，不能結局，故是晚經港政府給發數特別執照。演至通宵。……預日沽票處在荷李活道中華書院孔聖會辦事所。

丁卯年八月廿四日，香港孔聖會謹啟。

《風流皇后》之名，雖欠雅馴，然「子見南子」，《論語》不諱，惟此「海隅之地，古風未泯」者，能知此意耳。餘如各種電影，亦美不勝收，新戲院則演《濟公傳四集》，預告者有《齊天大聖大鬧天宮》，新世界有《武松殺嫂》，全係國粹，足以發揚國光。皇后戲院之《假面新娘》雖出鄰邦，然觀其廣告云：「孔子有言，『始吾於人也，聽其言而信其行，今吾於人也，聽其言而觀其行，於予予改是。』請君今日來看《假面新娘》以證孔子之言，然後知聖人一言而為天下法，所以不愧稱為萬世師表也。」則固亦有裨聖教者耳。

嗟夫！乘桴浮海，曾聞至聖之微言，崇正闢邪，幸有大英之德政。愛國劬古之士，當亦必額於遙慶，恨不得受一廛而為氓也。專此布達。

即頌

輯祺。

聖誕後一日，華約瑟謹啟。

談皇仁書院 ［辰江］

原載《語絲》，1927 年第 137 期，第 18–20 頁

豈明先生：

香港的書店，真是遲緩得討厭。二月二十六日出版的語絲第一二〇期要四月四日才運到，因此「皇娘」的事實，到今日我才看見。這是一件很小的事，我以為是不值得在語絲來佔篇幅的，不過沒有事做偏要找事做，原是人類一種奇蹟，我既忝居人類，自然免不掉染有多少這種氣味了。這幾天是清明假（您看，多麼雅緻的一個名字），閒得慌悶，所以來談談，雖然是沒有什麼談的價值的事了。

所謂皇娘書院者，誠如劉復先生云是 Queen's College 的譯音，不過劉先生說現在叫做 Queen's University 卻不是事實，怕是劉先生一時記憶差錯了。大學香港是有一間的──衹有一間──名叫 Hong Kong University 和 Queen's College 是截然不同的。Queen's College 在香港居住的人叫它做皇仁書院，這樣雅馴的名字，我當初也是不大明瞭的，因為沒有注疏過，但近年又新設有一間 King's College 譯名皇義，到此我才恍然大悟，原來皇仁的仁字，是出典於我們貴國的國粹中的仁義禮智信，原來是這麼精邃的，我不能不佩服譯者的能夠忠於國粹，甚至於區區一譯名之中，也要參入多少這樣的東西，使兩國之長共冶一爐呢。

皇仁書院是香港惟一的英文學校，以寫字買辦為目的的港僑，每趨之若鶩，內裏所有教授的是什麼東西，我沒緣「立雪」，不能知到詳細，不過第一一八期中吳蓬尊君的通訊，大約是可靠的。其實香港的學校，不衹皇仁書院是這樣的，我怕大部分也不能脫這樣的雰圍氣中，什麼經，什麼史，就是他們做戰戰兢兢保守着，如像善男信女對於如來佛祖，觀音娘娘一般的虔誠供奉的。自然，他們是名教功臣，除了把十三經注疏來做經學課本和用資治通鑑來做史學課本外，還怕不能盡忠於所事，於是又設立了前無古人的孔聖會和中華聖教總會，每年在「孔聖誕」的時候在什麼地方舉行其拜跪禮，恭恭敬敬地匐伏焚香，這真不能不令我們嘆觀止焉，北方也是國粹萃薈的地方，

南北兩方，遙遙相照，殊令人興芝蘭玉樹之感呢。有人嘆惜我國國粹沉淪，我倒覺得是神經過敏的感傷了。

是會令我們震懾的！區區小島，竟有偌大的古昔的遺存 Florence 是文藝復興時的發祥地，香港也大可當國粹復興的發祥地了。我想這是最妥當不過的，祇要你到過香港一遊，你就會遇見許多你意想不到的奇事奇景，即如以學校的命名而論，就將會令你景仰備止，前清翰林的區大典太史的貴校，命名尊經，即如X德X貞等（原文如此），都表示出一種很豐富的背境。不幸！我沒有招徠的口才，不然我倒想介紹一些人到那裏參觀參觀，庶免辜負了他們一番苦心盛意，

説起了，又順便再談一談別的閒事。——在去年的春天，香港的教育界名人，如區太史，賴太史……和會説中國話，識中國字，讚美中國經史好的大不列顛帝國香港政府總督金文泰等發起提高香港學生的漢文程度，他們以為以前所做的功夫還未能十分滿意，漢文程度還是太淺，於是提創提高程度了，他們提高的惟一妙法就是「多讀經史」四字，即如考入皇仁書院要經義作得好囉，香港大學畢業要經史合格囉，其餘又有什麼什麼辦法，十分抱歉，我不能詳細記憶了，總之「經史」二字是免不掉的。他們所以特別奮興的主因，是為了港督金文泰説了幾句讚美中國經史的話，外國人也説中國經史是好了，則中國的經史當確有好的地方，一般以保存「國粹」為職志的老先生們聽了，不禁五體投地深深佩服，越發確信他們歷來的抱負是不錯的，而且説者是「港督」呢，就是不和他們的意見相符，也要堆笑點首，奉承奉承了。嗚乎！滬則曾琦，港則區賴，外國人的話確實是真也是香的！

這也難怪，忠於所主，原是我們古聖人的遺訓呵。——但是，我以為金文泰究竟還是欠聰明些，他為什麼不對香港人説：「奴隸是人生最矜貴的生活」呢？我敢以我的賤軀擔保，如果這句話是説了出來，其功果一定比提高漢文程度好得多，至少是快捷得多，如若不靈，我願受任何的裁判，皇天在上，實鑒此言！

閒事是說不盡的，再說一件就擱筆了。在前月魯迅先生由廈大到中大，有某團體請他到青年會演說，起先是約定他講一天，伏園先生講一天的，後來因為伏園先生往漢口（？）所以兩天都有魯迅先生擔任了，兩天的演詞都是些對於舊文學一種革新的說話，原來是很普通的，（請魯迅先生原恕我這樣說法。）但香港政府聽聞他到來演說，便連忙請某團體的人去問話，問為什麼請魯迅先生來演講，有什麼用意。……這件事是真確的，你說好笑不好笑呢？我又在會堂上聽聞一位先生問在他旁邊的一位朋友說：「周魯迅是否著了一本微雨？」想起了一併奉告，以博一笑。

辰江，十六年四月四日於香港。

香港的文藝 ［吳灞陵］

原載《墨花》，1928 年第 5 期，第 4–7 頁。

一、引言

談起文藝來時，我們便感覺到上海方面異常發達，作者固然眾多，出版機關也特別發達。作者因此得到了一種鼓勵，努力工作。上海這一塊地方，因此形成文藝界之中心點。其次，便要算到廣州這一方面發達了。但廣州這方面，多少要受點上海這方面的影響，香港則在上海廣州之間，上海的風氣，應該先到香港，然後才到廣州。故此香港的文藝界，應該熱鬧一點，其地位非常重要；但是，因為香港是個重要的商埠，只是商業最發達，文藝，便不得不為環境戰勝而落後。不過，香港既在上海廣州的中間，自有它的重要地位，這是值得觀察一下的。

二、出版機關

要觀察香港的文藝界狀況是個什麼樣子，須向一般的書報裏尋求，因為書報是發表文藝的惟一重要地方。現在，找出下邊那五種出版物：

新聞紙。香港的新聞紙，以現存的而論，連早報晚報共有十二家之多。即是：循環，華字，大光，華僑，工商，新中國，大同，現象，南強，香江晚報，南中，華強等。這些新聞紙，各都闢有副刊，——即是諧部——來容納文藝作品，多寡視其篇幅多少而定。

小報。現存的小報，共有十家之多，即是：華星，荒唐鏡，微波——大光報副刊——骨子，真報，又日新，針鋒，遊樂場，探海燈，青春等。所載都是新近產生之小品文字，純文藝的作品，有時也發見一兩篇。

畫報。畫報最少，以現存而論，只有非非畫報和東風畫報兩家。兩報的內容，除了刊載各類照相銅版之外，有許多文藝作品。

雜誌。這一類出版物，也非常之少，現存有墨花，伴侶，脂痕，香聲，幾種。這一類的雜誌，多數偏重小品及其它文字圖畫，單純的文藝雜誌，可謂沒有。

書。香港的書局，多數沒有印刷書籍的，有就不過是上海總局印成運來的，像商務印書館，中華書局，良友圖書印刷公司等。近來已經有了一個出版機關，但也不是純粹香港的，是「港粵」的，這就是受匡出版部了。她所出版的書籍，關於文藝的，香港方面作者做的，已有幾部，像黃天石的獻心，龍實秀的深春的落葉，鄭天健謝晨光（書在印刷中）等。

三、文藝作者

香港既有這樣現存的出版物，雖不覺得熱鬧，但也不致於太寂寞。那末，衝破那沉寂的空氣的，就是一班文藝作者了。我們細把這班作者分析起來，就地域上的分別，就有廣州，香港，上海三派。但是廣州和香港比較接近，發生了密切關係，故此有幾個作者是香港的，同時又是廣州的。現在分開來說個明白：

香港的。先說香港這方面吧，作品比較多的現在有曇庵，亞蓀，天夢，崑崙，言情，天石，冰子，天健，爾雅，實秀，靈谷，星河，卓雲，浩然，莜仙，憂時客，自了漢……等。其餘作品還少的作者很多，也都是努力文藝青年。

廣州的。廣州和香港，向來有許多關係，所以香港的作者，多數擔任廣州出版物的撰述，而廣州的作者也時常擔任香港出版物的撰述。像：恭第，（本是香港的，但現在只任省方的撰述。）麟廠，阿修羅，沈懺生，平湖，健兒──等，都是省方作者而作品比較多的人。

上海的。報紙雜誌有時為着要揀幾個上海有名作者來號召讀者，也會找幾個胡寄塵，徐枕亞，王西神，程瞻廬，趙苕狂，吳綺緣，吳雙熱……等上海作者擔任撰述，這也不過是一時的少數的吧了。除開上面所說那三派外，有的就是轉載上海書報的作品，至於廣州的書報的作品是很少轉載的，因為地點距離得太近之故。

四、文藝作品

談到文藝作品，就有新與舊之分，創作與翻譯之別，現在就分開來說：

新文藝與舊文藝。從前文藝副刊的分門別類，總有幾十款的，大抵是這樣的順序：文苑——或諧文，小說——包含長篇的與短篇的——筆記，遊記，歌曲，詩詞，燈謎，雜俎，等。現在的文藝副刊，依照新文藝的界說，只分開小說，戲劇，詩歌三大類；泛一點便是加入論文，散文，遊記幾類。但是，分門別類雖然如此，可是大多數副刊只登載多量的小說，和小報特有的小品文字，對於新和舊都沒有嚴格的判斷。

創作與翻譯。書報上的文藝作品，照現狀而論，多數是屬於創作的，翻譯作品，並不多見。本來，香港是英國屬土，作者對於英國文學應該比較別個地方進步，可是除了商學之外，文學是沒有多大人去注意的，況且，注意英文的對於漢文也沒有相當的程度，對於翻譯英國的作品，就更覺困難了。英國的名家作品，既然沒有人介紹過來，其他如日本、法、德、俄、美，……等國的有名作品，就更罕見了！這也是創作發達的一個原因。

五、結論

綜合上面所講的三方面來觀察香港的文藝，便覺得香港的文藝是一個新舊過渡的混亂，衝突時期，而造成這個時期的環境，一方面就是上海和廣州的新潮流入。香港的地域，彷彿處在前後夾攻的位置，青年的作者，最受影響，這是造成新文藝的原因：一方面就是香港這塊地方，在現在以前，大家都不大注意漢文的，那一部分研究漢文的人，又不大喜歡新文學，更有一大部分的讀者，戴着古舊的頭腦，對於新文學，簡直不知所云，故此見了一篇白話文的小說或是戲劇，詩歌，就詫為奇觀，而熱心新文藝的舊作者，就不得不保守了。

現在，香港的書報上的文藝，就是新舊混合的，純粹的新文藝，既找不到讀者，而純粹的舊文藝，又何獨不然？所以書報上的文藝，就媽媽虎虎的混過去，很少打着鮮明旗幟的！

總之，文學的新潮，奔騰澎湃，保守的文學的基礎，已經動搖，這個混亂、衝突的時期，不久就會渡過的了。

十月十五號脫稿

遊港雜記 ［澤川］

原載《語絲》，1928 年 10 月，第 4 卷第 42 期，第 27–33 頁，節錄

……和罷工風潮沒有關係的是學界，但也和先前稍有變更。從前的學校（指大學以下說）注重英文，聖經，而現在卻偏重古文，經典。要是古文……之類考試不及格，即使英文強也不能升班。說也奇怪，有幾個英國人當查學司的，居然也能夠背得出前出師表，後出師表，和十幾首唐詩。每逢到小學裏去查學，必定挑選一兩個小學生背誦幾句。背得過時，他便伸手撫摸着小學生的頭說：「你真乖」，後來那些國文教員知道了外國人熟識那幾篇古文，那幾首唐詩，便把這幾篇書教會了小學生，叫他們天天背誦，好待下次來查。香港既然看重了古文，經書之類，於是，那些彎腰拱背的翰林，舉人，秀才之流，爭先恐後的到香港設塾，並且舉出二三個名頭大的，來作發起人，組織了一個孔教會，這個孔教會，聽說，竟積下了三四十萬元基金，每年開銷兩間義學的經費千餘元。此外還有什麼用途，我因為不是會員，不得而知了。我這次到香港，看見了一張又是發起建築孔聖堂的宣言說：南洋烟草公司的簡孔照先生捐一大段地，希望大眾也多多捐助……。這件事大概可以成功吧，因為香港的富翁，對於這類事情向來是很慷慨的。

香港學生該學「生」了 [周拱照]

原載《微明》，1928 年第 1 期，第 13–15 頁。

內地的學生們，常常說道香港的同學，不是學「生」而是學死。說也奇怪：死，固人之所同惡，真正的死於意外，或死於所謂「天命」，人們也不情願；而況又還去學呢！那嗎其中不無奧妙；如果根據他們所唱的「生不如死，死不如抱石沉江」斷定他們厭世，想自殺：是絕對謬誤的，因為他們斷沒有同時想自殺這麼湊巧，何況自殺又犯不着學的？由此推測，我們可以堅決地斷定他們是麻木地走錯了一條引入地獄的路了。

人類有種特性，尤其是屬於僑港的中國學者的：自己是誠實，便以為人們和自己一樣地誠實；自己是嫉妒的，便以為別人也是嫉妒；快樂的，便以為世界人類都是快樂；結果，富者不知貧者之痛苦，快樂者不知憂患者之悲愁。更有一層，耳聞的事斷不如眼見的事這樣深刻，那嗎處在「雞犬無驚的城中」的香港學生，遺忘了，或竟完全沒有知自己的肩膊上已經有一條比任何國度裏的青年人要重的擔子，是無怪其然的。

同是一樣東西，價值五角的，標五角子的價目，人們就會看不起眼；如果用盒子好好地裝飾，或竟不裝飾，號上二員或二員以上的價目，一個中國的主顧定然問那件標上二員價目的東西而放棄那五角子的了；如果不買，至少覺得那件號的二員比較貴重。

「今天有一個少年和一個外國人打架，把他一個牙打脫掉了……」要是有這麼一個消息給一個大中華民國的人聽見，他會說：「那裏有我們這麼樣靈敏！」有了那種特性，所以一得到些形色的虛偽的安慰，中國雖然危同壘卵，在一般豐衣足食的香港學生眼光看來，仍然是泰山一般穩固！

中國人生來就不好記性，跌傷好了之後，他們就會不記得了。無論如何，他們有時見着那個疤子，也會記起自己跌傷過，可是，跌傷時那種痛苦和呻吟，是永遠全盤遺忘的。香港學生的肌肉好些，跌傷好了後連疤子都沒有，所以他們比較任何一個中國人的記憶力要薄弱。

呵！香港學生！——我也在內——這都是你們的弊病；應當革新了。亡羊補牢。並不算晚。

現在我們最先要知道的，就是國家的情形是怎麼樣，和我們所處的是什麼地位。關於這點，種因君曾在學生雜誌裏很平坦的告給我們：

（今後的學生，實在不容易做啊！軍事的擾攘，政治的紊亂，社會的黑暗，外侮的壓迫，層層地包圍着；舊道德破產了，新道德並不曾建設；舊文化鄙棄了，新文化並不曾取以自代……）

看！中國是這樣的！中國的青年是處在這樣一個環境！

呵，朋友，現在你們大概知道以前太把中國看得太平了吧。那嗎我們就要知道我們的擔子，比無論那一國的青年人的更重。如是，人們做一分子的工作，我們就要做夠三分，四分，十分或十分以上了。

如果有人問我怎樣去工作，我也只得「敬謝不敏」，倘使苦苦追問，我只得摹倣那些所謂正人君子，大人先生也者在報端發表的鴻文，教他們不要穿婆乸衫，別着臘腸褲，戒梳鶴鶉裝，勿穿 U 字形的衫，取締黑衣隊；因為，我並不是什麼的「導師」，不過也是一個很平常的香港學生——而且，我也曾經穿過婆乸衫和臘腸褲的，可是，鶴鶉裝並沒有梳過。

然而，又何需這個「導師」呢？又何必要人教？自己想想吧：你們的思想便是救國的思想，能彀個個達到你們底目的，中國自然就可以救了。所謂思想、並不是 X+Y=Z 的思想；所謂目的，也並不是做「大班」底目的；努力吧。

世界的一切都不可靠，惟有自己是可靠，如果想靠人，最先是要靠自己；倘若自己都不能靠了，宇宙間就沒有東西給你靠。

最堅硬的鋼鐵，只消鑽一個孔子；放些微水進去，等那些水冰凝了之後，不怕鋼鐵怎樣堅剛，都要分裂。一滴清水紙竟能發生這樣的效果麼？以這點水來和一個人比較，人是如何偉大呵！如果一個人也不能做一點有影響的事業，與其說他是萬物之靈，倒不如說是萬物之蠢。

近來在報上，和學生的刊物上，常常看見「渙散」這兩個字——不消說是為香港學生而發的——仔細考查作者之所以謂香港學生為「渙散」的理由，時候可已經不同了，而舉出的不過都是說他們中間沒感情；我始終覺得那些話不甚中肯，試想，「聯合」或「團結」底目的是什麼？就是收效。所以「團結」並不是形色的，若果單求形色的團結，並不見得有多大用處。所以那些形色的團結倒是第二個問題，最先要注意的卻是我們個人的工作。如果各人都能彀盡了自己的本分，即使是單獨進行，精神上已經結合了。如果能彀做到這點，獲得的菓子實在比那些形色的要多而且結實。這些事也並不難，只要我們底目的有所集中就夠了。

食飯可以養活生命；難道吃麵飽就不能？我們現在入學校，不過想求知識。徒然的把幾本課本吞進肚子裏，未必就會消化；如果哽在咽上，可就更其痛苦。那嗎在我們的求學時期，我們不單是要讀書，尤其要為團體服務。能够令一個團體好，便是令到國的一部分好。不消說，最先是要自己的人格完善。那些不過是「欲齊其家者，先修其身」的道理；並不新奇，古已有之。

好些人說：「求學時代應只管讀書，服務可以讀完書後再說；因為如果在求學的時期裏一方面又去服務，學業就會受影響……」以上那些話，我們常常可以聽到，然而，我們只能彀當是放狗屁：因為這句話的事實和理想絕對相反。試想，我們貴國的經濟，是遠不能和人們並肩的。那嗎讀完書後，受了環境的包圍，那裏還顧得去服務？所以那些話實在是絕頂滑稽。

如果說讀完書後是要去服務的，在求學的時候更應該去練習，而且所用的時候也不能算是虛費，為的是我們從中得到底知識已經給我們相當的酬報了。所以服務就是等於求學。

所謂服務，並非去替人擦鞋或抹窻門，乃是去服現在中國青年應服的務。換一句說，就是盡我們應盡的責任。 說明白些，就是要去革新。

我家裏的花，今年格外覺得蓬勃有生氣；比往年大不相同：往年的冬天，老是遺下幾根殘枝，直至春天才掛上新葉。我始終覺着不滿意，因為舊枝掛上新葉，實在不啻村女娥眉，嫫母刻畫而已，今年得着朋友的教訓，在暮冬的時候把舊葉去清，枝也削短了；春天一來，它們就再次萌芽；那嗎現在枝也新了，葉也新了，比較無論那一年要加倍令我滿意。我想，新葉雖然美麗，如果生在舊枝上面，倒不如舊枝掛上舊葉好看；但，如果舊枝配舊葉和新枝新葉的比較，不消說是新枝新葉的好看得多了！

現在如果有還想活下去的青年人，都應該把他們家裏的彫枝殘葉削去。要是有什麼阻礙我們國家的生存以及發展的，沒論是誰；沒論是數千年前的禮教；祖傳的藥方；秘製的膏丹；金科玉律；「百宋千元」；都要革掉他們的命。

世界的一切都不可靠，惟有自己是可靠。如果想靠人，最先要是要靠自己；倘若自己都不能靠，宇宙間就沒有東西給你靠了。所以我們做那些事，務先要靠自己才可去靠人，要是真沒有人和我們合作時，自己奮身孤往也未嘗不可。

末了，最後我想勸自己和香港同學們的，是再不可相信那些「夫中國堂堂一大國也，地方之廣，人民之眾，物產之盛……以此制敵，何敵不摧，以此圖攻，何攻不克？」──這是我從三數位香港學生的大作上看見過的──怎麼了？你說中國地方廣？我說中國沒有地方。你說中國人多？四萬萬？說來似乎刻薄，或許過火：我正想中國的人死掉了一半或一半以上呢！中國多了些什麼人呵！……你們想想吧。

老實說，現在我們不單是要拋棄以上那些引入墳墓的自信，尤其要常常持劍在手，並不是去殺人，卻是去自護。那嗎，人們笑時，你喜歡也可以笑，可是，你要持劍在手。這柄劍卻就是「思想」。未結束之先，我想提議四個關於香港學生學「生」的辦法，如左：

（甲）要思想	（乙）也是要思想
（丙）還是同上	（丁）仍然是這個

那麼，記着吧。你們底思想便是救國底思想，但，有了這個思想，你們就要跟着做去；倘若不做，正如一個富人在路上見着乞丐，徒然地哭一場走過一樣。

十七，三，九日晚上於香江高陞街旅寓

第一聲的吶喊　［玉霞］

載於《鐵馬》，1929 年 9 月 15 日，第 1 期

青年文友，這是香港文壇第一聲的吶喊。古董們不知他們的命運已經到了暮日窮途，他們還在那兒擺着腐朽不堪的架子，他們誘惑了群眾，迷醉了青年，阻障了新的文藝的發展，他們討了老闆的好，把呂宋煙塞在口裏，藐視社會的文化，把新進的青年擯於束手無措的境地。這是我們後輩絕可痛心疾首的事呵！

雖然，香港已經有了新文藝的作者，已經出了一些雜誌，可是終於不能鮮明地標起改革的旗幟，終於被根深蒂固的古董們暗暗地殞滅了。他們抱了文壇的老資格，轉移了許多有為的新文藝作者，他們利用他們的地位，利用老闆們的金錢，把一些容易誘惑的青年作家誘惑了去。有許多，卻是窮苦地在他們的蹂躪下，把一切的聰明與有價值的文藝創作埋沒了去，這是我們怎樣覺得可憐的事？

現在，我們為了社會的文化，為了救濟我們青年的同輩，我們惟有把新的文藝作者與新的文藝雜誌打成一片，我們把我們的機關槍與大炮去對付古董們的拳頭，打得他們落花流水，他們是時代的落伍者，是人間的惡魔，是文學上的妖孽，留得他們，我們永遠不能翻身。

年青的文友啊，這是一個已經過去的工作，在香港卻是一件嶄新的工作，這需要我們共同努力去幹，新的文藝戰士呵！這是香港文壇第一聲的吶喊！

一九二九年九月二日寄

玉霞君聽見我們鐵馬有咖啡店之設，因此，他就寫了這篇文章來，我們接到玉霞君這篇文章，恰是鐵馬將近出版的時候了，玉霞君對於古董的罵，和願心改革香港文壇，這是不錯的。我們知道國語文學在中國已經被人共

同承認了十餘年，現在，國民政府統一中國，國語文學更該普遍於全國了，而香港這裏的文壇，還是瀰滿了舊朽文學的色調，這是文學的沒落狀態，以後，我們甚願如玉霞君所希望的將古董除去，建設我們的新文學，——新的文藝，我們中國的政治統一了，經濟也要統一了，同時，國語文學也該統一起來。

編者——

收錄於鄭樹森、黃繼持、盧瑋鑾編

《早期香港新文學資料選（1927–1941）》，香港：天地圖書，1998 年 1 月

「五四」紀念感言［一士］

原載《華字日報》，1936年5月4日

社論

『五四』紀念感言

一士

十七年之前，即民國八年之今日，北京學生因反對巴黎和會處分山東問題之決議，憤外交當局之誤國，舉行示威運動，毆擊章宗祥，搗毀曹汝霖住宅。風聲所播，全國響應。學生罷課，商界罷市，此即轟轟烈烈歷史上有名之「五四」運動是也。當時我國出席巴黎和會之代表鑒於國內民氣之激昂，遂毅然拒絕簽字於和約。而山東問題，遂獲保留。至民國十年華府會議中，卒得有利於我之解決。山東之得保存至今而不為日本籍口繼承德國權力而據有者。實不能不歸功於十七年前之今日北京學生之一擊也。

抑五四運動之價值，實不止於山東之收回。吾人今日紀念五四，對於五四運動真正之意義，宜有真正之認識。五四運動之發生，最初雖以收回山東為目標。然國民監督外交學生干預政治之先聲既開，全國民眾，尤其青年學生，已憬然自覺中國在國際所處之地位，以及本身對國家所負之責任。因而不滿現狀，發生革命意識，紛起而為救國運動。對外則要求國家之獨立，民族之解放；對內外則要求軍閥統治之推翻，民主政治之實現。全國各地救國團體，風起雲湧，盛極一時。消沉之民氣，一轉而極端發揚。孫中山先生之重視青年與民眾之力量，注意青年運動與民眾運動。即完全受五四運動之影響。而後來之國民革命運動，亦即由五四運動擴大而成。不有五四之大震動，即無全國青年學生之大覺醒；不有全國青年學生之大覺醒，全國民眾之革命意識即無如此之普遍；不有民眾之普遍的革命意識，北洋軍閥之崩潰，黨軍北伐之成功，即無如此之迅速。故謂十五六年國民黨北伐之迅速成功，得力於五四運動，亦無不可。而五四運動之所以尤值得紀念者，即以其能啟發全國民眾尤其青年學生之革命意識，此紀念五四所當首先認識者也。

九一八事變發生以後，全國各地學生鑒於外患之嚴重。國亡之無日，亦會一度紛紛赴京請願，要求政府抗日。及至去年華北事件發生，平津滬甯漢粵各地學生為擁護國家領土主權之統一，復奮起而為救國運動，且有數處不幸發生流血之慘劇。現雖風潮久已平息，然而今逢五四紀念，吾人實不勝其感慨。

夫當前之國難，較之五四時代，嚴重萬倍。彼時之山東問題，不過一省領土主權之得失問題。而今則東北四省被佔，全國危如纍卵。巍巍名都，昔為五四運動發源地之北京，今已成為國防前線，充滿孤城落日之象矣。雖曰今日之政府，不可與當年北洋政府相提並論。然而熱血沸騰之青年學生鑒於國家之危殆，同時又不盡明瞭政府應付國難之政策，焦慮憂惶，不可終日。不惜犧牲學業，於是奮起而為擁護國家領土主權之運動。其動機之純潔，其情緒之熱烈，固為舉國所同情。而其目標衹在救國，並非反對政府，在政府亦衹有愛護之不遑而又何有於遏抑。且自北伐以來，當局對於青年學生，無時不勉以愛國責以革命。既啟發學生之思想，復激動學生之感情。則當此外患深入國難嚴重之際，具有國家觀念民族意識之青年，奮起而從事於救國運動，固政府當局所預期者也。政府當局既已鼓勵於前，尤宜領導於後。自國難以前，有心之人頗致慨於士氣之消沉，士習之乖張。而推原厥因，青年學生之所以消沉乖張者，大都因其對於國事，有愛心而無認識，對於當局多懷疑而少諒解。欲讀書而心神不安，欲救國而煩悶無計，結果非憤激而趨於行為反動思想惡化之途。即悲觀而陷於生活放縱志氣頹喪之境，以視五四時代青年之精神蓬勃，熱心國事，思想行動得人同情者，誠不勝今昔之感也。今幸而因外患之刺激，復引起青年學生對於國家之熱情，此正一極可喜之現象。政府當局尤宜因勢利導，使其對於國事由正確之認識而生光明之希望，對於當局由深切之了解而起敬愛之心理，則其思想自不致流於偏激，其志氣亦必可日趨發揚，其有裨於國家民族豈淺鮮哉。

政府當局其再三致意焉，至於行為不能越軌，毋失社會同情。目標務須認清，莫為奸人利用，此又從事救國運動之學生所應自省者也。

香港新文壇的演進與展望 ［貝茜］

原載《香港工商日報•文藝週刊》，1936 年 8 月 18 日，8 月 25 日，9 月 15 日，第 94，95，98 期。

一・緒言

香港新文壇之已否存在的問題，不久之前，好像還有人斤斤討論；其實這一件類乎吹毛求疵的工作是多餘的，香港有沒有新文壇，只要從已有的一般文化工具如報章刊物等着目，都可以知道，香港新文壇的存在是顯然的事實。固然所謂報章與刊物的內涵是什麼，還得打一個折扣，然而新文學之漸被重視，和致力於新文學工作的青年們不斷的掙扎，要衝破這漆黑一團的氛圍，這一種精神的表現，我們實在不能輕輕抹去了着跡的一頁。

自然，香港正如別個地方的人所認定的香港一樣── 一個商埠，而不是一個文化地點。但是文化這個東西並不是規定某種地方可以生存或滋長，某種地方就不能夠。文化究竟是一件人為的事業，一個分析者只能說某種地方文化發達與不發達而已。香港，跟着它所以成為世界商場樞紐的優越的地位，因為交通便利，一切的物質文明也佔了優越的方便，隨着全世界潮流的總匯而輸進了來。文化方面也是一樣。自從「五四」運動以後，革新的空氣也微微的吹到香港來，新文學也漸漸在這裏萌了芽。雖然那時候只能說新文藝而不能說得上運動，而那些產品，在任何方面說都是幼稚這一點，也是意想中的。但是新文學之發生於香港，至少已不是最近幾年的事了。

香港是一個特別的地方（雖然你如果認真地分析起來就不成其為特別），好些事情都是畸形的發展。正如有着時代尖端上的摩天樓，同時也有着香火供養的廟宇，在同一個報章的副刊上；或是一個刊物上，新舊文學的並行，正和前者成了恰好的比照。這種不尷不尬的情形，大概就是好些人所以憑藉為研究香港新文壇之存在問題的疑點。但是若果稍為嚴格分析一下，那支配在新文壇上的外在的勢力是什麼，便會明白奢求是多餘的事。不尷不尬的情形並不可怪，因為這是「香港」！

一・一般情勢

承認了香港文壇的存在，進一步，我們不妨承認香港新文學是在奮鬥。因為香港情形的特別，我們且先來看看特別的情形。

人說香港新文壇是建立在報章上，這是對的，本身沒有一種健全的刊物，一種有點奪命的刊物；是一個缺憾。但是形成了這個情形的，卻完全基於客觀上的種種關係。當局方面的出版條例的限制，社會上一般人的思想的固執。都使新文學的生命在非常慘澹的空氣之下生存。前者是使有心無力的新文學者，根本沒有把一本純粹色彩的雜誌印出來的機會，而不能不依附於報章，或是資本家掬錢出來，為一己的利益而出版的商業化的刊物裏面。後者使新文學青年的工作，得不到一些同情與贊助，雖然這奮鬥是前仆後繼的，然而永然也只是前仆後繼，總經不起一個健全的新型，這是可痛心的事件！

退一步說，報章又是怎樣一個情形呢？統計全香港的報紙共有十餘家，其中的副刊除了少之又少的幾個，刊載新文藝作品之外，大部分都是那每天刊幾百字，甚至幾十個字，往往一百幾十期還未刊完的古舊作品。新文學要想從其間不必說佔一個地位，就是透一絲氣也非常的難。這現象釀成的緣因，大半是報紙方面為着適應一般小市民的興趣的要求。這種既成的現象之發展，只有把文化拉向永遠死沒的路。固然暫且抽開時代的立場來說，新舊文學都各自有其本身的價值，但試問那些無知號召讀者，把讀者的靈魂引向沒落之路的作品，有什麼價值和意義？這一點也許在作者是知道的。然而，當一篇新文藝作品，和一篇劍俠式或豔史之類的每天性交一次的小說，投在那懷了成見的編者的手上時，他自然不躊躇地知道取捨。

所謂文化的工具的情形是如此。在為社會環境迫成了始終都在萌芽情勢的新文學，沒有方法能夠抬起頭來，雖然有着在這方面致力的青年的屢次的吶喊，要衝破這個被目為「十六世紀城堡」的重圍；可是都無能改換這一類報紙的面目。無疑的，要希望那只知為本身的利益的老闆，和只知腫腰包的多產作家的攜手分開；是不容易的事。顯然這裏許多新文學青年是感着報章方面的失望，而自己出過許多刊物的。但都是在不逐得社會的同情與贊助這種種關係中，在非常短促的壽命之夭折。固然香港的刊物是多着，隨時走過街頭巷尾到報攤上，都可以看見燦然奪目的封面莊，紛然雜陳，但如果從這些刊物的數量上去估價香港文壇，會使你上當！在「文人固窮的」命運下的文學青年，要出版一個刊物，少不了要靠商人的告白的幫忙，的麼了呢的一本在他們看來是「佶屈聱牙」的東西，是令商人們搖頭的，因此純粹作新文學代表的雜誌無從印出，即使印出來也不能健全下去。而那些適應一般殘餘的封建思想的頭腦，和迎合一般人的低級趣味慾的刊物；在出版的機會上，便隨時比一個態度稍為嚴正的新文學刊物佔了上風。如今香港報攤上一部分當地所出版的街頭巷尾的點綴品，便是這一類。

所以，可以說：香港文壇是純然罩籠在殘餘的封建勢力之下，而香港的文化是畸形地發展的。新文學運動是在客觀環境的嚴重壓迫中，支持着命脈。

這就是所謂香港文壇！

（《香港工商日報•文藝週刊》第九十四期，一九三六年八月十八日）

三·出發和演進

香港新文學所佔的地位，確如上述，但是在那樣畸形與雜亂的情形中。我們也可以從中，分化出新文學運動着跡的一頁，找出一條系統的路線來。這就是前面所説的新文壇已經成立並且在奮鬥，這兩點理由成立的憑藉。

現在為方便起見，簡略地把它概括為前期近期兩個階段分述。以一九三（　）年為兩期的分界，同時，因為説過香港新文壇是建立在報章上，因此叙述也只好以報章副刊為經，以獨立的刊物為緯；雖則後者也是極其重要的。

前期——由一九二七年至一九三〇年

上面講過，香港新文學的發生已不在最近幾年間，但是正式的發動期，卻還不過是一九二七年間的事情，那時期值得提出來代表新文學的，是《大光報》的副刊〈微波〉和〈光明運動〉與及《循環日報》的副刊〈燈塔〉。這些副刊都是每天出版，而以嶄新的姿態，湧現於古舊的封建底氛圍瀰漫下的香港文壇，挺然地與舊文壇對峙。在幾個熱心於新文學運動的編輯人領導之下，用純正的態度，充實的內容，妥適的題材的分配，沉着地進行；獲得不少青年熱烈底歡迎和傾向。而且有不少的文學青年在它們獎掖之下努力從事起文學工作來。總之這兩個報紙的副刊是刻劃了香港新文學發動期的光明的一頁，給人以忘不了的印象和記憶。

自然事情的表現，是有着它歷史底背景的。一九二七年的期間，正是中國國民革命狂飈突進的時代，為幾件慘案牽起來的當地的罷工潮又應時而起。在政治上是個興奮的局面，在文壇上，又正是創造社的名號飛揚的時期；間接受了國內革命氣燄的震動，直接感着大風潮的刺戟，不能否認的是，香港青年的精神上是忍着相當的震撼。把這冥頑不靈底社會中的青年的醒覺反映於事實上的，是新的追慕和舊的破壞，而直接表現出來的正是文化。在事實上，諸種行動都失去自由的情形下，所能表現的也只是文化方面的行動。〈微波〉、〈光明運動〉和〈燈塔〉所以獲得它們的時期與地位，也是必然的結果。

承着上述的情形而自然地演進的階段，是文學團體的產生。那時候，在上述幾個副刊發表作品的，都差不多是那一群青年，為了彼此共同的需要與要求，為了強固本身的力量，為了要在新文學上做些研究與提倡的工夫，便着手組織一個文學團體，名字叫做「紅社」。人數有十多個，並沒有固定的社址，而是以《大光報》作通訊處，計劃每期開學術研究會，此外是出版刊物。可是成立不久，《大光報》因為某一件事情改組，紅社失了依附，而社員又為了生活或是學業的種種人事關係，大部分星散；這第一個的文學團體便曇花一現地消沉。雖然沒有做出過什麼工作，可是在《大光報》副刊上，進行向好些無聊的不通的刊物去攻擊和挑戰，是「紅社」僅有的勞績。

「紅社」消沉以後，從事新文學的青年已漸漸多起來，上述的副刊依然維持住它們的地位。接着出現起來的副刊，有《南強日報》的〈過渡〉，《大同日報》的〈大同世界〉和〈三味〉等，都是努力於新文學的提倡的，不斷地刊載了許多創作和文藝理論的文章。算是頗為熱鬧的時期。但是一個純粹的新文藝刊物依然沒有；直至一九二八年秋間，才有被稱為「香港新文壇之第一燕」的《伴侶雜誌》出現。《伴侶》的刊出，的確可以在香港新文壇史上刻劃一個時期。雖然態度是不很莊重，（因環境關係，不得不如此）。但形式與編排上，都是獨闢一格，給予人以新鮮的刺戟。她之所以獲得地位，並不因為其間有着國內作家的名字，而是因為她內容水準的嚴格和出版較長的命脈。至少從香港出版物中，要找一本同樣的質量，而銷行到國內去的文藝刊物，至今都還沒有。這雜誌出版未滿一年，至十四期就因維持不住而停刊；這是香港新文壇上的一件損失。

和《伴侶》同時期或更前一些時候已出版著的，有從廣州移植了來的《字紙簏》和香港出的《墨花》。前者正如它自己的名字一樣，內容雜亂，傾向低級趣味而帶幾分幽默氣，新文學運動是說不上。後者內容並不純正，只是幾個以辦刊物作消遣的有閒文人底玩意。對於新文學運動上亦無甚功績。承住《伴侶》的氣勢接住而來的是《鐵馬》雜誌，是純然幾個文藝青年自動出版的；內容有點仿模國內的《幻洲》。創作上幼稚。但裏面的一篇〈第一聲吶喊〉卻第一次展起旗幟向灰黯的環境攻擊，可算是這刊物的精神的表現。因為不像《伴侶》的有着自營的印刷所的便宜，《鐵馬》只出了一期便夭折了。

（《香港工商日報•文藝週刊》第九十五期，一九三六年八月二十五日）

近期——一九三〇以後

一九三〇年，是香港新文壇一個急激轉變的年代，即是由消沉期而轉入興奮期。促成這一種努力底現象的，一半是新文壇本身的要求，一半是客觀環境上的驅迫。緣因是：新文學已經獲得一般青年底嗜好上的傾向，使從事於這件工作的人不感着寂寞；至少一個作者的作品有人歡喜看，作者的名字有人留意着，這樣的文壇都説得是走上軌道。至於客觀環境方面，這時期卻起了一件不很尋常的變動，那是報紙副刊改變態度，拉起倒車來。「舊文學」的勢力又漸漸伸張，把新文學的影子蠶蝕似的蓋了過去。要分析理由，自然也不外乎報紙方面顧全它們的生意經，要迎合一般人的口味，而把那漸漸淘汰了的東西恢復刊載起來，一方面，那些以一個名號而跨幾種報紙副刊，以多產發財的土文豪，也不容易一下放棄他們的地盤，自然舊文學自有它的讀者，然而是否惡指着它就能夠號召群眾，而增加銷路？這一點局外人是不能知道，總之新文學受着重大的摧殘卻是事實。在這期間，副刊中有的由純粹的新文藝而折衝為新舊文藝作品並刊，有的簡直完全改變了面目，有的是根本把新文藝欄取消，雖然不是全數的報紙副刊都如此，至少一般的傾向都是非常的壞；這慢性的摧殘成了一個時期的流行症。但是在整個新文壇陷於消沉狀態中的時候，挺然出動而以「歡迎無名作者」作口號的，是《南強日報》的副刊〈鐵塔〉。它以嚴肅的態度，整齊的形式，沉毅地進行：雖然沒有了不得的成績，但是從中也常有一兩篇可觀的作品，至少「歡迎無名作者」這一種態度已經是可佩服；現在文壇上有一兩位青年詩人，他們最初的作品還是在〈鐵塔〉發表的。可惜這副刊當時似乎不很被人注意。

報紙副刊既然改變態度，這情勢是迫使從事文學工作的青年不能不另謀出路。在這頗長期間的沉悶中，打破了這死寂底空氣的，是《激流》雜誌。這是幾個文學青年的新組合的產物。在窮乏的新文壇上，這刊物的出版也可說是劃了一個階段；它不是如《伴侶》雜誌之以內容嚴整取勝，而是以態度之勇敢博得人的注意！在它的「香港文壇小話」一欄裏，毅然地向所謂香港文壇算舊帳，向「舊文壇」的盤踞者作正面的攻擊。氣燄可驚！這種勇敢態度，為前此的刊物所未見，而成為《激流》所特有，也是那時候所不得不有的精神！不過話分兩頭說，在態度上雖有可取的地方，在別方面卻不能說沒有缺點，創作還平常，插畫卻不免說於無聊與低級趣味，這是遷就一般告白僱主的商人，而為了保持刊物命脈所做成的這個刊物底污點。

只比《島上》出多了一期（共三期）便停刊，但《激流》總算有過它的時期。是它，才顯然地把香港文壇劃分新舊兩個壁壘。

已有的報紙副刊是沒落着了，但是新的副刊卻跟住新的報紙產生出來；在不相上下的時期湧現的有：改組後的《工商日報》的〈文庫〉；《南華早報》

的〈南華副刊〉；（後改為〈勁草〉）《天南日報》的〈明燈〉；《新中日報》的〈洪濤〉……等等，都是以純粹新文學的面目出現，雖然立場其姿態都各有不同，而精神與步驟卻是一致。由於這幾個副刊的出生與行進，許多新作者集中到這些副刊來努力，於是多難的香港新文壇才漸漸奠定，而新文學的旗幟與陣線，才達到鮮明和嚴整的境界。這是一九三〇年至三二年間的事，可說是一個復興期。

（《香港工商日報•文藝週刊》第九十八期，一九三六年九月十五日）

收錄於鄭樹森、黃繼持、盧瑋鑾編

《早期香港新文學資料選（1927-1941）》，香港：天地圖書，1998 年，第 23–31 頁

香港小記 ［友生］

原載《前途》，1934年5月1日，第2卷第5號

百餘年前，香港不過南海濱之荒島，懸岩斷石，漁人棲息而已，世人罕有知其地者，自鴉片戰爭以後，英人以其遠大的眼光，與行商的經驗，始注意此島，向我國割取，同時租借九龍半島，與大陸相聯，造成犄角之勢，於是銳意經營，努力建設，不數十年而聲譽驟起，商務勃興，華南物產，以此為出入中心，歐亞交通，以此為往來樞紐。且風景清幽，氣候和煦，成為世界第二良港。吾國人之居留與遊歷香港者為數甚多，凡有血氣之倫，至少當有兩種感想：一則擧目有山河之異，無限慨憤，二則我國無物質之能力，不勝慚愧。若徒慕其天然風景，與人工建設，視為無上享樂之地，與逍遙之窩則所謂「商女不知亡國恨，隔江猶唱後庭花。」

一、建築

香港原為山島，蜿蜒曲折，峯巒起伏，其最高峯曰太平山，出海面約千餘尺，九龍山對峙，成雙環盤谷之勢，周圍小島林立，若眾星之拱北辰，水道縈迴，港漢交錯，中成水量寬深之佳港，南北有狹隘堅牢鎖鑰，艨艟巨艦，東來者入北口而出南口，西來者入南口而出北口，平均每日寄泊之商輪海艦，約三四十艘，而帆檣如林，汽艇若織，猶不計焉。

海濱之區，原為峭壁，英人移山填海，造成陸地，繁華隆盛之商場，即建築於其上，山坡山腹，則因地修街，就坡建屋，或右左相成而鑿之，或上下相連而通之，曲折迂迴，有如游龍蜿轉，高低起伏，宛若雲梯通天，山巔巨廈連雲，華屋成村，自海面望之，彷佛空中樓閣，蓬萊仙闕，天上人間，令人神往，若夜立九龍之濱，望香港正面之市，則星辰點點，閃灼空際，金光萬道，照耀塵寰，不復知為世俗市廛矣。

島之周圍，有大道環行，乘汽車約二小時可繞一匝，其長或云廿七英里，或憑水涯，或經斜坡，或踰山頂，穿岩越谷，屈曲通幽，有時則林深草綠疑無路，有時則柳暗花明又一村，其修築之巧妙與精細，令人驚服，而最

堪留戀與欽佩者，厥為島後之清水灣與谷中之儲水池。清水灣為兩峯環抱之幽谷，枕岩對海，鳥鳴花放，為富人游泳休憩之地，佈置雅潔，氣象新鮮，頗有世外桃源之概。蓄水池為居民飲水之所出，依谷為池，斷岩築壁，四山之水，匯集一處，面積廣約數百畋，設計偉大，難以言宣，然聞人口日增，其水量尚虞不足。

九龍半島，正對港島市場，相隔不過一英里有餘，可謂香港之一部，名雖租借，實如割據，其背負山，峯巒之起伏可辨數者凡九，故曰九龍，英人之經營是處，不亞於港島，房屋櫛比，道路錯綜，其要點為尖沙咀，廣九鐵路之起點在焉。香港之生命，全在九龍，蓋農產物之來源，必由大陸而達於九龍，故英人重視九龍，不僅盡力開擴其原有之租地，且日在計劃伸張其範圍，現今已開展至於粵屬之深圳，名曰新界，不知革命策源地之政府，對此作何感想也！

二、居民

香港五方雜處，各民族之人皆有之，人口總數，不得其詳，通常在七八十萬人之間。英人雖為主人翁，連官吏商人軍警等，總計不過二萬左右，最多者為華人，至少在七十萬人以上，印人，葡人，日人，亦佔少數。歐亞雜交而造成的雜種，為數頗眾，大多狀貌美麗，智力優强，能通數種語言，最易適應環境，優生強種之說，於是可證。

自表面觀之，香港無異於上海之公共租界，經營商店者十九為華人，往來街衢者十九為華人，作工執役者，十九為華人，中國文隨處可見，廣東話到處可聞，不過皆處於被動地位，受英人之統治驅策耳。「以寡制眾，以小治大」，本英人統馭殖民地之傳統政策，其和南非，印度，澳洲，南洋，香港所施之政策，名似小異，實為一貫。

香港之建設，計劃出於英人，而其財力人力，無非直接與間接而取之於華人，苟華人退出，則香港必成廢島，故英人之於華人，扼緊其大要，放任其小節，華人之富有資產者，示之以小惠，餌之以虛榮，使為良好之媒介工具，以轉治其下層民眾。港政府新近頒佈僑民註冊條例，凡各國人民之居留香港者，均須向政府註冊，即遊歷旅行者，亦須登記，獨於華人則許例外，表面似予華人以優待，實則默認華人為臣屬，不以異國之國民相待，而吾國旅港之要人常人，泰然安之，毫無感覺，良可哀也。

失意軍政要人之僑寓香港者，為數不少於上海青島，港政府皆寬宏大度，一網收羅，凡有資置住宅，購地皮，存銀行以作寓公者尤為歡迎，實則以香港之地密人稠，生活昂貴，非富有之要人，不能久居也。但英人歧視華人之心，對要人亦所不免，港島住宅，以山巔者為最佳，然華人不得居住，聞有準英紳第一紅牌某爵士，曾欲於山巔建一住宅，政府則許以山下某大廈相贈，勸其不必上山，此公猶且屈辱，其他不問可知，然吾人之所痛惜者，不在英人之狹小，而在國人之無恥也。

三、政治

港為「皇家屬地」(Crown Colony)，直接屬於英皇政府，故政治設施，與軍事佈置，較普通殖民地尤為周密，政府之首領為總督，代表英皇而行其職權者，為行政方面之主腦，關於司法則有臬司及高等法庭，關於立法，則有議會，港人名之曰定例局，隱然三權鼎立，具英國議會政治之縮影，實則大權攬於總督，可以指揮一切。議會之中，華人以僑民眾多，亦有代表三人，然二人由政府指派，一人由僑民推選，實則如法泡製，御用工具而已，普通華人固未嘗聞問，英人之敷衍門面，大都如此。

土地之權，絕對屬於政府，凡欲購買地皮者，須請求於政府，不曰購買，而曰租借，以九十九年為期，但政府遇有必需，得隨時收回。凡租得地皮者，最遲必於二三年內完成建築物，若逾三年不事建築，則政府可以收回，或轉租他人。又建築物之完成者，每三十三年必翻造一次，以適時宜謂，之曰「三三轉」，若無力翻造者，則政府收回其地，如此土地不落私人之手，地皮不成荒棄之區，而市場得以及時發達，建築可以定期完成。若我國之上海南京，地皮任人購買，而建築不加限制，使投機者廣置良地，待價而沽，以公產變為私物，以地價成為私財，而市場之繁榮發達，無法控制。

香港之防禦工作，與軍備設施，英人晦莫如深，無從探悉，然聞陸軍人數，約五千左右，海軍約一聯隊，砲台之形可見者約二十餘處，深藏不露者，為數必多，九龍有大飛機場，軍民飛機凡數十架，其設置之嚴密與鞏固，不亞於昔日德人之據青島，將來星加坡軍港建成以後，香港為其東方屏蔽，英人必更有進一步之軍事防禦，不過香港之生命，係於九龍，九龍之安險係於廣州，一旦有事，英人必奪廣州，亦猶日人之於滿洲，不知我執政諸公，亦有未雨之綢繆否？

四、文化

香港為商業之地，文化絕無可言，英人之經營殖民地者，多為保守黨人，凡事拘守舊章，執行成法，立異趨奇之主張，或革命維新之學說，皆所厭惡，我國人之知識淺陋，與思想腐迂者，正合其臭味，故前清之遺老遺少，有翰林，舉人，秀才等功名者，在國內已成落伍，到香港走其紅運，大顯神通，各學校之生徒，多慕此輩，如吾國學校之慕博士碩士焉，彼輩之為教也，言必稱堯舜，書必讀經史，文必尚八股，蓋中英兩舊勢力相結合，牢不可破，一則易於統治，一則易於樂業也。

學校之數量頗多，有政府設立者，實行其「大英帝國為中心」之教育，中文為課程之一，然僅「子曰，之，乎，也，者，」之訓，絕無學術思想之可言。有為私人設立者，類多私人集款經營，以漁利生財為目的，開是項營業頗佳，以辦學起家而致小康者，大有其人。普通學校，多稱書院，其名號之古色斑然，即足以暗示其內容大概。

報紙頗多，英文者有日報二種，夜報二種，中文者大小有十九種，新聞出於一源，消息往往雷同，不獨命意相似，字句亦無二致，閱報者但閱一種，則無所不包。不過中文報紙方面，除一二舊派不談政治者外，類皆有片面宣傳彩色，觀其社論，則某黨某派，某人某系，真相無不顯露，然皆兄弟鬩牆之爭，鼠目寸光之見，貽笑外人，無補國計，求其以發揚我國文化，喚醒民族精神為目的者，實如鳳毛麟角之不可多見。

五、大學

列強與我國接觸，皆重視學校以為媒介，美之於清華，德之於同儕，法之於震旦，日之於同文，皆已先發，英獨居後，乃急起直追，創立香港大學，以為東方燈塔（Lighthouse of the East），成立於一九一二年，分醫學，工學，文學三院，男女兼收，醫學院六年畢業，成績頗著，中山先生卒業於香港醫藥專門學校，即此醫學院之前身，該院至今引以為榮。工學院四年畢業，內分土木，機器，電氣等科。文學院四年畢業，內分純粹文科，社會科學科，商科，師範科，中國文學科等部。

大學之物質設備，頗稱完美，其經費來源，一部由於私人捐助，一部由於政府津貼，一部由於學生收入，其偉大之校舍建築物，悉由各國人士之築贈，英國庚子賠款退還，大學於一九三一年獲得二十六萬五千鎊之巨款，本年經常收入，據大學委員會一月份之估計，約為九十八萬六千十八元，其中有三十五萬元，為港政府所允津貼者，其重視此校，可以想見。

大學教授，除中文講師及少數助教外，悉為英人，學生多來自中國，日本，星加坡，檳榔嶼，馬來半島，爪哇，暹羅，緬甸，印度，及菲律濱等處，五花六色，冶於一爐，此為香港大學之特點，現在學生人數為四百四十二人，其中屬於中國藉者三百七十人，他國藉者只七十二人，而女生名數，僅四十二人。學生均須寄宿，學校自辦之男生宿舍有三，認可之寄寓宿舍有三，女生宿舍尚屬缺如，惟大學附近之聖士提反教會，可租容二十人，及一意大利女修道院，可容納少數之人。

學生每年費用，較之內地，昂貴數倍，學費每年四百元，膳宿費每年三百元，其餘登記費，考試費，學生會費，體育費等，將近百元，假期住校，尚須每周八元之宿費，書籍零用，所費亦多，平均每年一人費用，最低限度約港幣一千四百元，貴族教育，非常人所能企及，且生活過於舒適，非青年所宜，如以醫工技術，及英文文學為目的，則就學港大，頗能深造，若言思想訓練，身心琢育，及習慣培養，吾未知其可也。

六、娛樂

港人之娛樂，除跑馬，電影，戲劇，跳舞，煙嫖，及酒肉徵逐等等，一如各地租界之形相外，最堪注意而紀述者，厥為運動與賭博。港人最愛之運動為足球與游泳，東亞著名之「南華足球隊，」為中國人士所組織，即在於此，其甲組球藝高强，天下少敵，乙組亦復雄健，稱霸一時，每逢比賽，全港騷動，場周觀者輒數千人，不獨當事者精神卓越，旁觀者亦鼓舞歡聲，其注重體育之精神，令人欣慰。海濱之地，宜於游泳，香港之人，尤好此道，每當夏日，男紅女綠，浴於沙灘，歌於海岸者，絡繹不絕，浴場到處皆是，而最佳者為島後之清水灣，日麗風和，渚青沙白，入如游魚，出如浮鷗，載歌載舞，載馳載驅，至足樂也。

賭博為港政府所嚴禁，然嗜賭者別開生路，一以澳門為歸宿，一以深圳為根本。澳門距港甚近，輪航四年可達，嫖賭鴉片烟，公開舉行，無所不有，因之游人如織，賭客如雲，澳門政府之度支，全恃此種稅收以為維持。然道途往返，賭客終感不便，華人之乘機取巧者，乃於廣九交界之深圳，開設賭場，自港載車，須時僅五十五分可達，港政府之干涉不及，而粵政府之保護可求，於是港人稱便，賭客麕集，其營業之發達，幾取澳門而代之，海濱之污點，遂移入於內地，吾國自廣州發動革命以來，無不以「刷新政治，剔除腐惡，振興民族，打倒侵略」相號召，而今日革命者之政策，與侵略者之政策，相隔咫尺，判若天淵，尤復自出號令，指摘他人，其何以示信於天下，而振興我國家耶？

收錄於載盧瑋鑾編《香港的憂鬱——文人筆下的香港（1925–1941)》
香港：華風出版社，1983 年，第 47–54 頁。

第二時期

抗日救國的「五四」：1939-1945

引　言

從 1920 年代至 1930 年代的這二十多年間，「五四」在香港的出現頻率很低。新文化層面的五四在這段期間步履蹣跚，運而不動；而政治層面的五四則更因為 1925 年「省港大罷工」以來，礙於港英政府修訂的社團條例規管而難有國內風潮迭興的反日社會運動。在日本軍國主義全面侵略中國而國內達成統一抗日戰線的 1930 年代末期，港英政府因為英國深陷歐洲本土戰事而無力東顧，對日本往往採取所謂中立的姑息態度，對於香港本土出現的抗日舉動採取打壓措施，禁止報刊出現「反日」、「抗日」或批判日本的字眼。然而，隨着日軍侵華戰事日酣，海內外華人救國情志愈為憤激之際，「五四」作為愛國主義運動的代名詞也在香港流播，並於不少流行報刊中燃點五四精神──所謂吹響了「五四」的救國號角，使之成為一面指引全國上下結成抗日民族統一戰線的旗幟，讓學生、工人、商人或其他階層能群起響應統一戰線之號召。

自 1939 年開始，以「五四」紀念為名的抗日活動發展變得活躍。這一時期，各政治派系在香港創辦的報刊以及香港本土刊物不約而同地運用「五四」愛國救國的精神資源，它們從各自不同的出發點論述中國民眾在抗戰時期的歷史任務。在這個時期裏，我們能夠從左、右兩派的刊物以及本地流行報刊分析不同政治背景如何運用五四來發揮抗戰救國的宣傳動員效用。

舉例來說，左派報刊如《大公報》、《國民日報》、《華僑日報》等，既有以紀念「五四」為名論述團結抗日大義的社評（社論），也有動人以情的詩歌抒懷以鼓動人們的愛國情思（《大公報・五四的歌頌》1940 年 5 月 3 日）。當然也有不少針對社會上不同團體舉辦「五四」紀念活動的新聞報導。如 1939 年 5 月 4 日左派《大公報》刊載的〈今日全港學界紀念五四運動〉；又如 1940 年 5 月 4 日右派的《國民日報》所載的〈青年團體及學校　今日慶祝青年節〉一文。

這段時期，報刊也着意播導時人傳承五四的思想與行動來踐行愛國的方法。如 1939 年 5 月 1 日《大公報》上一篇題為〈華人文員協會四日實行焚債〉的文章反映華人文員協會在五四紀念時節焚債救國，藉以減輕政府負擔。同日，還有一篇名為〈電燈公司華人會昨舉行國民宣誓〉的文章，報導了電燈公司華人會團體的五四紀念活動，5 月 4 日《大公報》刊載文章〈參加國民宣誓者本港已逾十萬人〉，記錄了超過十萬名的全香港青年記者、學者舉行聚會，並邀請救亡劇團演唱歌曲等等。上述報刊在內容重點上以繼承和發揚「五四」自由、自立、愛國的精神為主，強調當前的抗戰建國是五四精神的延續。右派報刊如《工商日報》相對來説是較為活動活躍的時期，它發表的數篇五四紀念文章如〈以五四為青年節〉（1939 年 5 月 4 日）、〈港中知識青年昨隆重紀念五四運動〉（1939 年 5 月 5 日），通過對「五四」青年節意義的論述和「五四」紀念活動報導，大力地鼓勵青年人投身於抗日洪流。[1]

另一方面，汪精衛政權在香港的喉舌報刊《香港日報》則在高喊紀念「五五青年節」的口號，但在具體內容上則着力於宣傳汪系政府的「建設東亞」政治理想，傳播其「愛國愛鄰愛東亞」的理念。[2] 一些立足香港多年而相對較少政治立場的報刊如《華字日報》，同樣以

[1] 〈港中知識青年昨隆重紀念五四運動〉《工商日報》，1939年5月5日，第3張第3版；〈以五四為青年節〉《工商日報》，1939年5月4日，第1張第1版。

[2] 〈中國的青年們起來　紀念五五青年節而作〉，《香港日報》，1943年5月5日，第1版。

社論形式表達清晰的抗日救國立場。1936 年 5 月 4 日便發表了社論〈五四紀念感言〉，規勸本土香港青年「行為不能越軌。毋失社會同情。目標務須認清。莫為奸人利用。」1940 年 5 月 4 日的社論〈學生與抗建工作〉，強調中國青年的任務是繼承五四精神，積極加入抗戰建國的行動中。

本篇將選取部分報刊文章，觀察香港在國難當頭的抗日時期如何紀念五四。我們將可以看見，香港在英國的殖民統治下，雖受到港英政府的管制，但救國救時的論述使陸港之間的時代關注趨同如一。當中的文獻也可以看到，全國不同勢力群聚香港，宣傳抗日救國，各方勢力以抗日民族統一戰線為出發點，繼承和賦予「五四」新時代家國情懷的意涵詮釋。

以「五四」爲青年節 [社論]

原載《工商日報》，1939 年 5 月 4 日，第 1 張第 1 版。

社論

以「五四」爲青年節

今天是「五四」紀念！在這抗戰最烈中，中央且規定今天爲青年節。五四紀念的起源，是由於袁政府時代接納着×人之廿一條件，而一般青年學子，憤恨着政府的外交秘密，乃結隊將外交官如曹汝霖等痛擊至遍體鱗傷！很難得當時的青年這樣留心外交問題，更難得有這樣不畏强暴的朝氣。故定這日爲青年節是很有意思的。

五四所撒下的種子，現在該已繁榮滋長了！今之青年，當比從前那一般更勇敢！更堅毅！更刻苦！更奮發！而現在的政府亦決不會過着袁世凱時代那般的獨裁，而壓迫與欺騙民衆！我們相信，現目政府之一切外交，無論其已往或將來，都決沒有絲毫秘密的！因爲今政府對於青年，是抱着無限的敬意。以「五四」爲青年節，就是顧目前的青年，要有五四時代的青年那樣有勇氣來監督政府！

我們要抗戰，然而我們還更要建設，抗戰不過是一段路程，而建設則乃我們最終的目標。現在如能扶育多一個好青年，則將來建設便多一分力量！然我們現在對於青年究該怎樣扶育呢？第一點，自然不要踏着從前官僚的覆轍，專以壓抑青年爲能事。第二點，則政治該許可青年自由討論。尤其關於外交問題，莫使青年蒙在鼓裡。如青年對於政治發生興趣，而減除了失望和苦悶的心理，則對國家自增加其熱情。我們知道，現在有許多青年已走在火線上面奮鬥的了，但可惜尚有不少閒着而沒事可幹的，其更悲慘的，則有些還在淪陷區中，過着欲生不能，欲死不可的生活。我們既知道將來建國必須大批青年，而何以我們尚不設法扶育在火線外的青年呢？這個責任，這個罪過，我們現在不必說誰該肩負。不過賢明的當局，不該再放棄着這一個嚴重問題而不加以注意了！我們相信，當局既能夠決定以「五四」爲青年節，則最低限度，該要鼓勵起青年有五四時代的精神！現在正不少青年，等待着來接受當局的好意了！國中有着無數的好青年，則民族永不會淪亡的，因爲青年就是民族中的元氣！末了，我們謹以最熱烈的心情來慶祝今天青年節！起來！起來！持著火炬的青年呀，從黑暗中走過，便是光明境域了！

今天是「五四」紀念！在這抗戰最烈中，中央且規定今天為青年節。五四紀念的起源，是由於袁政府時代接納着X人之廿一條件。而一輩青年學子憤恨着政府的外交秘密，乃結隊將外交官如曹汝霖等痛擊至遍體鱗傷。很難得當時的青年這樣留心外交問題，更難得有這樣不畏強暴的朝氣。故定這日為青年節是很有意思的。

五四所撒下的種子，現在該已繁榮滋長了！今之青年，當比從前那一輩更勇敢！更堅強！更刻苦！更奮發！而現在的政府亦決不會蹈着袁世凱時代那般的獨裁，而壓迫與欺騙民眾！我們相信，現目政府之一切外交，無論其已往或將來，都決沒有絲毫秘密的！因為當今政府對於青年，是抱着無限的敬意。以「五四」為青年節，就是願目前的青年，要有五四時代的青年那樣有勇氣來監督政府！

我們要抗戰，然而我們還更要建設，抗戰不過是一段路程，而建設則□乃我們最終的目標。現在如能扶育多一個好青年，則將來建設便多一分力量！然我們現在對於青年究該怎樣扶育呢？第一點，自然不要踏着從前軍閥官僚的覆轍，專以壓抑摧殘青年為能事。第二點，則政治該許可青年自由討論，尤其關於外交問題，莫使青年蒙在鼓裏。如青年對於政治發生興趣，而減除了失望和苦悶的心理，則對國家自增加其熱情。我們知道，現在有許多青年已走在火線上而奮鬥的了，但可惜尚有不少閒着而沒事可幹的，其更悲劇的，則有些還在淪陷區中，過着欲生不能，欲死不可的生活。我們既知道將來建國必須大批青年，而何以我們尚不設法扶育在火線外的青年呢？這個責任，這個罪過，我們現在不必説誰該肩負。不過賢明的當局，不該再放棄着這一個嚴重問題而不加以注意了！我們相信，當局既能夠決定「五四」為青年節，則最低限度，該要鼓勵起青年有五四時代的精神！現在正不少青年，等待着來接納當局的好意了！國中有着無數的好青年，則民族永不會淪亡的，因為青年就是民族中的元氣！末了，我們謹以最熱烈的心情來慶祝今天青年節！起來！起來！持着火炬的青年呀，從黑暗中走過，便是光明境域了！

青年節 ［社評］

原載《大公報》，1939年5月4日，第1張第2版

社評

青年節

今天是青年節，願對海外各地華僑青年特別貢獻幾句話。

青年節的規定，是承襲五四運動而來。五四運動到今年，二十年了，這光榮的青年運動到現在巳有兩重新的發展。就是，意義的精粗與範圍的廣狹，現在與五四當時，巳大有不同。從第一點說：五四運動，本是救國運動，這與現在抗戰建國的努力，本是一個目的，但當年是平時，不是非常時。五四時代的青年，於憤慨辱國喪權之餘，發而爲思想解放思想自由的運動，將一切以除舊布新的精神，發揚新文化以建設新國家。這種精神，本代表民族的朝氣，其中含有幾許寶貴的成分。所可惜者，當時的青年及指導青年者，對於可能的外患危機，並沒有深切的體會，雖然愛國，而問題並未認得眞摯。所以在五四運動當時，雖然也曾轟轟烈烈一場，但其後青年運動的發展，乃偏於新文藝的建設，個人思想自由的提倡，而於救亡建國的緊急事業，則除投身革命團體者外，大部青年，未嘗一致參加。所以簡單分析，以五四爲中心的青年運動，只可說是一部分的青年運動，而實際上亦未曾向其主要目的——救國運動——認眞的去貫澈，去實行。這在抗戰兩年後的今天，却大不同了。現在凡中國有血淚有覺悟的青年，都熱烈的眞摯的體會國家與個人不可分的關係，都慨然以盡力抗戰建國爲己任。因爲在×軍殘酷侵略之下，完全證明一個基本問題。就是，若國家失了獨立，就沒有個人的獨立，民族失了自由，就沒有個人的自由。所以過去若干年來，文壇有多少派別，思想有多少分歧，個人習性嗜好上有多少差異，這些問題，在×火×彈之下，乃都顯得異常之小。並證明所謂個人思想個人自由許多問題，在國破家亡之時，乃毫無留戀之價値，也並無苟免的機會。中國青年，到這危辱關頭，這纔實實在在感到，只有救國家救民族，纔能救自己。同時實實在在覺悟，只有團結戰鬥，犧牲不屈，纔能救了國家民族。所以今天的青年運動，沒有別的，就是，要一致服膺國家至上民族至上，要一致覺悟軍事第一勝利第一。而青年運動的目的，就是，動員一切青年，爲這惟一的神聖目的，而工作，而奮鬥。這比五四當年，其熱烈，其純眞，其偉大，不知要進步幾十百倍了。從第二點說，中國過去所謂青年，乃指學生而言，換句話說，就是智識青年。智識青年在任何時代任何國家中，本來都是重要的，中國今天的抗戰建國，也正靠着智識青年在各種工作上努力，所以論青年問題，當然要重視智識青年。不過以現在與五四當年比較，問題的內容，業巳有了重大變化。因爲二十年前所謂救國運動，確只限於一部分學生，所以一提青年運動，就等於說是學生運動。現時則大不然了。固然，智識青年大羣，在前線，在後方，正熱心工作着，但擔負抗戰最大任務者，却是一般武裝同胞。這些同胞，都是青年，而且有正確的基本知識。一般智識青年，現在正開始精神動員，而武裝同胞們，乃早巳動員，早巳獻身給國家民族，犧牲自己，以求國家民族的獨立與自由。特別應注意者，抗戰的中心力量，是一大羣的青年軍官。這些軍官，旣是智識青年，又是前線戰士。這一武裝大羣，實在是現在最光榮的模範中國青年，應當常受同胞的敬禮。且不但如此。抗戰建國，不只在前方，而且靠後方。我們後方各種建設製造運輸的工作上，正有無量數的熱心技師及有覺悟的勞工，在那裏奮鬥。這工作大羣，也是早巳實行精神動員的。還有陷區及前綫上，常有無量數的農村青年，爲抗戰而工作。這些壯丁，智識雖簡，而其眞誠與正確，還超過都會的學生。總之一句話。五四運動，是以中學以上學生爲中心，現在的青年運動，則擴大到全部戰場與後方，而青年的中心，是戰士，是後方重要工作者，至於在校學生，不過其中之一部分，而青年的意義，决不如五四當年專指狹義的智識青年而言了。

我們特別向海外華僑青年指出這兩點，其意思是，祝禱全部華僑青年，在祖國青年偉大時代中，一定和內地青年一樣，以保衛國家獨立與民族自由爲惟一的眞誠的信仰。一定要勉勵自己，爲這偉大目的而有所貢獻。諸君雖在外國，要常常想到祖國廣大戰地，有多少萬青年正吃苦奮鬥，諸君要立志以他們爲模範，同時在生活起居上，要常常自省怎樣纔能對得起他們。諸君要時時服膺忠孝的大義，勿忘最近我們全軍領袖對海內外同胞的請求！祖國的命運正由青年大羣，以血汗肩負着，每一海外青年要立志努力分擔，不可因循蹉跎，錯過此偉大時代！

今天是青年節，願對海外各地華僑青年特別貢獻幾句話。

青年節的規定，是承襲五四運動而來。五四運動到今年，二十年了，這光榮的青年運動到現在已有兩重新的發展。就是，意義的精粗與範圍的廣狹，現在與五四當時，已大有不同。從第一點説：五四運動，本是救國運動，這與現在抗戰建國的努力，本是一個目的，但當年是平時，不是非常時。五四時代的青年，於憤慨辱國喪權之餘，發而為思想解放思想自由的運動，將一切以除舊佈新的精神，發揚新文化以建設新國家。這種精神，本代表民族的朝氣，其中含有幾許寶貴的成分。所可惜者，當時的青年及指導青年者，對於可能的外患危機，並沒有深切的體會，雖然愛國，而問題並未認得真摯。所以在五四運動當時，雖然也曾轟轟烈烈一場，但其後青年運動的發展，乃偏於新文藝的建設，個人思想自由的提倡，而於救亡建國的緊急事業，則除投身革命團體者外，大部青年，未嘗一致參加。所以簡單分析，以五四為中心的青年運動，只可説是一部分的青年運動，而實際上亦未曾向其主要目的——救國運動——認真的去貫徹，去實行。這在抗戰兩年後的今天，卻大不同了。現在凡中國有血淚有覺悟的青年，都熱烈的真摯的體會國家與個人不可分的關係，都慨然以盡力抗戰建國為己任。因為在X軍殘酷侵略之下，完全證明一個基本問題。就是，若國家失了獨立，就沒有個人的獨立，民族失了自由，就沒有個人的自由。所以過去若干年來，文壇有多少派別，思想有多少分歧，個人習性嗜好上有多少差異，這些問題，在X火X彈之下，乃都顯得異常之小。並證明所謂個人思想個人自由許多問題，在國破家亡之時，乃毫無留戀之價值，也並無苟免的機會。中國青年，到這危辱關頭，這纔實實在在感到，只有救國家救民族，纔能救自己。同時實實在在覺悟，只有團結戰鬥，犧牲不屈，纔能救了國家民族。所以今天的青年運動，沒有別的，就是，要一致服膺國家至上民族至上，要一致覺悟軍事第一勝利第一。而青年運動的目的，就是，動員一切青年，為這惟一的神聖目的，而工作，而奮鬥。這比五四當年，其熱烈，其純真，其偉大，不知要進步幾十百倍了。從第二點説，中國過去所謂青年，乃指學生而言，換句話説，就是知識青年。知識青年在任何時代任何國家中，本來都是重要的，中國今天的抗戰建國，也正靠着知識青年在各種工作上努力，所以論青年問題，當然要重視知識青年。不過以現在與五四當年比較，問題的內容，業已有了重大變化。因為二十年前所謂救國運動，確只限於一部分學生，所以一提青年運動，就等於説是學生運動。現時則大不然了。固然，知識青年大群，在前線，在後方，正熱心工作着，但擔負抗戰最大任務者，卻是一般武裝同胞。這些同胞，都是青年，而且有正確的基本知識。一般知識青年，現在正開始精神動員，而武裝同胞們，乃早已動員，早已獻身給國家民族，犧牲自己，以求國家民族的獨立與自由。特別應注意者，抗戰的中心力量，是一大群的青年軍官。這些軍官，既是知識青年，又是前線戰士。這一武裝大群，實在是現在最光榮的模範中國青年，應當常受同胞的敬禮。且不但如此。抗戰建國，不只在前方，而且靠後方。我們後方各種建設製造運輸的工作上，正有無量數的熱心技師及有覺悟的勞工，在那裏奮鬥。這工作大群，也是早已實行精神動員的。還有陷區及前線上，常有無量數的農村青年，為抗戰而工作。這些壯丁，知識雖簡，而其真誠與正確，還超過都會的學生。總之一句話。五四運動，是以中學以上學生為中心，現在的青年運動，則擴大到全部戰場與後方，而青年的中心，是戰士，是後方重要工作者，至於在校學生，不過其中之一部分，而青年的意義，決不如五四當年專指狹義的知識青年而言了。

我們特別向海外華僑青年指出這兩點，其意思是，祝禱全部華僑青年，在祖國這個偉大時代中，一定和內地青年一樣，以保衞國家獨立與民族自由為惟一的真誠的信仰。一定要勉勵自己，為這偉大目的而有所貢獻。諸君雖在外國，要常常想到祖國廣大戰地，有多少萬青年正吃苦奮鬥，諸君要立志以他們為模範，同時在生活起居上，要常常自省怎樣纔能對得起他們。諸君要時時服膺忠孝的大義，勿忘最近我們全軍領袖對海內外同胞的請求！祖國的命運正由青年大群，以血汗肩負着，每一海外青年要立志努力分擔，不可因循蹉跎，錯過此偉大時代！

寫在青年節

原載《華僑日報》，1939 年 5 月 4 日，第 1 張第 3 版。

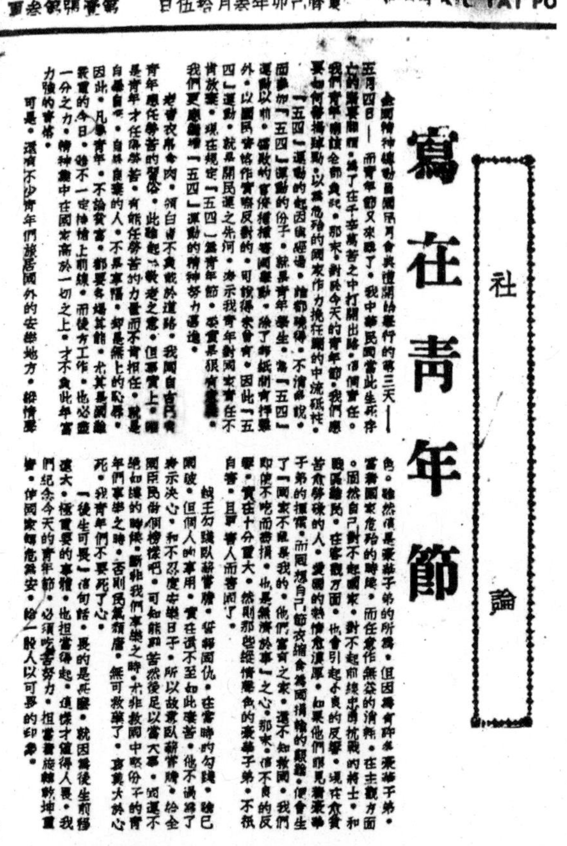

WAH KIU YAT PO　夏曆己卯年叁月拾伍日

社論

寫在青年節

全國精神總動員國民月會典禮開始舉行的第三天——五月四日——而青年節又來臨了。我中華民國當此生死存亡的緊要關頭，為了在千辛萬苦之中打開出路，這個責任，我們青年應該全部負起。那末，對於今天的青年節，我們應要如何發揚踔勵，以為危殆的國家作力挽狂瀾的中流砥柱。

「五四」運動的起因與經過，誰都曉得，不消多說。而參加「五四」運動的分子，就是青年學生。當「五四」運動以前，腐敗的官僚種種害國舉動，除了報紙間有抨擊外，以國民資格作實際反對的，可說得未曾有。因此「五四」運動，就是開民運之先河，表示我青年對國家責任不肯放棄。現在規定「五四」為青年節，委實是很有意義。我們更應繼續「五四」運動的精神努力邁進。

老者衣帛食肉，頒白者不負□於道路。我國自古已有青年應任勞苦的習俗。此雖起□敬老之意，但事實上，確是青年才任得勞苦。有能任勞苦的力量而不肯擔任，就是自暴自棄。自暴自棄的人，不是享福，確是無上的恥辱。因此，凡□青年，不論貧富，都要各竭其能。尤其是國難嚴重的今日，雖不一定持槍上前線，而後方工作，也必盡一分之力，精神集中在國家高於一切之上，才不負此年富力強的資格。

可是，還有不少青年們旅居國外的安樂地方，縱情聲色。雖然這是豪華子弟的所為，但因為有許多豪華子弟，當着國家危殆的時候，而任意作無益的消耗。在主觀方面，固然自己對不起國家，對不起前線忠勇抗戰的將士和戰區難民；在客觀方面，也會引起不良的反響。現在愈貧苦愈勞碌的人，愛國的熱情愈濃厚。如果他們眼見着豪華子弟的揮霍，而回想自己節衣縮食為國捐輸的艱難，便會生了「國家不單是我的。他們富有之家，還不知救國。我們即使不吃而盡捐，也是無濟於事」之心。那末，這不良的反響，實在十分重大。然則那些縱情聲色的豪華子弟，不只自害，且更害人而害國了。

越王勾踐臥薪嘗膽，誓報國仇。在當時的勾踐，雖已國破，但個人的享用，實在還不至如此淒苦。他不過為了表示決心和不忍度安樂日子，所以故意臥薪嘗膽，給全國臣民做個榜樣吧。可知能刻苦然後足以當大事。國運不絕如縷的時候，斷非我們享樂之時，尤非救國中堅分子的青年們享樂之時。否則民氣頹唐，無可救藥了。哀莫大於心死，我青年們不要死了心。

「後生可畏」這句話，畏的是什麼？就因為後生前程遠大，極重要的事體，也擔當得起，這樣才值得人畏。我們紀念今天的青年節，必須吃苦努力，擔當着旋轉乾坤重責，使國家轉危為安，給一般人以可畏的印象。

港中知識青年昨隆重紀念五四運動

原載《工商日報》，1939 年 5 月 5 日，第 3 張第 3 版。

擴大聯合紀念會改五七晚舉行

今年五四，經由中央定為「青年節」。由五月一日起，一周內，定為「青年運動周」。是以今年舉行紀念，意義較前尤為深重。本港青年，除於昨日分別舉行紀念外，並實行聯合擴大紀念，連日已在積極籌備進行中。大會定五七在嘉路連山孔聖開會，惟時候略有更改，改於五七下午七時始舉行。至新界方面，各學校昨亦隆重舉行五四紀念。關於將來聯合紀念，學賑會定於今日前往商請派員參加，以示隆重。同時並在新界方面，發動「學校探訪隊」之組織云。又查學賑會此次發動探訪隊，宣傳青年努力，收效極大。業於五三結束，定今晚召開結束會議，檢討成績，並於學賑會之「節食節用」運動，原定亦於五三截止，嗣以捐輸者踴躍熱烈，捐款交到，仍絡繹不絕，現該會特限於五七日始行截止者。惟成績方面，為一出人意外之事，捐款數目，竟以小學生為最多。截至昨日止，總收入約有兩千元云。

興華中學　紀念五四

本港石塘咀興華中學，日昨（四日）為紀念五四運動，全體員生六百餘人，於上午九時在兒童體育場開會。行禮如儀後，由該校校長李蔭青報告開會意義，繼由校務主任林葉天演說。大意謂現代學生應具有五四運動之精神，並鼓勵全體學生作精神總動員。是晚在該校體堂舉行遊藝，由學生唱救亡曲，及興華話劇社華僑音樂社演奏。到場參觀者數百人，濟濟一堂，極一時之盛云。

紅坎各僑團籌備紀念「五四」節

原載《國民日報》，1940 年 4 月 30 日，第 5 版

紅坎各僑團
籌備紀念「五四」節

富有深刻革命意義之「五四」青年節，行將來臨，紅坎區各僑團已積極籌備作熱烈紀念。日前特聯合各社團假紅坎自強社召開代表大會，議決成立「紅坎各團體聯合紀念五四青年節大會」即席公推中電青年團，紅坎婦女會，流浪歌詠團，公立同學會，逸廬社，俠影校友會，自強體育社等團體爲執行委員，幷敦請曾納技，李就，古龍文等爲大會名譽主席團。此次大會爲加强宣傳力量，提高民族意識與表現僑胞關懷祖國，效忠祖國之精神起見，更一致贊同舉行籌款慰勞此次爭得粵北光榮勝利之英勇將士，現已開始銷券，盼望各界人士與各工廠熱心工友，本一貫慷慨輸將之精神，熱烈襄助，至於此次大會一切支銷，概由各熱心先進鼎力維持云。

乃底返英
內可告痊愈

疾不良於行，對于戶外應酬期內可告痊愈。羅富國爵士致因足疾而告延阻。據悉現航機，但須決定改乘鐵行輪

富有深刻革命意義之「五四」青年節，行將來臨，紅坎區各僑團已積極籌備作熱烈紀念。日前特聯合各社團假紅坎自強社召開代表大會，議決成立「紅坎各團體聯合紀念五四青年節大會」，即席公推「中電青年團」，「紅坎婦女會」，「流浪歌詠團」，「公立同學會」，「逸廬社」，「俠影校友會」，「自強體育社」等團體為執行委員，並敦請曾納技，李就，古龍文等為大會名譽主席團。此次大會為加強宣傳力量，提高民族意識與表現僑胞關懷祖國、效忠祖國之精神起見，更一致贊同舉行籌款，慰勞此次爭得粵北光榮勝利之英勇將士，現已開始銷券，盼望各界人士與各工廠熱心工友，本一貫慷慨輸將之精神，熱烈襄助，至於此次大會一切支銷，概由各熱心先進鼎力維持云。

發揚「五四」精神鞏固抗建基礎

原載《大公報》，1940 年 5 月 4 日，第 1 張第 2 版。

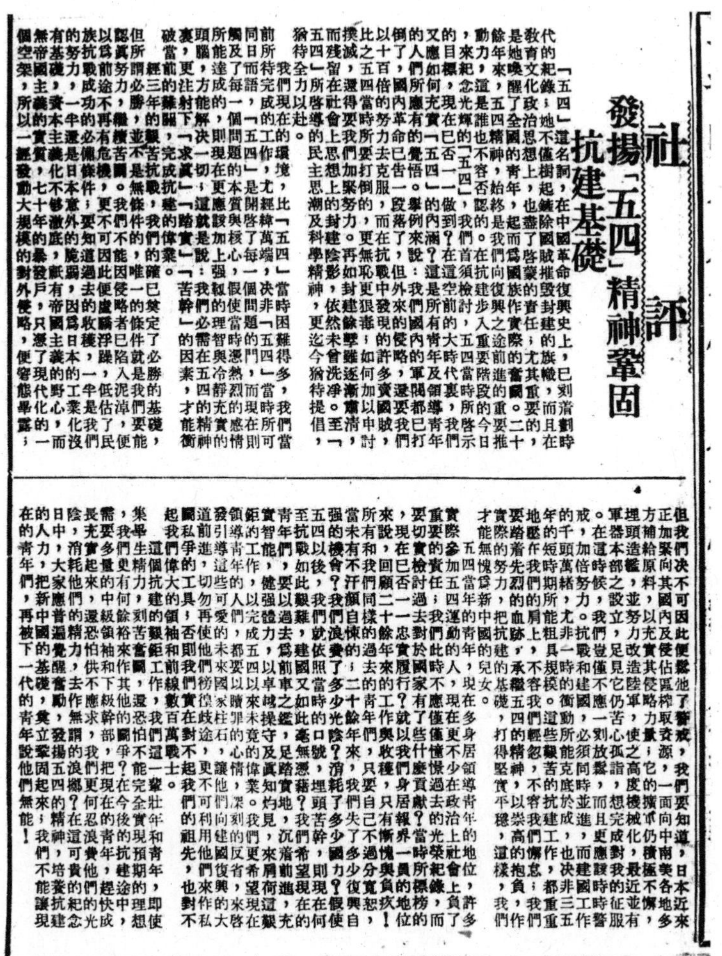

社評

發揚「五四」精神鞏固抗建基礎

「五四」這名詞，在中國革命復興史上，已刻着劃時代的紀錄；她不僅樹起剷除國賊摧毀封建的旗幟，而且在教育文化政治思想上，也盡了啟蒙的責任；尤其重要的，是她喚醒了全國的青年，起而為國族作實際的奮鬥。

二十餘年來，五四精神，始終是我們向復興之途前進的重要推動力，這是誰也不容否認的。在抗建步入重要階段的今日，來紀念光輝的「五四」，我們首須檢討，五四當時所啟示的目標，現在已否一一做到？在這空前的大時代裏，我們又應如何充實「五四」的內涵？這是所有青年及領導青年的人們所應有的覺悟。舉例來說：我們國內的軍閥都已打倒了，國內革命已告一段落了，但外來的侵略，還要我們以十百倍的努力去克服，而在抗戰中發現的許多賣國賊，比之五四當時所要打倒的，更無恥更狠毒；如何加以申討撲滅，還得要我們加緊努力。再如封建餘孽雖逐漸肅清，而殘留在社會上思想上的封建陰影，依然未曾洗淨。至「五四」所啟導的民主思潮及科學精神，更迄今猶待提倡，猶待全力以赴。

我們現在的環境，比「五四」當時困難得多，我們當前所待完成的工作，尤經緯萬端，決非「五四」當時所可同日而語，「五四」是開啟了每一個問題的門，而現在則觸及了每一個問題的本質與核心，假使當時憑熱烈的感情所能達成的，則現在更應該加上強韌的理智與冷靜充實的頭腦，方能解決一切；這就是說：我們必需在五四的精神裏，更注射下「求真」「踏實」「苦幹」的因素，才能衝破當前的難關，完成抗建的偉業。

經三年的艱苦抗戰，我們的確已奠定了必勝的基礎，但所謂必勝，並不是無條件的，惟一的條件就是我們要能認真努力，繼續苦鬥。我們不能因侵略者已陷入泥淖，便以為前途不再有危險，更不可因此便虛驕浮躁，低估了民族抗戰成功的必備條件；要知道過去的收穫，一半是我們的努力，一半還是日本意外的脆弱，因為日本的工業化沒有基礎，資本主義化不夠徹底，祇有帝國主義的野心，而無帝國主義的實質，七十年的暴發戶，只憑了現代化的一個空架，所以一經發動大規模的對外侵略，便窘態畢露；但我們決不可因此便鬆弛了警戒，我們要知道，日本近來正加緊向其國內及侵佔區榨取資源，一面向中南美各地多方補給原料，以充實其侵略力量；它的擴軍仍積極不懈，埋頭造艦，並努力改造陸軍，使之高度機械化，最近並有軍器本部之設立，足見它仍苦心孤詣，想完成對我的征服。在這時候，我們豈僅不應一刻放鬆，而且更應該時時警戒，加倍努力。抗戰和建國，必須同時並進，而建國工作的千頭萬緒，尤非一時的衝動所能克底於成，也決非三五年的短時期所能粗具規模。這些艱苦的抗建工作，都重重地壓在我們的肩上，不容我們輕忽，不容我們懈怠；我們要踏着先烈的血跡，承繼五四的精神，以崇高的抱負，作實際的努力，把抗建的基礎，打得堅實平穩，這樣，我們才能無愧為新中國的兒女。

五四當年的青年，現在多身居領導青年的地位，許多實際參加五四運動的人，現在更不少在政治上社會上負了重要的責任；我們此時不應僅僅憧憬過去的光榮紀錄，而要切實檢討過去對於國家有了些什麼貢獻？當時所標榜的，現在已否一一忠實履行？就以我們身居報界一員的地位來說，回顧二十餘年來的工作與收穫，只有慚愧與負疚！所有和我們同樣的過去的青年們，只要自己不過分寬恕，當未有不汗顏自悚的；二十餘年來，我們失了多少復興自強的機會？我們浪費了多少光陰？消耗了多少國力？假使五四以後，我們就依照當時的口號，埋頭苦幹，則現在何至抗戰如此艱難，建國又如此毫無憑藉？我們希望現在的青年們，要以過去為前車之鑑，足踏實地，沉着前進，充實智能，健強體力，以卓越操守及真知灼見，來肩荷這艱鉅的工作，以完成五四以來未竟的偉業。我們更希望現在領導青年的人們，都要以贖罪的心情，深刻的反省，來啟發引導這些可愛的未來國家柱石，讓他們向建國復興的大道前進，切勿再使他們彷徨歧途，更不可利用他們來作私鬥私爭的工具；否則我們實在對不起我們的祖先，也對不起我們偉大的領袖和前線數百萬戰士。

這個抗建的艱鉅工作，我們這一輩壯年和青年，即使集畢生精力，刻苦奮鬥，還恐怕不能完全實現預期的理想，我們更有何餘裕來作其他的鬥爭？在今後的抗建途中，需要多量的中級領袖和下級幹部，把現在的青年，趕快成長充實起來，還恐怕供不應求，我們更何忍浪費他們的光陰，消耗他們的精力，去作無謂的浪擲？在這可貴的紀念日中，大家應普遍覺醒奮勵，發揚五四的精神，培養抗建的人力，把新中國的基礎，奠立鞏固起來；我們不能讓現在的青年們，再被下一代的青年說他們無能！

學生與抗建工作 ［季生］

原載《華字日報》，1940 年 5 月 4 日，第 1 張第 1 頁

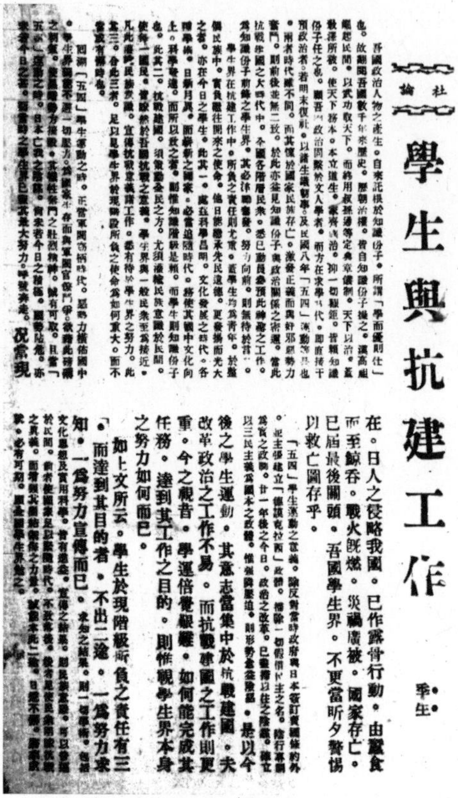

吾國政治人物之產生，自來託根於知識分子，所謂「學而優則仕」也。故翻閱吾國數千年來歷史，歷朝治權，皆自知識分子操之。漢高祖崛起民間，以武功取天下，而終用叔孫通等定典章儀制，天下以治。蓋教澤所被，使天下務本，本立道生，家齊國治。抑一切艱鉅，皆賴知識分子任之也。顧吾國政治固繫於文人學者。而方在求學時代，即直接干預政治者，若明末復社，以諸生議朝事，及民國八年「五四」運動等是也。兩者時代雖不同，而其懷於國家民族存亡，激發正義而與奸邪惡勢力奮鬥，則前後並無二致。於此亦益見知識分子與政治關係之密邇。當此抗戰建國之大時代中，全國各階層民眾，悉已動員參與此神聖之工作。為知識分子前鋒之學生界，其必淬勵奮發，努力向前，則無待於言。

學生界在抗建工作中，所負之責任則尤重。蓋學生均為青年，於整個民族中，實負繼往開來之使命。他日能繼承先民遺德，更發揚而光大之者，亦在今日之學生，此其一。處茲科學昌明、文化發展之時代，各種學術，日新月異。而嶄新之國家，必當追隨時代，務使其國中文化向上，科學發達。而所以致之者，則惟知識階級是賴。而學生則知識分子也，此其二。抗戰建國，須策動全民之方，尤須灌輸民族意識於民間，使每一國民，皆瞭然於吾國抗戰之意義。學生界與一般民眾至為接近，凡此灌輸民族意識，

宣傳抗戰意義諸工作，悉有待於學生界之努力，此其三。合此三者，足以見學生界於現階段所負之使命為如何重大，而不當或有懈時也。

回溯「五四」學生運動之時，正當軍閥竊柄時代。惡勢力橫佈國中，學生界獨能不避一切壓力，為國家生存而與軍閥官僚鬥爭。欲藉此磅礴之朝氣，使黑暗勢力摧毀。其犧牲奮鬥之壯烈精神，誠有可取。且當「五四」運動之時，日本亡我之陰謀，尚未若今日之積極，國勢阽危，亦宋若今日之基。而當時之學生界已盡其最大努力，呼號奔走。況當現在，日人之侵略我國，已作露骨行動，由蠶食而至鯨吞。戰火既燃，災禍廣被，國家存亡，已屆最後關頭。吾國學生界，不更當昕夕警惕以救亡圖存乎？

「五四」學生運動之意義，除反對當時政府與日本簽訂賣國條約外，並主張建立「德謨克拉西」政體。掃除一切假借民主之名，陰行專制為實之政制。廿一年後之今日，政治之改革，已盡掃以往之陰霾，確立以三民主義為國本之政體。惟強隣壓迫，則形勢愈益險惡。是以今後之學生運動，其意志當集中於抗戰建國。夫改革政治之工作不易，而抗戰建國之工作則更重。今之視昔，學運倍覺艱難。如何能完成其任務，達到其工作之目的，則惟視學生界本身之努力如何而已。

如上文所云，學生於現階級所負之責任有三，而達到其目的者，不出二途。一為努力求知，一為努力宣傳而已。求知之結果，則一切學術，包括文化思想及實用科學，皆有進益。宣傳之結果，則民族意識，可以普遍於民間。前者使國家足以緊隨時代，不致落後。後者足使民眾明瞭抗戰之真義，而增強其團結禦侮之力量。誠能本此二途，日進不懈，將來成就，必有可期，願全國學生界勉之。

青年團體及學校　今日慶祝青年節

原載《國民日報》，1940年5月4日，第5張，節錄

國民　　中華民國二十九年五月四日

青年團體及學校 今日慶祝青年節
學賑會發告全港青年同胞書
假孔聖堂開會參加者千餘人

今日「五四」青年節，本港青年團體及學校，懸旗紀念及開會慶祝。香港學生賑濟會，今日發出告全港青年同胞書，勉勵各青年在友邦的同情下，謹守法律與秩序，對國家提供最大力量，并應「蹈着以往的光榮，認清目標，克服障碍，急起團結，共同奮鬥，完成這革命的偉業，造成香港青年運動史上，不可磨滅的一頁」。該書最後謂「在當前的任務上，我們要認識時代的重要，對本身要有嚴格的訓練，堅定不拔的意志，這方可去挽既倒的狂瀾。」該會并定今日下午二時，假孔聖堂開會，開會秩序探錄于後：(一)肅立；(二)唱國歌；(三)向黨國旗及總理遺像行三鞠躬；(四)恭讀總理遺囑；(五)默哀三分鐘；(六)主席宣佈開會意義；(七)演講「五四」運動史；(八)自由演說；(九)散會。并聞參加該會者已有十數學校，人數在千人以上。并柬請高廷梓，王淑陶，郭兆華，譚雅漢等先進到會訓話，(二)基督教學生聯合會，是日下午七時，假座聖士提反女校禮堂，聯合各教會學校，舉行慶祝青年節大會。(三)基督教男青年會，假座青年會禮堂開會，(四)紅帶區各團體聯合紀念「五四」青年節大會，定是日上午九時開會，並舉行演劇籌款慰勞粵北將士。(五)兒童兵災會亦定是日正午九時，聯合開會慶祝，(六)歌詠協會定今晚下午七時，假青年會禮堂舉行慶祝青年節游藝大會。

【又訊】興華中學全體員生，定於今日下午三時，開會紀念青年節，並請吳鼎新蒞校演講關於五四運動問題，及報告最近抗戰情況。

本港當局 已嚴防水雷爆炸
各界對此可無用憂慮

據本港遠東情報局消息：此間社會人士，多以爲根據國際法律，凡水雷由飄泊處自動漂去者，定不發生危險。本港長洲一帶海岸，邇來常發生漂流水雷爆炸之事，本港人士，對此多不明其原委。一九〇七年海牙會議

生漂流水雷爆炸之事件。現時皇家海軍之水雷，均妥爲裝置；政府經已嚴防水雷爆炸，以防衛航行。本港各界人士，對于上列二點，當可安然于懷矣。

教育司

開幕日期，尚未擇定，但總在六月內舉行。其開幕秩序昨編定(一)開幕剪綵，(二)檢閱觀室；(三)開會，羅旭和致開會詞，何艾齡報告第一屆院務概況，許曉君報告第二屆院務概況，胡文虎演講；(四)巡觀新院；(五)拍照。(六)茶會；(七)散會。又培英中學擬排演名劇「明末遺恨」，籌款捐助兒童保育會。昨日由該理事會通過接納，一俟與戲院商洽後，即進行籌備銷票事宜云。

今日「五四」青年節，本港青年團體及學校，懸旗紀念及開會慶祝。香港學生賑濟會，今日發出告全港青年同胞書，勉勵各青年在友邦的同情下，謹守法律與秩序，對國家提供最大的力量，並應「蹈着以往的光榮，認清目標，克服障碍，急起團結，共同奮鬥，完成這革命的偉業，造成香港青年運動史上，不可磨滅的一頁」。該書最後謂「在當前的任務上，我們要認識時代的重要，對本身要有嚴格的訓練，堅定不拔的意志，這方可去挽既倒的狂瀾。」……

五四紀念・五四運動・五四精神 ［從眾］

原載《國民日報》，1940 年 5 月 4 日，第 2 張，節錄。

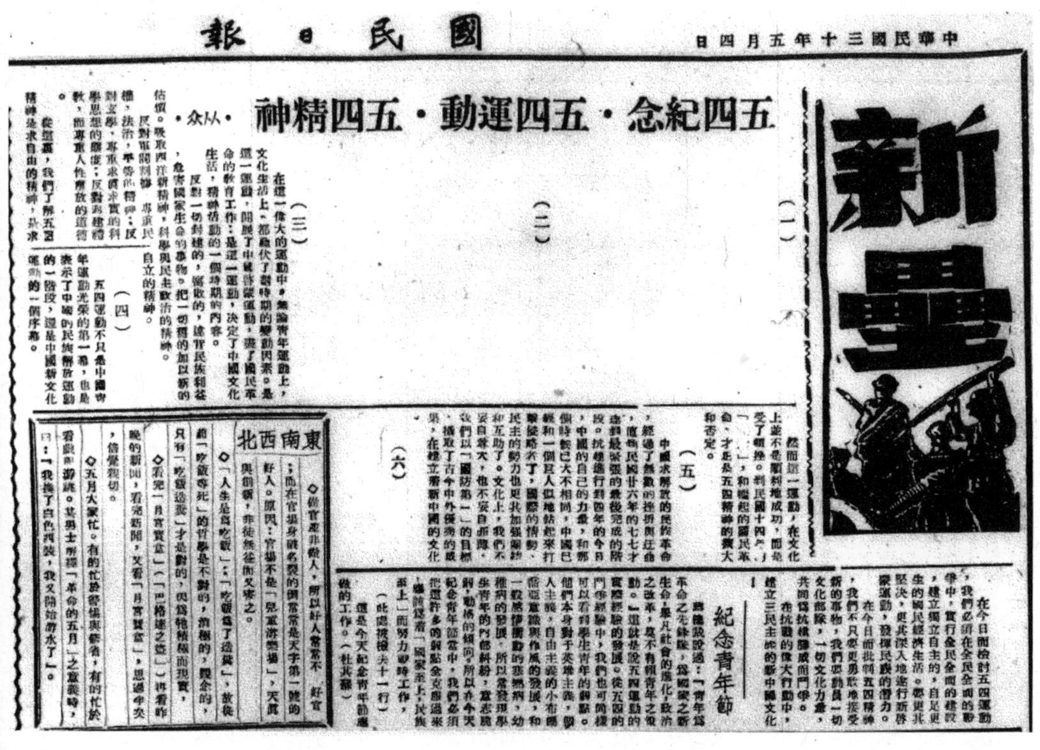

國民日報　中華民國三十年五月四日

五四紀念・五四運動・五四精神　・从众・

（一）

（二）

（三）

在這一偉大的運動中，無論青年運動上，文化生活上，都蘊伏了對時期的變動因素。是這一運動，開展了中國學生運動，盡了國民革命的教育工作；是這一運動，決定了中國文化生活，精神活動的一個時期的內容。

反對一切封建的，腐敗的，違背民族利益，危害國家生命的事物。把一切舊的加以新的估價。吸取西洋新精神，科學與民主政治的精神。反對軍閥割據，專重民權，法治，平等的精神；反對玄學，專重求真求實的科學思想的態度；反對為禮教，而專重人性解放的道德。

從這裏，我們了解五四精神是求自由的精神，是求自立的精神。

（四）

五四運動不只是中國青年運動光榮的第一幕，也是表示了中國的民族解放運動的一階段，還是中國新文化運動的一個序幕。

然而這一運動，在文化上並不是順利地成功，而是受了頓挫。到民國十四年，「[illegible]」，和繼起的國民革命，才是是五四精神的擴大和否定。

（五）

中國求解放的民族革命，經過了無數的挫折與迂曲，直到民國廿六年的七七才走上最緊張的最後完成的階段。抗戰進行到四年的今日，中國的自己的力量，和那個時候已大不相同，中國已經和一個巨人似地站起來打擊侵略者了，國際的情勢，民主的勢力也更共加强團結和互助了。文化上，我們不妄自尊大，也不妄自菲薄，我們以「國防第一」的目標，攝取了古今中外優秀的成果，在建立嶄新中國的文化

（六）

在今日而檢討五四運動，我們必須在全民全面的戰爭中，實行全民全面的建設，建立獨立自主的，自足更生的國民經濟生活。要更其堅決，更其深入地進行新啓蒙運動，發揮民族的潛力。

在今日而批判五四精神，我們不只要更勇敢地接受新的事物，我們要動員一切文化部隊，一切文化力量，共同為抗戰勝利而鬥爭。

在抗戰的偉大行動中，建立三民主義的新中國文化。

紀念青年節

東南西北

……從這裏，我們了解五四精神是求自由的精神，求自立的精神。

五四運動不只是中國青年運動的光榮的第一幕，也是表示了中國的民族解放運動的一階段，還是中國新文化運動的一個序幕……繼起的國民革命，才正是五四精神的擴大和否定……在抗戰的偉大行動中，建立三民主義的新中國文化。

按：部分文字或因敏感，政府審查後要求報社刪除，故出現「開天窗」的情況。

中國青年的任務

原載《星島日報》，1940 年 5 月 4 日，第 1 張第 2 版

一九一九年五月四日，北平學生為了反對巴黎會議把戰前德國在山東省所享有的權益讓給日本，為了反對封建軍閥親日政客的妥協外交，舉行大規模的示威游行，要求政府拒絕簽字於和約，要求政府罷免親日賣國的曹汝霖、陸宗輿、章宗祥三人的官職。這一運動獲得熱烈的廣泛的響應，立刻遍及於全中國。政府在全國人民的怒潮之前，不得不表示屈服。接受了全國人民所提出的要求。

中國青年以直接的、集體的行動來參加實際的政治鬥爭，並且收穫了極大的效果，實以五四運動為嚆矢。造成五四運動的直接原因，雖然是段祺瑞政府的親日政策，但五四運動決不是一個偶然的現象，它是有着歷史的根源的，而且，五四運動也並非因為段祺瑞政府接受了人民的要求，就隨着消滅，它是繼續存在並發展的。

我們首先必須指出五四運動的歷史任務，簡言之，它一方面反對 XX 侵略中國，要求民族解放，另方面是反對封建制度軍閥統治，要求民主革命。五四歷史沒有完成、而且根據當時的客觀條件也不可能完成它的歷史任務。曹、陸、章是被打倒了，人民是勝利了，學生復課了，商人開市了，工人

復工了，但根深蒂固□□□□，積重難返的封建勢力，並未因此而削弱。五四運動衹是具體地提出了民族解放和民主革命這些問題，並且指示出鬥爭的方向而已。

繼承着五四運動的新文化運動，對於中國人民反侵略反封建的革命運動，發生了極大的啟蒙作用。如果沒有一九一九以後新文化的啟蒙運動，一九二五年到一九二七年的大革命是不可想像的。但國民革命雖然打倒了北洋軍閥，推翻了北京政府，卻沒有肅清封建勢力，國民政府雖然獲得了國際的合法承認，卻並未爭取到國際的平等地位，換一句話，國民革命也不曾完成它的歷史任務。正相反，在北伐進展的過程中，以及在北伐成功之後，封建殘餘侵入革命的營壘，從內部腐蝕革命，破壞革命；而外來的勢力，尤其是日本帝國主義的勢力，則更用其陰謀毒計，從四面八方來打擊革命，阻礙革命。這樣便形成了中國革命運動的一個低潮。

「七七」事變的爆發，顯示着中華民族的反侵略鬥爭已提到更高的階段。在這一階段內，我們的目標更明顯，更單純：我們要以全民族的力量，來支持抗戰，粉碎日本帝國主義的侵略計劃。同時，為了團結全民族的力量，為了爭取抗戰的勝利和建國的成功，我們又必須實現民主政治。而且，只有實現民主政治，始能徹底摧毀封建殘餘。五四運動和國民革命所未完成的歷史任務，反抗侵略主義，要求民族解放，反抗封建勢力，要求民主政治，我們將在此次抗日戰爭中徹底求其實現。今日中國青年不僅要全部接受這任務，並且要繼承和發揚五四運動的精神，來完成這任務。

第二次大戰已經開始八個月了，戰爭的鑼鼓一天緊似一天了。戰爭要延長到什麼時候，其結果怎樣，現在還都難預料。但無論如何，歷史不會重演，巴黎會議所給予中國的慘痛教訓，不可能再來一次。為什麼呢？主要是由於中國為了自身的幸福和自由，已與日本帝國主義進行着殊死的決鬥，中國已經取得了主動的地位，不會再任人宰割，任人擺佈。不過，中華民族的解放是非常艱苦的事業，需要非常艱苦的奮鬥，所以，今日中國青年必須以更大的努力和熱情，以更堅決的意志，向着這一目標邁進。

五四運動廿一周年 ［羅鐵生］

原載《星島日報》，1940 年 5 月 4 日，第 1 張第 4 版

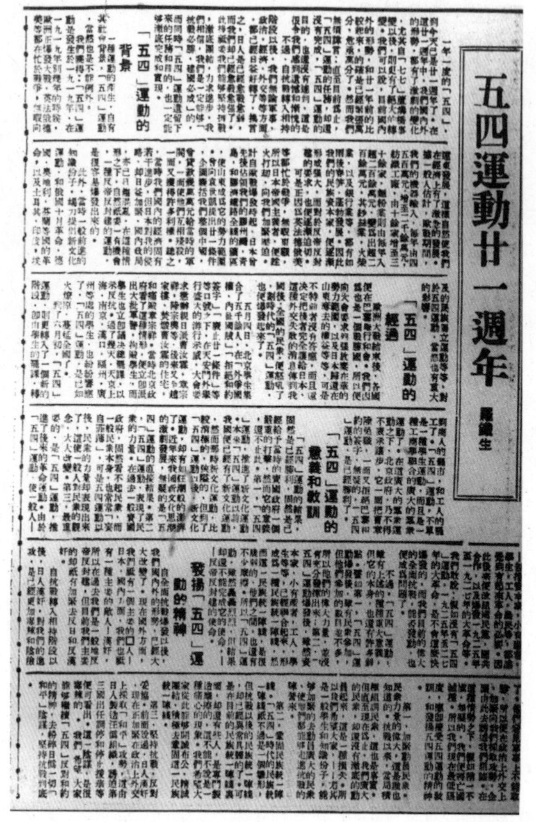
五四運動廿一週年
羅鐵生
「五四」運動的背景
「五四」運動的經過
「五四」運動的意義和教訓
發揚「五四」運動的精神

一年一度的「五四」，到今天已是廿一周年了。在這廿一周年中，我們國內外的形勢，都有了激劇的變化，尤其自「七七」盧溝橋事變以後，則更有了絕大的轉變。我們可以說，目前國內外的形勢，和廿一年前的比較起來，的確是已經緊張萬分，危亟萬分了。然而我們無須諱言：直至目前為止，「五四」運動的任務，卻還沒有完成，「五四」運動的目的，也還沒有達到，這是很令我們感到遺憾和慚愧的。

不過，自抗戰轉入相持階段以後，我們無論軍事、政治、經濟、外交等等方面，都已經日益好轉了，換言之，日人是已經愈戰愈弱，而我們卻已經愈戰愈強了。此後祇要我們能夠堅持抗戰，徹底團結，力求進步，我們相信，我們是一定能夠「抗戰必勝，建國必成」的，而同時「五四」運動遺留下來的任務和目的，也一定能夠徹底完成和實現。

「五四」運動的背景

一種運動的產生，自有其社會背景，「五四」運動，當然也是不能例外。

我們曉得：「五四」運動是發生於一九一九年，在一九一九年別幾年

的時候，歐洲正爆發大戰，英法俄德美等都在忙於戰爭，無暇向遠東發展，這樣自然使我們在經濟上有了激急的發展。據一般人估計，歐戰期間，我們的機器輸入，每年由四五百萬元，增至二千餘萬元，紡織工廠，由十餘家增至三十餘家，麵粉業則由每年入超二百餘萬元，變為出超二百餘萬元，其紗絲業，火柴業，以及銀行業等，都有如雨後春笋，蓬勃發展。因此我們民族資本家，便逐漸形成強大，而對於反帝反封建的要求，也便逐漸迫切。

可是正因為英法德俄美等都忙於戰爭，無暇東顧，所以日本帝國主義者，便趁火打劫，向我們加緊壓迫。計自歐戰爆發時起，日本曾先後佔領我們的膠州灣，青島，和膠濟鐵路全線的礦區，使山東成為它的勢力範圍。曾向袁世凱提出廿一條件，企圖囊括我們整個中國，曾貸款幾萬萬元給當時的軍閥，一面使他們互相殘殺，一面又獲得許多利權。總之，當時我們國內的經濟固有若干進步，但日本對我的侵略，卻日益加緊，國內政局，亦已日趨混亂，在這種情形之下，自然衹要一有機會，一種反帝反封建的運動，是很容易爆發出來的。

此外，當時一般前進的知識分子，竭力提出新文化的運動，和俄國十月革命，德國、奧地利、芬蘭等國的革命。以及土耳其、印度、埃及的民族獨立運動等等，對於五四運動，當然也有重大的影響。

「五四」運動的經過

歐洲大戰結束後，各國便在巴黎舉行和會。我們因為也是一個戰勝國，所以便向大會要求列強放棄在華的勢力範圍，以及日本歸還在山東奪去的權益等等，可是不特前者沒有答應，而且還決定把後者完全讓給日本，這種外交失敗的消息傳到我國後，全國的民眾，便怒吼了，劃時代的「五四」運動，也便爆發起來了。

五月四日，北京學生集合了五千餘人，在「外爭國權，內征國賊」「拒絕和約簽字」「廢止廿一條件」等等口號之下，在天安門外舉行盛大的游行示威，大會要求懲辦親日派曹汝霖，章宗祥，陸宗輿等，後來又至趙家樓，焚燬曹汝霖的住宅，和痛毆章宗祥。當時北京政府看了這種情形，便立即派出大批軍警，拘毆學生，而學生也立即議決總罷課，以示反抗。過了幾天，天京上海，南京，漢口，福州，廣州等處的學生，也紛紛響應了，「五四」運動，是已如火燎原，蔓延全國了。

到了六月初，「五四」運動，則更轉入了一個新的階段，即由學生的罷課，轉到商人的罷市，和工人的罷工了。「五四」運動，不單是一種學生運動，而且是一種工商學聯合的廣大的群眾運動了。在這廣大的群眾運動之下，北京政府，乃不得不表示讓步，它一面把曹章陸免職，一面又拒絕巴黎和約的簽字，無疑的，「五四」運動，是已經勝利了。

「五四」運動的意義和教訓

「五四」運動的結果，固然是已經勝利，固然是已經給予當時的賣國政府一個嚴重的打擊，然而它的意義，還不止此。第一，「五四」運動，推進了新文化運動。本來「五四」運動以前，我國便已經有了新文化運動，然而那時新文化運動，比較消極的，狹隘的，但到了「五四」運動以後，新文化運動，卻有如在狂潮般的澎湃了。近年來我國新文化思潮的激劇發展，無疑的是「五四」運動的直接結果。第二，「五四」運動，表現了民眾的力量。在過去一般賣國政府，固然看不起民眾，而一般民眾本身，也常常「妄自菲薄」，可是五四運動以後，民眾的力量卻表現出來了，這使一般人對民眾的觀念，大大改變。第三，最重要的，是「五四」運動，推進了後來的革命運動。由於「五四」運動，使一般人——包括資本家，小有產者，學生，工人，農民等，都感覺到有起來革命的必要。因此後來便改組國民黨，國共合作，以及爆發一九二五年至一九二七年的大革命等。我們敢說：假如沒有「五四」運動，一九二五年至二七年的大革命，是不會這麼快爆發的，而我們目前的偉大的全面抗戰，能否發動，也便成為問題了。

不過，「五四」運動雖有上述的種種重大意義，但它的本身，也還有許多弱點。譬如第一，「五四」運動爆發後，雖有民眾參加，但他們參加的數目並不多，所以他們的偉大力量，並沒有充分發揮出來；第二，「五四」運動爆發後，雖然資本家，小有產者，工人，學生等等，已經聯合起來，形成為一種民族統一陣線，然而這一民族統一陣線，是很脆弱的，他們之間，也還有不少摩擦。所以「五四」運動，雖然轟轟烈烈，但結果卻還不能完成它的使命，——反帝反封建的使命。

發揚「五四」運動的精神

自全面抗戰爆發以後，我們國內外的形勢，已經大大改變了。現在國外方面，我們祇有一個主要的敵人——日本，國內方面，我們也祇有一種主要的敵人——漢奸，所以在過去我們是一般地反帝反封建，但目前我們主要的卻祇有加緊去反日和反漢奸。

自抗戰轉入相持階段以後，日人漢奸，對我們的進攻，是已經更加毒辣和陰險了。他們看見軍事上不能取勝，所以便在政治上外交上，加緊向我們採取攻勢，企圖由此去誘迫我們屈膝。在這種情勢之下，假如稍一不慎，無疑的，我們便將亡國滅種。所以我們現在最低限度，應即接受五四運動的教訓，和發揚五四運動的精神。

第一，加緊動員民眾。民眾力量的偉大，這是誰也知道的。抗戰以來，當局積極組訓民眾，這也是事實。但直至現在為止，我們廣大的民眾，卻還沒有徹底的動員起來，這是一種損失。所以我們希望大家，——尤其是一般學生和知識分子，能夠加緊的去動員廣大的民眾，使他們都能夠走進抗戰的陣營來。

第二，鞏固民族統一陣線。「五四」時代的民族統一陣線只不過是一個雛形，但抗戰以後的民族統一陣線，卻已經異常具體的了。可是在目前的民族統一陣線裏面，卻還有些人，是專門製造摩擦的，這不能不說是一種痛心的現象。我們希望大家從此能夠開誠佈公，精誠團結，積極去鞏固這一民族統一陣線。

第三，堅持抗戰，反對妥協。前面說過，日人漢奸，現在正加緊在政治上外交上採取「和平」攻勢，這由日人製造汪偽組織，誘迫第三國出任調停和停止援華等便可看出。這一陰謀，是很毒辣的。我們希望大家能夠繼續「五四」反對和約的精神，去粉碎日偽一切「和平」陰謀，堅持抗戰到底。

青年節中青年應有的認識與覺悟 [羅楊清]

原載《國民日報》，1940 年 5 月 4 日，第 8 版

「五四」這個偉大的青年節，到今天已經是二十一周年了。現在，我們在 建國期中來紀念「五四」，應該徹底的檢討過去的缺點，並在生活上與精神上作一個劃時期的革新。

這裏，我們首先要指出過去只以為知識青年纔是青年的錯誤。我們知道，學生固然是國家的棟樑柱石，但是，農工商各界的青年何嘗不是社會的中堅分子？同是青年，我們決不能重此而輕彼，因為青年都是熱情的、堅毅的、有為的、前進的、愛國的，我們的生命都充滿着光、熱、力，他們同樣的都可以負起救國救民的責任。因此我們對各界的青年都應該一視同仁，無分軒輊。祇有聯合各個階層的青年，纔可以築成堅固的長城，以阻擋日人的侵入，祇有匯合各個階層青年的熱血，纔可以組成偉大的洪流，沖毀 見過前途的障礙，以達到必勝必成的目的。過去正因為沒有擴大青年的範圍，沒有集中全國各階層青年的力量，所以「五四」運動不能收到宏大的效果。

其次，我們要知道，「五四」運動時代的青年，雖然曾為打倒腐敗的舊文化，建設新穎前進的新文化而努力，然而結果卻沒有多大成就。封建勢力雖然推翻，統一共和卻沒有實現；八股文字雖然消滅，文化界卻仍然感覺空虛，學術仍然不見有什麼驚人的進步，科學仍然落後。這完全是因為當時的青年，未加深思熟慮，缺乏奮鬥到底的精神；而其後一般青年，在生活上仍然是醉生夢死，在精神上仍然是暮氣沉沉的緣故。

復次，「五四」運動的青年是為了爭取思想的解放，個人的自由而奮鬥的。但是，我們要知道，個人思想的解放和自由，是與國家民族的自由解放共存的。國破家亡，個人思想的解放與自由安能存在？在日人的宰制支配之下，個人那裏還有思想的解放與自由的可能？只有在國家民族得到自由解放之後，個人纔能夠談到自由。

「五四」運動是青年為了反抗侵略者無理的要求和壓迫而發出的吼聲。這吼聲現在還餘音嫋嫋的盪漾在這個空間，我們不應該讓他沉寂消滅了。是青年都要起而擴大這吼聲，振動每一個中國人的心弦，激發每一個中國人的愛國情緒，提高每一個中國人的民族意識，以使全國上下，萬眾一心，驅逐日軍與我們的國門之外。

現在的祖國已經是烽火四野了，是青年，還應該過那醉生夢死的生活嗎？還應該暮氣沉沉因循敷衍嗎？不，決不！總裁曾諄諄的訓話過：「我們必須痛切自覺，要知道這時期的國難，完全是我們這一代的沉迷墮落不爭氣的結果。如果我們這一代不能復仇雪恥，真是上無以對祖宗，下無以對子孫！」我們要是不再沉迷墮落，不再不爭氣，而想秉承與發揚「五四」時代的青年的愛國精神，爭取國家民族的自由解放，就必定要從今天起做一個劃時期的努力與革新，檢討自己生活上精神上的缺點，從事於生活的革命──實行新生活，使生活藝術化，生活生產化，生活軍事化；努力於精神上的改造──履行精神總動員，改正醉生夢死之生活，養成奮發蓬勃之朝氣，革除苟且偷生之習性，打破自私自利之企圖，糾正紛歧錯雜之思想，把自己鍛鍊成一個守禮重義明廉知恥的新青年，把自己鍛鍊成一個能為國家盡大忠，為民族盡大孝的愛國之士。我們要依照 總裁所訓示「從今天起，徹底檢討自己精神上的缺點……在精神上徹底的除舊佈新，革面洗心，作一個劃時期的努力……使從前的缺點譬如昨日死，今後的精神譬如今日生，以煥然一新的精神，做艱苦森嚴的戰爭。」而努力奮鬥，「使國恥的五月節變為雪恥的五月節」，這樣纔不辜負了今天紀念「五四」運動的意義。

各學校及各青年團體昨日慶祝青年節

—— 學賑會紀念會到百餘人

原載《大公報》，1940 年 5 月 5 日，第 2 張第 6 版

本港新聞

各學校及各青年團體
昨日慶祝青年節
學賑會紀念會到百餘人

高廷梓在明德中學演講

廣州大學

南華大學

明德中學

開徵戰稅

高廷梓在明德中學演講

昨日為青年節，本港青年團體及各學校，均分別開會紀念。並敦請名流學者，蒞會演講青年節意義。青年會及歌詠協會，並於昨晚公演話劇，籌款賑濟粵北傷兵難民，作切實之紀念行動。嶺南大學出版「五四」運動特輯，言論頗為中肯。兒童賑濟會亦於昨晨旅行「小西湖」，午間在曠野開紀念會。至於昨日聯合集會者，有學生賑濟會、基督教學生聯合會、及紅磡區各學校聯合會等。

【另訊】本港學賑會昨日下午二時，假加路連山孔聖堂舉行紀念儀式，前日曾經推定主席團李政耀、朱開鈞、曾子敬、陳作權、林輝玲、甄炳華、鄧廷熙等，但除朱開鈞及曾子敬依時到會外，餘均未見出席。到會演説者，有吳公虎、王淑陶、郭兆華，連同各校學生，僅得百餘人，情形殊覺冷落。齊集後，由朱開鈞主席，並致開會詞，闡述青年節之意義，及今後青年應

有覺悟。繼由曾子敬演講五四歷史。末由郭兆華訓勉青年，努力今後工作。至三時許，禮成散會。

廣州大學

廣州大學於昨日上午九時半在該校禮堂開紀念「五四」青年節大會，到會學生及各界名流千數百人，首由該校學生會主席吳小碩致開會詞，繼由黃新彥博士演講，講題為「民族自覺的運動」。繼後由馮裕芳碩士及各院長主任演説。昨晚七時半並假座溫莎餐室舉行聚餐會，為該校校長陳炳權氏洗塵。到會者有教授梁式文等。首由主席吳小碩致開會詞，繼由該校校長訓話，黃兆棟教授等演説。演説畢，主席致答詞，盡歡而散。

南華大學

南華大學學生會，昨為紀念「五四」青年節，特連同校內社團舉行慶祝青年節遊藝大會，並歡送鍾校長回□校視察。到有員生來賓記者等二百餘人。行禮如儀後，由主席曾子敬致開會詞，並先後由鍾魯齋、曾友豪、林時彥等演説，末由劉慶陸致謝詞，繼即舉行茶話及遊藝。內有附中各級□、大學各社團之節目，情形至為熱烈，直至十一時始散云。

明德中學

明德中學昨晨八時在該校舉行紀念儀式，到中學男女學生數百人，由校長江茂森主席，並致開會詞。次由校務主任黃鐵錚報告「五四」運動之歷史，末並勗勵學生在此抗戰建國之大時代中，青年應：(一)刻苦努力充實知識；(二)鍛鍊體魄，堅定意志云。繼請高廷梓先生演講，略謂青年為國家之前進分子，充滿熱血，肩負領導社會之重任。法國革命及德國統一之成功，均賴青年之奮鬥有以致之。我國五四運動，亦啟青年策動革命之始端，惜以缺乏紀律訓練，漸趨於腐敗。今後應注意者有三點：(一)從學問中學取為人之道及做人骨格，每個青年應抱做大事業之決心，為社會人群謀幸福，以領導社會達到健全生存之目標；(二)從紀律訓練中養成軍國民精神，使每個青年負起保衛國家之神聖責任；(三)從團體生活中尋求救國途徑，每個青年均須在團體中發生功能，抱大公無我之精神，以謀團體之發展。須知社會團體為永久之機體，每個分子如均健全。

香港的青年節

原載《華字日報》，1940 年 5 月 5 日，第 2 張第 4 頁

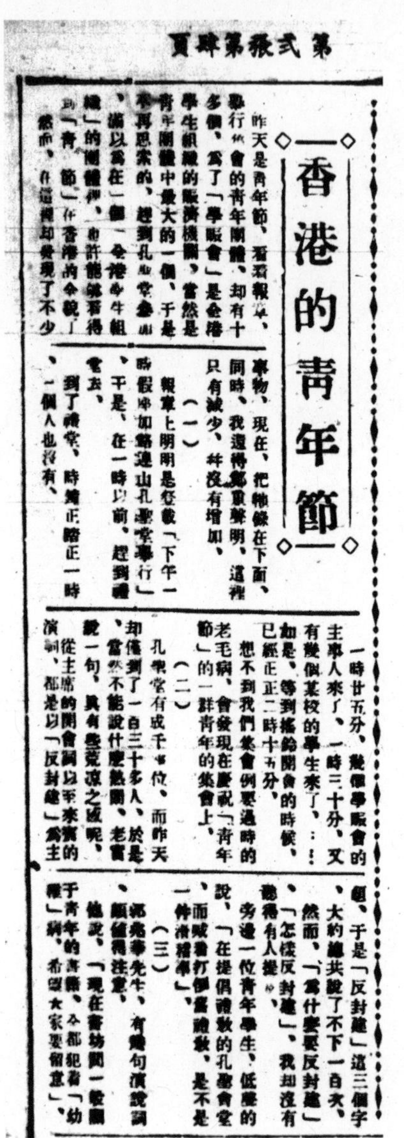

第貳張第肆頁

香港的青年節

昨天是青年節、看看報章、舉行集會的青年團體、卻有十多個、為了「學賑會」是全港學生組織的賑濟機關、當然是青年團體中最大的一個、于是不再思索的、趕到孔聖堂參加、滿以為在一個「全港學生組織」的團體裡、也許能夠看得到「青年節」在香港的全貌」

然而、在這裡卻發現了不少事物、現在、把牠錄在下面、同時、我還得鄭重聲明、這裡只有減少、並沒有增加、

（一）

報章上明明是登載「下午一時假座加路連山孔聖堂舉行」、于是、在一時以前、趕到禮堂去、

到了禮堂、時鐘正踏正一時、一個人也沒有、

一時廿五分、幾個學賑會的主事人來了、一時三十分、又有幾個某校的學生來了、……！如是、等到搖鈴開會的時候、已經正正二時十五分、

想不到我們集會例要過時的老毛病、會發現在慶祝「青年節」的一群青年的集會上、

（二）

孔聖堂有成千多位、而昨天卻僅到了一百三十多人、於是、當然不能說什麼熱鬧、老實說一句、真有些荒涼之感呢、

從主席的開會詞以至來賓的演詞、都是以「反封建」為主題、于是「反封建」這三個字、大約總共說了不下一百次、然而、「為什麼要反封建」、「怎樣反封建」、我卻沒有聽得有人提及、

旁邊一位青年學生、低聲的說、「在提倡禮教的孔聖會堂、而喊着打倒舊禮教、是不是一件滑稽事」、

（三）

鄧兆華先生、有幾句演說詞、頗值得注意、他說、「現在書坊間一般關于青年的書籍、全都犯着「幼稚」病、希望大家要留意」、

昨天是青年節，看看報章，舉行集會的青年團體，卻有十多個。為了「學賑會」是全港學生組織的賑濟機關，當然是青年團體中最大的一個，於是不再思索的，趕到孔聖堂參加。滿以為在一個「全港學生組織」的團體裏，也許能夠看得到「青年節」在香港的全貌了。

然而，在這裏卻發現了不少事物。現在，把它錄在下面，同時，我還得鄭重聲明，這裏只有減少，並沒有增加。

（一）

報章上明明是登載「下午一時假座加路連山孔聖堂舉行」，於是，在一時以前，趕到禮堂去。

到了禮堂，時鐘正踏正一時，一個人也沒有。

一時廿五分，幾個學賑會的主事人來了。一時三十分，又有幾個某校的學生來了。如是，等到搖鈴開會的時候，已經正正二時十五分。

想不到我們集會例要過時的老毛病，會發現在慶祝「青年節」的一群青年的集會上。

（二）

孔聖堂有成千座位，而昨天卻僅到了一百三十多人。於是，當然不能說什麼熱鬧。老實說一句，真有些荒涼之感呢！

從主席的開會詞以至來賓的演詞，都是以「反封建」為主題。於是「反封建」這三個字，大約總共說了不下一百次，然而，「為什麼要反封建」，「怎樣反封建」，我卻沒有聽得有人提。

旁邊一位青年學生，低聲的說「在提倡禮教的孔聖會堂，而喊着打倒舊禮教，是不是一件滑稽事」？

（三）

郭兆華先生，有幾句演說詞，頗值得注意。

他說：「現在書坊間一般關於青年的書籍，全都犯着『幼稚』病，希望大家要留意」。

青年思想的淨化與強化 ［襄君］

原載《國民日報》，1941 年 5 月 4 日，第 2 版

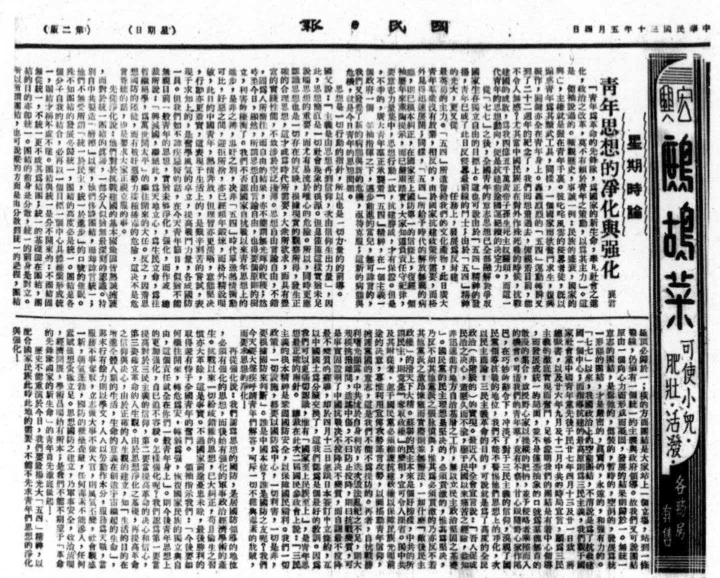

中華民國三十年五月四日　國民日報　（星期日）　（第二版）

星期時論

青年思想的淨化與強化　襄君

從「七七」之後，全國青年的意志思想已全部融解於爭取國家生存獨立自由的目標上。這也可說由於「五四」精神的發揚，青年已成了此日反侵略最前線的鬥士；由於「五四」精神的光大，更又從 XXXXXXX 任務上，發展為反封建 XXX 最英勇的主力。「五四」所遺留給我們的文化產物，此日廣大青年群眾沒有放棄，相反的，由於國家抗建政策所需要，而格外見得迅速展開；同樣，「五四」所給予時代的解放無羈的病態，則已根本糾正，在國家至上國防第一的信條上，復經 X 領袖歷年來薰陶提示，而已嚴肅踏實，大家知道負責任守紀律，要意志力量集中，思想行動一致，抗建勝成，才有保證。但是，不幸的，廣大青年群正承襲着「五四」精神，在一個主義一個政府一個 X 領袖指揮之下，邁步前進的當兒，無可諱言的，我們又發覺了新的病態與新的危機，亟待克服；這新的病態與危機，就是今日青年的思想問題。

中國的青年們起來 紀念五五青年節而作

原載《香港日報》，1943年5月5日，第1版。

第一萬零一一四號　（第一版）

社論

中國的青年們起來

—紀念五五青年節而作—

今天五月五日，是中國的青年節。自國民政府還都以後，三年以來不斷的努力於中國青少年思想之訓練和培育，已經獲到很大的成績。中國各地的青少年們，也在 汪主席領導之下，有着一致的信念而組織起來了，團結起來了，這是興復中國的總生力，保衞東亞的後繼軍。國民政府於日前曾特別規定每年五月五日是我國的青年節，今天欣逢第一屆的青年節，也可以説是還都以後首次的青年節，我們看到中國青少年運動正在蓬勃活躍氣象中展開轟轟烈烈的發展，紀念青年節，實覺得有極偉大的意義和極深刻的警惕。我們中國的青年們，應該從此展開更勇敢的威力去適應當前的時代的新使命！

今日中國的青年，是復興中國的基柱，也是建設新中國的磐石，又是保衞大東亞的鋼壘。每一個青年的肩膀上所擔負着的使命與任務，都比任何一個時代的青年們所負的責任要重大得多，要艱難得多。中國數十年來，迭經兵災匪禍與軍閥官僚宰割的慘變，弄到支離破碎，民不聊生；中日事變以後，又復遭受抗戰分子的荼毒，使國脈民命，愈弄得焦頭爛額，生機垂滅。在興復中國，建設中國的今日，應該如何去收拾過去的殘局，去開展將來的新生，這些責任都落到我們青年群的身上。進而應該怎樣再把興復中國和建設新中國的力量去貢獻於大東亞戰爭，去協助友邦完遂建設東亞之偉大使命，這一點，我們青年，實不能不要深切認識和加倍努力的。

過去數十年來，中國的青年運動也曾經有過一個蓬勃活躍的時期，但是，現在很不好，成績極差，始則浮囂吶喊，繼則爭權奪利，終而消沉解體，結果便空洞散漫，黨派分歧，思想複雜。這因為大家缺乏一種中心思想，沒有正確的信念，這種錯誤的意識，中國不但未獲其益，甚且受其毒害，東亞大局同時亦蒙其不幸。今日中國的青年運動，是針對過去的錯誤，加以徹底的革滌。今日的中國青年，已經成為國家的總力，亦不再容許還有過去種種不幸的現象的存在。青少年運動的目的，端在使中國的青少年群，在有組織有訓練的結集之下，得到民族意識的洗禮，惕發每一個人的愛國，愛鄉，愛東亞的觀念，集中統一的思想和統一的信念，表徵我們的偉大的威能，粉碎敵人的妄夢，強化國家的力量。

紀念青年節，有幾點重要的意義：

第一；五月五日，是 國父就任非常大總統記念日。我們應該思念 國父生前致力革命之精神，領導全國青年奮勇不懈，前仆后繼的決心，更應該認識中華民國艱難締造的經過，使今後之青年運動，能成為興復中華最偉大光芒的一頁，也是繼承 國父革命精神的再現。

第二；紀念青年節，我們每在五月五日的今天，大家追思遠憶，作一次思想與工作慎密的檢討，提高奮猛精進，刻苦耐勞之朝氣與勇氣，於自我深切反省和批判中，激發今後一年工作奮鬥的努力和標的。

第三；汪主席倡導新國民運動，以「建立自己」勗勉國人。我們必須人人能夠建立自己，然後始能建立國家，再然後始能建立東亞，協助友邦。所以每年雙五的青年節，我們在反省自勵之餘，亦應該以 主席此種「建立自己」之訓示作為奮鬥努力，做事做人的座右銘。

復興中國的責任有待於我們中國的青年們去努力，去奮鬥。保衛東亞，協助友邦，完遂大東亞戰爭的使命，也有待於我們青年們去努力，去奮鬥！我們青年的力量如何，精神如何？是決定我們對於未來的艱苦工作的成敗。當此中國在復興解放的光明中邁進着，大東亞戰爭展開節節勝利階段之際，我們衷心期望全國的青年們，一致起來，發揮我們的力量，振奮我們的精神，力行我們的決心，爭取中國復興解放的成功，爭取大東亞戰爭的勝利。青年節的今日，謹此為我國青少年同志們獻，並請共同勗勵！

按：日據時期，日人所辦的《香港日報》在五四不提反日的「五四青年節」，反而將五月五日包裝為青年節，意圖抹殺「五四」。此文偷轉概念，將原屬「五四」的青年節定義為「五五青年節」，意圖動員香港青年「復興中華」、「保衛東亞」、「完遂大東亞戰爭」。

第三時期

國共內戰時期的「五四」：1946–1949

引言

1945年，日本正式投降，第二次世界大戰結束，中國進入一個新的歷史階段。然而，兩大政治力量——共產黨與國民黨的對立陣營隨即形成。此時的香港在英國的殖民統治下，國共對弈的局面在香港這個特殊場景裏，不同於大陸戰場的槍林彈雨，而是一場以報紙或大眾傳播媒體為主要戰場的文宣之爭。左右兩方勢力啟動在香港的宣傳機器，向香港華人和海外僑胞喊話，他們在運用五四的歷史資產與精神之餘，也讓人看到香港的「五四」詮釋是如何地趨向多元。

爭奪五四話語的解釋權是國共兩黨爭取政權合理性的必要之舉，在這場政治角力中，「五四」話語被左右兩方賦予不同意義。一方面，左派報刊從多種角度和形式宣揚五四。《華商報》作為內戰時期中國共產黨在香港的機關報，在紀念「五四」的社論文章中，偏重於強調「五四」的民主內涵，並張揚由毛澤東定義的五四「反帝反封建」的思想主線，把繼承五四的傳統過渡到共產黨人身上，在走向新時代進程中完成五四的未竟使命——「以爭取民主實現民主來紀念這光榮的『五四』，粉碎法西斯的陰謀，徹底肅清封建殘餘勢力。」[1]

除報紙外，還有一些左派刊物同樣強調「五四」的民主內容，如《群眾》刊載的「五四」紀念文章延續、重覆着毛澤東的論調——「毛澤東指出『五四』運動傑出的歷史意義，在於它帶着為辛亥革命還不曾有的姿態，這就是徹底不妥協的反帝國主義與徹底不妥協的反封建。」[2] 由南來左翼知識社群主辦的《知識分子的道路》，在封面上刻劃了一幅通向正確方向的「五四路標」，讓刊載有大量左派文藝界知名人士如茅盾、夏衍、郭沫若等人的「五四」紀念文章。

另一方面，右派報刊將「五四」作為反共、民主建國的革命象徵，發揮其精神價值與思想內容。昔日反日反軍閥政府的五四運動一變而成為國共爭奪國家政權

1 千家駒：〈以爭取民主—來紀念「五四」〉，《華商報》，1946年5月4日，第3頁。
2 荃麟：〈「五四」的歷史意義〉，《群眾》，1948年，第2卷第17期，第14–17頁。

正統的詮釋對象。一些文章強調蔣介石政權統治的合理性，如 1946 年 5 月 4 日《國民日報》刊載「五四」論文特輯，着意回到五四「原點」、「起點」，繼承五四精神資產以輔翼當下反共建之用。〈五四寄語〉一文寫道：「我覺得五四當年的領袖人物如胡適之先生等的見解和對於他們抗戰建國以來，即徹底認識建國需有一個安定的抗建勢力，那就是蔣主席領導的廣大的安定的力量。」[3]

至 1949 年，國共易幟；而遠離北京、南京政治中心的香港，在五四紀念場域裏也深刻體現了國共勢力此消彼長的現實轉變。這一年的五四紀念，中共機關報派媒體，連篇累牘地高喊五四民主建國的口號，宣揚國民身分改造以及光大民族的方案。這些篇章如 1949 年 5 月 4 日《華商報》刊登的〈知識分子轉型途徑底發見──紀念「五四」三十周年的感想〉、〈從五四到今天〉、〈華南青年當前的任務〉、〈學術科學兩團體五四卅周年紀念宣

3 何高億：〈五四論文特輯・五四寄語〉，《國民日報》，1946年5月4日，第3張。

言〉，均清晰體現了中國進入新形勢的一面。相反，國民黨在這年的紀念則低調得多，或者是說我們在 1949 年這個大變動的年月裏幾乎是沒有看到國民黨報刊紀念五四。相關的文章要在 1950 年以後才偶然見於《香港時報》，故其表現的感染力與宣傳力無疑是相形見絀了。

本篇通過對國共內戰時期各方勢力在港報刊宣傳內容的整理和分類，呈現左右兩派在香港對「五四」的不同話語的表達，並由此而了解香港本土社會上於同一時期，基於兩個不同的政權而出現的左右分裂的「五四」面貌。

五四論文特輯・五四寄語

原載《國民日報》，1946 年 5 月 4 日，第 3 張

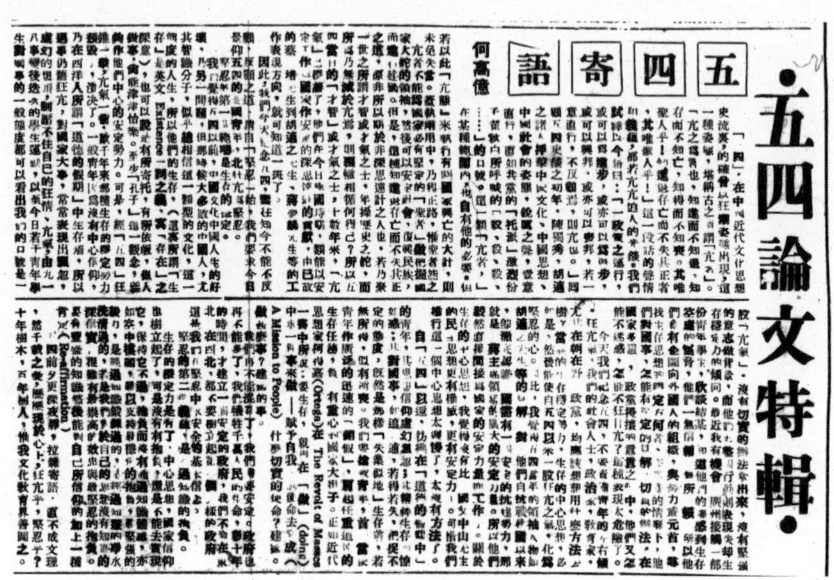

五四論文特輯

五四寄語

何高億

「五四」在中文近代文化思想史流裏，的確曾以狂潮姿態出現，這一種姿態，堪稱古之所謂「亢者」。「亢之為言也，知進而不知退，知存而不知亡，知得而不知喪。其惟聖人乎！知進退存亡而不失其正者，其惟聖人乎！」這一段話的聲情和義蘊，都若亢亢迫人的光燄。我們試釋以今語曰：「一政策之運行，或可以為進步，或亦可以為退步，或可以興邦，或亦可以喪邦，若一意直行，不反顧焉，則亢也。」回顧五四史燄之初年，陳獨秀，胡適之諸人抨擊中國文化、中國思想、中國社會的姿態，銳厲之聲，一意直行，直如共黨的「托派」激烈分子翟秋白所呼喊的「殺、殺、殺……」的口號。這一類「亢者」，在某種範圍內，也自有他的必要，但若以此「亢態」來執行有關國家興亡之大計，則未免失當。蓋執兩用中，乃得正路，惟聖者能之，亢者不能為國家必有堅定的「聖者」做把握國家大舵的領袖，然後可以安定社會，復興民族，而進行建國。但是，這種知進退存亡而不失其正之道，

原非所以期於非深思遠計之人也。若乃聚一世之所謂才智或才氣之士，年操歷史之舵，而所為乃無減於亢焉，則覆轍相循何得已？所以五四當日的「才智」或才氣之士，十數年來，「亢氣」已謂凝了，他們在今日建國時期，類能以安定工作□國家作安定的深思遠計的貢獻，由已故的蔡元培先生到胡適之先生、蔣夢麟先生等工作的表現方向，就可知道一斑了。

因此，我們今天紀念五四，鑒往知今不能不反顧，反顧之道，謂自「堅忍」始，我們要求今日景仰五四的愛國青年，北壯亢為堅忍。

堅忍的第一□範疇是生存的穩定。

我們覺得五四以前，中國文化中國人生的好壞，乃另一問題，但那時候大多數的中國人，尤其知識分子，似乎總相信這一類型的文化，這一態度的人生，所以他們的生存，（這裏所謂「生存」是英文 Existence 一詞之義，寓「存在」之深意），也可以說是有所寄托，有所依皈，做人做事，尚能津津怡樂。至少「孔子」這一觀念，能夠作他們中心的安定勢力。可是，經 「五四」狂錐一擊，亢氣一衝，數千年來那種生存的穩定勢力頹毀了，潰決了。一般青年因為沒有中心信仰，乃在西洋人所謂「道德的假期」中生存着，所以遇事仍舊狂亢，對國家大事，常常表現出飄忽，虛幻的想頭，制壓不住自己的狂情、亢氣，由九一八事變後迭次的學生運動，以至今日若干青年學生對國事的一般態度都可以看出我們的口號是一股「亢氣」。沒有切實的辦法拿出來，沒有堅強的意志做背景，而他們的整個行動則表現失卻生存穩定力的傾向。最近我有機會到廣州接觸一部分青年學生，欣談結某，知道他們的確感到生存空虛的威脅，他們一無信賴□無所□賴□所以他們竟有企圖向外國人的組織，與勢力或元首，尋找生存思想的穩定方向者、年青□的情形下，他們對國事，怎能有堅定的見解、切實的辦法，在國家多艱，政黨擾攘的嚣嚣之□中，他們又怎能不迷惑，怎能不狂且亢？這種表現太危險了。

今天我們紀念五四，不要責備青年的左右傾。狂亢氣，我們的社會人士，政治家，教育家。尤其在朝在野的政黨，均應該想想用什麼方法去樹立當初的生存穩定勢力，生存的中心思想，必如是，然後能使自五四以來一股狂亢之氣，化為堅忍的心。因此，我覺得五四當年的領袖人物如胡適之先生等的見解□對□他們自抗戰建國以來，即徹底認識□國需有一個安定的抗建勢力，那就是蔣主席領導的廣大的安定力量。所以他們毅然直接間接為國家的安定力量而工作了。關於生存的中心思想，我覺得沒有比國父中山先生的民主思想更有權威，更有安定力。可惜我們推行這一個中心思想太遲慢了，太沒有方法了。

自「五四」以還，仿佛在「道德的假期中」的青年，其思想信仰虛幻飄忽；其精神生存彷徨奸惑；其對國事，如追、逋，若得若失，把捉不定的態度，既然是那樣「失業似地」生存着，若無所得，似有所喪。我們要搶救青年，首□當使青年作廣泛的迅速的「銷假」，肩起任重道遠的生存任務，負責有重心的國家大擔子。正如近代思想家柯得嘉（Ortega）在 *The Revolt of Masses* 一書中所說：要生存，就得在「做」（doing）中求一件事來做——賦予自我□□使命去完成（A Mission to People）什麼切實的使命？建國。做什麼事？建國的事。

我們再不能混□了，我們得要安定。政府也在不能多了，我們犧牲千萬人民的生命，數十年的時間，才建立一個安定的政府，我們不論在東北或在西北，都不要樹立起第一個□樣的政府，這是我們在堅忍中不安全的基本信念。

堅忍的第二個義蘊，是□過知識的抱負。

生存的穩定力是有了，中心思想，國家信仰也樹立起了，可是沒有抱負，還是不能去實現它，保持它不過，抱負而沒有通過知識體認，亦如空中樓閣，難以支持最穩定的抱負，最堅強的毅力，是經過知識鍛煉過的，是經過知慧的淨水洗清過的，若是我們對於自己的思想沒有知識的深信實，很難有最崇高的效忠與最堅忍的抱負。要有豐盛的知識然後能對自己所信仰的加上一種肯定（Re-affirmation）。

五四前夕更深夜靜，拉雜寄語，直不成文理，然千載之憂，歷歷現於心上，狂亢乎，堅忍乎？十年樹木，百年樹人，惟我文化教育界善圖之。

實行民主紀念五四 ［社論］

原載《華商報》，1946年5月4日，第1頁。

社論

實行民主紀念五四

二十七年前的今天，全國爆發了空前的反日本帝國主義反封建軍閥底民衆運動，這一運動發展到全國各重要城市，非但知識份子，即工商各界也一齊捲入；學生罷課，商人罷市，工人罷工，轟轟烈烈，在中國歷史上創造了民衆運動光輝燦爛的一頁。

五四運動在當時的收穫，對外推翻了日本帝國主義的二十一條，在巴黎和會上取得比較有利的地位；對內打倒了賣國賊曹汝霖章宗祥陸宗輿諸奸，暴露了封建的反動政府底猙獰面目；「外爭國權，內懲國賊」底口號，曾博得國內外一致的贊助與同情，激發了普遍的愛國熱情與民族意識。但是，反日本帝國主義與反封建的歷史任務，是不可能在一次運動中完成的；當這次運動結束的時候，許多覺悟的先進份子，開始組織團體，參加政黨，從事於長期的政治鬥爭；中山先生亦於是年將中華革命黨改組為中國國民黨，大批五四運動的優秀份子，南下參加，使新創的中國國民黨開始獲得了新的生機。

五四所以能浩浩蕩蕩成為民衆的政治運動，也並不是偶然的；以北京大學為中心的中國新文化運動，在五四之前就發難了。這一新文化運動底性質，在消極方面是反帝反封建，在積極方面提倡科學，主張民主——即所謂要先生與賽先生；隨著五四運動的展開，新文化運動亦蓬蓬勃勃，開始普遍的啟蒙的工作，各種社會科學與自然科學都被介紹提倡，「新青年」雜誌成為當時的新文化前鋒，而白話文與新文藝的熱烈倡導形成了中國的「文藝復興」運動。

政治的與文化的雙重革命任務，使五四運動具有不可磨滅的歷史意義。雖然當時曾參加五四而現在已違背了五四革命精神的一部當權派諸公，早就怕提五四了，因而也不再紀念五四了，然而五四的意義卻歷久彌益顯其重要。一九二五年至一九二七年的大革命運動，是五四運動底進一步的發展。不幸在革命的中途，革命陣營發生分裂，造成了十年的慘酷內戰，引起了日本帝國主義公然的武裝侵略，幾使國家民族的命脈為反動勢力所出賣斷送！九一八以後，國內重新燃起團結救國的民衆運動，可以說是五四運動的再發揚，雙十二事變為這一運動底最高點，造成了轉機，得使朝野一致，發動了七七抗戰，經過八年的流血犧牲，終於打倒了六十年來侵略中國的日本帝國主義！

今天，經歷了悠長的迂迴和巨大的犧牲，反日本帝國主義底任務已經完成了，然而反對封建勢力，實行民主，發展科學，這些巨大的任務，仍舊擺在我們底前面。今天國內的封建勢力，非特沒有在抗戰中被削弱，而且由於官僚政治的加強，地權的集中，它越發加強了；並且還沾染了法西斯主義思想，與國外的反動勢力暗中勾接，形成為中國的反民主派，努力捕殺民主份子，壓制民主運動，破壞和平民主的協商，企圖使對外爭得解放的中國人民，仍舊處於他們封建的黑暗勢力底統治之下！

所以我們要紀念五四，要發揚五四精神，首先我們就得要求國內實行民主。民主政治是五四運動所提倡的，經過二十七年的慘痛教訓，證明祇有民主才能挽救中國，才能致國家人民於自由富強的地位。今天全國愛好和平民主的人民，應當為實行民主這一目標團結一致，與封建的反民主勢力奮鬥，堅決的奮鬥，以完成自由解放的偉大事業。

同時，我們紀念五四，也要為新文化運動底民主化與科學化而奮鬥。二十七年來的新文化運動，雖有其巨大的成就，但至今還沒有脫離啟蒙介紹的階段，歷史的發展，將要求中國的新文化運動由啟蒙而進入創造的階段了，我們必須發揚民主，發展科學，來創造充實中國的新文化，使它在各方面都能趕得上前進的國家！

……

今天，經歷了悠長的迂迴和巨大的犧牲，反日本帝國主義底任務已經完成了，然而反對封建勢力，實行民主，發展科學，這些巨大的任務，仍舊擺在我們底前面。今天國內的封建勢力，非特沒有在抗戰中被削弱，而且由於官僚政治的加強，地權的集中，它越發加強了；並且還沾染了法西斯主義思想，與國外的反動勢力暗中勾接，形成為中國的反民主派，努力捕殺民主分子，壓制民主運動，破壞和平民主的協商，企圖使對外爭得解放的中國人民，仍舊處於他們封建的黑暗勢力底統治之下！

所以我們要紀念五四，要發揚五四精神，首先我們就得要求國內實行民主。民主政治是五四運動所提倡的，經過二十七年的慘痛教訓，證明祇有民主才能挽救中國，才能致國家人民於自由富強的地位。今天全國愛好和平民主的人民，應當為實行民主這一目標團結一致，與封建的反民主勢力奮鬥，堅決的奮鬥，以完成自由解放的偉大事業。

同時，我們紀念五四，也要為新文化運動底民主化與科學化而奮鬥。二十七年來的新文化運動，雖有其巨大的成就，但至今還沒有脫離啟蒙介紹的階段，歷史的發展，將要求中國的新文化運動由啟蒙而進入創造的階段了，我們必須發揚民主，發展科學，來創造充實中國的新文化，使它在各方面都能趕得上前進的國家！

以爭取民主
—— 來紀念「五四」［千家駒］

原載《華商報》，1946 年 5 月 4 日，第 3 頁

以爭取民主
來紀念「五四」！
……千家駒

……五四又是一個反封建的民主運動，亦是新文化運動的紀念碑。這一工作卻到今天並沒有完成，而且中國的封建餘孽正與法西斯合流，在中國各處張牙舞爪，無法無天，倒行逆施，以壓迫中國的民主運動。自然，這二十多年來，中國的人民是空前的進步了，世界民主的潮流是沛然而莫之能禦了。解放區政權的發展與政治協商會議之成就（即使是表面上的），就是中國民主力量空前壯大之明證。然而亦正因為如此，所以中國的法西斯殘餘，正出其全力以與民主力量作生死的掙扎，自滄白堂，較場口爭糾，以至打毀《新華日報》、《民主報》，搗亂北平執行部以及最近南通慘案，北平中山公園暴行……一連串的事實都證明中國反民主的法西斯殘餘正在作瘋狂的反攻，而東北內戰的炮火震天，又正說明中國的獨裁者始終未放棄其法西斯武力統一的迷夢。

今天是民主力量與法西斯殘餘在中國作生死鬥爭的時候，「五四」是中國民主運動光輝燦爛的一頁，亦是封建殘餘法西斯分子所痛心疾首的一天。他們不要我們紀念五四，要我們忘卻五四，我們卻偏要紀念五四，但不是以文字來紀念而應該以行動。即以爭取民主實現民主來紀念這光榮的五四，粉碎法西斯的陰謀，徹底肅清封建殘餘勢力。「五四」是我們的，青年朋友們，發揚「五四」的戰鬥精神，爭取中國不折不扣的民主，以紀念這光榮的「五四」吧！

港九學生聯合　紀念「五四」大會宣言

原載《華商報》，1946年5月4日，第2頁，節錄。

港九學生聯合
紀念「五四」大會宣言

瞻前顧後，回覽目前祖國；反法西斯的民主正義戰爭勝利了，祖國正該向着和平民主建國的道路邁進，可是剛告勝利，而內戰烽火即起；八年抗戰，祖國人民在敵人強暴蹂躪之下，流離死亡。勝利後，再受內戰的痛苦，雖然，軍事上曾幾經進行停戰協定，而東北內戰仍繼續進行和擴大，中原地區又重新聽到了內戰的警報，這些冷酷事實，欲陷人民於萬劫不灰之境地而後已。因此，我們本着愛護祖國的熱忱，希望祖國賢明的當局，顧及民生，依照停戰協定的規定，立即停止各地內戰，並即開始全國復員工作和整軍工作。

在政治上，國內法西斯反動分子，仍然企圖繼續其獨裁的陰謀，破壞各黨派政治協商會議的議決，在全國各地，普遍推行其特殊的統治組織，而且，也不擇手段地要阻礙民主運動的發展，企圖藉此以苟延殘喘，今天是人民的世紀，人民是主人，我們要粉碎法西斯分子的陰謀詭計，我們站在人民的立場上，堅決反對任何的特殊組織，反對任何反民主的獨裁制度和不擇手段的暴行……

「五四」運動，是新文化的啟蒙運動，它推翻了封建的專制的舊文化，開闢了新文化運動的道路，奠定了今天新文化運動的基礎。可是目前國內言論、出版、集會、結社的自由仍受着大大的限制，學術思想沒有自由研究和討論的權利……

我們不但要求言論、出版、集會、結社的自由，而且我們要求人身的自由，國內反動派仍大批大批的逮捕槍殺政治犯和最近廣州廣雅中學學生無理的被駐紮該校的士兵毆打侮辱，這些行為，對人身的自由根本就沒有任何保障。

……我們反對空喊口號，我們要用行動來紀念這偉大的節日，我們號召着港九的同學，要團結起來，組織起來，繼承「五四」的革命精神，高高豎起民主自由的旗幟，為和平民主富強的新中國而奮鬥！

港九青年學生熱烈紀念五四
—— 齊聲反對內戰爭取民主

原載《華商報》，1946年5月5日，第2頁。

中華民國三十五年五月五日

港九青年學生熱烈紀念五四

齊聲反對內戰爭取民主

何香凝先生演說，對目前內戰局面和遍地飢荒，深表憤慨，說時老淚縱橫！

……（大會主席［華僑工商學院學生代表主席］）今天是勝利後第一個「五四」紀念。隨着勝利來的是遍地災難，人民沒有自由，沒有幸福，沒有民主，內戰還在擴大。這説明了中國法西斯分子不要人民有自由，腐爛的政治制度就是怕人民有民主。今天紀念「五四」，我們不單只是開一個會，我們大家團結起來要用行動來紀念它，大家應團結起來，爭取自由爭取民主。」

何香凝先以最沉痛的聲調，紅着眼圈説：「今天港九學生紀念五四大會，我希望大家學着孫總理（他也是香港學生）後塵，去救國救民，今天大家在這裏讀書是非常幸福的，祖國千千萬萬的同胞都在餓死和受難，只推説是『天災』『米貴』，政府毫不負責任。同胞在抗戰八年中受盡了苦難，勝利來臨還要餓死，我們能夠忍受嗎？大家應該起來監督政府，停止內戰，替餓死的同胞向政府算帳！現在『官富民窮』，這樣能夠對得起餓死的同胞嗎？今天我們要和平民主，反對內戰，反對有同胞餓死而不負責任。最近美國政府對我們物資幫助非常感謝，但我們不要支持內戰和擴大內戰的武器，我們要打電去告訴美國人民，我們只要農村復興的機器，工業復興的機器，工業復興的機器，衞生器材和救濟的糧食，大家起來平息內戰，制止內戰，建立民主自由的新中國！」

嶺英開五四紀念會 曾引起一場辯論

原載《華商報》，1946年5月5日，第2頁

嶺英開五四紀念會

曾引起一場辯論

黨官演說：中國缺乏技術人才，是因學生不專心讀書。

（又訊）昨天上午十時，嶺英中學內也開了一個百多中小學生參加的五四紀念會，其中以小孩子居多數。主席是嶺英中學的學生，到會「指導」的有一位黨官，他對學生說：目前中國沒有內戰，只有內亂。五四是國民黨領導的，小孩子不知道五四運動，我們才有資格談這些，現在中國缺乏技術人才，是因爲學生不專心讀書，幹那些什麼運動的緣故。當時有一位學生起來演講，他說：「不管內戰也好，內亂也好，總之，自己人打自己人就是我們人民受苦，民主不容空喊，誰能使我們生活過得好，誰才配談民主」。結果大家在會場上辯論一會，宣佈散會。

黨官演説：中國缺乏人才，是因學生不專心讀書。

（又訊）昨天上午十時，嶺英中學內也開了一個百多中小學生參加的五四紀念會，其中以小孩子居多數。主席是嶺英中學的學生，到會「指導」的有一位黨官，他對學生説：目前中國沒有內戰，只有內亂。五四是國民黨領導的，小孩子不知道五四運動，我們才有資格談這些，現在中國缺乏技術人才，是因為學生不專心讀書，幹那些什麼運動的緣故。當時有一位學生起來演講，他説：「不管內戰也好，內亂也好，總之，自己人打自己人就是我們人民受苦，民主不容空喊，誰能使我們生活過得好，誰才配談民主」。結果大家在會場上辯論一會，宣佈散會。

昨「五四」學生運動紀念日

原載《國民日報》，1946 年 5 月 5 日，第 2 張。

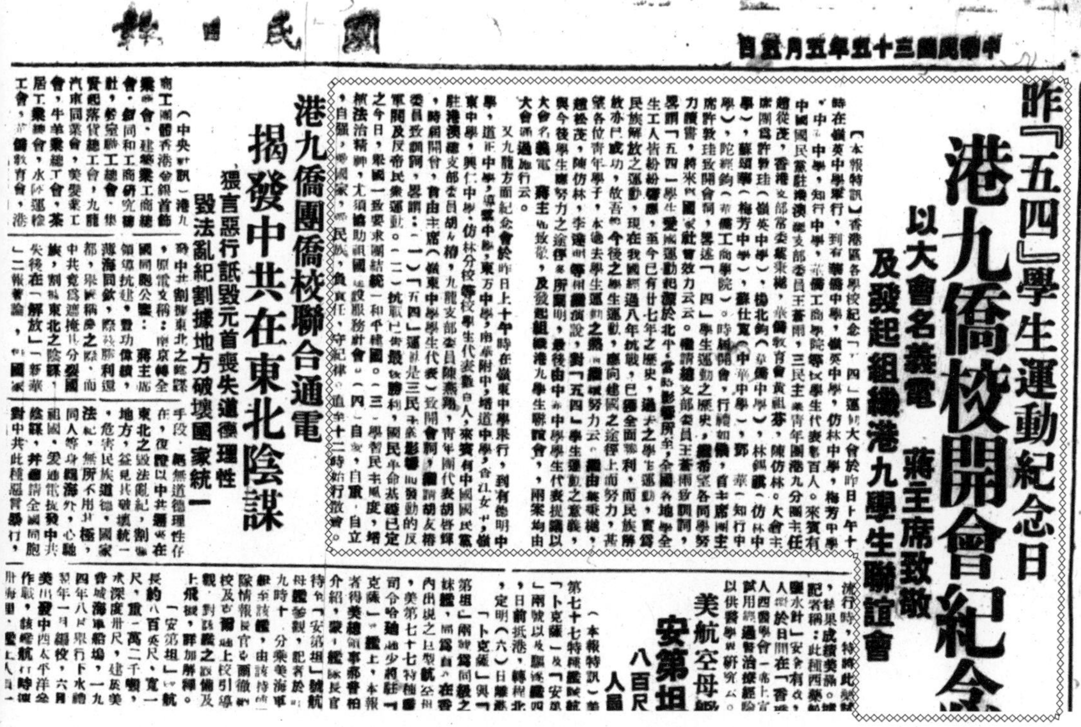

國民日報

中華民國三十五年五月五日

昨「五四」學生運動紀念日

港九僑校開會紀念

以大會名義電 蔣主席致敬

及發起組織港九學生聯誼會

港九僑團僑校聯合通電

揭發中共在東北陰謀

猥言惡行詆毀元首喪失道德理性

毀法亂紀割據地方破壞國家統一

美航空母艦安第坦八百尺

港九僑校開會紀念 以大會名義電 蔣主席致敬 及發起組織港九學生聯誼會

【本報特訊】香港區各學校紀念「五四」運動大會於昨日上午十時在嶺英中學舉行，到有華僑中學，嶺英中學，仿林中學，梅芳中學，中華中學，知行中學，華僑工商學院等校學生代表數百人。來賓有中國國民黨駐港澳總支部委員王蒼雨，三民主業青年團港九分團主任趙從茂，香港支部常委葉秉樾，華僑教育會黃祖芬，陳仿林。大會主席團為許敦珪（嶺英中學）、楊北鈞（華僑中學）、林錫祺（仿林中學），蘇頌華（梅芳中學）、蘇仕寬（中華中學），鄧華（知行中學），陀經鈞（華僑工商學院）。時屆開會，行禮如儀，首主席團主席許敦珪至開會詞，略述「五四」學生運動之歷史，繼希望各同學努力讀書，將來為國家社會效力云云。繼請總支部委員王蒼雨致訓詞，略謂「五四」學生愛國運動起源於北平，當時影響所致，全國各地學生工人皆紛紛響應，至今已有廿七年之歷史，過去之學生運動，實為民族解放之運動，現在我國經過八年抗戰，已獲全面勝利，而民族解放亦已成功，故吾等今後之學生運動，應向建國之途徑上而努力，甚望各位青年學子，本過去學生運動之熱□繼續努力云。繼由葉秉樾，趙松茂，陳仿林，李達明等相繼演說，對「五四」學生運動之意義，與今後學生應努力之途徑□所闡明，最後由中華中學學生代表提議以大會名義電 蔣主席致敬，及發起組織港九學生聯誼會，兩案均由大會通過施行云。

又九龍方面紀念會於昨日上午十時在嶺東中學舉行，到有德明中學，道正中學，道群中學，東方中學，南華附中，培道中學，香江女中，嶺東中學，興仁中學，仿林分校等校學生代表數百人，來賓有中國國民黨駐港澳總支部委員胡友椿，九龍支部委員陳燕翔，青年團代表胡啟輝，時屆開會，首由主席（嶺東中學學生代表）致開會詞，繼請胡友椿委員致訓詞，略謂：（一）「五四」運動是三民主義影響而發動的反軍閥及反帝民眾運動。（二）抗戰已告最後勝利，國民革命基礎已定之今日，舉國一致要求團結統一和平建國。（三）學習民主風度，培植法治精神，尤須協助祖國建設服務社會。（四）自愛、自重、自立、自強、愛國家、愛民族、負責任、守紀律。直至十二時開始散會。

我們的教育方針 ［陳其瑗］

原載《達德青年》，1947 年第 1 期，第 3 頁；1947 年第 2 期，第 3 頁，節錄。

本學期開課後的一星期，在第二次早會當中，我曾向全體同學解釋的本院的教育方針，如愛國教育，民主教育，科學教育，互助教育，自由教育列舉出來，當時解釋，略而不詳，未到校的同學，多未聽見。我在本刊物中有重新説明的必要。

一、我們的愛國教育，是基於國際平等和民族自決的原則而是富於正義感的教育，是為了爭取中國自由獨立培養建國人才的。

二、我們的民主教育，是反官僚，反獨裁的，是為人民服務和注重人民生活的教育，是經濟民主與政治民主同樣看重的。

三、我們的科學教育，（一）是把社會的和自然的法則聯繫起來，作統一研究的對象；（二）是以客觀的，新的哲學方法為研究的方法。

四、我們的互助教育，是注重個人依於集團生活的互助，不是單獨為着個人利益的彼此幫助。

五、我們的自由教育，是以反奴化，反黨化，反教條為對象，與一般基於自由主義的觀點所提倡的自由教育不同。

迎一九四七年

原載《達德青年》，1947 年第 1 期，第 2 頁，節錄

理論上説，像我們這樣的青年應該在學校裏安心讀書，不必「預聞外事」。然而實際上，我們即使甘願安心讀書，但，一切校外事態，卻不允許我們這麼做。

遠在二十多年前，當時的北京政府，媚外賣國，殘民以逞，於是學生們掀起「五四」的旗幟，開學生運動的前河，也就因為有了「五四」運動，才使垂死的中國，得到新的活力。

之後，知識青年──學生，遂成為政治改革，社會改革運動中的一支主力軍，而且成為最英勇的前衛部隊。

……為了人類德性的繼續，為了民族國家的前途，為了學術文化的保存與發展，我們沒有理由不和反動的中國法西斯殘餘，作最後的搏鬥。

時至今日，我們要繼承過去學生運動的光榮傳統，為人民爭民主自由幸福而奮鬥！

我們反對統治者剝削了我們一切民主權利，反對抓捕屠殺青年，反對黨化奴役教育，反對賣國行為，反對內戰，我們要求立即實行政協決議，組織聯合政府，實施政治經濟文化的改革，保障青年的學習工作與生活。

我們要團結起來，應該認識只有實現民主和平，才能使全中國的人民獲得自由和幸福，應該拋棄一切幻想，提高自己的覺悟，互相幫助，互相警惕，在爭取民主之路上，我們並肩前進。

過去的歲月，留給我們的無可數量的經驗教訓，從明天起，步入一九四七年，我們更當正視現實，加緊奮鬥。

文藝與戰鬥 ［樓棲］

原載《達德青年》，1947年第2期，第25頁，節錄。

五四運動最重要的一件事是「人的發見」，新文藝運動最重要的一件事是「文藝」與「戰鬥」的結合。當年高喊的「民主」的口號，是「人的覺醒」的口號；揮向孔家店的拳頭，是揮向封建堡壘的拳頭。

新文藝運動的開始是戰鬥的開始。近三十年來的新文藝，一天天以勇敢的姿態向黑暗挑戰，一步步以堅定的步伐走向人民，一方面固然是由於現實的要求，另一方面卻也未嘗不是由於它一開始就在戰鬥的緣故。

……然而，歷史走了不少冤枉的回頭路，今天的新文藝運動還得再喊「人民」的呼聲。自然，今天所呼喚的「人民」，絕不同於五四時代的「人的覺醒」：五四時代所覺醒的不過是白紙黑字的蒼白的概念，今天所呼喚的卻是踏過了屍山血海，聲震雲霄的偉大行列。

「人的發見」並沒有保證人權的建立，正如「民主」的口號並沒有保證民主的實現一樣，近三十年來的鬥爭摸清楚了一個正確的方向：從為人民大眾創造文藝到人民大眾自己創造文藝。

「五四」的歷史意義與當前的任務 ［林華］

原載《達德青年》，1947 年第 2 期，第 8–10 頁，節錄

「五四」的歷史意義與當前的任務　林華

一、

「五四」運動，驚醒了甜夢中古老的中國人民，也驚醒了東方被壓迫民族而至全世界。它生長在第一次的帝國主義戰爭後，生長在俄國十月社會主義革命成功之後，生長在中國人民經過戊戌政變，辛亥革命的不同性質的民主改革運動的複雜的歷史環境中。因此，「五四」運動距今雖還不到三十年，但是它所產生的影響，作用和變化，卻是異常巨大的；無論在中國社會的政治的經濟的文化的各方面，都是中國歷史上劃時期的一種偉大的變革。

「五四」是中國民族民主革命劃時期的歷史轉捩點。從城市知識份子爲領導的反日愛國運動開始，展開了全國各地廣泛的羣衆運動，形成了反日的民族資產階級、工人、商人，小市民、青年學生知識份子的統一戰線。尤其是發現了新中國的歷史主人——無產階級的抬頭而深化了這一運動的發展。即是說，從這個時期開始，說明了中國民族民主革命的歐美型的舊範疇的民主革命

一、

……「五四」是中國民族民主革命劃時期的歷史轉捩點。從城市知識分子為領導的反日愛國運動開始，展開了全國各地廣泛的群眾運動，形成了反日的民族資產階級、工人、商人、小市民、青年學生知識分子的統一戰線。尤其是發現了新中國的歷史主人—無產階級的抬頭而深化了這一運動的發展。即是說，從這個時期開始，說明了中國民族民主革命的歐美型的舊範疇的民主革命從此告終；展開了往後以無產階級為領導的工農小資產階級深相結合的新民主主義的歷史時期。

……「五四」是在中國歷史上短短的一瞬，然而它卻跨過了歐美百多年來民主革命的歷史過程，這在中國歷史變革過程中是具有無限偉大的意義和作用的：這也可以在這三十年的中國革命過程中充分證明的。

二、

從「五四」開始，中國經歷了無數曲折與艱苦鬥爭的長期的歷史過程。它經過一九二五──二七的大革命，一九二八──三六的土地革命和一九三七──四五年的抗日戰爭，到今天，又正踏上反獨裁專政的愛國民主高潮變革的前夜。這是多麼美麗而悲壯而又偉大的中國民族民主革命的史詩！

從這裏，我們學取了什麼教訓？獲取了什麼成果？

一句話，壯大了中國人民的力量，增強了中國人民的覺醒，堅定了中國人民的鬥爭方向，徹底地為中國民族獨立，民主自由和民主幸福而勇邁前進。然而，在今天的客觀的現實基礎上，反動的獨裁營壘裏，卻正勾搭了美帝國主義而出賣中國人民和全民族利益。美帝國主義的侵略政策，正遠較「五四」時代之前袁世凱對日簽訂廿一條件的國際壓力，還來得悲慘，

它明顯地供給新式軍火和大量借款，史無前例的展開了支持獨裁政府的長期內戰政策而把中國民族陷於水深火熱的民族大災難中。饑餓，流離，頓沛，疾病，死亡因戰爭浩劫而遭受的一切損害，是亘古未有的民族厄運。這個美帝國主義與中國大買辦大官僚大地主階級深相結合的國民黨獨裁專政政權，實遠較「五四」時代北洋軍閥統治為厲害的……我們要真具體地攝取「五四」的歷史教訓而迎接新的民主高潮的到來。

……當前美軍駐華，對華借款，和一切對中國人民的暴行而至所有對中國政治與經濟的控制和統治，我們是要在廣大群眾中揭破獨裁賣國陰謀及其一切勾結美帝國主義的無恥行為。我們要把反美侵略政策和反獨裁賣國陰謀聯繫起來，這樣，才使美帝國主義獨佔中國的陰謀宣告失敗，爭取民族的真正獨立，也只有這樣，才使愛國民主運動繼續發展而取得民主自由的真正實現。

……「五四」運動是一個新文化運動與群眾運動相結合的文化變革運動，文化的力量成為群眾所要求所把握的時候，就成了巨大無比的推向前進的物質力量。當前愛國民主運動，是「五四」運動更深入更具體的歷史發展，它更須要把文化與群眾結合，成為中國人民所普遍接受與提高其政治覺醒和加強鬥爭熱情的武器。因此，我們的文化方針就該面向群眾，服務群眾，為群眾利益而「鞠躬盡瘁」。現在「人民文藝」的方針，也就是面向群眾，服務群眾的方針。這是和爭取廣大群眾到民主愛國運動中是不可分離的。

三、

「五四」運動紀念，在這殘酷的更全面性的內戰烽火中到來；在國民黨獨裁政府對外全面投降美帝國主義對內專制獨裁而又粉飾民主偽裝「改組政府」的醜態中到來；在千百萬青年學生為了熱愛祖國，爭取祖國和平民主而受到殘酷的壓迫屠殺的黑暗統治中到來。這正是史無前例的中國人民的民族災難，全中國青年一幕悲慘的厄運。然而，中國總還是要新生的，要向前進步的，要在這沉淪中挽救出來的。一位「五四」時代的偉人──李大釗先生就曾在「五四」以前這樣號召過：「吾族青年所信誓旦之，以昭示於世者，不在齦齦辯證白首中國之不死，乃在汲汲孕育青春中國之再生；吾族今後之能立足於世界，不在白首中國之苟延殘喘，而在青春中國之投胎復活。」

現階段青年運動的中心工作 ［盧懷］

原載《達德青年》，1947 年第 2 期，第 12–13 頁

「五四」運動帶來了北伐大革命，「一二九」運動帶來了抗日戰爭，而這一次更廣泛更進步的全國青年運動，掀起了全國愛國民主運動的高潮，在農村爭鬥和解放區愛國自衛戰爭的互相配合之下，我們確信：中國的獨立和平一定實現！

以切實行動紀念「五四」

原載《達德青年》，1947 年第 2 期，第 2 頁，節錄。

「五、四」到來了，在民主浪潮洶湧的今天，我們是以振奮愉快的心情來迎接這光輝的節日的。紀念「五、四」我們應有切實的行動和具體的工作內容；當民主高潮快要到來的時候，每一位愛祖國愛和平和愛民主的中國青年，尤其是青年學生，都應該警覺到自己責任的巨重，積極地充實自己，鍛鍊自己，使敢於擔當和有能力來肩負時代所課予的任務。

紀念「五、四」節日的來臨，我們首須提高對和平民主事業的信心。民主高潮是必然到來的，誰都不能阻擋它的到來，這是青年朋友們一定要認識的。尤其是我們應該堅強自信，民主是必能勝利的。和平之神，她將像那和煦的陽春，撫慰着這災難的大地，人民翻身的日子不會遙遠了。在偉大局面到來之前，我們必須弄通自己的思想，思想上應有一番準備，準備迎接新形勢的來臨，準備忍苦耐勞的為民主而努力，決心為民主事業貢獻自己的一切。

第二，民主事業是一件艱苦的工作，它須靠大多數人去完成的，不是少數人可以包辦成功的。凡是愛和平愛民主的人，我們都應該真誠的歡迎他，大家團結在一起。凡所有贊成民主的朋友們都急需建立堅強無比的民主統一戰線，凡贊成民主的每一分子都有義務鞏固發展民主統一戰線，任何忠誠於民主事業的黨派集團的發展強固，是民主力量壯大成功的首要因素，因此，民主黨派，民主戰友間的互助合作勉勵督促是必要的。同時，民主統線的工作仍是歷史的新產物，學習民主統線的領導作風與工作藝術，是民主朋友的責任，也是鞏固團結發展民主運動的條件。今天的團結，是今後團結的保證。更是當前民主事業發展成功的保證。紀念「五、四」，民主青年同學，就應該自覺地更緊密的團結起來，為擴大民主統線發展民主運動而團結起來。

……中國人民對獨裁賣國集團總反攻的日子快到了。愛好民主的青年，團結起來，準備起來！

迎接歷史轉捩點的「五四」 [沈志遠]

原載《達德青年》，1947 年第 2 期，第 7 頁

當做中國民主革命的一個階段來看，「五四」是從自上而下的舊民主改革運動過渡到自下而上的新民主革命運動的一個偉大的歷史轉捩點。「五四」運動發生在一九一九年，那正是造成全世界歷史大轉變的兩大驚天動地的事件剛剛完成的時候：這兩大歷史事件就是俄國偉大的十月革命和第一次帝國主義的世界大戰。這兩大事件，在全世界範圍內開闢了一個嶄新的歷史階段—資本主義總危機和人民大眾自我解放的階段。這樣一個時代，反映到中國革命運動上來，就不能不表現為廣大民眾的外求民族獨立（反帝）內求民權自由（反封建）的自覺的民主革命鬥爭。這種人民自覺的民主革命運動，由於它的基本動力是自覺的人民大眾，又由於中國民族資產階級（非買辦更非官僚資產階級）的軟弱懦怯和富妥協性，就不能不又以人民大眾為其主導，因而這一民主革命的前途、命運，也就非掌握在人民大眾手裏不可。這樣的由人民大眾主宰一切的反帝反封建的民主革命，就是新民主主義的革命。而作為民主革命一階段看的「五四」運動，正是這種革命的序幕，也可以說是過渡到這種革命的一個轉捩點。

假使說「五四」以前的民主變革或是只限於上層的改良（如康梁變法），或是由上層主動拖着下層走的革命（如辛亥革命），那麼「五四」運動卻是中國歷史上第一次自下而上的人民自覺的民主運動。然而它還不能算是新民主主義革命的正式進軍。主要的原因就是勞工階級在那次運動中還沒有能夠成為主要的領導力量，同時反帝反封建的鬥爭還沒有能夠提出一個顯明而確定的完成綱領。這樣一種具有完整的革命綱領而又有勞工階級做領導核心的新民主革命，只是到了一九二四——二五年開始的大革命時期，才正式成為事實。但是沒有「五四」運動揭開序幕，這樣一次反帝反封建的偉大新民主革命是不可設想的。

歷史永遠是在前進的。這一人民主宰的新民主革命，在歷史現階段的今天，又以新的姿態出現在我們面前。這就是今天全國人民所堅決進行的反美帝國主義及其工具——國民黨反動派的法西斯獨裁政權——的民族民主的大革命運動，在世界的陣線上，這一革命是跟社會主義的蘇聯、各國的新民主運動和殖民地民族獨立鬥爭站在一起的。在國內陣線上，它是從自由資產階級到工農大眾的全國各階層人民的民主統一戰線對抗以美帝國主義為靠山的買辦官僚大資產階級大地主的獨裁血腥統治集團的一種革命運動。

今天中國人民正在一個內戰政府、獨裁政府、同時又是賣國政府、殘民政府的暴政統治下，度其萬分痛苦和萬分悲慘的生活。同時中國人民的鬥爭，卻又以十百倍於「五四」的規模和力量，向這一暴政統治進行其英勇無比的鬥爭，在這一鬥爭中，我們每一個有知覺的中國，尤其是每一個稍微有點血氣的青年人，都不是一個「看客」，而是一個積極的「角色」。今天我們紀念「五四」，必須拿出十百倍於當年「五四」的鬥爭精神，來向民主的敵人堅決進軍。我們的鬥爭決不休止，直到那為億萬人所憎惡痛恨的賣國殘民的獨裁政權的最後倒塌。從最近反動派在內戰戰場上的到處敗績和經濟陣線上的土崩瓦解的情勢來看，同時又從最近統治集團實施不顧一切的大規模恐怖政策上看來，我們相信，這一最後時間，已在眼前。

中國學生運動的任務 ［原野］

原載《達德青年》，1947 年第 2 期，第 10–11 頁，節錄

「五四」運動以來的中國歷史，就是學生愛國運動與人民的自由運動密切結合的歷史，就是學生運動充作人民運動的先鋒和輔助軍的歷史，在一代的時間內，中國學生用自己的血淚汗寫下了中國民族民主運動史上光輝的史頁，也是世界革命史上特殊的一頁。

我們回顧「五四」，就不能不對中國人民的死敵兇惡的日本帝國主義和袁世凱，段祺瑞的賣國政府發生無限的悲憤和仇恨。日本帝國主義，袁世凱段祺瑞的賣國政府，在全中國以至全世界人民革命力量嚴重打擊下，失敗了，死亡了。然而換來的卻是一個美帝國主義和四大家族代替北洋軍閥，成了大買辦大地主反人民反民主的新政治代表。他們現在正神氣活現，張牙舞爪地向人民作着瘋狂的屠殺。在這痛定思痛的日子裏，在這舊仇新恨交集的日子裏，偉大的中國人民，偉大的中國學生，就已踏上了「五四」的道路，作過，而且已經繼續作着更大的怒吼。

……

五四運動是反帝反封建的民族民主的群眾革命運動。因為五四運動是反對日本帝國主義、抵制日貨、「廢除二十一條」「爭回山東權利」「拒絕巴黎和約簽字」的民族獨立運動，同時也是主張民主，主張自由平等，倡導科學的反封建思想與封建勢力的一種民主運動，五四運動不僅全國學生捲入了運動的漩渦，同時是一個廣大群眾運動。它把中國革命運動向前推進一步，同時它也是一九二五——二七年中國大革命前夜的啟蒙運動。

這就是五四運動底本質和任務。

如果說五四運動底任務是反帝反封建的民族民主的群眾革命運動，它的革命內容是倡導民主，倡導科學，反對賣國反對獨裁的話，那末在今天我們

也可以這樣說：今天的愛國運動底任務仍是反帝反封建的民族民主革命群眾運動。它的革命內容是求得民主，實行科學。結束賣國政府和獨裁統治了。所不同者就是力量的配備與實質內容更雄厚更豐富而已。

然而，更雄厚的革命力量與更豐富的革命實質內容又是什麼？

要答覆這一問題，我們首先又得回到目前中國物質力量的新發展和中國人民正走上新的更大自覺的道路上又是什麼去求得解答。

至於如何為人民服務呢？這裏我們應該把為人民服務的偉大人生觀來充實五四民主與科學的口號，使民主與科學的口號，獲得更堅實的新的內容。

我們要求的民主是為人民的民主，我們要求的科學是為人民服務的科學，中國青年必須培養這為人民服務的新人生觀，才能真正成為民主與科學的戰士。

獨裁政府進行發動內戰所埋下的炸彈，在全國的範圍內爆炸了，獨裁政府崩潰的喪鐘敲響了，努力吧，中國的青年，前進吧，中國的青年！我們要以勝利的微笑迎接偉大無比的五四運動。

我們的教育方針（續）　［陳其瑗］

原載《達德青年》，1947年第2期，第3頁，節錄

……主張國民黨黨化教育的頑固分子，不衹阻礙了我們青年思想的發展，把他們導入於「思無邪」的牛角尖裏去，而且為害了他們的「黨國」並且禍延孫中山先生的進步學說理論。假如沒有了新民主主義者把孫先生的學說理論發揚光大，國民黨頑化分子，差不多把孫先生的學說理論變成死板板的教條了！舉一個例，黨老爺們對於孫先生的三民主義，衹知道有民十三年國民黨未改組前的舊範疇，而不知道在民十三年改組後，有了聯俄聯共扶助農工三大政策的新範疇。黨老爺們對於民主政治也衹知死守着國民黨一黨專政或歐美資產階級的舊民主政體的形式而不知道有各黨各派聯合政府的新民主主義的形式。

「五四」的歷史意義 [荃麟]

原載《群眾》，1948 年，第 2 卷第 17 期，第 14–17 頁，節錄。

……科學湮沒了人的靈性，唯物主義造成了以物制人的結果……可憐「五四」以來，科學的萌芽還沒有成長，人們卻已經在整個把它否定，由舊禮教舊文化所舖設起來的人肉筵席還沒有完全撤除，人們卻已經在叫打倒唯物主義……他們因為追求資本主義不可得，於是把資本主義沒落的命運看作是唯物主義的後果。

……「五四」以前革命是資產階級領導的，富於妥協性的上層的改革運動，「五四」以後則是以無產階級領導的，徹底不妥協的人民反帝反封建革命。

毛澤東指出「五四」運動傑出的歷史意義，在於它帶着為辛亥革命還不曾有的姿態，這就是徹底不妥協的反帝國主義與徹底不妥協的反封建。這種徹底不妥協的精神（正是某些人所謂「過火」）是從那裏來的呢，何以是為辛亥革命所不曾有的呢？顯然的，只有無產階級和廣大人民才能具有這種精神，只有無產階級和廣大人民參加了這個運動，才能使這個運動具有這種精神。固然就「五四」初期來説，工人農民還沒有直接參加這個運動，但是從初期「五四」運動的主要骨幹──具有初步的共產主義思想的知識分子身上，已經是反映了工農大眾的這種革命要求和意識了。當時在政治與社會思想上最進步的也是處於領導地位的是李守常先生，在文藝思想上是魯迅先生，從他們兩個人身上所反映的顯然並不是資產階級的思想，而是工農大眾的思想。

「五四」徹底不妥協的反帝反封建，是説明了無產階級與廣大人民鬥爭意識在中國革命歷史上第一次起領導的作用，毛澤東所謂「傑出的歷史意義」，我以為是指這點來説的。

「五四」的第二個歷史意義，即是這個運動成為當時無產階級世界革命的一部分，這也是以前歷史上所不曾有過的。

「五四」備忘 ［陳實］

原載《知識分子的道路》，香港：中華全國文藝協會香港分會，1948 年，第 36 頁

由五四而興起的新文藝運動曾經展開了為人生的藝術的鬥爭，而今天新文藝運動則已從為人生的鬥爭，發揚壯大而成為了人民的鬥爭了。

在悠長的歷史紀年中，二十九年只是短短的剎那，在這短短的剎那，我們卻正在完成着歷史的決定的轉變，我們為着參加這樣偉大的工程而驕傲，我們更要為這偉大的工程而堅決的鍛鍊自己！

中國的文化思潮，文化運動，文化工作者，都正在受着有史以來最惡毒的迫害。「五四」不是一個紀念的名詞，而是告訴我們要更出力去克服惡勢力的備忘錄。

拿什麼來戰勝惡勢力？──學習，充實自己，跟人民站在一起，忘我的犧牲精神；而在一切迫之上的，是不屈的意志和對未來的永恆的信心。

這是我們的節日。但倘使我們祇想沿着前人已經踏好了的道路走，而不願流血去開拓更寬敞，容得更多人的新路，我們就沒有權利叫它做自己的節日。

懦夫沒有自信。自大者目空一切。真正的工作者，要從廣大的人群中獲得信心，而更要緊的是通過自己的勞動，把這信心還給他們。

一切努力都祇為了一個目的──自由，民主的新中國。

一切勞動都有收穫──那時我們將見到更燦爛的文藝復興期。

最黑暗的，是黎明前的頃間；最痛苦的是分娩。

從此刻起，要加緊準備自己，好迎接新的日子，接受新生命的啟示。

「五四」的革命傳統 ［陳君葆］

原載《知識分子的道路》，1948年，第9–10頁。

「五四」的革命傳統
陳君葆
今年在匈牙利舉行了一八四七年革命一百周年的慶祝大典。參加過這慶祝大典的蘇聯政府代表伏爾金這樣說道：「唯有在匈牙利，纔看到這由民衆示威遊行及政府方面明令來盛大慶祝的表示，雖然多年來革命并不限於在匈牙利發生，而是曾擴大到歐洲各國去的」。他繼續着說「：這是十分自然的，因爲法國的許曼政府和義國的加斯波里政府都不願意回憶起法義兩國人民的革命傳統了，雖然這些革命傳統，是永遠也不會從這些國家的人民大衆的回憶中黯淡下去的」。
對于「五四」，我想許多人正有着與伏爾金說這話時類似的感覺。他這話正好拿來解釋我們面對的某些

今年在匈牙利舉行了一八四七年革命一百周年的慶祝大典。參加過這慶祝大典的蘇聯政府代表伏爾金這樣説道：「惟有在匈牙利，纔看到這由民眾示威遊行及政府方面明令來盛大慶祝的表示，雖然多年來革命並不限於在匈牙利發生，而是曾擴大到歐洲各國去的。」他繼續着説：「這是十分自然的，因為法國的許曼政府和義國的加斯波里政府都不願意回憶起法義兩國人民的革命傳統了，雖然這些革命傳統，是永遠也不會從這些國家的人民大眾的回憶中黯淡下去的。」

對於「五四」，我想許多人正有着伏爾金説這話時類似的感覺。他這話正好拿來解釋我們面對的某些怪現象。

在人民大翻身的當兒，站在最前頭，高舉着火炬跟鬥士們一齊向前衝，這是每一個文藝工作者抱定不移的志向，然而左顧右盼，他會在陣地裏發現些什麼呢？「變節」的「變了節」，意志薄弱的找地洞往下鑽，那「利令智昏」的也想拐彎別尋路線了。

但這些事實一點也不奇怪，雖然這也不就是「司空見慣」之謂。譬如，你不見陣地上的戰犬嗎？也許在牠的進行的程途中，牠會把口銜着的血所寫成的字條放下，而去咬那曠野中的「死鴿子」；但有一點是不難想像的：牠不會是一個早已存心的機會主義者！

近來頗有些人討論到「五四」是否一個意識的文化運動。這問題之被提出和被注意，正表示它最低限度在一部人的心目中是儼然的存在着。可是這還不打緊。若果在「機會主義者」的眼光看來，那作為思想革命運動的「五四」，怕快要成為「告朔之餼羊」了。

特載 紀念五四致國內文化界同仁書

原載《知識分子的道路》，1948 年，第 1–3 頁

……民主政治已經在三分之一以上的中國領土上建立了起來，這是道地中國式的民主；「老百姓」的民主，徹底解放人民的民主，而不是粉飾門面的「民主」，不是舶來品的「民主」，更不是美帝國主義者批准欽賜的「民主」。

……即使沒有真正的民主政府，便不會有科學的發達和文化的繁榮，離開了中國人民的解放事業，科學與文化就只有變成反動統治者可有可無的點綴品，或甚至墮落為助桀為虐的幫兇工具。

……請看吧，「五四」健將的胡適，他只看見西洋文明的皮毛而看不見帝國主義的侵徹略，他便失去了「五四」時代的精神，這使他對北伐革命表示冷淡，對抗日戰爭採取消極，今天竟變成學生運動的壓迫者，豪門資木的御用學者了。

……中國現在有了光明與黑暗的兩個部分，光明的中國是承繼了「五四」精神以人民利益為主的解放區，黑暗的中國，是背叛了「五四」精神以豪門利益為主的非解放區，一個是新生的繼往開來，日益強大的民主的中國……

……我們慚愧，雖然身處海外，不能和你們共同甘苦，共同奮鬥，但我們的心和你們的心是連在一起的。

特載

紀念五四致國內文化界同仁書

各位文化界先進和親愛的青年朋友們：

「五四運動是中國新文化對舊文化的一場血戰。這一戰役成爲中國現代化的長期蛻化進程的開端，在民主與科學的戰鬥旗幟之下，到今天已經歷了三十年的歲月。現在，民主政治已經在三分之一以上的中國領土上建立了起來，這是道地中國式的民主；「老百姓」的民主，徹底解放人民的民主，而不是粉飾門面的「民主」，不是舶來品的「民主」，更不是美帝國主義者批准欽賜的「民主」。這種新的民主制度，將要在全中國範圍內建設起來。科學也要變成人民解放事業的必需的部分。在解放戰爭中，前線和後方的復興建設工作，正極端需要豐富的技術經驗，最近東北解放區已經成立「自然科學研究會」，向國內外有志於人民事業的自然科學家們呼籲：「團結起來，組織起來，爲建設新中國而奮鬥。」我們相信，全中國的文化工作者都會響應這項呼籲的。一點也不錯，「沒有獨立、自由、民主與統一，不可能有真正大規模的全國性的工業。沒有工業，便沒有鞏固的國防，沒有人民的福利，沒有國家的富強。」（毛澤東先生著：「論聯合政府」）只有在這樣的基礎上，科學才能猛飛突進的發展的前途。而這個基礎現在開始建立起來了。

三十年來的歷史教訓，給我們証明了這樣一個事實，即是沒有真正的民主政府，便不會有科學的發達和文化的繁榮，離開了中國人民的解放事業，科學與文化就只有變成反動統治者可有可無的點綴品，或甚至墮落爲助桀爲虐的幫兇工具。不少真誠盡瘁於其本身事業的文化工作者，都曾經，而現在更清楚地，面對着這樣的矛盾：有研究學問的志趣，而沒有研究學問的環境；有從事建設的才能和宏願，而沒有從事建設的現實基礎；有教育人才的決心，而沒有發揮英才的社會；有創作作品的熱誠和志願，而沒有哺育創作慾的鼓勵，反而受到蠻橫的檢查制度的摧殘。有許多好心腸的文化工作者，希望在默認舊社會的秩序下，以不過問政治爲條件而換取工作機會，藉以勉以所學爲國家服務，然而結果怎樣呢？有多少天才的科學家是被物質條件所扼殺了啊！有多少有爲的工程師是找不到運用其所長的工作崗位而避手賦閒啊！有多少誠心的教育家庾死在人

爲五四的戰鬥祝福　［黃藥眠］

原載《知識分子的道路》，1948 年，第 9 頁。

卅年前的今天，北平的學生首先在中國的最黑暗的地方，爆發出一顆智慧的光芒。無疑的，五四運動對於中國的政治，和文化都起了巨大的作用。卅年過去了，這卅年來，中華民族是經歷着艱難險阻和曲折迂迴的道路。而學生運動也就在這痛苦的歷程中和中國的工人運動，反帝反封建運動逐漸接近，逐漸打成一片了。

今天，愛國的民主運動已經達到接近勝利的階段，民主與反民主的力量，雙方已在作武裝鬥爭，而在這一個尖銳的鬥爭的背景上，獨裁派統治區域裏的青年學生群還是勇敢地冒着敵人的刺刀警棍，冒着酷刑和屠刀的威脅站在鬥爭的最前線，這已證明了，今天的青年學生群是無愧於五四運動的傳統的。

今天的學生運動是再也不像當年的五四了。那個時候是前衛的戰鬥，是新中國的最初的啟蒙。但今天我們是在中華民族解放的前夜，我們希望全中國的青年們起來，堅決為最後的勝利而戰鬥。

爲五四的戰鬥祝福

黃藥眠

卅年前的今天，北平的學生首先在中國的最黑暗的地方，爆發出一顆智慧的光芒。無疑的，五四運動對於中國的政治，和文化都起了巨大的作用。卅年過去了，這卅年來，中華民族是經歷着艱難險阻和曲折紆迴的道路。而學生運動也就在這痛苦的歷程中和中國的工人運動，反帝反封建運動逐漸接近，逐漸打成一片了。

今天，愛國的民主運動已經達到接近勝利的階段，民主與反民主的力量，雙方已在作武裝鬥爭，而在這一個尖銳的鬥爭的背景上，獨裁派統治區域裡的青年學生群還是勇敢地冒着敵人的刺刀警棍，冒着酷刑和屠刀的威脅站在鬥爭的最前線，這已証明了，今天的青年學生群是無愧於五四運動的傳統的。

今天的學生運動是再也不像當年的五四了。那個時候是前衛的戰鬥，是新中國的最初的啓蒙。但今天我們是在中華民族解放的前夜，我們希望全中國的青年們起來，堅決爲最後的勝利而戰鬥。

我再提議 ［郭沫若］

原載《知識分子的道路》，1948年，第8頁

我再提議

郭沫若

五四是中國的第二國慶日，它和雙十節應該有同等的重要。雙十節是政治革命的國慶，五四是文化革命或社會革命的國慶。

抗戰初期，在武漢時代，曾規定五四爲「青年節」。但因蔣朝避忌五四的社會革命的精神，到了重慶時代便把三月廿九日黃花崗紀念日改定爲青年節，並企圖把五四這個節日廢掉。甚至紀念五四都成了違法的行爲了。

在那時是文藝界的朋友們胆子比較大，把這個禁日定爲「文藝節」，把它保存了下來。因此，到今天的五四要算是「文藝節」的第四屆了。

把五四定爲「文藝節」，認眞說是把五四的意義縮小了。反動派是可以容忍的，去年五四，在上海紀念的時候，在大會場上我曾在演說提議改訂文藝節。邵力子便在演說中回答：五四作爲文藝節是正合式的。

我今年要再以一個文藝工作者的資格來提議：五四還五四，我們應該把文藝節另訂。最好選定五三吧，作爲五四的前夜。

五四是精神文化國慶，作爲「文藝節」被保存了下來，這在文藝工作者，在前三屆算有功勞，從本屆以後不免是僭妄。五四的重大課題，文藝家也擔負不完，不能包辦。一切精神文化工作者都應該紀念五四，把五四作爲自己的節日，如要定五四爲「文化節」，我倒比較能同意。

因此，我再鄭重提議：改選五三爲文藝節，五四請還原爲五四吧！

五四是中國的第二國慶日，它和雙十節應該有同等的重要。雙十節是政治革命的國慶，五四是文化革命或社會革命的國慶。

抗戰初期，在武漢時代，曾規定五四為「青年節」。但因蔣朝避忌五四的社會革命的精神，到了重慶時代便把三月廿九日黃花崗紀念日改定為青年節，並企圖把五四這個節日廢掉。甚至紀念五四都成了違法的行為了。

在那時是文藝界的朋友們膽子比較大，把這個禁日定為「文藝節」，把它保存了下來。因此，到今天的五四要算是「文藝節」的第四屆了。

把五四定為「文藝節」，認真説是把五四的意義縮小了。反動派是可以容忍的，去年五四，在上海紀念的時候，在大會場上我曾在演説提議改訂文藝節。邵力子便在演説中回答：五四作為文藝節是正合式的。

我今年要再以一個文藝工作者的資格來提議：五四還五四，我們應該把文藝節另訂。最好選定五三吧，作為五四的前夜。

五四是精神文化國慶，作為「文藝節」被保存了下來，這在文藝工作者，在前三屆算有功勞，從本屆以後不免是僭妄。五四的重大課題，文藝家也擔負不完，不能包辦。一切精神文化工作者都應該紀念五四，把五四作為自己的節日，如要定五四為「文化節」，我倒比較能同意。

因此，我再鄭重提議：改選五三為文藝節，五四請還原為五四吧！

想起了一些「五四」人物 ［夏衍］

原載《知識分子的道路》，1948 年，第 24–25 頁。

想起了一些「五四」人物

夏衍

「五四」運動廿九週年紀念到了，我想起了「五四」當時的一些人物。

想起「五四」就會想起陳獨秀和胡適之，他們兩個是因五四而享大名，爲當時廣大青年所景仰的大人物，可是歷史太不容情，這兩個大人物漸漸的離開了人民大衆，陳背叛人民潦倒而死，胡則現出原形，爲了當時喊着要反對的封建和帝國主義的過河卒子，還活在人間「現世」！

也許是爲了愛好文藝的緣故，我也想起了朱謙之，他的文章當時曾給了我們不少的勇氣，可是，目前的歷史太不容情了，他也漸漸的脫離了人民，喪失了鬥爭氣魄，躲進象

「五四」運動廿九周年紀念到了，我想起了「五四」當時的一些人物。

想起「五四」就會想起陳獨秀和胡適之，他們兩個是因五四而享大名，為當時廣大青年所景仰的大人物，可是歷史太不容情，這兩個大人物漸漸的離開了人民大眾。陳背叛人民潦倒而死，胡則現出原形，為了當時喊着要反對的封建和帝國主義的過河卒子，還活在人間「現世」！

也許是為了愛好文藝的緣故，我也想起了朱謙之，他的文章當時曾給了我們不少的勇氣，可是，目前的歷史太不容情了，他也漸漸的脱離了人民，喪失了鬥爭氣魄，躲進象牙之塔，變成吟風弄月的詩人，變成在家的和尚了。

其他，以「五四」起家，拿人民當作墊腳石，將運動當作敲門磚的「英雄」太多了。這些人現在如何呢？有的當了漢奸，做了汪精衛的殉葬者，有的在小朝廷裏當一個「京官」，在懺悔他們「年輕時代的鹵莽」。我偶然在報紙夾縫中看見這些人的名字就有嘔吐之感，也不想把這些人的名字提出來污讀者之眼了。

這決不是世俗意味的所謂浮沉。決定知識分子之命運的只有一個標準：這就是和人民結合者昌，和人民乖離者亡。

「昌」不是升官發財而是有機會可以全心全力地為人民服務，而「亡」則是不折不扣的精神和肉體一起的死亡。

知識分子是軟弱而缺乏堅持性的，要不蹈胡適之陳獨秀的覆轍，祇有一個辦法，時時警惕，時時檢查，看自己是不是和人民站在一起？

迎第四年 ［劉火子］

原載《知識分子的道路》，1948 年，第 19 頁

迎第四年

劉火子

文藝節的第四個年頭，是一個轉機的年頭。記得第一個年頭（一九四五年）是在重慶過的，那正是歐洲戰場上蘇軍以雷霆萬鈞的力量直薄柏林城下的時候，當魔鬼們都感到兎死狐悲戰慄得不敢抬頭，我們全國文協旗下的作家們在重慶的文運會禮堂里，共同舉行歡呼着我們偉大認丰的勝利。第二個年頭，慘勝助長了好戰份子的氣焰，並且在國外偽善者的排佈下，戰火在大地上迅速的燃燒。在上海的辣斐劇院里，我們的作家們義正地喊出反內戰的呼聲。第三個年頭是逆流最兇的年頭，在上海清華同學會餐廳舉行的紀念會上，作家們用沉默去對暴政提出抗議（會員們曾有許多嚴正的提案都被當時充當主席的所謂「和平老人」擱回了）。

現在是第四個年頭了。這可以說是比過去更悲厄的年頭。半個中國的大地已完全沒有生命的氣息。魔鬼們用盡一切無恥的方法，下流的作風，殘酷的手段去對付奄奄一息的人民。作家們與人民共同呼吸着沒有養氣的空氣，共同遭受一切前所未有的苦難。今天，我們在這里紀念我們的節日，正同在國內許多地方的作家們今天所共有的心情一樣，是沉痛無比的。

但是從沉痛中產生出來的戰鬥的意志也是堅強無比的。這四年來，有多少優秀的作家死于卑鄙的槍彈之下，有多少有希望的文藝工作者被困在暗無天日的監牢，有多少因爲飢餓而倒下，也有多少在逆流中過着無聲的日子。

這四年的道路雖然短，却印滿了各個人的命運的足跡。先驅者倒下了，後來者仍然跟上去。沒有膽怯，祗有共同的憤恨在燃燒。

這四年的道路雖然短，却在考驗着每個人的脚力。偽善者已從岔路上走去了，他們拿起魔鬼們的血腥的鑰，爲他們另外開闢一條「新路」。

現在留在我們路上的都是英勇鬥士了。他們的步調是與人民的節拍齊一的。

第四年，一個轉機的年頭，這是從黑暗轉到光明，從痛苦轉到快樂的年頭。勝利的鼓聲愈敲愈近了。

文藝節的第四個年頭，是一個轉機的年頭。記得第一個年頭（一九四五年）是在重慶過的，那正是歐洲戰場上蘇軍以雷霆萬鈞的力量直薄柏林城下的時候，當魔鬼們都感到兔死狐悲戰慄得不敢抬頭，我們全國文協旗下的作家們在重慶的文運會禮堂裏，共同舉行歡呼着我們偉大誕生的勝利。第二個年頭，慘勝助長了好戰分子的氣焰，並且在國外偽善者的排佈下，戰火在大地上迅速的燃燒。在上海的辣斐劇院裏，我們的作家們嚴正地喊出反內戰的呼聲。第三個年頭是逆流最兇的年頭，在上海清華同學會餐廳舉行的紀念會上，作家們用沉默去對暴政提出抗議（會員們曾有許多嚴正的提案都被當時充當主席的所謂「和平老人」擋回了）。

現在是第四個年頭了。這可以説是比過去更悲厄的年頭。半個中國的大地已完全沒有生命的氣息。魔鬼們用盡一切無恥的方法，下流的作風，殘酷的手段去對付奄奄一息的人民。作家們與人民共同呼吸着沒有養氣的空氣，共同遭受一切前所未有的苦難。今天，我們在這裏紀念我們的節日，正同在國內許多地方的作家們今天所共有的心情一樣，是沉痛無比的。

但是從沉痛中產生出來的戰鬥的意志也是堅强無比的。這四年來，有多少優秀的作家死於卑鄙的槍彈之下，有多少有希望的文藝工作者被困在暗無天日的監牢，有多少因為飢餓而倒下，也有多少在逆流中過着無聲的日子。

這四年的道路雖然短，卻印滿了各個人的命運的足跡。先驅者倒下了，後來者仍然跟上去。沒有膽怯，祇有共同的憤恨在燃燒。

這四年的道路雖然短，卻在考驗着每個人的腳力。偽善者已從岔路上走去了，他們拿起魔鬼們的血腥的鏟，為他們另外開闢一條「新路」。

現在留在我們路上的都是英勇鬥士了。他們的步調是與人民的節拍齊一的。

第四年，一個轉機的年頭，這是從黑暗轉到光明，從痛苦轉到快樂的年頭。勝利的鼓聲愈敲愈近了。

知識分子的道路 ［茅盾］

原載《知識分子的道路》，1948 年，第 4-5 頁

知識份子的道路

茅盾

反帝反封建，這是政治鬥爭的口號，同時也是思想鬥爭的口號。封建的集團——軍閥官僚地主買辦，出賣民族利益國家主權，投靠在帝國主義的門下，以求延續其統治，帝國主義利用封建集團以遂其奴役中國人民的計劃：這在「五四」當時已經是極明顯的事實，（雖然那時的北洋軍閥還不及現在的反動集團那樣明目張膽無恥而又無賴），但是，作爲「五四」運動的旗幟的「新青年派」那時還僅僅標榜「反封建」，而沒有明確的「反帝」的口號，「新青年派」內部的右翼份子不但竭力阻撓「反帝」思想的明確化，並且還企圖把「五四」運動的政治鬥爭與思想鬥爭的關聯斬斷，而且想把本質上是反封建的文學革命運動退化到文字改革運動，——即所謂白話運動。

趙家樓的一把火燒到了全中國的各大都市，蔓延到窮鄉僻壤，「反帝」口號提出來了。那時候，「新青年派」左右羽翼的分化更明顯；那時候還有「過河」的卒子——一方面胡說其「並無帝國主義這東西」，另一方面大叫「只診病情，不開藥方」，希圖借此欺騙麻醉已經覺悟而要求行動或尚不知如何行動的青年。

這以後，由於全國革命形勢之高漲，「新青年派」左右翼正式分了家。左翼「談政治」而參加實際的政治鬥爭和思想鬥爭，右翼表面上不談政治而實際上和封建勢力勾勾搭搭，最後也談政治了，却是「好人政

反帝反封建，這是政治鬥爭的口號，同時也是思想鬥爭的口號。封建的集團──軍閥官僚地主買辦，出賣民族利益國家主權，投靠在帝國主義的門下，以求延續其統治，帝國主義利用封建集團以逐其奴役中國人民的計劃：這在「五四」當時已經是極明顯的事實，（雖然那時的北洋軍閥還不及現在的反動集團那樣明目張膽無恥而又無賴），但是，作為「五四」運動的旗幟的「新青年派」那時還僅僅標榜「反封建」，而沒有明確的「反帝」的口號，「新青年派」內部的右翼分子不但竭力阻撓「反帝」思想的明確化，並且還企圖把「五四」運動的政治鬥爭與思想鬥爭的關聯斬斷，而且想把本質上是反封建的文學革運動退化到文字改革運動，──即所謂白話運動。

趙家樓的一把火燒到了全中國的各大都市，蔓延到窮鄉僻壤，「反帝」口號提出來了。那時候，「新青年派」左右羽翼的分化更明顯；那時候還

有「過河」的「卒子」一方面胡說其「並無帝國主義這東西」，另一方面大叫「只診病情，不開導方」，希圖借此欺騙麻醉已經覺悟而要求行動或尚不知如何行動的青年。

這以後，由於全國革命形勢之高漲，「新青年派」左右翼正式分了家，左翼「談政治」而參加實際的政治鬥爭和思想鬥爭，右翼表面上不談政治而實際上和封建勢力勾勾搭搭，最後也談政治了，卻是「好人政治」，這是「過河」以前的「卒子」對於北洋軍閥最後一次的獻策，所可惜者，北洋軍閥辜負了這位忠心耿耿的「焦大」！

到這時候，「新青年派」成了歷史的名詞。舊時「新青年派」中還有些「中間偏右」或「中間偏左」的人物或慢慢走上革命的道路，或以「學者」自娛，躲在厚本的洋裝書或線裝書後面，專弄其所謂「新文學」，但其中仍有終受不起考驗的，在抗戰時期落了水了。

這是一段歷史。這是一世紀的四分之一那麼長的一段歷史。這是中國民族解放鬥爭史上的一個構成部分。這一段歷史指出一個真理：中國知識分子離開了人民的立場就有墮落的危險。這一段歷史也提供了無比顯明的例證：帝國主義和封建法西斯集團的文化走狗的三部曲，最初是道貌岸然滿口「中間」，其次是扭扭捏捏趁機幫閒，最後是「過河」而「拚命向前」。其實，「卒子」們何嘗不想始終保持在第一部曲，那麼，他們的欺騙性更大，然而可惜中國的革命與反革命的鬥爭太尖銳了，「卒子」們即使要停留在扭扭捏捏幫閒的階段而亦不可能了，遑論「中間」？

二十多年前的「中間派」的假面目還能戴這麼五六年然後不得不露真面目，今天的「中間派」卻是假面目剛剛戴上就藏不住猙獰的本相，這倒並不是今天的「中間派」技術不及他們的前輩，而是因今天中國已經天亮了，人民的力量空前地壯大了，中國青年們再不受欺騙了！

今天來紀念「五四」，重要的意義，我以為就在它指出了知識分子的道路不能離開人民的大路，如果離開了人民，即使你只想「明哲保身」，反動集團一定還是要拉你去「殉葬」的！

中國新民主主義文化的產生和發展

—— 紀念五四運動三十周年 ［林石父］

原載《群眾》，1949年，第3卷第19期，第4-6，第15頁

中國新民主主義文化的產生和發展
——紀念五四運動三十週年
林石父

五四運動，是中國近代史上空前的一次人民覺醒運動，是中國革命史上劃時期的一次群眾救國運動，是中國人民群眾自己動員起來所勇猛進行的反帝反封建運動。它表現了新穎的歷史特徵，成為中國新民主主義革命的開端。在政治上如此，在文化上也是如此。

……但在五四新文化運動中，雖然像胡適之流，始終沒有跳出改良主義與買辦思想的範圍，其後更進一步墜落到反革命道路上去，可是同時卻也出現了不少贊成俄國十月革命的具有初步共產主義思想的先進知識分子，其代表人物就是李大釗和毛澤東。而且馬克思所著的共產黨宣言，跟着也就譯成中文出版，並在中國思想界發生了很大的啟發作用。

五四以後，中國產生了完全嶄新的文化新力軍，這就是中國共產黨人領導的共產主義的文化思想，即馬列主義的宇宙觀和社會革命論。五四運動是在一九一九年，中國共產黨的成立，中國現代工人運動的真正開始，是在一九二一年，都在第一次世界大戰和十月革命之後。在這時候，世界形勢已經發生根本變化，殖民地半殖民的民族解放運動，已經由世界資產階級革命的同盟軍，變為世界無產階級革命的同盟軍。在中國由於工人階級及其政黨躍登政治舞台，於是在文化戰線上，也就以新的武器和方法，聯合一切可能的同盟軍，展開了自己的陣勢，向着帝國主義文化與封建文化實行進攻。這支生力軍，雖然還沒有來得及在自然科學領域佔領陣地與進行戰鬥，

一般地暫時還讓自然科學為資產階級的宇宙觀所統治；但在社會科學領域，在這個殖民地半殖民地革命的時代最重要的思想武器的領域，卻引起了極大的革命。

……五四以來三十年的中國新文化運動的發展過程，同時即是馬列主義的普遍真理和中國革命具體實踐日益互相結合的過程。五四運動是在當時世界革命號召之下，是在俄國革命號召下，是在列寧號召之下發生的。五四運動以及五四以後的中國革命，所以能成為世界革命的重要組成部分之一，正是中國人民接受馬列主義指導的明證。但我們接受馬列主義思想指導的過程中，卻也吃過不少的虧……

……三十年來中國新文化運動的發展過程，同時又是新文化與工農兵大眾日益結合以及文化工作者本身改造的過程。五四新文化運動是一次比較徹底的文化革命，但它所達到的範圍，還只限於城市小資產階級與資產階級的知識分子，還沒有可能普及到工農兵大眾中去。以後經過大革命，蘇維埃運動，八年抗日戰爭與最近三年人民解放戰爭，新文化運動的社會範圍，雖然比之五四時代，已經擴大得多；但是離開「我們的新文化應該為工農兵人民大眾服務，並為工農兵人民大眾所有」的目標，還是相差很遠。無論在社會科學方面、自然科學方面與文學藝術方面，真正被工農兵大眾所接受和愛好的作家作品，還是非常之少。這裏面的主要原因有兩個：一個是帝國主義、封建勢力、國民黨政府對於人民的反動統治，政治經濟的嚴重壓迫，工農兵大眾享受文化教育權利的被剝奪；另一個是大部分新文化工作者還沒有解決和工農兵大眾密切結合的問題。

現在中國新民主革命已經接近全面勝利，全國解放在望，所以第一個困難問題，不久就可獲得解決，目前的主要任務，是要切實解決第二個困難問題。而解決這個困難問題的基本關鍵，在於堅決執行我黨與毛澤東同志對於文化教育工作的正確方針，接受解放區文化工作者和工農兵大眾結合的已有的經驗教訓，全身心地到工農兵大眾中去，真正為人民服務，實行自我改造，並即在這種艱苦的結合與改造過程中，去發掘最深厚的新文化源泉，迎接生產建設與文化運動的新高潮，在工農兵大眾的基礎上，求得新文化的普及，同時又沿着工農兵人民大眾前進的方向去提高中國新文化。

今年的「五四」紀念

原載《華僑日報》，1949 年 4 月 29 日

一般地會感覺到，今年的「五四」紀念日和以往的具有不同的意義。二十多年來，這是我們首一次對於這個紀念日的來臨感覺到特別和莫可名狀的興奮。用不着指出，「五四」運動是發於一種強烈的愛國熱誠而起的，因此表現於愛國行動，則為毆擊賣國賊曹汝霖，章宗祥之流，為反對出賣民族利益，喪權辱國的條約的簽定，而最深切了解這一愛國舉動的重要和迫切的則為當時的學生。這樣，學生遂成為當年的愛國運動的先覺與先驅者，這一點的意義是與時俱進，□久而常新的，誰不能夠把握到這一點，便終不免為人民所擯棄，為歷史無情地淘汰。

「五四」運動喊出了「反帝」和「反封建」兩個口號。這表示了中國的民族意識了「五四」的一個階段才有了顯著的進步，纔進入了一個新的時期。從這一點講，我們可以說「五四」是中國的思想革命的啟蒙時期。「五四」以前也有過不少次的愛國運動，但中國的廣大民眾卒之要等到「五四」才認清了愛國運動的真正對象，在「五四」以前也有過不少次的政治改革

運動，具規模較大影響較深的要算太平天國的建立，但以往的政治革命總沒有把握到問題的中心。這樣「五四」便開了一個新的局面。「五四」以後的革命運動後是依□「反帝」與「反封建」的雙軌並進的過程。

領導「五四」運動的自然是知識分子，但這並不是說一般人民沒有意識到這運動的需要，知識分子只是更有效地把人民的意識翻譯為行動而已。人民有的是力量，但這力量一定要配合着正確的認識與正確的領導，才能夠進行它的偉大工作，和完成它的歷史的使命。自「五四」以來，這偉大的工作在進行着。到了今天，我們逐漸看到我們中國人民歷史的使命在完成，我們要知道這個歷史的使命的完成，不但對於解放了的中國是（翻）出新的一頁，同時對於環繞着中國四周的民族也是給予□一種巨大的興奮力量。這應該是我們在今年「五四」紀念，所應該得到的新的意義。這一個新的意義，是應該特別指出的。

「五四」運動提出了「科學」與「民主」兩個目標。廿多年來，我們都在努力奮鬥，企圖建立中國的科學。可是我們雖然在盡了最大努力，但個別的科學家，科學人材雖然不少，若與（歐美）的先進國家並駕齊驅，簡直是無可比擬的事。再則，社會科學雖然有很好的成就，若言自然科學，（則強乎後矣），而這大部分應該歸咎到物質條件的不具備。不過有一點我們倒應該指出。這便是科學與民主兩個目標，雖則一樣的重要，但達取目標的步驟，究竟有先後之分。我們實在不難想像，若果政治上不把封建的勢力難削除淨盡，則民主無由實現，而若果民主不能實現，則科學亦無由建立得起來，科學的民主更用不着說了。

同學們！在今年來紀念「五四」，我們實在不單只要認識了這個紀念日的特殊意義，我們更應該了解到我們的擔子，並不比「五四」時的學生們所負的為輕啊！因此，我們一面紀念這個富有意義的青年節日，我們要更加努力負起我們的（重）擔子。

知識分子轉型途徑底發見

—— 紀念「五四」三十周年的感想　[林礪儒]

原載《華商報》，1949 年 5 月 4 日，第 1 版

知識份子轉形途徑底發見

——紀念「五四」三十週年的感想——

林礪儒

在中國人民革命快要全面成功的今天，迎接五四運動第三十周年紀念日，有志的知識分子們應該有一番饒有趣味的回憶。由於歷史的條件規定，中國啟蒙的責任，必然降落在知識分子的肩膀上；而又由於資產階級的革命力量脆弱，無產階級力量的遲緩長成，小資產者出身的知識分子，傳統的積習頗深，而意志又易動搖，獨力負擔啟蒙的工作，多方探索革命路線，歷數十年，直到今天，才發見眼前一條坦途。而一九一九年五四運動正是一個轉捩點。這三十年間，知識分子一面替人民啟蒙，另一面追隨着人民的革命實踐而被啟蒙，這樣就分別出有的繼續前進，有的竟落伍反動，有的成功了啟蒙，有的竟越「啟」越「蒙」，到今天還是值得反省的。

中國的知識分子有一種傳統的誇大的自信，自命為「四民之首」──士，或「先知先覺」，自信指導民眾，舍我其誰，而夢想不到自己要追隨大眾學習。在五四以前的啟蒙運動者，如清末的洋務派及戊戌維新派，他們的認識有比較深淺之分，而都是一樣地妄自尊大，自信可以由自己來領導群倫，

旋乾轉坤，而根本看不起人民大眾。而且他們都只要從技術或政制上做改良工夫，不願意革命，避忌革命，更看不見壓迫着中國的兩大敵人——帝國主義及封建勢力。至辛亥革命，也只知推翻滿清朝廷，改換共和體制，而還不曉得摧毀封建社會，及解除帝國主義的枷鎖是當務之急。從而知識分子滿以為自己從外國學來的那一點皮毛學術，是無上至寶，不管那個黨派當國都少不了要我們來做官，他們遂自覺地或不自覺地成為買辦意識的俘虜。

五四在中國啟蒙運動史開闢了一個新紀元，指明了中國革命的兩大對象——帝國主義者及代表封建勢力的官僚地主，毅然決然對着帝國主義，對着賣國政府，買辦官僚及吃人禮教進行無情的攻擊，而且向着全國的商人、工人、農民作普遍的號召，也曾得到普通的響應跟反動的統治者作正面的鬥爭，而放棄了舊日士子伏闕上書的那一套陋習，這就隱約地看到了聯合全國各革命階層進行革命鬥爭的路線。這樣態度鮮明而堅定，固然不是戊戌維新所能望其項背，也不是辛亥革命所可比擬。我們至少可以這樣說：從五四起，隱約地看到了反帝反封建的革命路線，而開始放棄不徹底的維新改良；摸索出聯合工農的革命策略，而放棄了士子遊説獻策，攀龍附鳳的舊習。當時提出的「德先生」和「賽先生」雖還不免空洞，所憧憬着的雖還不外是英美式的民主，甚至於還有不少人誤信美帝是世界民主的堡壘，正義的護法，然而科學的社會主義及正確的革命理論不久就輸入而受着歡迎，得到傳播。經過兩年之後，中國共產黨開始成立，而當時獨具隻眼的革命先覺者孫中山先生就毅然決定了聯俄容共扶持農工的三大政策。真的，中國的革命路線是從五四以後纔逐步展開，而知識分子的轉型也是從此以後纔有新的坦途。

一九二七年以後，革命陣營分裂，代表地主及買辦資產階級的國民黨甘心反叛革命，跟帝國主義勾結，反過來屠殺民眾，這就證明了中國真正的革命力量只在廣大的工農大眾，而資產者是殊不可靠的。五四時代所摸索到的聯合工農反帝反封建的路線，經過這番事實的教訓，就更顯明了。曾受五四洗禮的知識分子，自一九二七年以來，在革命與反革命對立之間，受到長期的嚴重考驗。有志進步的追隨着大眾，艱苦備嘗，受盡壓迫，可是他們能從環境事實中看出真理所在，認識越透徹，而意志越堅定。那些意志薄弱的便甘心投靠，冒昧「過河」一批批沉淪下去。此外又還有些標榜所謂自由主義，中間路線，以掩飾自己在革命前的逡巡猶豫，而廿餘年來事實卻不斷地證明自由分子若不豁然大悟，追隨人民，也都不免或遲或早地陷入反動的泥濘中。今天紀念五四，固然可以看出正確的革命路線的逐步展開，而同時也可以認明知識分子轉變的命運。我的感想可以概括為下面三點：

（一）中國革命要成功必須工農大眾翻身起來領導政權，這已經三十年來的事實證明。因而知識分子要有出路，只有忠實地獻身於大眾，跟大眾學習，此外別無捷徑。工農大眾既不是梟雄式的帝皇，他們只會歡迎有真才實學的人共同工作，而策士説客那一套技倆，決不會被接受的。

（二）「自由主義」「中間路線」原是迴避革命的一種口實，這口實在半殖民地半封建的積習甚深的中國人更是含毒極多的麻醉劑。請看這幾年內美帝國主義者天天在盼望中國自由分子登台，便可曉得個中消息。這個年頭，凡被認為有資格接受「美援」的，大抵他們身上是被發見了有反動的因素。

（三）中國讀書人雖未嘗沒有多少優良的傳統，然而經過了百年半殖民地半封建的桎梏，往日優良的流風餘韻幾乎蕩然無存，縱令還有些少，也必須接受現代科學的社會觀人生觀重新輸血，再行鎔鑄，纔可能有新生命。倘若還緊抱住一點傳統觀點而沾沾自喜，過分自信，也是最危險的。

從五四到今天 ［黃藥眠］

原載《華商報》，1949年5月4日，第3頁

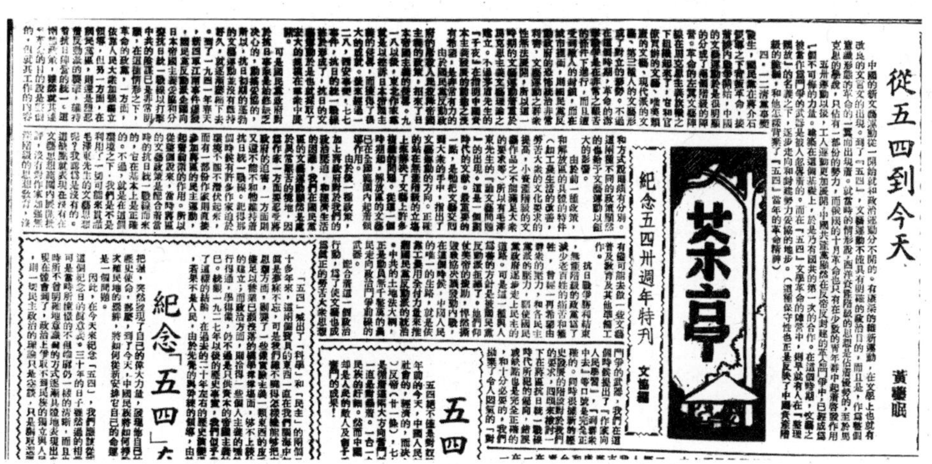

從五四到今天 黃藥眠

茶亭

紀念五四卅週年特刊 文藝版

中國的新文藝運動從一開始就和政治運動分不開的。有康梁的維新運動，在文學上也就有改良的文言文的出現。到了「五四」，文藝運動不僅具有明確的政治目的，而且是，作為整個意識形態的革命的一翼而出現着。就當時的情形說，西洋資產階級的思想是佔着優勢的，至於馬克思的學說，只佔有一部分的勢力，而俄國的十月革命也只有在少數的青年群中起着啟發作用。

五卅運動以後，工人運動更加展開，中國共產黨顯然在反帝反封建的革命鬥爭中，已經成為一個不可侮的力量。建築在這個基礎上，於是乃有國共的第一次的合作。在這個時期，文藝之被當作為鬥爭的武器是被人忽略着的。而在「五四」文學革命的陣營中，則早就有人在「整理國故」的名義之下，逐步走向和封建勢力妥協的地步。（這種保守性也正是反映了中國資產階級的脆弱，和他怎樣背棄了「五四」當年的革命精神）

四•一二清黨事變發生，國民黨在蔣介石領導之下背叛革命，接着國內戰爭開始，中國的文藝運動於是很明顯的分成了兩個階級的陣營。革命的左翼文藝陣線在馬克思主義旗幟之下組織起來了，它和官僚買辦的文藝、

唯美頹廢的文藝、現代派的文藝、第三種人的文藝形成了對立的形勢。不過在這個時期，革命的游擊戰爭是在非常之艱苦的條件下進行，而且遭受到敵人的封鎖，而在城市裏面，則國民黨反動政府的恐怖統治非常利害，文藝運動之群眾性無法展開，所以這一時期的文藝運動着重於馬克思主義文藝理論之建立。不過茅盾先生的「子夜」在指明中國資本主義發展的前途之沒有希望，是非常有力的。

由於國民黨反動政府的屠殺人民投降帝國主義的政策，招來了日本帝國主義的侵略。九一八以後，東北作家群就是以控訴日本帝國主義的侵略，而獲得了很大的成就。後來經過一二八、西安事變、七七事件，抗日的統一戰線終於形成了，抗日的文藝運動於是也就採取了宏大的規模在群眾中展開。

可是國民黨政府對於抗日事業是始終缺乏決心的，動搖妥協的，所以，抗日初期的蓬勃的文藝運動並沒有維持好久，就逐漸萎縮下去。到了一九四一年春天，新四軍江南事件爆發，國民黨反動派企圖向日本帝國主義妥協和分裂抗日統一戰線以打擊中共的陰謀已是非常明顯，在這種情形之下，革命的政黨，一方面，依靠人民大眾加強獨立領導，但另一方面，在國民黨區，則還是隱忍着反動派的襲擊，維持着抗日陣營的統一。這兩種政策，雖然就其達□革命的目的說是整個的，但就其工作的內容和方式說則頗有分別。這兩種不同的政策顯然的也給予文藝運動以巨大的影響。由於前一種政策，和解放區的具體的特件（如工農生活的改善，勞苦大眾的文化要求的提高，小資產階級的文藝作品之不能滿足大眾的要求等）所以有毛澤東先生的「論文藝問題」的出現。這是一個劃時代的文獻。最重要的一點，是它把文藝交回到大眾手中，指出了文藝運動的方向，正確的站在無產階級的立場上來解決了文藝上許多複雜的問題。從這一個時期起，解放區的文藝已在全國範圍內起着領導作用。

由於後一種政策，加上蔣政府對於我們的政治壓迫，和經濟生活的困難，我們在國民黨區的文藝運動顯然是處於異常艱苦的境地，因為作家一方面要忍受蔣政府的迫害，一方面則又還不能不和它維持着抗日統一戰線。記得那個時候有許多作家迫於環境不能不潛伏起來，而有一部分作家則直接參加蔣區的民主運動，起着前衛的作用。所以從整個說來，當時蔣區的文藝政策是配合着當時的抗日統一戰線而來的，它在基本上是正確的。不過，就是在這個環境之下，我們是不是利用了一切可能來貫徹毛澤東先生的文藝思想呢？我認為是沒有的。這缺點就表現在沒有在文藝思想範圍內展開批評，沒有對作家加強無產階級的思想教育，沒有儘可能去做一些文藝普及教育及其他準備工作。

抗日戰爭勝利結束，無產階級的政黨為了減少老百姓的痛苦和犧牲，曾經一再希望由群眾的壓力，和各民主黨派的壓力，驅使國民黨政府逐步走上民主的道路。可是這一種與人為善的方針是被國民黨反動派拒絕了。他們仰仗美帝的援助，悍然撕毀政協決議發動內戰，在這個時候，中國人民的惟一的生路，就是依靠工農用全付力量來推翻國民黨反動派的統治。中共的土地法大綱，正是動員無千整萬的農民走向政治鬥爭前線的武器。

配合着這一個政治行動，為了使文藝也成為眞正的勞苦大眾思想鬥爭的武器，我們在這個時候提出了「作家向人民學習」，「到群眾中去」等口號是完全正確的。同時根據新的歷史發展的階段對於我們的要求，回頭來檢討一下在蔣區抗日統一戰線時代所犯的偏向，錯誤或缺點也是完全正確的，和十分必要的，我們拋棄了令人悶氣的「對國民黨的統一戰線」，而重新拾起文藝底武器，這是我們的責任，同時也是我們的榮耀。

現在全國的解放，已擺在面前，我們正在步入新的群眾時代。這個時代和五四時代不同之點是在於它不是幾百幾千的知識分子的個性解放，而是幾萬萬人的生活解放；它不是幾百幾千的知識分子的抒情，而是千千萬萬男男女女的抒情，它不是對歐美資產階級文化的盲目的崇拜和摹仿，而是中國作風中國氣派的創造。

從「五四」到今天，才不過短短的三十年，但中國人民以巨大無比的步伐走完了歐洲兩世紀還沒有走完的歷史。這是今天值得我們慶祝的地方，也是值得我們驕傲的地方。

為了紀念「五四」三十周年，特寫短文如上。

四月廿七日於香港

華南青年當前的任務

［梁若塵］原載《華商報》，1949年5月4日，第1

華南青年當前的任務

梁若塵

今天是青年自己的節日——「五四」第三十周年，華南青年與全國青年都歡欣而嚴肅地來紀念這個偉大的節日。

中國人民解放軍已基本上打垮了國民黨反動派武力，殘餘的反動國民黨武力及其統治機構，很快地就可以完全掃清了。在這革命新形勢面前，我們應如何作最後的努力去迎接新形勢呢？全面勝利到來後，我們有什麼更新的任務須及早準備呢？

全國青年代表大會正在北平召開（五月四日），華南青年聯合會也正在積極籌備（四月十五日），作為青年中心領導的中國新民主主義青年團已經成立（四月十二日），多年來我們青年急切要求着的、自己統一的組織建立起來了。有了全國性的中心領導組織和核心組織，又有了地方的領導組織及核心組織（青年團華南各地分團，陸續組織中，在某些游擊地區遠在一年之前已經成立，領導着萬千青年參加武裝鬥爭），今後工作必然將更有計劃有步驟的展開的。在過去，全國青年的工作方向，配合着全國革命形勢，主要任務是參加和支持以鄉村包圍都市的鬥爭，而且做出很大的成績；在今天，由都市領導鄉村的新時期已經開始，因此，城鄉必須兼顧了。在過去，華南青年的工作重點放在打擊反動派，在今天，除了繼續加強農村工作外，還必須適當的加強城市工作，準備積極參加生產，建設新中國了。

關於如何加強華南青年工作的領導問題，華南青年聯合會籌備會的宣言已經很具體的指示過：（一）必須與革命鬥爭任務相結合，必須分別照顧各階層青年本身的要求和利益；又必須建立核心組織。（二）各民主黨派青年，無黨無派的民主青年，必須緊密攜手，團結合作，鞏固和發展愛國民主青年統一戰線。（三）愛國民主青年統一戰線，必須以工農勞動青年及革命知識青年為骨幹，廣泛團結各階層的青年。（四）必須加強學習，特別是學習毛澤東著作，掌握中國革命的發展規律與新民主主義政策，努力提高自己政治上、思想上、文化上的水平。毫無疑問，這是華南所有民主青年的共同指標，必然獲得各民主黨派各階層青年一致擁護的。

在愛國民主統一戰線基礎上，各民主黨派各階層青年必須完成三項工作：（一）團結全華南民主青年，打破宗派主義，廣泛組織各階層青年，促成各階層的青年協會，積極參加和支持華南青年聯合會的籌備工作，促成華南青年代表大會的召開，實現青年的總的領導機構。（二）擁護並執行全國青年聯合會的號召及其決議，並堅決接受其領導。（三）號召海外華僑民主青年，一面與當地各民族民主青年結合在一起，為當地的解放運動而鬥爭，一面支持祖國解放的最後進軍，支持民主祖國的建設。這是一個方面。

還有又一個方面：（一）大膽的，勇敢的站起來，擁護勞動人民及其領導組織的號召與主張，團結在各級人民政府的周圍，將中國革命進行到底。（二）擁護華南人民解放軍及各地人民武裝，響應各民主黨派提出的：「在解放軍作戰之區域，及將進攻之區域，所有各民主黨派及各界人民，必須努力動員，迎接解放大軍，協助殺敵，並保護一切物資，免受破壞」的號召。（見各民主黨派四月廿三日聯合聲明）。（三）聯合全國人民，在統一的領導下。反對以美帝為首的陰謀準備與發動新戰爭的國際侵略陣營，擁護以蘇聯為首的和平民主陣營，打消大戰危機，保障世界和平。（四）在解放了的地區和城市，必須積極參加生產建設。每一個青年尤其是民主青年，必須搞通思想，改變輕視勞動的不正確觀點，建立新的勞動態度，加強文化、科學知識，樹立為勞動人民服務的正確觀點。不論在工廠，在農場，在部隊，在政權機關，在學校，以及在任何生產單位，都要表現積極學習，成績優良的起模範作用的精神與影響。

我們華南青年朋友，今天紀念自己的光輝節日，一定要腳踏實地，在統一的領導下，適應新的形勢，努力完成新的任務，做新民主主義的結實幹部，參加掃除殘餘反動武力及其領導機構的最後一戰，為解放全華南，為建設新中國而繼續奮鬥。

學術、科學兩團體「五四」卅周年紀念宣言

原載《華商報》，1949 年 5 月 5 日，第 4 版

在全國解放將底於成的今天趕上五四運動的三十周年，這是具有特殊的意義的。

五四運動中的兩個中心口號是民主與科學。經過三十年的中國人民的艱苦鬥爭，中國的民主已在新的範疇中迅將成為現實了。同時也給科學準備了迅速發展的優越條件。我們學術和科學工作者，在這偉大的紀念日，特提幾點意見，願與海內同人共同為其實現而奮鬥。

第一、我們應該徹底認識：五四運動中提出民主與科學，但由於時代的進步與人民力量的強大，今天中國以至世界所要求的民主與科學，比較五四時代所提出的在本質上已經提高了。若沒有這種本質上的提高，就無從獲得今天這樣輝煌的勝利。五四時代所提出的是舊的民主與科學，今天我們所爭取的是新的民主與科學，簡言之是新民主主義的政治和科學。一切知識分子，只有堅持着為新民主主義而鬥爭的立場，才不致走入歧途。

第二、我國的工農生產，目前還非常落後，只有在生產上獲得更多的勝

利，才能保障國家的解放獨立，人民的幸福自由。今後全國知識界應在新民主主義的領導下，和工農人民共同以最大的勞力發展生產，特別是工業生產，使我國在最短期間內增加工業生產在國民經濟中的比重，從農業國成為工業國，使國家富強，民生幸福獲得徹底實現。

第三、五四運動中提出了反帝反封建的口號，五四運動也是世界人民民主運動中的一部分，今天紀念五四，應當努力完成它所提出的反帝反封建的任務：在國內繼續掃除封建勢力在政治文化意識各方面的殘餘力量，在國際上聯合一切愛好民主和平的國家力量作反帝的鬥爭。目前保衛世界和平已成為一切民主人民的迫切任務，我國的知識分子也應當為保衛世界和平與人類的文明——民主與科學——而竭盡其一切力量。

第四、五四運動的直接發動者為知識分子，特別是知識青年，這是值得知識分子驕傲的，然而我們不可忘記當時所以能產生這樣偉大的運動，是由於它反映了廣大人民的需要。中國人民今天能有這樣勝利，知識分子的參加，也是一個主要的因素之一，這也是由於知識分子能獻身於人民大眾的歷史要求所致。知識分子如果沒有這種抉擇，不但將一無所成，而且還有走入反動道路的危險。五四時代曾有少數知識分子在當時被稱為進步分子，但由於他們脱離了人民，今天都一一背叛了人民，甚至成了國賊民賊，我們應該以這些墮落的知識分子為殷鑒，全心全意獻身於人民大眾的事業，永遠和人民大眾結合在一起。最近新青團已正式成立，我們希望全國知識青年能在新組織的領導下，全國學術及科學工作者在人民政府的領導下，發揚五四時代的精神，繼續努力，建立鞏固獨立自由幸福的新中國！

中國學術工作者協會華南分會
中國科學工作者協會港九分會

文化與勞動結合起來 ［荃麟］

原載《大公報》，1949 年 5 月 4 日，第 1 張第 2 版

「五四」運動的歷史意義，有如毛澤東所指出的，就是「徹底的不妥協的反帝國主義與徹底不妥協的反封建」。三十年來，中國人民就是堅持着這種徹底不妥協的反帝反封建鬥爭，這個鬥爭今天已經勝利了。這個勝利不僅是實現了「五四」運動中開始提出的反帝反封建的口號，並且是結束了兩千年來中國封建勢力的統治時期，一百多年來帝國主義的奴役中國時期。這勝利的意義是極其偉大的。英共書記波立特前天在演説中稱中國革命的勝利，是「現代世界歷史中第二次最偉大事件」，中國人民是當之無愧的。

但是，我們也不要以為，今天已經徹底完成了反帝反封建的任務，這樣想法是太天真而且錯誤的。今天我們從根本上打垮了反動派的統治，因此也大大削弱了帝國主義在華的勢力，但是從根本上打垮了敵人，還不等於徹底完成反帝反封建的革命。要徹底肅清帝國主義與封建殘餘勢力，還得繼續的更大的努力。尤其是對帝國主義的鬥爭，將仍是今後革命的基本內容之一。如果忽略這一點，減低了對於帝國主義與反動勢力的警惕性，對於既得的勝利自滿自驕起來，這就將犯錯誤。我們必須警戒，不要被勝利沖昏頭腦。必須堅持「將革命進行到底」的原則，必須保持頭腦清醒，體會毛澤東所指出的「萬里長征的第一步」的意義。同時，如果不能認識今天革命賦予我們的新任務，而用更大的力量去完成它，不能認識今天和昨天的革命內容的發展，而把它看成是完全一樣，這也同樣是錯誤的。

今後革命的基本任務，就是要保衛與鞏固革命的勝利和人民的政權，要把反動勢力徹底肅除，要使中國不僅在政治上而且在經濟上成為獨立自主的中國，使中國從農業國變為工業國，保證將來勝利地走上社會主義的道路。一個中心關鍵的問題，便是中共二中全會所指出的，恢復和發展生產事業。一切工作必須環繞這個中心，為這個中心任務而服務。

因此，在紀念今年「五四」節中間，除了繼續發揚「五四」徹底不妥協的反帝反封建這種基本精神以外，從現在起，我們還應該更強調積極建設新中國的意義。一切文化工作者應該把服務於生產建設作為他們的新的課題。只有通過生產建設的勝利才能保證徹底肅除帝國主義與封建殘餘的勝利，才能保證人民政權的鞏固與發展。

在這個要求之下，文藝工作者要深入工農群眾，學習和了解生產知識，描寫和表現勞動者的生活和他們的工作，積極揚高生產的熱情，頌揚勞動的偉大意義，並且建立勞動者自己的文藝。

在這個要求之下，科學工作者要從舊日的小天地中解放出來，把科學直接為當前恢復與發展生產建設而服務，要從新的立場與新的觀點上去研究和發展科學。中國的科學運動，在帝國主義與封建勢力的長期壓迫下，發展是特別滯緩的，今後必須迎頭趕上，使科學和人民勞動生活直接聯繫起來，它的前途是無可限量的。

在這個要求之下，教育工作者要積極地去普及民眾教育掃除文盲，提倡生產教育，創辦大量的民眾學校，技術學校，以及肅除半封建半殖民地一切奴化的思想意識，發揚人民是國家主人翁的獨立自主精神。

無論文藝科學教育及一切文化工作，要實踐這些任務，必須堅持一條正確的路線，就是與勞動群眾結合的路線，離開這條路線，一切問題是不能解決的。

在這裏，我們看到了文化上一個新的課題，就是馬克思、恩格斯、列寧以至高爾基所再三強調的——文化與勞動的結合。文化本是從勞動中間發源的，今後必要結合到勞動中間去。在封建與資產階級社會中使文化與勞動隔離而造成的文化的病態已經多年了。今後我們要消滅這種隔離，只有文化與勞動結合，才能使文化獲得它真正的生命，得到健康的發展。所以文化服務於生產建設，不僅從政治上看是必要的，而且從文化本身看也是十分必要的。這是人民文化創造上一個基本問題。我希望文化界的朋友特別重視和討論這個問題。

「五四」談——記五位教授的談話

原載《星島日報》，1949 年 5 月 4 日，第 5 版

今天是「五四」運動三十周年紀念日，無疑地，在中國革命歷史上，五四運動是有着非常重大的意義的。面臨着這樣一個光榮而偉大的紀念日，我們能不感慨萬端嗎？

昨天，記者特地趁着這個「五四」三十周年紀念的前夕，訪問了五位教育學術界的名流，縱談之下，他們都抒發了一些寶貴的意見和感想，謹記述於後：

陳序經大談文化的成果

嶺南大學校長陳序經博士說：一九一九年的今天，北京學生為着反對帝國主義在巴黎和會中犧牲了中國的利益，反對北洋軍閥政府把山東省的一部分主權出賣給日本，舉行了大規模的示威運動，這是中國人民反帝反封建運動的開始。後來，領導這一運動的知識階級，又進一步要求打倒舊思想的束縛，爭取思想的解放，於是，中國的文化運動便展開一個嶄新的姿態。當時，他們高舉「科學」與「民主」兩面大旗，在這新思潮的影響之下，三十年來，中國新文化運動的進步雖極緩慢，然而卻被灌注了科學與民主的精神，並且也奠立了正確發展的基礎。

陳博士是一位政治哲學家文化學者，他站在文化的觀點看五四運動的成果，他認為在消極方面，五四運動以後雖然有了相當的成就和進步，但在積極方面的努力卻是不夠的。

梅貽琦指出民主沒有變

清華大學校長梅貽琦博士認為：「五四」運動以來，在思想方面，中國的知識分子的確已經從腐舊的桎梏中解放出來，但所獲得的成就也不過是在抽象的科學理論方面從西方吸收了一些進來，而由於國家局勢的動亂，

產業的落後，工業的不發達，在□□科學方面的建樹卻實在太少，這是今後要急起直追的。

至於「民主」呢？梅博士說：□□「民主」，□得人民能夠自主才行！三民主義的民權主義就是實行民主政治的指南，然而因為人民知識程度太低，百分之八十以上都是文盲，最後，梅博士說：先驅者已經完成了他們的開荒工作，以後的責任完全在年青人的身上。我們紀念「五四」，必須明白「五四」的時代精神。我們紀念的方式縱或有變，而「民主」與「科學」卻是不變的。

馬鑑慨嘆：時代的進展

香港大學教授馬鑑，一開始就和記者說起當時北京學生圍攻外交□長曹汝霖住宅的事。並慨然地說：時代的進展真是太快了，今天中國情況已經不同於「五四」時代，而反帝與反封建的工作，也沒有徹底的完成，雖然三十年來，我們國家在各方面也多少有些進步，但進步實在太小太慢了，我們走一步，人家要走一千步，一萬步，因為今天西方國家的科學文明又早已進展到「原子」世紀了。我們應該怎樣迎頭趕上去呢。

候寶璋說：要追求真理

香港大學教授候寶璋說：當北京發動這個浪潮澎湃的運動時，他是正在濟南讀書，所以沒有躬逢其盛。但他以為：那時候一般領導這個運動的知識階層，他們所喊的口號是反帝和反封建，他們所要求的是思想上的解放和自由，他們所舉的旗幟是「賽因斯」和「德謨克拉西」，而所謂「賽因斯」，它的教條，簡單的二字就是「合理」，舉凡獨斷、偏激、保守、自私、迷信……一切陳腐頑固的思想上的渣滓，都是不合理的，都要為時代所擯棄。至於「德謨克拉西」這一名詞，它的教條就是「大公無私」四字，這就是璋國父孫中山先生所揭□的「天上為公」民主政治的理想。

最後，侯教授又和記者談到五四運動以後所展開的文學運動，他說：五四運動所追求的既是民主和科學，則它所否定的當然是強權和迷信，所以，中國的文學運動或思想運動，在這個原則指導之下，總算已經有了一個向前發展的新路向了。總而言之，五四運動所救贖我們的，只是「追求真理」四個字，遇事須要自有主見，不要人云亦云，附和盲從。

趙梅伯說：發展新音樂

聲樂教授趙梅伯說：在五四運動以前，中國的音樂只不過是些金石絲竹之樂，而在五四運動以後，西方的音樂理論和管弦樂器開始被介紹到中國來，中國的音樂才能夠和文學運動一齊有了新的發展方向。趙教授又說：五四運動主張吸收西方的科學文化，而全部的音樂理論就是根據科學的原理原則產生出來的。聲音高低的震動率是根據物理學的原理計算出來，樂譜裏每一句樂曲的音符，更完全是根據數學的秩序排列而成，可見音樂也是一種科學。

最後，趙教授又和記者談到如何發展中國新音樂的問題，他的結論是：「先謀普及，再談提高。」

五四頌 ［史紐斯］

原載《文匯報》，1949年5月4日，第8版。

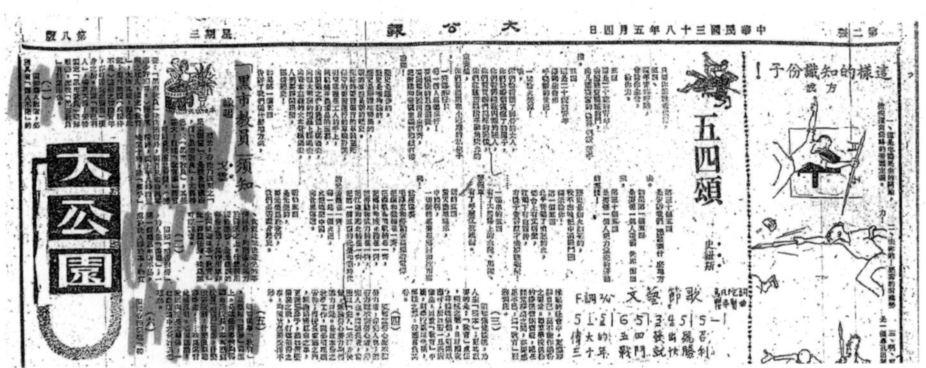

只要你朗誦近代史
五四、
這年青的呼吸，
會給你生命，
給你力。

五四
這是二十歲的青年
去撞破賣國賊的門
向凡爾賽宮的□□着手揹。

五四
這是二十歲的青年
舉起生命來，
呼喚新的世紀！

一切給火焚掉，
哦，
你們給折斷了腳骨的女人，
你們給婚姻逼瘋了的男子，

你們被舊禮教囚禁的狂人，
你們被買辦們扼死的屍體，
你們紅腫着眼睛在屋角吹火的童養媳，
你們被拋棄在小池塘的私生子，……
一齊起來呀！
等一個人都起來呀！
要懦怯的思想滾蛋，
要挺起胸憶向自由看齊，
把封建和帝國主義的枷鎖打得粉碎！

歷史是進步的，
歷史是唯物論的，
歷史是辯證地發展的，
新的五四是新的歷史。
攔路的要被進行的車輪壓死，
保守的要被進行的車輪 X 開；
引擎掌握在工人的手上，
鐵軌鋪在農產品的田裏，
向胡適之們的屍體上輾過去，
向四大家族的墳墓上輾過去，
向資本主義的大本營輾過去，
人們要睜開眼睛，
認清歷史！

如果第一個五四
告訴了我們從什麼地方來，
第三十個五四
是告訴我們應該到什麼地方去。
如果第一個五四
是要每一個人從舊世界衝出來，
第三十個五四
是要每一個人把力量交給勞動的集體！

歷史是如火如荼的，
我不由地把中國戰鬥圖揭示給你！
第一個五四，
北平焚起了憤怒的火，
舞台上有文明戲，
紅燭下有白話詩，
有傻子告訴奴才去撞破鐵壁……
一連串的五四，
有了大馬路上的水龍、馬隊、警備車……
有了呼聲反抗統制。

新的五四，
驚天動地地來，
中國啊，
一切新的都要在鄉村和城市樹起！
新在這裏
毛澤東和勞動者高舉着電焊，
把鋼和鐵結在一齊，
把鋼軌和鐵軌結在一齊，
把鄉村和城市結在一齊，
把勞動和武力結在一齊，
把江南和塞北結在一齊，
把第一個五四的光榮和新時代的光榮結在一齊……

每一站一個火把，
火把燒亮中國，
向世界傳遞。

新的五四
是光榮的，
要光榮屬於我們，
我們必需獻身歷史。

兩個學術團體舉行五四座談

原載《星島日報》，1949 年 5 月 4 日，第 6 版

（本報專訊）中國學術工作者協會華南分會，與中國科學工作者協會港九分會，昨晚在九龍砵蘭街舉行「五四」座談會。由主席嚴希純致開會詞後，即請常年曾現身參加「五四」運動的一位北大前輩報告一點「五四」經過。據彼謂：在五四以前，北京的學風，以北大來說，當時文理法三科，即有三種作風。文學院同學較樸素，研究精神較強，理科同學較活潑，喜運動等玩□；法科學生則長袍為袪，有的還在外交部軍處兼職。以文學院同學為最進步，教授也最有正義感。但也有新舊派之分，新派是胡適，章士釗，陳獨秀等。在蔡元培先生的領導下，很有治學的成績。當時學生都很單純，很易接受新思想，但對中國的前途的遠景無深切的看法。在「五四」的前夕，學生們因巴黎和會竟將山東主權出賣，感到萬分憤慨，乃激起愛國思潮，造成「五四」運動，這完全是出於一片正義感，當時參加者有十三校學生，情況極為激動，被抓的學生由蔡先生設法保了出來。

後因天津當局禁止學生遊行，就有六月三日的第二次大遊行。夜晚軍隊來包圍，但結果學生們解釋愛國思想，士兵受了感動，在半夜一時把他們放走。

在「五四」以後各種思想都來了，但真正介紹社會科學的新書還是鳳毛麟角。學生們卻都有「國事如此，我們不出來□，那末誰□呢」之感，慷慨激昂萬分。但當時的思想只是一種單純的正義感，沒有太深刻的了解生活，因而相當脆弱，是經不起打擊的。參加「五四」運動的學生們，後來比較有進一步的體念，有一部分人在實際生活中鍛鍊得更進步。這些人是□□中國問題的。從「五四」我們可看到人民的力量，民國元年是「國民」時代，民國八年以後就是「人民」時代了。

此外北平協和醫學院□教授也講了當時他帶領學生參加「五四」時的情況。

再由邵荃麟講「五四」與新文藝的關係，他提及文學革命，胡適有功，提出白話文的第一人是他。但他所提的「八不」全是形式上的，沒有提到內容上的問題。真正革了文學命的是魯迅先生，他反對封建思想及吃人的禮教，郭沫若先生又把文藝更推進了一步。文藝，科學，社會科學，是一家人。「五四」是向各方面發展的，這幾方面全不能離開政治與人民，因此以後希望能多多連繫才好。

此外尚有國際問題專家張君等的談話，兩會會員到會者均甚踴躍，到很晚才盡興而散。

迎接「五四」應該做些什麼？[麥田]

原載《星島日報》，1949 年 5 月 4 日，第 10 版

「五四」來了。這個歷史上最有意義，閃耀着光輝的日子來了！尤其是在今天，「五四」更像一面鮮豔的旗幟，在領導着我們前進。

「五四」到今天正是三十周年，三十年以前，中國的「革命」，只是資產階級與小資產階級在黑暗中摸索着的革新，他們幻想着中國能和歐美等國一樣成為資本主義國家，然而他們失敗了。

「五四」是中國舊的革命與新的革命的分水嶺，「五四」使知識分子在文化思想上產生偉大的轉變和改革，由於改革的成功，才能得到發展和進步，「五四」不但是中國革命上的里程碑，也給小資產階級指出了一條明確的道路。

迎接「五四」，作為一個小資產階級的知識分子，應該向下列幾點努力。

第一，充實自己。在面對新局勢，須要展開更繁重工作的今日，充實自己是很須要的。目前許多青年知識分子，還說不上怎樣有理論修養和□通

思想，對於不少事物，脫不了一知半解，甚至膚淺的看法，思想信仰的堅持還很有問題，為了更有利於革命工作，必需更充實自己的理論基礎，和把思想□通，所以「武裝思想」的提出是很重要的，但充實自己決不能個人埋頭去做，必須從集體學習中充實知識，從集體生活中改造缺點，而且要理解：充實自己並不等於獨善其身，集體中每一分子的堅強，就可以使集體力量更壯大。

除了充實正確的理論和□通思想以外，還須要生活□□的修養和生活技能的學習，新中國的建設，最需要技術人材，青年人應該向這方面努力，不要做空頭的什麼家。

第二，從實際工作做起。在這大變革的前夕，不少人過分樂觀而表現出好高騖遠，抱望極高，而要做甚麼出名大事，實行什麼大計劃了。為好高騖遠，要求享受，英雄，□人，自由，等主義思想作祟，推舉自己領導他人，做風頭，出名的工作。實則，革命是無處不在的，它表現在大事上，也表示在小事中，我們現在正須要從實際的基本的工作做起，不要捨近騖遠，不要捨難□易。火車的前進固可贊嘆，但沒有枕木，火車頭也顯不出威風，所以枕木和火車頭一樣重要，我們不能只要做火車頭而不屑於做枕木。

第三，向人民群眾學習。知識分子自鳴清高的□子要趕快去掉，人民群眾的力量比一切都大，意志比什麼還堅強，知識分子要脫離人民大眾就是自趨滅亡，必須要向人民群眾學習，和他們打成一片，學習為人民服務的革命立場，實事求是的革命作風，撇開一切個人的利害，盡量做到愛人民之所愛，憎人民之所憎，腳踏實地的，真真正正生活在群眾之中，以群眾的利害作為自己的利害，渾然忘我，成為群眾中的一分子。

「五四」是偉大的，今天來迎接「五四」，更有着無可比擬的歷史意義，個人應該做到上述的幾點。

文協香港分會昨紀念五四

原載《星島日報》，1949 年 5 月 5 日，第 6 版

文協香港分會
昨紀念五四
通過數提案晚會熱烈

(本報專訊)中華全國文藝協會香港分會為紀念「五四」運動三十週年第十屆文藝佳節，於昨日下午三時在六國飯店二樓舉行年會。首由主席黃藥眠致詞。今後工作有二點，(一)華南方言複雜，南方文藝的比重更為重要。(三)粵桂湘滇黔等省為文藝處女地，正待開發。次由李達先生報告當年「五四」經過。繼由重慶文協分會負責人□成報告文藝工作情形及四川一般近況。接着由呂□，聶紺弩，駱賓基等致詞，强調人民文藝的重要及今後文藝工作者的方向及任務。駱氏並述及對文學的感想。至下午五時，大會通過提案如下：(一)發動青年羣文藝組織。(二)發展方言文學。(三)擬辦文藝獎金獎勵辦法。(四)編印各地紀念刊物。(五)請求全國文協總會下所分之五部門，增加兒童文學部門。另外關於香港文協分會提案：(一)提倡方言文學創作。(二)延期改選第四期理監事。大會完畢後舉行餐敘晚會，情形十分熱烈。至十時半至散。

，據調三月份由港運往韓國貨物，價值已達五百七十九萬四千八百一十四港元，由韓運港貨值，二百零三萬九千六百一十三港元，四月份

落馬洲翻
兩警員
另兩人

(本報專訊)男子植文，三十歲，住九龍旺角花園街一百九十四號地下，昨日下午七時飯後外出散步，行經彌敦道九龍的士公司車廠門前，忽有四七二七號的士一輛駛出，一時閃避不及，致為汽車撞倒，傷及頭部，後由該公司送之入院敷藥，因傷勢不重，出院回家自行醫理。

又昨日下午五時十五分，旺角新填地街油街，有五三五五號貨車，將一乘腳踏車之小童梁根(十三歲)撞倒，傷左眼，頸部及

拍賣大幫
鐵片人造絲

茲定於一九四九年五月……分在……打行……四永安貨倉第二號倉之……本行之拍……

通過數提案晚會熱烈

(本報專訊)中華全國文藝協會香港分會為紀念「五四」運動三十周年第十屆文藝佳節，於昨日下午三時在六國飯店二樓舉行年會。首由主席黃藥眠致詞。今後工作有二點，(一)華南方言複雜，南方文藝的比重更為重要。(二)粵桂湘滇黔等省為文藝處女地，正待開發。次由李達先生報告當年「五四」經過。繼由重慶文協分會負責人□成報告文藝工作情形及四川一般近況。接着由呂□，聶紺弩，駱賓基等致詞，強調人民文藝的重要及今後文藝工作者的方向及任務。駱氏並述及對文學的感想。至下午五時，大會通過提案如下：(一)發動青年群文藝組織。(二)發展方言文學。(三)擬辦文藝獎金獎勵辦法。(四)編印各地紀念刊物。(五)請求全國文協總會下所分之五部門，增加兒童文學部門。另外關於香港文協分會提案：(一)提倡方言文學創作。(二)延期改選第四期□監事。大會完畢後舉行餐敘晚會，情形十分熱烈。至十時半至散。

中華文協港分會 熱烈慶祝文藝節

原載《大公報》，1949年5月5日，第1張第4版。

留港作家百餘人參加 互相勉勵為人民服務

【本報訊】中華全國文藝協會香港分會昨日下午二時在六國飯店舉行年會暨慶祝「五四」文藝節。到作家邵荃麟、適夷、駱賓基，陳殘雲、黃寧嬰、黃藥眠、周鋼鳴、秦似、司馬文森、韓北屏、林林、樓棲、馬國亮、李達、沈起予、聶紺弩等一百餘人。公推黃藥眠擔任主席，並致開會詞。李達報告當年「五四」運動前後情形。沈起予報告「文協」重慶分會近況。聶紺弩、駱賓基等相繼演説，闡揚「五四」運動的偉大歷史意義。

駱賓基説：抗戰前他頂佩服托爾斯泰，抗戰期間認為羅曼羅蘭偉大無比，而在獄中讀羅翁的「米蓋朗奇羅傳」，卻覺得空洞而無內容，足見時代對一個作家的要求是不同的。聶紺弩用最激動之言詞，説中國人民解放事業之偉大，使一切都失了光芒，個人尤覺得渺小。今後惟有努力為人民服務。

全國文藝藝術工作者定下月初在北平召開大會，香港文協會打算向北平大會提出議案五件，由主席逐條宣讀，經修改後通過如下：

（一）請文協總會設置群眾文學運動委員會或群眾文學顧問部等機構，執行發動群眾組織。（二）發展方言文學。（三）設置文藝獎金。（四）加強文協總會出版部的工作，編印被難的革命文學先驅者與已故會員之全集或選集及「文藝年鑑」。文協總會未來機構尚有待北平大會的決定，所以港文協分會理監事暫不改選。下午五點多鐘散會。會後舉行聚餐聯歡。

晚上幽寂冷清的加路連山孔聖堂顯得分外熱鬧，許多文化工作者，從四面八方匯聚在這個小小的劇場裏，這中間有小說家、詩人、文藝理論家、音樂工作者、戲劇工作者……，一個個笑逐顏開。

之後，劇場中唱起了文藝節歌。開始的第一個節目是瞿白音所作的「南下列車」。這活報劇有着強烈的諷刺和幽默味。劇的內容，很精巧輕鬆的寫出一個沒落的王朝，在崩潰前所呈現的醜惡。故事展開在「南下列車」的餐室裏，兩個被解放軍俘虜之後遣送返鄉的蔣軍傷官，代表覺悟的一面；另一面儘是些平時搜刮起來的跳梁小丑，這中間有「立法」委員，「和平代表」，「革新專家」。醜劇便在這些傢伙身上翻滾着，有淫污，有搭線，有爭吵，參加演出的是建國劇社和大光明製片廠的演員，作者瞿白音、顧而已、顧也魯、周偉等都飾演了角色。在演出進行中，笑聲、掌聲不絕。

第二個節目是「夫妻識字」，這是一個改良的廣東劇，寫一對工人夫妻在彼此勸勉，督促鼓勵下進行學習，有說、有唱、形式是舊的，內容卻很新穎。

最後是一個歌劇「馬車夫之戀」，由中藝演出。舞台形色俱美，幾首插曲都是流行的民歌。馬車夫雖然貧苦，服裝雖然破爛，但他的靈魂是潔淨的。這個車夫終於獲得葡萄姑娘的愛和鄉姑的同情，最後終於歌舞聲中攜手，互傾愛慕。

三個短短的節目，給觀眾留下的印象是深刻的。晚會在如雷的掌聲中結束。

迎「五四」頌「五四」 [司徒環兒]

原載巴丁：《迎新的五月》，香港：少年時代社，1950年，第7頁。

五四，青年們的節日。
流過血的節日。
掙扎過的節日。
以奮鬥堅強不屈的意志
　換來的節日。
有了您，
粉碎了
　二千年封建的枷鎖，
掙脫了
　帝國主義，官僚，買辦……
　的束縛
被壓迫的出國青年們
就以您為指路標
要「民主，科學，」
響亮的口號
堅強的口號
一定地領導向前。
有了您，
使我們眼睛大了，
頭腦科學了，
懂得地球是圓的，
有黑暗定會有光明，
我們愛人民，工農兵，
我們更愛辯證唯物的真理，

迎「五四」頌「五四」

司徒琭兒

五四、青年們的節日。
流過血的節日。
掙扎過的節日。
以奮鬥堅强不屈的意志
　換來的節日。
有了您，
粉碎了
　二千年封建的枷鎖，
掙脫了
　帝國主義，官僚，買辦……
的束縛
被壓迫的出國青年們
就以您爲指路標
要「民主，科學，」
响亮的口號
堅强的口號
一定地領導向前。
有了您，
使我們眼睛大了，
頭腦科學了，
懂得地球是圓的，
有黑暗定會有光明，
我們愛人民，工農兵，
我們更愛辯證唯物的眞理，
　愛列寧，史太林，
更愛敎我們作主人，領導我們翻
　身的
毛主席。
當痛苦，貧困，疾病，死亡……
　到了絕境！
中國鐵樹也開了花。
還是誰的光榮？
　是五四創造者的光榮，
是世界愛和平民主科學者的光
　榮，
更是咱們毛主席的光榮！
讓我來高呼：
光榮五四萬歲！
民主科學萬歲！
毛主席萬萬歲！

一九五〇年四月于香港

愛列寧，史太林，
更愛教我們作主人，領導我們翻身的
毛主席。
當痛苦，貧窮，疾病，死亡……
　到了絕境！
中國鐵樹也開了花。
這是誰的光榮？
　是五四創造者的光榮，
　是世界愛和平民主科學者的光榮，
更是咱們毛主席的光榮！
讓我來高呼：
光榮四五萬歲！
民主科學萬歲！
毛主席萬萬歲！

一九五〇年四月於香港

用行動紀念「五四」

［少萍］

原載《迎新的五月》，第8–9頁，節錄。

一九五〇年的「五四」青年節，這是中國人民取得基本上的勝利，反動殘餘武力全部垮台，反動政府推於滅亡，中華人民共和國誕生，中央人民政府成立第一個劃時代的「五四」青年節，這是有着多麼重大的意義！我們香港的青年與全國的青年都是用着萬分興奮，歡快的心情來紀念這個偉大的節日。

「五四」運動跨過卅年多災多難，痛苦艱辛的日子，在去年已經以堅強而歡快的步伐走來，全國的青年學生已經由分散走向統一，承繼以往的光榮傳統，發揮着更大的力量。今天已經是卅一周年的「五四」了，在這個總形勢轉變之下更躍進了一個嶄新的階段，我們紀念的心情當然比去年更興奮更愉快，可是我們要肩負起的責任，更艱鉅更重大。青年們！我們切不要讓今天獲得基本的勝利來沖昏自己的頭腦，因此面臨着新的形勢之下，作為在中國革命運動史有着光輝傳統的中國青年，應該怎樣來迎接「五四」呢？迎接「五四」又應該做些什麼呢？這些都是我們今天必須清楚的，在這裏將我的意見寫出來，和大家青年朋友討論討論。

由於時代一天一天的進展，很多青年都要求進步，熱情地展開學習，積極地工作，但是我們多數出身於小資產階級的青年，因此在工作過程中，便產生一種可怕的毛病，個人英雄主義，正因為有着這些毛病，便往往來誇耀自己，從各種不實際的工作來「搶鏡頭」，來表現自己，無疑的會養成了不肯實事求是了，跟着來的便是看不起別人，不肯深入群眾，更不會虛心接

用行動紀念「五四」

少萍

一九五〇年的「五四」青年節，這是中國人民取得基本上的勝利，反動殘餘武力全部垮台，反動政府推於滅亡，中華人民共和國誕生，中央人民政府成立第一個劃時代的「五四」青年節，這是有着多麼重大的意義！我們香港的青年與全國的青年都是用着萬分興奮，歡快的心情來紀念這個偉大的節日。

「五四」運動跨過卅年多災多難，痛苦艱辛的日子，在去年已經以堅強而歡快的步伐走來，全國的青年學生已經由分散走向統一，承繼以往的光榮傳統，發揮着更大的力量。今天已經是卅一週年的「五四」了，在這個總形勢轉變之下更躍進了一個嶄新的階段，我們紀念的心情當然比去年更興奮更愉快，可是我們要肩負起的責任，更艱鉅更重大。青年們！我們切不要讓今天獲得基本的勝利來冲昏自己的頭腦，因此面臨着新的形勢之下，作爲在中國革命運動史有着光輝傳統的中國青年，應該怎樣來迎接「五四」呢？迎接「五四」又應該做些什麼呢？這些都是我們今天必須清楚的，在這裏將我的意見寫出來，和大家青年朋友討論討論。

由於時代一天一天的進展，很多青年都要求進步，熱情地展開學習，積極地工作，但是我們多數出身於小資產階級的青年，因此在工作過程中，便產生一種可怕的毛病，個人英雄主義，正因爲有着這些毛病，便往往來誇耀自己，從各種不實際的工作來「搶鏡頭」，來表現自己，無疑的會養成了不肯實事求是了，跟着來的便是看不起別人，不肯深入羣衆，更不會虛心接受別人的意見。這種毛病的根源就在於脫離羣衆，輕視羣衆，往往將自己的能力估計太高，處處將個人利益放在第一位，處處爲個人打算。因此在今天我們必須澈底剷除這些小資產階級的劣根性，當然現在一般青年所犯到的毛病不只是個人英雄主義

受別人的意見。這種毛病的根源就在於脱離群眾，輕視群眾，往往將自己的能力估計太高，處處將個人利益放在第一位，處處為個人打算。因此在今天我們必須徹底剷除這些小資產階級的劣根性，當然現在一般青年所犯到的毛病不只是個人英雄主義，如其他自由主義啦，個人主義啦，鬧情緒啦等，都是阻撓我們進步的絆腳石，更應該堅決克服過來，改造自己，樹立正確的為人民服務的觀點。所謂服務，就是要負責，不止是空口談負責，而一定要保證做好，所以就必須要有實事求是的精神，相信人民有創造力，接近群眾，接受群眾的意見，因為一個人不會沒有一點錯誤，做事時所採取的方法也不會完善無缺，因此將別人的意見接受過來，總有一點作為參考的價值。同時還須要言行一致，不可在口頭上文字上有人民，而實際工作上便沒有人民，這些都是我們青年在今天應該作最基本的思想準備。

其次便要加強勞動觀點，一般知識分子，因為受到舊社會意識所熏陶，自以為高人一等，於是便養成了一種鄙視勞動和勞動者的觀點，因為鄙視勞動，自己當然不去勞動。因此在意識上便存着如果去勞動，便認為下流賤格，不長進，自甘墮落，但是到了窮途落拓，不得不也從事體力勞動，便認為是倒霉的事情，由於這樣，所謂「肩不能挑，手不能提」便是知識分子的特點。如果把這樣的舊意識帶到新中國的社會去，一定會碰得焦頭爛額。要知道新社會裏，人人都是主人，人人都有工作，所謂工作便是勞動，並不是尸位素餐，不勞而獲，所以將要踏進新社會之前，應該好好準備一下──加強新的勞動觀點，認識勞動的真正意義，一切東西都是從勞動生產出來的，而且所產生的東西完全屬於人民大眾的，並不像以前僅被少數人所私有或操縱，這樣才不會鄙視勞動，而以勞動為榮，同時還要認識勞動者的偉大，他們並不是粗魯、自私、保守、愚昧、懦弱、頭腦簡單，而是坦率、忠誠、堅決、真誠、良善。更重要的他們是革命的基本隊伍，是推毀惡勢力，創造新社會的基本動力，這是我們知識青年所未能及到的，所以我們必須時刻準備勞動，到農村去，到工廠去，磨鍊成拿起筆桿能寫，拿着鋤頭能開荒的知識青年。今天我們可以看到國內的青年學生，已經確立新的勞動觀點，捲入了生產建設的高潮，這就是我們的榜樣，也只要這樣才可以和工農靠攏得更緊，使生活互相結合，而且可以進行教育群眾了。

第四時期

冷戰時期與火紅年代中的「五四」：1950–1970

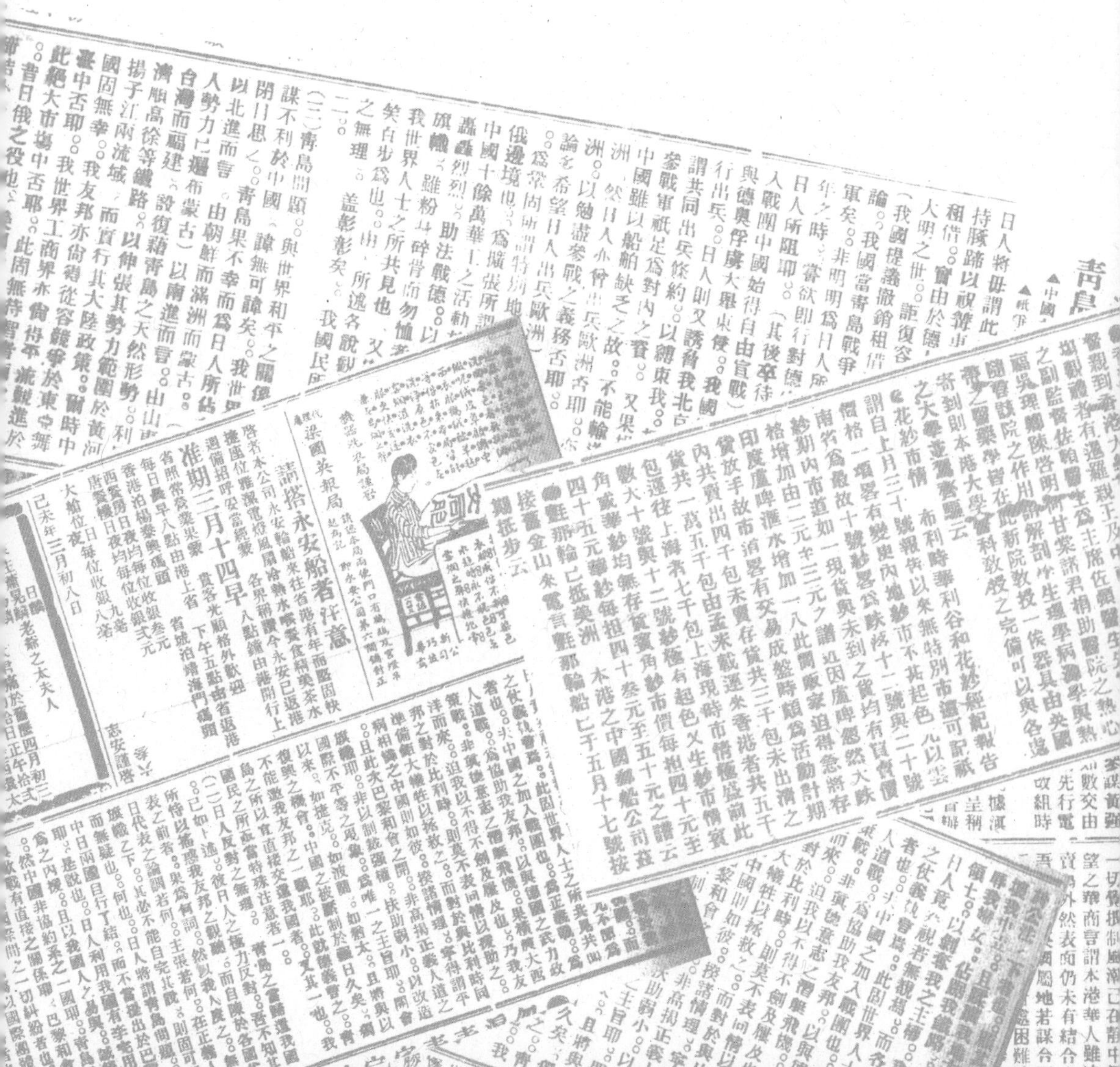

引言

1950年，香港重新面對改朝換代後的新中國，但新的中國卻被美國為首的西方國家圍堵，於戰後的環球冷戰局勢中迎來了有危有機的新環境與新挑戰。

香港基於特殊的歷史因素與地理位置，成為了冷戰政局下西方國家窺伺共產中國的前哨地，同時成為了中共通向海外或了解西方世界的「橋頭堡」。英國以之為大英帝國在遠東勢力的最後一塊殖民地象徵與經濟動源，美國則在此針對共產中國而對之實行出口管制，同時又因為發動文化冷戰或心理戰而投入大量資金及人力來資助南來知識社群，使他們在香港得以繼續他們在大陸時期的文化教育工作——興學施教、出版各種刊物以宣揚民主、自由、平等、獨立的普世價值。1950年代的香港，匯聚了來自大江南北的知識社群，他們透過文教工作、藉傳統文化的傳揚以對抗被他們視為「亡國亡天下」的共產主義、馬克思思想，他們的文教工作被美國方面看作是有效圍堵共產主義向海外散播的力量。

從余英時新近出版的回憶錄即可看見，在1950年代至1970年代，大量出版物諸如《民主評論》、《祖國》周刊、《自由陣線》、《中國學生周報》、《人生》等等，都是獲資助自由美國中央情報局支持的出版社與資金。[1] 值得注意的是，這些刊物不少都熱衷於借五四運動來宣揚他們救助中國的經時濟世思想。受冷戰大環境影響，香港的大學生主辦的刊物如《學苑》、《大學生活》等刊物上發表他們對於時代病痛的評議。五四運動同樣成為了他們思考近代中國國運坎坷以及瞭望未來中國走向的座標與精神燈塔。諸如〈要把五四復活〉、〈五四雜感〉、〈我們的新任務〉、〈通與變〉、〈自由青年對國家的責任——從「五四」和它的「果實」説起〉這些文章，既有追求普世價值一面，但同時也有他們生活在港英殖民地上面對西方殖民中國的近世經驗而提出保衛傳統文化的呼求。

當然，在這段時間裏，國民黨在港喉舌報刊如《香港時報》也不乏文章申述發揚五四精神傳統的論述。如1952年5月4日的一篇文章提出：「今天，我們必須指出：光榮的五四運動，祇有中國的自由民主人士，才是真正的五四精神的承繼者，中國今天的反共鬥爭，正進一步發揮了五四運動的革命內容。」[2]

1 余英時：〈代表海外中國思潮的刊物——〈香港與新亞書院〉之六〉，《明報》，2018年6月，第17–20頁。

2 〈自由青年挺起胸脯 發揚五四運動精神 集中力量擺脱俄帝宰割 港自聯文化服務社書告文化界〉，《香港時報》，1952年5月4日，第2張第5版。

當 1960 年代中國大陸政局動亂而群眾運動極為高漲的文化大革命波及香港的時候，香港部分人的政治激進意識隨着「六七暴動」的爆發而達至高潮。這些也讓香港青年一代的知識群體進入了火紅的年代，使他們一方面體察到隨着香港經濟環境的發展而社會不公反映的殖民管治的問題，另一方面也讓他們在全球去殖民化浪潮中因為國家民族意識的躍動而產生了「認識中國、關心社會」、「放眼世界、認識中國、關心社會、爭取權益」的時代思潮。由此，也就構成了他們在關懷自身所處的社會問題的同時，不忘關注國家民族利權及尊嚴的問題。五四運動在這代人的思想世界裏，繼續提供了他們如何應對時下十分切實的大是大非問題──保釣運動。

1971 年 5 月 5 日《明報》對保釣示威的青年學生運動的報導〈美領事館前示威 警方未採取行動〉；1972 年《中大學生報特刊》中的文章〈做一個堂堂正正的中國人〉、〈從五四談保釣〉、〈從保釣運動看我們的責任〉等等，都可以讓人看到這一代人的家國意識的責任感及其對「五四」意義的重新審視，展現了他們一種在地的家國同念思想取向，透過學習、繼承和發揚「五四」精神為主題的紀念活動也因為這場反日本侵略為本質的運動而獲得紀念和傳揚。香港大學中文學會1979年出版了《五四運動六十週年紀念論文集》，《中大學生報》也曾就「五四」50周年和60周年出版紀念特刊。我們可以將這些結集看作是年輕一代有系統地紀念五四、發揚五四精神的代表性成果。

左派報刊《大公報》和《新晚報》則繼續其革命動員的筆調，它們每逢五四運動紀念周年均刊載大量以「五四」為題的社論，這些文章一方面揭露美英帝國主義、殖民主義的弊害，借着五四以倡揚反帝、反殖民主義的主題，進而凝聚香港及海外華人的向心力與政治認同感。[3]也因為這個理由，這些左派報刊都十分詳細報導香港各界僑胞、同鄉會、學界、街坊等群體舉辦的形形色色的「五四」紀念活動，如〈灣仔街坊宣傳會　四天來觀眾逾萬〉、〈福建同鄉會祝五四　千多名青少年和僑眷參加了大會〉、〈學界昨開「五四」遊藝會〉。

基本上，這個屬於冷戰的年代，不同背景的人群居香港、各行其是，讓香港的局勢變得多元、混雜而曖昧。從上一代南來群體的「八仙過海、各顯神通」到戰後嬰兒潮的從大學走向社會，五四運動成為了不同時代的人用以救國救時的精神燈塔。

3 〈我們不再受蒙蔽〉，《新晚報》，1968年5月5日，第5張。

日新，又日新——紀念「五四」[社論]

原載《星島日報》，1951 年 5 月 4 日，第 2 版

在剷除封建殘餘，在思想領域起了一個大革命，使中國知識分子明瞭了歷史的規律，時代建設的道路，勇往邁進，這是使人永不會忘記的五四運動的成就。然而□在這一個運動的啟示下，與□選的知識分子的努力和成就相對照的，卻另存在有一些在歷史的新階段中成為落伍的人；及沒有認清了這運動昭示的意義，而走上墮落的道路，腐蝕了自己的身心，又影響了正待教育，渴望求知的青年，並阻滯了文化社會的正常發展，這又是值得惋惜，又該受痛恨的。

先別提那些該受痛恨的，就看看當年在五四運動中執着大義的壯士們，三十餘年來，多少人□益堅強而向前邁進了，而又多少人未老先衰，足步蹣跚而跌仆下去。他們的未老先衰，跟着時日的積累，已走回了當年所要推新所要改革的境界，迷戀了一切舊的思想習慣，自毀了其當年辛苦奠下的基石，這豈是他們當年執着大□時所曾意想得到，然而他們確是老了，確已經不起時代的考驗而跌仆下去了；甚而他們在這落伍的衰退狀態中，沒有懊悔着這未老先衰的悲哀，還沾沾自滿，覺今是而昨非，這就是值得憐憫而惋惜的！

這演變，在他們個人固然是一種悲哀，一種損失；然而個人的悲哀和損失，又算得什麼！重要的是因為其過去擁有的領導力量，為了個人的不能求進而落伍，未老先衰，便在國家社會投下深沉的影響，莫大的禍害。如果説三十餘年來的國家人民，不能很早的得到壯大和幸福，是為了領導五四運動的有些思想前輩，不能與前進的一群，齊一步伐，共同向着正確的道路前進，因而有了分歧，發揮了其南北極為背道而馳的力量，這是否是過甚其詞，誇實逾量呢？

如果不是誇實逾量那麼這是他們所該負疚的；而他們的由朝氣變成暮氣，由進步而退為落伍，這失敗的過程，也便值得後人的借鏡深省。他們的過失，便是不夠堅實，不夠徹底，沒有説盡舊有思想的潛在力量的限制，沒有日新又日新的求進精神；在完成了一件影響時代的改革運動之後，便固步自封，以為已成就一切，完成使命，沒有想到這一時期的成就，只是適合這一階段的要求；而時代和歷史是進步的，不是靜止的，以一時期的變而欲應永在前進的各階段的變，這自然要把當年的年青變成今朝的衰老了，時代原是無情的。

在五四運動以後的三十餘年中，在我們看到一股堅強不屈永遠邁進的力量和一些不夠堅實走回舊路的衰落隊伍外，我們還嗅到一股腐惡腥臭的毒水，那便是瀰漫於社會的黃色知識毒素。他們只偷襲了那解除思想桎梏的自由，未聞「君子之大道」，從而以色情、萎靡、下流的作品和思想，貽毒社會，殺害青年。這雖然在大時代中只是一條溝渠般的臭水，不足以敵河海的洪流，但是看到他們的存在，便是文化社會的恥辱，也就是五四運動以來，最可痛恨的一種邪惡的發展。他們之該受痛恨而不值得惋惜，是為了其無知，也為了當年一些改革思想的壯士們，在他們可能有為的環境和時機懈怠了他們的努力，沒有好好的領導，不能防止這毒菌的繁殖。剷除這些□草，正是今天文化界人士的職責。

然而五四運動的成果和精神，三十餘年來並沒有因為有這些相反的發展而毀壞和衰頹下去，這是今天的幸事；而其得能保持迄今且益光大發揚的，便全賴乎一股沒有走回頭路而衰頹下去的邁進力量。日新又日新，□銘的這警句，仍是適合於紀念這節日的今天。

自由青年挺起胸脯 發揚五四運動精神

集中力量擺脫俄帝宰割

港自聯文化服務社書告文化界

原載《香港時報》，1952年5月4日，第2張第5版

【本報訊】香港自聯文化服務社為紀念五四，特發表敬告海內外自由文化界人士書，茲抄錄如下：

親愛的朋友們：

五四運動是中國的文化運動，青年運動，和具有民族和民主內容的革命運動，在五四運動中提出的「民主」與「科學」的光輝口號，成為中國文化上的一面戰鬥旗幟。

今天，我們必須指出：光榮的五四運動，祇有中國的自由民主人士，才是真正的五四精神的承繼者，中國今天的反共鬥爭，正進一步發揮了五四運動的革命內容。全中國的青年，全中國的知識分子，全中國的人民，正在為擺脱俄帝的宰割，中共的暴政和奴役而戰，正在為摧毀一個反人性反理性的野蠻制度而戰，正在為保衛科學和文化而戰，正在為祖國的獨立與自由而戰，所以紀念五四運動的意義，正是要求我們集中全民族的智慧和火力，以打擊民族的民主的文化的敵人。然而，恬不知恥的共產黨人，他們一貫的慣技是竄改歷史，盜竊歷史的果實，他們污辱五四運動，曲解五四運動，他們厚顏的說，五四運動是中國共產黨人所領導的，我們祇要一句話就可以戳穿共產黨人的這種謊話，我們要問，在五四運動時期你們共產黨的影子在那兒！在五四運動時期你們還沒有出俄國人的娘胎呢！

五四紀念，今天是第三十三個年頭了。三十餘年來，我們奮鬥的目標，一直是「民主」和「科學」，即是説，要使中國成為一個獨立、自由、民主、工業化的新中國。然而，喪心病狂的共產黨人，他們卻製造了國家如此深重的災難，他們用「一面倒」代替了國家獨立，他們用奴役人民代替了自由，他們用獨裁專制代替了民主政治，他們用盲從和武斷代替了科學的真理，他們用「五反」一步步毀滅了國家的工業基礎。最後，他們要用恐怖和屠殺，維持他們的血腥統治。

三十三年來的歷史教訓，給我們證明這樣的事實：「民主」與「科學」是分不開的，即是沒有真正的民主政治，便不會有科學的發達和文化的繁榮。沒有科學精神與科學真理，也不可能有真正的民主政治。離開了民主政治，科學與文化就祇有被獨裁者扼殺，我們看，在中共的暴政下，被摧殘了多少的創造的天才。同樣，一個真正的科學工作和文化工作者，必須和自由民主運動緊緊地結合在一起，才能使自己的科學工作和文化工作有更高的成就。我們相信，一切的科學與文明的進步，祇有在自由世界中才能開花結果。我們相信，未來的新中國的建設，不是需要更多的政治野心家，而是需要更多的富有自由思想的科學工作者和文化工作者，要求他們在自己的崗位上負起責任，同時參加國家的民主建設工作。

我們相信，任何一個民族，如果失卻自己的民族自尊心，而成為一個崇外媚外的洋奴買辦，是絕無前途的。真正的新文化運動，祇有從綜合中國的民族思想、西方的民主文化和科學精神中，創造出一套嶄新的文化，這種文化才是有生命的。我們認為，全盤國粹論與全盤西化論，都是中國文化上的一種不正確的偏向。

新文化運動，必須摧毀一切偶像，為民主運動開路。五四運動的偉大意義，正是首先向着中國傳統的要不得的偶像作戰，激起我們民族的活力，不推倒那些吃人的偶像，新文化沒有希望開展，中國的新青年沒有希望站起來，我們今天要摧毀毛澤東這些妖形古怪的新偶像，中國的民主運動和中國的青年才能夠挺着胸脯前進。

五四運動時代的一批人差不多已經過去了，今天中國的希望寄托在我們這批年青人身上，中國新文化運動今天應該鼓勵一切新興的青年力量接應上去。

在紀念五四運動的今天，中國人民，特別是中國的知識分子，正在面臨空前的劫運，也正在面臨歷史的巨變，我們這一代年青人們，應該光榮的負起這個民族的民主的文化的革命任務，我們呼喊：「五四，魂兮歸來！」

通與變

原載《中國學生周報》，1953 年 5 月 1 日，第 41 期。

「窮則變，變則通」，每當人們被壓得喘不過氣來的時候，就往往會想起這一句老話來。但是中國「變」了將近百年，依然是變不通，目前還是陷於這種窮境。

「窮」的人當然希望「通」，但是並不一定要「變」，盲目的「變」也不一定能「變」得通，有時候會越「變」越「窮」。曾國藩、李鴻章的洋務運動，是要把中國的土槍土炮變成洋槍洋炮，認為僅是船堅器利，就可以使中國走上「通」的境界，但是一場甲午戰役，證明此路不通。康有為、梁啟超的變法維新，是想在政治上從專制變為立憲，但是禁不住慈禧老太婆的執拗，菜市口的六顆人頭，便輕輕地結束了這場變局。中山先生倡導革命，推翻滿清，這是一個驚天動地的「變」局，但是這一變局只打開了通的門戶，依然沒有走到「通」的路上去。

中國，這個衰老的病夫，突然被革命的號角喚起，掙扎着從床上爬起來，便開始踏上征途；本已感覺頭昏眼花，氣力不支，再加上前面有擋路的，後面有扯腿的，那有不東倒西歪、碰破頭顱的道理？

到了五四運動，才找出了中國的真毛病，摸着了「變」的竅門，知道要使中國走到「通」的路上去，必須先從基本的文化運動上下手。這時中國的舊文化已是山窮水盡，弊端百出了。於是不得不向外國搬救兵，請來了德先生和賽小姐，這二位外賓初臨國門，頗受一般朽儒的激烈反對，但是他們的魄力很大，拆除了中國舊禮教的藩籬，打倒了陳腐的貴族文學，使古老的中國立刻朝氣蓬勃，大有走向柳暗花明的「通」路之勢。但是中國的環境究竟太不衛生了，正當五四運動的破壞性工作立竿見影，建設性工作尚未著手的時候，德先生和賽小姐這二員衝鋒陷陣的大將，忽然水土不服，中風不語，得了癱瘓症，從此中國又慢慢走回不死不活的窮境。

勝利復員以後，愁雲妖霧，慘黯蔽野，暴雨未來風滿樓，人心又在思「變」了。這一變，變得最壞，如果硬要說它是通路，那就是通往死亡的道路，不僅是窮而已！

「通」是人人嚮往的，只是怎樣的「通」法？「變」是未嘗不可的，只是怎樣變法？這兩點必須先弄清楚。如果通的不是活路，而是死路，那就寧可守窮；如果變的主動不在自己手裏，而是任人擺佈，那就寧可不變。一般人為了求通，都在想變，如果不先從文化上著手變起，一切政權的轉移，武備的充實，都是半天空裏翻跟斗，勢非掉下無底深淵不可；如果通的方面不是走向民主與科學，則勢必走入極權的牛犄角裏，陷入萬劫不復之地！

我們的新任務 ［唐端正］

原載《中國學生周報》，1953 年 5 月第 41 期，第 3 版。

五四運動已成了歷史的陳跡，今後擺在我們面前的問題，是對新任務的認識。這個新的任務，就是「保衛祖國的歷史文化」。

三十四年前，在愛國主義的熱潮下，為科學與民主的實現而掀起的五四運動，已成了歷史的陳跡。今後擺在我們前面的問題，是對新任務的認識。

歷史的步伐是有其時代性的，離開某定的時代去批評某定時代歷史的得失，不是大史家應有的態度。五四運動有五四運動的時代使命。在那個時代，主要的任務是推陳開新。所以推陳就是革除陋習，所謂開新就是推行科學與民主。這個使命，五四運動沒之夠完成，但起碼已盡了一番力量。五四運動以後的中國社會，的確比五四運動以前的中國社會開明得多，自由得多。只是他們在推陳這一面有了偏差，所以始終未能真正走上開新的道路。

今天我們的新任務是什麼呢？讓我們喊出來吧！讓千千萬萬的青年同胞齊聲喊出來吧！這個新的任務就是：「保衛祖國的歷史文化」

有人說歷史文化是民族的偏見，是國際動亂的淵源。我們卻說歷史文化是民族的生命，是國際和平與進步的真實基礎。

世界不能無歷史文化，也不能只有一個民族的歷史文化。各個民族的歷史文化必需互相尊重。凡是藉種種理由去抹煞別個國家民族的歷史文化或抹煞自己國家民族的歷史文化的作為，都是獨裁者的行徑。當前就有一個最顯著的例子。

五四新文化運動的偏差，曾經使祖國的歷史文化飽受摧殘，但我們不能過責他們、因為他們所負的只是推陳開新的先鋒使命，歷史的責任不能全推在一個時代裏。今天我們應該警覺了，保衛祖國的歷史文化的新使命已落在我們的身上。五四時代不能負起保衛祖國歷史文化的使命是可以寬恕的，如果我們今天不能負起這個使命，我們便永遠是歷史的罪人，我們是萬萬不能推託的，我們更不應該推託啊！

今年的青年節，錢穆先生曾經在本報寫過一篇語重心長的文章，他勸我們多了解祖國的歷史。是的，只有從對祖國歷史的正確了解，才能夠為祖國找出一條真正的出路，也才能夠達成我們「保衛祖國的歷史文化」的新任務！

要把「五四」復活

原載《中國學生周報》，1953 年 5 月第 41 期，第 1 版。

今天是五一勞動節，再過兩天，又是「五四運動」的紀念日了。

屈指算來，從火燒趙家樓的那天起，到現在恰恰是三十四年了。三十四年並不是短的日子，但是在這期間內，我們中國究竟進步了多少？我們不可將前人的功績一筆抹殺，但是也不可以沉溺在歷史的陳蹟裏自我陶醉。實在說來，以目前中國的現況，距離「五四運動」的理想境界，還有十萬八千里呢！

在政治面：五四運動是反侵略、爭獨立的運動，在當時，雖然由於舉國民情激奮，使日本的侵略企圖頓挫；但是時至今日，我們的國家是不是還在受着異族的侵略，是不是已經真正的獨立了呢？答案是否定的！

在文化面：五四運動是推陳佈新的思想運動，在當時，雖然由於攻擊舊禮教、攻擊舊倫理、攻擊舊的社會制度和文言文學，使中國的舊文化土崩瓦解；但是時至今日，我們的新文化體系是否已經建立，德先生和賽小姐是否已經惠然來臨了嗎？答案也是否定的！

所以，此時此地紀念「五四」，我們的心情是沉痛的、悲憤的，而不是愉快的、興奮的。作為啟蒙運動看，「五四運動」有其不可磨滅的價值；作為新文化運動看，「五四運動」僅只指出了我們的課題。它已中途夭折，論成果，是完全失敗了的。

中共統治大陸造成了中國人民的空前苦難，「五四運動」的光輝業已黯然失色。「五四運動」是以愛國為出發點，但是今日中共偏要實行一面倒的賣國政策；「五四運動」的精神是打倒權威，追求民主與科學，但是今日中共卻要掉轉頭來建立權威，實行專政，提倡教條；「五四運動」的目的，是爭取國家的獨立自主，但是今日的中國大陸卻淪為蘇聯的附庸了。今日中國的苦難遠甚於民國八年，文化的虛脱遠較民初為甚，我們要求民主科學與國家獨立自主的願望亦遠比那時迫切，我們為什麼不能鼓起勇氣再重新掀起一次新的「五四運動」？

讓昨天死去吧！我們沒有那麼好的心情去歌頌它、讚美它，也沒有那麼多的時間去憑吊它，責難它，把目光轉向前面，為了中國的新生，我們這一代的中國青年要拿出魄力，使「五四」復活。再掀起一個新文化運動，慢慢從頭作起。否則，三十四年後，我們的後代也將以同樣的眼光來咒罵我們的怯懦無能。

建立「反共哲學」的新理念

原載《星島日報》，1955 年 5 月 4 日，第 2 版。

國勢□危，至今亟矣。將今日的國步艱難，和三十五年前的今日比較，相去何止千萬倍。試一擔望大陸，過去並未亡於經過八載抗戰的日敵，而今日竟淪為蘇聯的新殖民地，是今日我們所負拯救國家的重責，也較之「五四」時代的中國人民更重若干倍。今日所需的，是一個較諸「五四」運動更新的文化運動，以從事建立「反共哲學」的新理念，實以為摧毀共產主義的新武器，而賴以自救。

由民國九年五月四日所發動的「五四」運動，是我國文化上，思想上一大轉捩。我們承受先賢五千年積累的文化遺澤，至今還能發揚光大，使之長此成為世界上最輝煌燦爛的學術，文化，「五四」運動實有其不可磨滅的最大的光榮代價。

「五四」運動，最初不過是單純的中國文字改革運動，那即由文字改革運動發展成為中國學術上，思想上的大革興運動。後此一運動更進一步的與孫中山先生的三民主義的革命理論相滙合，由是逐奠下了今日中國政治，經濟，文化，社會全面革新的基礎。

當民國九年之時，民國成立雖已將屆十稔，而因革命大案不斷遭受挫折，加以內憂外患，相繼迫入而來，國人如處水深火熱之中。彼時憂國之士，迫得振臂一呼，初僅倡□文字的大改革，希望憑藉教育普及的利器培養救亡國存的主力，續成全民革命的目的。旋即擴展成為政治外交的革新運動，誘發全國人民接受三民主義的革命理念，所以民國十五年北伐的義□一舉，不旋踵間即將北洋軍閥餘孽打倒，此實「五四」運動的功績，亦「五四」運動應有的果實。

「五四」運動時代的敵人為軍閥，為帝國主義。今日的敵人，則為共產黨。當日「五四」運動的目的，由推進文化而擴展成為救亡圖存。今我們的惟一責任，為反共復國。以今較昔，則今日我們所負歷史的，和時代的使命重大得多。過去為了救亡圖存，已需有一個文化運動，從思想上，來啟發來激勵全國人民從事革命，現在呢，更需要一個較「五四」時代更新的文化運動，以建立「反共哲學」的新理念，作為我們從事反共復國大業的思想上，行動上的最高指導原則，是更不用說了。

我們從歷史上去找尋必須如此的因素。凡每一時代，每一國家革命的爆發，其主要的原因，都不外下列兩項：（一）社會的壓迫，（二）新哲學思想的指導原理。這兩項原因，是相輔相成，有如車之兩輪，鳥之雙翼，有一或缺，即難導致革命的爆發。這不論是何時何地，或者是任何社會，可以說是放之四海而皆準的社會法例。試詳稽世界史籍，絕對沒有逃出此一法則的例外。歐洲中古的文藝復興運動，和近世紀初期的黎明運動，更屬極有力的例證。反共復國，是國家民族起死回生的切要之圖。欲求成功，非先從摧毀共產主義的理論著手不可。因要摧毀共產主義的理論，就非建立「反共哲學」的理念不可。只有建立「反共哲學」的新理念，纔是反共復國的最有力武器。所以我們認為今日需要一個較「五四」時代更新的文化運動。

何謂「反共哲學」的新理念？扼要言之，此一哲學係以「愛」為出發點，來打擊以代表「惧」為出發點的共產主義的全部思想。進一步來說，就是以「唯能哲學」來代替「唯物哲學」，以人性的互助互愛，來代替挑發人類社會的階級鬥爭。能如是，則共黨的謬論邪說不攻自破，難收妖言惑眾之效了。

今日適當「五四」之日，重有所感，特書所懷，以與國人共勉。

五四偶感 ［西南中學 炳綿］

原載《星島日報》，1955年5月4日，第13版。

卅多年前的今天，北京正有着無數的同學們，以憤怒的火焰燒掉古典文學的枷鎖，以力量打破傳統思想的束縛，實行新文化運動，他們要創造國語文學，以最淺白的句子來表達人們的思想和感情……

他們為我們創下了新文化的大道；然而我們有沒有循着這大道的方向走呢？

是的，我們都在竭力地掃除種種障礙，循着他們所開的路走了；但是，仍有着無數可憐的人，卻走向歧途！

滿懷陰險的文化界投機分子，都在作着發財捷徑的打算，大量推銷那些黃色東西，把毒素散播於每一個讀者，他們只顧自己荷囊飽滿。

無數的讀者因此受害，無數的文藝工作者因此而違背了良心。這是否卅多年前的「五四」不夠徹底呢？

根據幾個編輯和同學的說話，我知道了本港最暢銷的一份刊物卻是一張相當俗套而黃色的毫無價值的小報，這消息怎不教人傷心？怎不教人歎惜？

也有着無數的青年，根本上對本國的文化就毫無認識，而家長們卻寧願更辛苦地拿出金錢要他（她）們去學外國語言，去接受外人的文化灌輸……。

難道這真是「五四」要我們走的路麼？不，決不。

那麼，既然卅多年前的五四能打破古典文學的枷鎖和傳統思想的束縛；難道我們就不能把腐敗墮落了的文化思想改造麼？我想：假如我們都能同心合力，那是一定能夠做到的。

為了使腐敗墮落了的文化思想重現生氣，我們得要從自己做起，「抵制」文化界的投機分子，務求使他們的陰謀失敗；也為了這，我們得多點接觸，互相交換文學上的認識……。

讓我在一位同學喊出了「救救行將沒落了的國文」的口號之後，也喊出了：「救救行將沒落了的文化」這口號！

新生了又沒落了的文化荒蕪大地，正等待着我們去拓墾，那麼就讓我們在這值得紀念的今天開始，拿起工具走向那荒蕪了的文化土地拓墾耕種。

「開了又凋謝了的花朵如果不再去加肥料灌溉，是一定不會再開花結果的。」我們在文化又低沉了的今天，都應該這麼想。

「五四」與外來文化 ［政府夜校 嘗試］

原載《星島日報》，1955 年 5 月 4 日，第 13 版。

「五四」與外來文化

政府夜校 嘗試

五四新文化運動後的一個時期，還有過一場熱烈的激辯辯論的焦點是：要不要改革我國的舊有的東西，一些要保存「國粹」的人說，新文化運動庸俗粗野。比如白話文，他們就罵白話文是粗俗之言。自然，三十多年來，證明了保存「國粹」的人是失敗了。單從文學上去說，白話文學不是一天天地生長嗎？對於殘骸也要擁抱的人是不會有人同情的。然而一些提倡改革舊有的東西，接受外來文化的人卻又有點偏差。這些人一切否定了我國的舊文化，認為只有外來文化才是好的。這偏差一直流傳而影響到我們今天，使我們很多人有個錯誤的見解：什麼都是外國好，月亮也是外國圓的。

記得不久之前好像曾經討論過書院同學對待中文的問題，結果如何我記不清了。不過我覺得，同學當中有很多是輕視了我國的文化的，他們盲目地崇拜外國文明，比如，很多人就以能說英語為榮，在電視上，巴士上……常常都聽見互相叫再會時說：「擺擺！」如果為了練習說英語卻無可厚非，不過我以為練習英語只說「擺擺」卻未免有點對己不尊了。當然說「擺擺」未必是看不起自己國家的文化，不過有些人過分地崇拜外國卻是實情。

不問好醜要保存「國粹」的人固然不好，但盲目吸收外國文化的人也是不對的。魯迅對要保存「國粹」的人說，假如臉上多了個肉瘤，是否也為了保存而不割去呢？毫無疑問，當然要割去的。

我想，如果要比喻，過分和盲目吸收外來文化的人卻又連鼻子也割掉，真是太可惜，太可憐了。外國有他們好的地方，我們應「擇其善者而從之。」近年來，同學中出現了不小亞飛，這也可以說是盲目吸收外來文化結果之一。

新文化運動，有人說他是啟蒙運動，這說法我認為很好，啟蒙就是把我們從迷惘裏驚醒。看看人家的好處，從而改良自己。

今天，我們紀念新文化運動，我覺得要剔除以前偏差的地方，重新去吸收外國的好的文化，發揚我們的舊有的好的文化。這樣，新文化運動才永遠向前的。

五四雜感 ［李超］

原載《中國學生周報》，1958 年 5 月第 302 期，第 2 版。

一轉眼，第四十個「五四」到了。

當年為了抗議屈辱外交，三千多個北京大學生，掀起了那次史無前例的壯烈激昂的青年運動。這無異是死寂黑夜裏的一聲長嘯，喚醒了沉睡中的人們，一齊起來，為古老、頹靡的祖國，謀求革新之道。

第一次，中國青年有這樣偉大的壯舉，無視於機槍、刺刀，給賣國求榮的漢奸一個嚴重的打擊；這不同於以往「伏闕上書」之類那種書生運動。雖然作如此的犧牲，未免過於偏激，然而其動機是純潔的，其出發點是正確的。

這一次運動，非但青年人先後響應，而且工商界也罷市、罷工作為後盾。終於取得了最後勝利，使政府拒絕簽訂喪國條約。這一次的勝利，使廣大的人民確立了做主人的信念，使大家意識到自主的尊嚴，不再作盲目的服從，而覺得國家的事，人人有權過問，不是少數人所能操縱的。

「打倒孔家店，剷除舊禮教」是那時的口號；「提倡科學，鼓吹民主」是追求的目標。可惜這些年來為了種種關係，科學、民主的幼苗，沒有好好的培植，離開理想還遠，而且，破壞有餘，建設卻不足。

説到「孔家店」，現在真的被打垮了，説反舊禮教，也真個給「徹底地連根掘盡」。

問題是舊的掃除了，新的呢？則尚未「誕生」。

我們要否定一件事容易，説舊道德不合理，就把它剷掉；説舊禮教喫人，就把它解除。那末，什麼是新的道德標準？什麼是新的禮法？

沒有了這些，世界就混亂了：偷盜、劫掠有的是青年，非禮、姦淫有的是青年，招搖、撞騙有的是青年，盜名欺世有的是青年……青年，青年，青年………

這裏無意評騭「五四」的過失，它自有應有的意義；不過，我們不能光是否定，光是破壞，而毫無新的建樹。

今日世風日下，人心險巇，正是缺乏新的禮法的緣故。所以要挽救這頹風，新道德、新生活規範的確立是切要的。這樣，「五四」的光芒才能更輝煌發揚。

今日看「五四」 ［李達生］

原載《中國學生周報》，1960年5月第407期，第2版。

近代中國確實需要一種對中國傳統文化有改造之功的文化運動；但「五四」卻並未能成功為這樣的一個運動。我們不能說「五四」全無正面的意義，但它所產生的反面影響則遠大過它可能提供的正面影響。當然，筆者深知，要估定一歷史事件的意義原非容易，而要估定像「五四」這種文化運動之意義，則更加困難。歐洲歷史上的文藝復興，十八九世紀的精神運動，以及法國大革命等等意義深長的歷史事件，都需要在百年之後，人們才能漸漸地對它們有較正確的瞭解。不過情形儘如此，但由於「五四」所表露的缺點特別顯著之故，因此，在這個運動發動之後四十餘年的今天，我們仍可以合理地對這個運動加以批評。

文化是人類創造的，它也是因為維繫人類之存在而存在。人類之所以能創造文化，乃是因為在人之生命的活動中有一種精神活動；否則，人類便根本不能創造文化。人類的精神活動乃是有方向性的；它時時被一種價值觀念導向一定的方向。文化既是人類的精神活動及價值觀念發用的結果，因此當一既存的文化發生了毛病而需要改造時，那麼，在改造的行程中便離不開價值問題。但當時「五四」的推動者們卻並不注意這些，我們甚至可以說他們根本未能體察到這些問題。近代之中國文化的發生問題和表現毛病，已非一朝一夕之事，而言改造，則所涉及的問題更複雜而微妙。但當時推動「五四」的諸先生們卻並不在意這些；他們把問題的看得很簡單。他們認為要中國文化新生，必須先得把舊的打倒，即把中國傳統文化打倒；這是第一步。第二步是把西方文化中的精華運到中國來。西方文化中之精華是科學和民主，因此，在民國初年，推動「五四」的諸先生們恆滿口裏是科學和民主。但在這個以打倒中國傳統文化並搬運西方的科學及民主為中心任務的文化運動的影響之下，中國傳統文化並未被真正打倒，而科學及民主也並未能搬運進來；在這期間不請自來的是辯證唯物論，而基督教在很多地區也漸漸得勢。現在的情形是：

（一）在中共統治下的大陸上，辯證唯物論與中國傳統文化陷於暫時妥協的狀況。但這種「妥協的狀態」只是「暫時」的；二者遲早要拼個你死我活。

（二）在台灣及其他「華人社會」中，有些人無可奈何地接受了基督教。但基督教雖係一偉大宗教，然而在解決中國的問題上，它卻很不容易為力。

總之，「五四」是一個失敗的運動；它不但未能肩負起來改造中國傳統文化的任務，反而把問題弄的更複雜了。

爲甚麼還紀念五四？

原載《大學生活》，1962 年 5 月，第 7 卷（總第 24 期），第 3 頁。

五四運動已經過去四十三年了；當年的青年導師蔡元培先生墓木已拱，新文化運動的領導人陳獨秀、胡適之諸先生也先後謝世，就連當年以學生身分參加五四運動的人物，也都已凋零星散。我們這一代青年往往覺得「五四」只是歷史上的一個事件，離我們太遠了。

可是，「五四運動」畢竟與辛亥革命、維新運動、太平天國等近代史上的事件不同。直到四十三年後的今日，它仍舊有其時代意義；尤其對於我們青年學生，它更有深一層的意義。

「五四運動」的本身，是一個愛國運動，其目的在於「內除國賊，外抗强權」。

「五四運動」的基礎和發展，是新文化運動，其目的在於除舊佈新，使中國現代化。

「五四運動」的精神是一個青年運動，是青年學生們憂憤國事、熱血沸騰而發出的怒吼。

就前列其他近代史上的重大事件來說：辛亥革命的目的是為了驅除韃虜、恢復中華，推翻帝制、締造共和，這在今天已無時代意義；維新運動的目的是為了實行君主立憲、改革朝政，這在今天更無時代意義；太平天國那種駁雜幼稚的思想及行動在今天更無時代意義。可是「五四運動」卻不然！到今日「內除國賊、外抗强權」的任務，比四十三年前更加艱鉅了。「除舊佈新、使中國現代化」的任務，也比四十三年前更加複雜、更加困難了。而我們這一代的青年學生，卻似乎比四十三年前的青年學生麻木頹靡了，對國是不聞不問，終日為個人的前途、利益打算。因此，五四運動到現在竟還有它的時代意義，這恐怕是當年從事運動的諸位前輩所無法預料的。

當年的五四運動和繼之發展的後期新文化運動，好像驟起的狂飆，好像脫韁的野馬，好像燎原野火，的確曾使中華國魂為之振奮，使若干腐朽渣滓為之清除；可惜在積極建設方面的成就，趕不上消極破壞方面的成就，而且一部分人陷於混亂迷惘，走向歧途。我們這一代青年，繼承了前一代傳下來的問題，擔負了歷史交下來的任務，展望前途的艱險，也許不禁對前一代和前兩代的人略有怨責之情；可是回顧當年五四時代青年們所掀起愛國運動、新文化運動的轟轟烈烈狀況，我們又不禁深感愧疚了。

我們在今天紀念五四運動，因為它仍然有時代意義；到有一天它像辛亥革命或維新運動一樣，成為沒有時代意義的歷史事件時，我們的國家就已經走上康莊大道了。這一天的來臨，有待我們新生一代努力，有待我們承接並發揚光大「五四運動」的精神繼續努力。

從五四運動想到今日的香港學生

原載《學苑》，1965 年 8 月號，第 6 版。

提起五四運動，許多人都從歷史教科書上讀過，但能夠真正了解它這運動的意義和影響的，恐怕不多，而對頹廢消沉的香港青年來說，更有重溫這段史實的必要。

五四運動發生於一九一九年，那時正當第一次世界大戰，西方列強無暇東顧，日本於是乘機以參加對德作戰為藉口，强佔我國青島、膠州灣及膠濟鐵路，並逼使袁世凱簽訂廿一條賣國條約。後來中國也對德宣戰，一九一八年十一月十一日，大戰結束。中國也算是戰勝國之一，可是在一九一八年舉行的巴黎和會上，由於北洋政府的昏昧軟弱，列强同意日本繼享德國在山東的權利，外交的失敗，引起舉國人士的憤怒。同年五月四日，北京學生達三千人，舉行遊行示威和罷課，激烈反對，全國學界及工商界亦舉行罷課、罷工、罷市，來支持他們。北洋政府不得已，只好接納國民的提議，免了交通總長曹汝霖的職務，出席巴黎和會的中國代表也拒絕簽字，由此使中國人意識到自主的權利。

五四運動的經過大略如此。

在文化方面，受了五四的影響，民眾的思想自由，言論自由及權威都大大提高，當時創辦的報紙、雜誌甚多，各種學說都得以自由傳播，對於中國政治社會的民主化，都有很大的裨益。五四的精神發源地是北京大學，當時北大校長是蔡元培，陳獨秀為文學院長，教授計有胡適之、劉半農、魯迅和周作人等人，這些人都是五四運動的健將。

當時重要的雜誌有「新青年」，由上列各人輪流編輯。其時胡適首倡文學革命，提倡用平易的白話文來傳達思想和感情。

此外五四運動的思想主流是民主和科學，而倡導這種思潮的人，就是胡適和陳獨秀。

總括來說，五四運動的重大貢獻有二：一是激起了民族覺醒，二是建立了民眾為主的思想，這對中國的民主運動產生了深遠的影響。

在這次運動中，最值得我們注意的，就是學生們那種愛國的熱潮，和倡導新文化運動的精神。這使我們不禁想起今日的香港學生，那種現實、功利、頹唐和不振作的態度，實在令人慨嘆！

雖然，因為香港的特殊環境，學生們不能隨意談論民族、政治；但對社會的許多不平現象，至少也應有所抨擊；然而，事實告訴我們：香港學生普遍缺乏社會意識，社會所發生的一切不平等的事；只要無損自己的利益，也就置之不理。因此，會考試卷問題，會有許多學生大抱不平，政府的增收學費，卻還未見有多少學生發表他們的意見，反正，加費只苦了家長，與他們並無關係！

或者有些學生們會回答說：「我們功課太繁重了，還怎有餘暇來理會這些事呢？」但香港學生整天埋頭埋腦地讀書，除了應付考試外，對文化並沒有什麼大貢獻，更談不到推動一個像五四一樣的新文化運動了。

其實香港學生並不是缺少能力學識，尤其是我們站在知識和文化界前線的大學生們，更應當睜開眼睛，從書本中跳出來，隨時隨地留意社會和國際的動態，認識清楚自己對社會、文化的任務，勇敢地去擔負起來，這樣才不枉我們受了十多年高深的教育。

重溫五四運動的歷史對今日的香港學生來說，正如暮鼓晨鐘，發人深省！

自由青年對國家的責任

—— 從「五四」和它的「果實」說起　[一知]

原載《學苑》，1965年12月號，第3–4版。

一九六五年十二月號　學苑　第三版

自由青年對國家的責任
——從「五四」和它的「果實」說起

一知

歌頌「五四」的人都說，它是個轟轟烈烈的時代，是個舊文化價值批判，新文化創造的紀元。

但是，「五四」如何從萌芽，到開花，到結果的一般過程，却很少有人敢「光明正大」地說個清楚。尤其是它的「果實」，多少年來，我聽到的只有：

「×主席偉大的成就」，「共×黨主義的勝利」；或者是：「極權專制」，「歷史悲劇」，「教條政治」，「反自由」，「反人文」等等非「誇」即「咒」的口號。

極力地歌頌「現在」，固然是誇大狂者的所爲，不過，「徹底的」否認現在，也不免像肯定地說：「中國已亡了！」說「傳統」，離不了深刻地認識「現在」，「現在」是「傳統」的果實，「傳統」是「現在」的根源，一棵樹，只會發芽，而不結籽，那裏有生命延續的可能？所結的果實縱然是壞的，但也不能「徹底的」否認它是樹的子裔，我們祇能說，因爲它是壞的，所以要設法改良它，掃除它的壞處，同時，我們要明白，「徹底的」否認「現在」與「不斷地」對「現在」苛責和「要求」是有很大的差別的；前者使人對國家，文化，歷史失却了一切的信心和希望，後者則鼓舞着國人對傳統，對「過去的現在」，「現在的過去」，都抱着深入的探討與追溯，都懷着不斷改革的悲願，都自覺地荷上了無限的責任感，都隨時準備着犧牲小我以成全其大我的精神。所以，我對那些爲了「專制」遂放棄了祖國當前大結而不肯解除，更回首他向的青年，最感失望，最覺得難過，他們在將來祖國的創建中，可能不會有甚麼貢獻，亦不會肯爲她賣什麼命，套用錢穆先生國史大綱裏的一番話：他們對祖國是沒一點「溫情與敬意」的，他們對祖國的研究與對外國的研究，沒有什麼分別，（因此他們自稱客觀），他們對當身的種種罪惡與弱點，一切推諉于「現在的」古人，他們一聲「決絕」的指責，正代表着他們對國家的卸責，他們一切以外國爲好，一切均以外國的爲標準。所以，偶爾他們雖然喊着：「我們要發揚傳統精神，尊重祖國的過去。」但其實他們心裏所想的，是要尊重和發揚那些合乎外國尺度的祖國文化與歷史。他們簡直可以說是要拿祖國的「物證」去證明他們所持的「外國原則」的偉大，如果眞的要他們走進圖書館裏，去細心一頁一頁的翻翻中國書，他們可沒興趣！他們的口號是「吸收外國豐富的知識，去發揚光大祖國！」這眞是一個動人的口號，但可惜的是，滿腦子裏，一點兒眞眞實實的祖國知識都沒有。結果是：「中國非效法外國不可」，「你看，今日現代化的外國……因此，我們非效法它們不可。」是的，「外國的月亮比中國的還圓」，但我懇求大家，先回頭看看自己的祖國，她難道沒有一點好處嗎？難道沒有一點可以貢獻給世界的嗎？她目前的弱點在那裏？她在這個時代中的意義如何？這不是死抱着外國原則的人所能知道的。而且，縱使我們要她趕快跑上，去和外國並駕齊驅，但祖國也不能在她的兒女不瞅，不睬，不關心，不肯犧牲，不自覺的精神下，一步就踏進四方文明的俱樂部。祖國是大衆人民的，今天我們的祖國，又正陷於大困之中（分裂爲二，已算是極大之困了）。我們如果還要處處媚外以瞬同胞，刻刻求名求利以滿私慾，對過去歷史發展所產生的成果，避免談論，完全採取否定的態度，我們如何能走進一步，去闖出一個新的局面來？

有人說，「現在」是「五四」所產生的怪胎，這種說法，我絕對承認，但胎既然「怪」，便應該特別的照料它，糾正它，幫助改進它的弱點，這才是我們應走的大路，我們絕不能因爲它「怪」，便放棄它，咒罵它，離開她而甘心情願地跑進別人的懷抱！

又有人說，今天的「怪胎」，是絕對否定傳統文化的，因此，它不算是代表中國，但他們不知道，怪胎是他們歌頌的「五四」的結晶品，而「五四」的精神又是以「破壞傳統」爲主流的，現在請大家看看下面的兩段話，胡適先生說：

「急需的新覺悟就是我們自己要認錯。我們必須承認，我們自己百事不如人，不但物質上不如人，不但機械上不如人，並且政治道德都不如人。」（請大家來照照鏡子）

再看看吳敬恒先生的話：

「這國故的臭東西，他本同小老婆吸鴉片相依爲命，小老婆吸鴉片，又同升官發財相依爲命，國學大盛，政治無不腐敗，因爲孔老孟墨便是春秋亂世的產品，非把他丟在毛厠三十年……」（箴洋八股之理學）

胡、吳二位先生都是「五四」初期的健將，他們一個主張「中國百事不如人」，一個主張把「國故丟在毛厠裏」，這不是破壞與否定「傳統」是甚麼？因此，當我們提筆歌頌「五四」時，請不要忘記這一事實，而把當前一切「反傳統」的責任推卸來它的「怪胎」身上，當然，我們也不讚成它的「怪胎」的

（下接第四版）

別

汶

——寫在未別之前

濛濛的遠山，
朦朧的孤帆；
流星夜墜於空際，
西風迴蕩於四野。
像沉默的夜鶯，
在心底裏，
低歌那未逝去的友情；
無語的歌聲，
掩沒了波濤的嘯響，
飄送到最深邃的海隅。
你可會忘却今日默言的道別？
我願化爲長空中的飛雁，
追隨你到遙遠的那方。

科學對這個時代的意義

迷惑人類思想的煙霧被吹散
知識的本質
生存的意義
在那淺石灘上漸次的顯露

一般人以爲科學最大的貢獻在於提供各項發明，以供人類使用；而科學往往被認爲是「物質」的，「機械」的。其實，這些只是科學的意義的一面。

每個人都生活在他的思想裏。他的行爲則取決於他思想中的價值觀念。一個大學教授與一個苦力各有自己對生活的想法，各人生活的際遇雖然不同，但各有獲得滿足和快樂的途徑，又由於能力的不同而有不同的生活。當然，這並非表示所有人均是快樂的。因爲當人的能力與他的處境不配合時，痛苦便會隨着發生。懂得運用思想的人，可以找出各種解釋，寫出各類的作品，使飄浮不着的人獲得歸宿。

人類爲了他的信念，往往不惜犧牲性命以保全他的信仰。當羅曼羅蘭高呼「不自由，毋寧死」的時候，我們可以想像到他是爲了「自由」一信念而疾喊，其時，生命變成何等的渺少！而在希特勒的影子裏，德國的青年，一個個倒在沙場上；在子彈貫胸的當兒，或許還在高呼「希特勒」萬歲呢！

思想影响人類的日常生活以至生命的取捨，因此，尋求正確的思想是每個人生存的基本目的。

人類通過他的感官，對外界有所感覺，在腦中產生了印象；當某些物件的共同性質，被抽出來，便造成一個概念。例如，當我們說「樹」一字時，便可以有兩個

歌頌「五四」的人都說，它是個轟轟烈烈的時代，是個舊文化價值批判，新文化創造的紀元。

但是，「五四」如何從萌芽，到開花，到結果的一般過程，卻很少有人敢「光明正大」地說個清楚。

尤其是它的「果實」，多少年來，我聽到的只有：

「X主席領導的偉大成就」，「共X黨主義的勝利」；或者是「極權專制」，「歷史悲劇」，「教條政治」，「反自由」，「反人文」等等非「誇」即「咒」的口號。

極力地歌頌「現在」，固然是誇大狂者的所為，不過，「徹底的」否認現在，也不免像肯定地說：「中國已亡了！」說「傳統」，離不了深刻地認識「現在」，「現在」是「傳統」的果實，「傳統」是「現在」的根源，一棵樹，只會發芽，而不結籽，那裏有生命延續的可能？所結的果實縱然是壞的，但也不能「徹底的」否認它是樹的子裔，我們衹能說，因為它是壞的，所以要設法改良它，掃除它的壞處，同時，我們要明白，「徹底的」否認「現在」與不斷地對「現在」苛責和「要求」是有很大的差別的；前者使人對國家，文化，歷史失卻了一切的信心和希望，後者則鼓舞着國人對傳統，對「過去的現在」，「現在的過去」，都抱着深入的探討與追溯，都懷着不斷改革的悲願，都自覺地荷上了無限的責任感，都隨時準備着犧牲小我以成全其大我的精神。所以，我對那些為了「專制」遂放棄了祖國當前大結而不肯解除，更回首他向的青年，最感失望，最覺得難過，他們在將來祖國的創建中，可能不會有什麼貢獻，亦不會肯為她賣什麼命，套用錢穆先生國史大綱裏的一番話：他們對祖國是沒一點「溫情與敬意」的，他們對祖國的研究與對外國的研究，沒有什麼分別，(因此他們自稱客觀)，他們對當身的種種罪惡與弱點，一切推諉於「現在的」古人，他們一聲「決絕」的指責，正代表着他們對國家的卸責，他們一切以外國為好，一切均以外國的為標準。所以，偶爾他們雖然喊着：「我們要發揚傳統精神，尊重祖國的過去。」但其實他們心裏所想的，是要尊重和發揚那些合乎外國尺度的祖國文化與歷史。他們簡直可以說是要拿祖國的「物證」去證明他們所持的「外國原則」的偉大，如果真的要他們走進圖書館裏，去細心一頁一頁的翻翻中國書，他們可沒興趣！他們的口號是，「吸收外國豐富的知識，去發揚光大祖國！」這真是一個動人的口號，但可惜的是，滿腦子裏，一點兒真真實實的祖國知識都沒有。結果是：「中國非效法外國不可」，「你看，今日現代化的外國……因此，我們非效法它們不可。」是的，「外國的月亮比中國的還圓」，但我懇求大家，先回頭看看自己的祖國，她難道沒有一點好處嗎？難道沒有一點可以貢獻給世界的嗎？她目前的弱點在那裏？她在這個時代中的意義如何？這不是死抱着外國原則的人能知道的。而且，縱使我們要她趕快跑上，去和外國並駕齊驅，但祖國也不能在她的兒女不瞅，不睬，不關心，不肯犧牲，不自覺的精神下，一步就踏進西方文明的俱樂部。祖國是大眾人民的，今天我們的祖國，又正陷於大困之中（分裂為二，已算是極大之困了）。我們如果還要處處媚外以驕同胞，刻刻求名求利以滿利慾，對過去歷史發展所產生的成果，避免談論，完全採取否定的態度，我們如何能走進一步，去闖出一個新的局面來？

有人說，「現在」是「五四」所產生的怪胎，這種說法，我絕對承認，但胎既然「怪」，便應該特別的照料它，糾正它，幫助改進它的弱點，這才是我們應走的大路，我們絕不能因為它「怪」，便放棄它，咒罵它，離開她而甘心情願地跑進別人的懷抱！

又有人說，今天的「怪胎」，是絕對否定傳統文化的，因此，它不算是代表中國，但他們不知道，怪胎是他們歌頌的「五四」的結晶品，而「五四」的精神又是以「破壞傳統」為主流的，現在請大家看看下面的兩段話，胡適先生說：「急需的新覺悟就是我們自己要認錯。我們必須承認，我們自己百事不如人，不但物質上不如人，不但機械上不如人，並且政治道德都不如人」（請大家來照照鏡子）

再看看吳敬恒先生的話：「這國故的臭東西，他本同小老婆吸鴉片相依為命，小老婆吸鴉片，又同升官發財相依為命，國學大盛，政治無不腐敗，因為孔老孟墨便是春秋亂世的產品，非把他丟在毛厠三十年……」（箴洋八股之理學）

胡、吳二位先生都是「五四」初期的健將，他們一個主張「中國百事不如人」，一個主張把「國故丟在毛厠裏」，這不是破壞與否定「傳統」是什麼？因此，當我們提筆歌頌「五四」時，請不要忘記這一事實，而把當前一切「反傳統」的責任推卸來它的「怪胎」身上，當然，我們也不贊成它的「怪胎」的口號，因為這「怪胎」所喊出來的，西方人研究西方歷史所得的一個結論，那裏能夠套在中國歷史的身上呢？

最後，讓我們來談談我們自己的責任，我提議！

第一，我們要徹底探討「五四」的「果實」的成因，要知道它的成因，我以為必須要知道「五四」的成因，要知道「五四」的成因，就必須對過去的歷史、文化有深厚的溫情與敬意，有深切的認識與體驗，從而可以認識「五四」，從「五四」我們可以認識「現在」。

第二，當前的弱點，我們要以同情的態度去批判；當前的長處，我們要百尺竿頭，鼓勵它更進步。

第三，當前的罪惡──「物化」，要嚴勵的指斥，同時，在指斥之際，指引它走向理性的道途。

第四，我們要學習西方文明，以補祖國傳統及自身的不足，但絕不能以西方文明為中國今後的骨幹，要知道，西方文明縱使是如何高，也只能當作是中國文化創建中的營養料而已，如何把這營養料溶化為我們的血肉，那是對國家有深切認識者的責任，不是那些「外國月亮更圓」者所可企及的、（後者恐怕不會沾沾自喜，認為可以推卸責任吧？

最後，我要強調，也重覆，對「當身」同情地要認識，盡心地使它「向上反」，是我們今天海外自由青年對國家應盡的責任。至於老一輩的，他們受時代的摧殘，也已夠了，他們所能做到的，都已做了。同時，掌握「現實」的古人們，他們的所作所為，也自有其時代的積極一方面的意義，我們也不必再苛責他們了（但他們施行的原則，手段，我們非嚴厲的批判不可）。

中國代有英雄出，各「惠」蒼生幾十年！

新的創建責任應是新一代的青年人負的。

重創五四精神 ［珠海 懷國］

原載《中國學生周報》，1965年5月第668期，第3版。

談起「五四」運動，相信誰都知道它是我們民族精神的喚醒運動，同時也是使我國文化由古老世紀步入科學文明的新紀元運動，使國人的閉關自守意識打破了。在沐浴歐風美雨之後，中國人使中西文化融會貫通，擷取歐西文化精華，進而發揚中華文化的偉大。這就是我國近代史上一頁轟轟烈烈的「新文化運動」。

作為一個香港人，或者說是一個華籍的香港人，也應該有一種精神上的喚醒運動。我認為香港人缺乏了民族意識，或者可以說是根本沒有，因為他們只知在外國人的翼下受庇，苟延殘喘於自在舒適的生活中，樂不思蜀（有些也許實際上在牛馬日子中過活），同時失卻了中國人的自尊，甘作一個烏眼黑髮的「外」國人。不僅自己如此，甚至還鼓舞自己下一代也如此，於是世世代代除了通曉外國文字外，永遠不了解中華文化為何物！

國父說：「我國之所以不會被帝國主義滅亡或瓜分，因為帝國主義不能消滅我國的文化，有中華文化延續的一天，帝國主義絕不能消滅中國。」但是現在的香港，中華文化漸瀕滅亡關頭，民族意識逐漸慘遭腐蝕殆盡。為什麼我們不起來重振「五四運動」旌旗，去展開民族精神的喚醒運動呢？

我們舉目放眼之處，無不是為宣揚外國文化的機關，栽培「外」國人的溫床，這些「外」國人除了閱讀蟹行文化之外，便是目不識丁了。

為什麼英文書院及英文中學在香港如此受人歡迎，而中文書院及中文中學反而受人輕視呢？為什麼具有中文知識的青年會失業？而受過外國教育的分子是那麼吃香呢？

為什麼我們不負擔起保衛中華文化的責任？為什麼我們不起來發揚光大中華文化呢？前人已經為我們作出了很好的例子，為什麼我們不能像前人般，轟轟烈烈的奮發一番。喚醒香港的青年，喚醒中華民族。

五四運動與香港大專學生 ［謝扶雅］

原載《大學生活》，1966 年 5 月號，第 10–12 頁，節錄

……民八五四運動當時即伴帶來的流弊之一，只是濫為罷課遊行。青年學生畢竟是青年學生，頭腦不冷靜，處事不切實，儘多朝氣熱血，體驗卻不夠深沉。所以當年北大蔡元培校長曾提出兩句很公平而又合於中國優良傳統的口號，叫做「讀書不忘救國，救國不忘讀書」。這真可以說是感情與理智融合的一種人生觀，而仍為今日青年學生所應取的態度。

……那末，本港大專學生應從五四運動取得什麼教訓呢？如上所述，五四本是純潔的愛國運動。但現在，我們的「國」在那裏，又如何表現其「愛」呢？實際，我們今所踏的土地是殖民地的香港。港府會發出一個「無國籍華人」的稱號。的確，我們像是在香港留學似的，但既無中共大陸或台灣國民政府的護照，同時也並不屬英國的國籍，而香港又不是一個獨立國家。所以我們是無國可投亦遂無國可愛的。我們有學籍而無國籍，這是香港中國學生的畸形。不過，我們至少也有我們的「祖國」，而且這個國擁有大好錦繡山河，具着四千年悠久不斷的文化。可惜它現在偶然染上了赤色——與國情格格不相入的異樣氣色，並且使得大陸上六億同胞食不果腹，衣不蔽體，病無以為治，死無以為葬。如何援助我們這一老家的骨肉，是今日海內外每一個炎黃兒女的神聖職責，尤其是近在一板之隔的香港高級學生不可逃的責任。

就目前而論，在港九四百萬居民中什麼是華人，是我們的嫡親兄弟姐妹諸姑父老，我們對之豈不當積極發揮我們的同胞愛嗎？我們幸運地成為佔其

中百分之一的大學生，豈不當出其所學，所知、所能，而與當地所有社會團體協同為同胞們服務呢？香港的社會問題太多了，而且有些是極度嚴重的。據報導，港九吸毒者達五十萬人之多。我又曾聽聞過，港九有一些小學生，竟能傳遞和販賣嗎啡、海洛英。這何等可怕的一件事，更不容說飛仔飛女了。我們做大阿哥的，至少應當對全港中小學校的同學負起愛護和輔導的責任。同學間的同情幫助，比之政府官廳的警防和懲戒，家庭父母的監護和督導，是更有實效的。須記得，差不多與五四運動同時所產生的「少年中國學會」，它的宗旨是「本科學的精神，作神會的活動……。」香港的畸形社會對大專學生實是一個劇烈的挑戰。我們「讀聖賢書，所學何事」，而還不躍起應戰嗎？

最後，我們的本行本業畢竟是讀書的學生；誠如北大蔡校長所說，「救國不忘讀書」。不過，讀書決不是讀死書。而現在香港的一般教育，還是團團轉於講義、筆記、考試、分數、文憑的一池死水當中，直把活生生的青年人心靈埋葬了。讀書的正當意義是：訓練科學的方法，培養獨立思考的態度，發揮自由創造的精神。這樣的「讀書」才是新文化運動的基石。這樣讀書的風氣——即學風，應當是由大專學生來造成的。正如家庭的中心是兒童一樣，學校的重心無寧是學生而不是教授。是學生的素質決定一間學校，不是學校的宗旨決定該校的學生。身為大學生，應能自治、自由、自立。因為學之「無所倚傍」到為人之無所倚傍。孔子說得好：「君子不重則不威，學則不固」。

以上是香港今日大專學生所應能辦得到的。我們應當追踪及繼續發揚民八五四運動的精神，在南太平洋這個海角，造成一種運動——新學風運動，新香港運動，特別是，新中國運動。

我們還能沉默嗎？ ［培知中學 學軍］

《新晚報》，1967 年 5 月 3 日，第 5 張

在港九愛國青年熱烈慶祝「九大」勝利閉幕的歡樂時刻中，一個表現中國青年敢闖敢幹的光輝節日──「五・四」青年節，迎着浩蕩的東風，到來了！想過去，我們英雄的先烈──中國的愛國青年學生，朝氣蓬勃，鬥志昂揚，為祖國存亡，為人民幸福，為愛國反帝事業灑鮮血，獻青春，獻力量，勇當革命的急先鋒！為我們後來人樹立了光輝的榜樣。而今天，身為五十年後的中國青年學生，我們，應該怎樣才無愧於革命的先烈呢？

在這個所謂「東方之珠」的「繁榮」香港，不少的中國青年，受了港英的引誘，蒙騙，隨着歐風美雨的黃色風氣影響，日益墮落，腐化，身穿奇裝異服，口唱狂人音樂，……消沉頹廢，社會風氣越趨惡化。而那班所謂民政議員、「政府」人員卻視若無睹，花言巧語，大肆吹噓為青年着想，發展青年活動等，骨子裏其實是縱容某些戲院、報館刊物向青年大量灌輸黃色和打鬥的毒素，所舉辦的新潮舞會、黑燈舞會，從內容及影響來說，難道是為青年着想的嗎？

它們不但用這種方法腐蝕中國青年，更以什麼學位、會考、文憑來迫使青年學生為會考，為文憑埋頭苦讀奴化書，兩耳不聞天下事，黑白不分，忘宗背祖，國家大事，世界大事全不顧，只識名利與金錢。……

港英大力提倡歐風美雨，以致黃潮氾濫，又以會考、文憑，讓青年埋首書堆，所有這些，都是在奴化和毒害中國青年的一代。我們能這樣度過我們的青春嗎？青年人最有生氣，最積極，最肯學習，最少保守思想，五四時期的青年人為我們樹立了光輝的榜樣，指出了我們青年人應走的道路，作為新時代的青年人，五十年後的接班人，我們還能沉默嗎？

世界是你們的
—— 謹藉「五四」青年節獻與港九青少年們 [振羽]

原載《新晚報》，1967 年 5 月 3 日，第 7 張。

世界是你們的（快板）
——謹藉「五四」青年節獻與港九青少年們
振羽

我們偉大的導師、偉大的領袖、偉大的統帥、偉大的舵手毛主席，對我國廣大的青少年，無限關心與愛惜，寄以無限希望，他說：「世界是你們的，也是我們的，但是歸根結底是你們的。你們青年人朝氣蓬勃，正在興旺時期，好像早晨八、九點鐘的太陽，希望寄托在你們身上。」他教我們要關心國家大事，要經風雨，見世面，在革命風浪中增長

視為害人瘟疫。年來悲慘事例多，我們豈能不警惕。否則失足入歧途，積重難返難救溺。（重句）

我們是革命時代青少年，要有濃厚革命氣息。首先要站穩愛國立場，熱愛偉大領袖毛主席。以毛澤東思想作行動指南，以世界革命作奮鬥目的。思想如爐火殷紅，品行如蒼松勁直。多讀好報與好書，多關心國際消息。對革命事業積極支持，對反動言行

我們偉大的導師、偉大的領袖、偉大的統帥、偉大的舵手毛主席，對我國廣大的青少年，無限關心與愛惜、寄以無限希望，他說：「世界是你們的，也是我們的，但是歸根結底是你們的。你們青年人朝氣蓬勃，正在興旺時

知識，要做革命接班人，成爲世界革命動力。完全徹底爲人民服務，破私立公捍衛無產階級利益。（重句）

港九環境，複雜到極，充滿罪惡，四佈荆棘，我們青少年同胞，要以清醒頭腦把是非明辨、好醜分析。切勿貪享受慕虛榮，被資產階級思想腐蝕。唔好油頭粉面學阿飛，生活荒唐趨向美式。遊手好閒和一切墮落行爲，應都

狠狠痛擊。對階級兄弟團結關心，對牛鬼蛇神掃除蕩滌。胸懷祖國放眼世界，爭取全球人類得解放，不再受剝削與壓迫。（重句）

「人間正道是滄桑」，革命形勢今勝昔。望全球：「四海翻騰雲水怒，五洲震盪風雷激」。讓我們更高舉毛澤東思想偉大紅旗，「掃除一切害人蟲，全無敵」。（重句）

期，好像早晨八、九點鐘的太陽，希望寄託在你們身上。」他教我們要關心國家大事，要經風雨，見世面，在革命風浪中增長知識，要做革命接班人，成為世界革命動力。完全徹底為人民服務，破私立公捍衛無產階級利益。

港九環境，複雜到極，充滿罪惡，四佈荊棘，我們青少年同胞，要以清醒頭腦把是非明辨、好醜分析。切勿貪享受慕虛榮，被資產階級思想腐蝕。唔好油頭粉面學阿飛，生活荒唐趨向美式。遊手好閒和一切墮落行為，應都視為害人瘟疫。年來悲慘事例多，我們豈能不警惕。否則失足入歧途，積重難返難救溺。

我們是革命時代青少年，要有濃厚革命氣息。首先要站隱愛國立場，熱愛偉大領袖毛主席。以毛澤東思想作行動指南，以世界革命作奮鬥目的。思想如爐火般紅，品行如蒼松勁直。多讀好報與好書，多關心國際消息。對革命事業積極支持，對反動言行狠狠痛擊。對階級兄弟團結關心，對牛鬼蛇神掃除蕩滌。胸懷祖國放眼世界，爭取全球人類得解放，不再受剝削與壓迫。

「人間正道是滄桑」，革命形勢今勝昔。望全球：「四海翻騰雲水怒，五洲震盪風雷激」。讓我們更高舉毛澤東思想偉大紅旗，「掃除一切害人蟲，全無敵」。

五四以來毛澤東思想光輝照 ［羊朱］

原載《新晚報》，1967 年 5 月 4 日，第 2 張。

三月十八日　(2)

五四以來毛澤東思想光輝照

「五四」運動到今天已是五十周年了。一個世紀雖然還只是走了一半，整個中國卻已經地覆天翻，人間換了。整個世界也正在四海翻騰，漸漸的在換面貌。

「五四」是青年運動，發展而為一場文化革命；革命的對象是帝國主義和封建主義。引起「五四」運動的就是帝國主義的侵略，青年們奮起反對的就是侵略我們的帝國主義和勾結帝國主義的賣國政府。在文化上，「打倒孔家店」就成了反對封建主義的最具體生動的口號。

賣國政府，早已打倒了，打得在大陸上站不住腳，從地上爬起來，躲到台灣，勾結美帝，苟延殘喘。

帝國主義，也早已不能在中國橫行霸道，被徹底趕出大陸了。新生的中國，在抗美援朝中打敗了帝國主義之首的美帝；也力抗修正主義的中心蘇修，最近還在中蘇邊境上予蘇修社會帝國主義以應得懲罰，沉重打擊。

中國從來沒有像今天這樣強大，這樣為帝國主義和社會帝國主義所害怕。中國早已被公認為當今之世三大強國之一了。

這兩年，進行了文化大革命，中國就更加強大。回顧「五四」，雖然是半個世紀，中國所前進的，所躍進的歷程，等於人家幾個世紀。

在將近半個世紀中，毛主席一直指引着革命群眾，奮勇前進。「五四」以來的半個世紀是毛澤東思想最光輝照耀的半個世紀。

羊朱

「五四」運動到今天已是五十周年了。一個世紀雖然還只是走了一半，整個中國卻已經地覆天翻，人間換了。整個世界也正在四海翻騰，漸漸的在換面貌。

「五四」是青年運動，發展而為一場文化革命；革命的對象是帝國主義和封建主義。引起「五四」運動的就是帝國主義的侵略，青年們奮起反對的就是侵略我們的帝國主義和勾結帝國主義的賣國政府。在文化上，「打倒孔家店」就成了反對封建主義的最具體生動的口號。

賣國政府，早已打倒了，打得在大陸上站不住腳，從地上爬起來，躲到台灣，勾結美帝，苟延殘喘。

帝國主義，也早已不能在中國橫行霸道，被徹底趕出大陸了。新生的中國，在抗美援朝中打敗了帝國主義之首的美帝；也力抗修正主義的中心蘇修，最近還在中蘇邊境上予蘇修社會帝國主義以應得懲罰，沉重打擊。

中國從來沒有像今天這樣強大，這樣為帝國主義和社會帝國主義所害怕。中國早已被公認為當今之世三大強國之一了。

這兩年，進行了文化大革命，中國就更加強大。回顧「五四」，雖然是半個世紀，中國所前進的，所躍進的歷程，等於人家幾個世紀。

在將近半個世紀中，毛主席一直指引着革命群眾，奮勇前進。「五四」以來的半個世紀是毛澤東思想最光輝照耀的半個世紀。

奴化教育肯定破產

—— 中國學生反對奴化教育簡記

原載《新晚報》，1967 年 5 月 4 日，第 8 張，節錄

奴化教育肯定破產
——中國學生反對奴化教育簡記

帝國主義者，今日又大力推行奴化教育，用各種手段來麻醉、毒害我們青年。妄圖使我們成為它的忠實的奴才走狗。其實，奴化教育並不是今天才開始，而是百多年的事了。從一八三〇年開始，美帝已經在我國開辦教會學校，名為「教育中國青年」，實則是想把中國的年青一代引向歧路，以達到它霸佔中國領土的醜惡目的。

今天是「五四運動」的四十九周年紀念，這個運動是當時的青年學生們，為着維護我們中華民族的氣節及對當時的反動政府，發動的一場反帝反封建的鬥爭。

當時的中國社會正是帝國主義想在中國佔便宜的時候，而當時腐敗的政府亦自顧不暇，那能對帝國主義的迫害反抗呢？所以帝國主義者便能胡作妄為，其中以美帝國主義對我國人民迫害最深。美帝國主義者妄圖用奴化青年

和愚民政策將中國的學生及各階層人仕迫害，於是他們辦學校、辦醫院、傳教等。有些學生進了他們的陷阱。在教會學校的青年，每天都要唸着聖經，每個時候都要祈禱，他們妄圖以「本着耶穌基督之博愛精神，來教育中國青年」為幌子，把中國青年「作神的兒子」，乖乖地做反動統治階級的奴隸，養成一副奴才性格，不會有何反抗。但當中國青年在革命形勢的鼓舞下，逐步覺醒起來的時候，便把他們反動的政策，打個落花流水。

轟轟烈烈的學生運動，震撼了反動派的統治。但是在教會學校裏，就完全兩樣；他們說什麼「學術獨立」、「學生不問政治」、「不參加政治活動」等等，實際上就是想盡辦法阻擋民主潮流，為反動派服務。

一九一九年，偉大的「五四運動」發生，中國青年學生舉行示威大遊行，他們不惜生命危險，用行動來表示他們對當時反動政府的態度，並且喚起民眾把這個政府打垮。當時，濟南的齊魯大學學生也參加這個愛國運動，學校當局事前盡力阻擋，但是中國學生不怕阻撓，積極參加遊行，事後校方竟把所有參加遊行的六百多位同學一律降級半年。

在「五四」之後，中國學生仍然不屈不撓，繼續為保護他們的利益而鬥爭。一九四七年十月，浙江大學的學生自治會主席于子三無辜被國民黨反動派殺害了，於是全國各地學生罷課、示威，表示抗議；但是美帝國主義走狗滬江大學校長淩憲揚立即站出來，殺氣騰騰地警告學生說：「滬江不准有任何事情發生，你們如果有所動作，我便馬上告訴警察局，要多少人來就有多少人來！」由此可見，當時正是國民黨反動派及美帝國主義縱容下的世界。雖然如此，學生們還是繼續鬥爭。

五四運動與五四精神 ［岑逸飛］

原載《盤古》，1967 年 5 月第 3 期，第 2 頁，節錄

■岑逸飛

五四運動與五四精神

五四・文化大革命・文化復興

每年到了「五四」，照例都會出現一些紀念性質的文章。但是年復一年，「五四」對於我們，卻仍舊非常陌生。究竟「五四」是一個宣揚「科學」、「民主」的啓蒙運動，還是一羣學生示威、請願、遊行的愛國運動？究竟這個運動是破壞大於建設，還是建設大於破壞？「新文學運動」在「五四」又佔有一個什麼樣的位置？這個運動的歷史意義又何在？它值得我們去效法嗎？凡此種種的困惑，常常縈迴在我們的腦海裏而得不到確切的答案。自然，這個複雜的問題，也不是三言兩語所能解答的。況且，談論「五四」的人，往往基於不同的認知與價值觀念而作出不同的判斷。但筆者總是覺得，一般攻擊「五四」的，往往是着重於運動的本身，指出這個運動如何產生惡劣的後果而言；至於擁護「五四」的，則着重於這個運動的精神，即所謂「科學」、「民主」、「愛國」等精神。因此，爲着減少混淆起見，本文就把「五四」分爲兩方面加以研究，一是「五四運動」的本身，另一則是「五四精神」。前者用較多的篇幅，扼要地評述這個運動的起因、經過、發展及其影響。後者只約略界說「五四精神」此一名詞的意義，及說明它與現代中國青年人的關係。筆者深信，此一劃分，是能够導致我們對「五四」有一較全面瞭解的。

在一般人的心目中，五四運動也許來得太突然。但事實上，任何運動都有它的醞釀時期，五四運動也是如此。它可說是中國對西方入侵的反應的一連串發展之後所顯露出來的一個高峯。在西方資本制度的生

逢壓力下，中外經濟利害的衝突日益尖銳，再加上中國政治的敗壞，一種國民性的自覺運動是遲早總會出現的。

民國三年（一九一四）第一次世界大戰爆發。當時段祺瑞任國務總理，力主參戰，並同時大舉向日本借款，以期達到擴充私人武力的目的。計於民國六、七年間，先後有善後借款、參戰借款、軍械借款、電訊借款、鐵路借款、礦務森林借款諸名目。這些借款，都是由日本人西原龜三經手的，俗稱西原借款。日本人之所以肯借款給中國，無非是想進一步攫取政治及經濟的權益而已。

大戰結束後，中國在巴黎和會的失敗便成爲了這個運動的導火線。青島原是由中國租借給德國的海港，大戰期間，日本從德國手中奪取青島。但中國既已對德宣戰，戰後這租借地自然毫無疑問地應該歸還中國。但在巴黎和會上，戰勝國卻決定把青島送給日本。這決定當然涉及了不少其他的因素。其一是一九一七年日本和英法訂立青島還給日本的密約。其二是一九一八年中國代表在會上的交涉受到很大的束縛。同時日本更以退出和會爲要脅，迫使義國同意。消息傳來，舉國嘩然。北京學生在一羣北大學生領導下舉行示威，反對簽訂凡爾賽和約。三千學生舉行羣衆大會，並在街頭遊行示威，反對接受喪權辱國的條件，高喊「還我青島！」，「抵制日貨！」，「廢除二十一條！」，「中國是中國人的中國！」並寫着同樣的標語的旗幟滿街飄揚。他們先聚集在天安門，轉赴總統府，要求懲辦「賣國賊」曹汝霖，陸宗輿和章宗祥；後來更折毀東城趙家樓，焚燒曹汝霖的住宅。我們且看看當時示威學生領袖之一的張國燾怎樣記述此次示威的由來及籌備的經過——

「一九一九年五月二日下午七時，『國民雜誌社』循例舉行社務會議，參加者是原有的十多個社員，議程也只是討論雜誌的出版事務。可是到會者不約而同的談到中國凡爾賽和會受屈辱的情形。我首先提議：由『國民雜誌社』發起，約集北京各校同學舉行一次示威遊行。我並且說明：這次示威行動決不可再蹈去年請願行動的覆轍，必定要做得有聲有色，獲得圓滿的結果，時間越快越好。這次示威的行動的意義是向日本使館表示中

每年到了「五四」，照例都會出現一些紀念性質的文章。但是年復一年，「五四」對於我們，卻仍舊非常陌生。究竟「五四」是一個宣揚「科學」、「民主」的啟蒙運動，還是一群學生示威、請願、遊行的愛國運動？究竟這個運動是破壞大於建設，還是建設大於破壞？「新文學運動」在「五四」又佔有一個什麼樣的位置？這個運動的歷史意義又何在？它值得我們去效法嗎？凡此種種的困惑，常常縈迴在我們的腦海裏而得不到確切的答案。自然，這個複雜的問題，也不是三言兩語所能解答的。況且，談論「五四」的人，往往基於不同的認知與價值觀念而作出不同的判斷。但筆者總是覺得，一般攻擊「五四」的，往往是著重於運動的本身，指出這個運動如何產生惡劣的後果而言；至於擁護「五四」的，則著重於這個運動的精神，即所謂「科學」、「民主」、「愛國」等精神。因此，為着減少混淆起見，本文就把「五四」分為兩方面加以研究，一是「五四運動」的本身，另一則是「五四精神」。前者用較多的篇幅，扼要地評述這個運動的起因、經過、發展及其影響。後者只約略界說「五四精神」此一名詞的意義，及說明它與現代中國青年人的關係。筆者深信，此一劃分，是能夠導致我們對「五四」有一較全面的了解的。……

從中共言論看無產階級
—— 文化大革命的精神和演變 ［中沚］

原載《盤古》，1967 年 5 月第 3 期，第 4–5 頁。

每逢到了五四，就使我們想起了那些嚮往中國強盛的青年學生，曾為國家的主權與獨立而行動。他們不畏強權，不懼暴力，挺身而起，「外爭主權，內除國賊」，顯示出他們大無畏、大智大勇的精神來承擔他們應負的義務。

這種精神固然可嘉，可惜他們只憑着一股熱情、十分衝動。當時北大校長蔡元培勸學生説：「示威遊行並不能扭轉時局。」事後蔡元培辭職，由蔣夢麟代校長之職。當時他對學生發表了一篇演説，內中有如下的一段——

「……故諸君當以學問為莫大的任務。西洋文化先進國家到今日之地位，係累積文化而成，非旦夕可幾。千百年來，經多少學問家累世不斷的勞苦工作而始成今日之文化。故救國之要道，在從事增進文化之基礎工作，而以自己的學問工夫為立腳點，此豈亦搖旗吶喊之運動所可幾？當法國之圍困德國時，有德國學者費希德在圍城中之大學講演，而作致國民書曰：『增進德國之文化，以救德國。』國人行之，遂樹普魯士敗法之基礎。故救國當謀文化之增進，而負此增進文化之責者，惟有青年學生……」

這番話今天仍值得我們去深思。我們今天讚頌五四精神，並不是一定表示要學生們去罷課、示威、遊行，「救國當謀文化之增進」，問題只是今日之青年已不表現五四青年那份直行不諱的熱忱與真誠了！

緬懷「五四」，我們是應該帶有幾分羞恥和慚愧的。五四運動雖已成歷史的陳跡，但其未完成的使命至今猶在。我們有義務去接上他們的棒子，承擔他們未完成的使命。五四青年缺乏了破壞後建設的能力。他們破壞有餘，建設不足。他們雖然不斷的鼓吹科學與民主，鼓吹現代化，但缺乏了建立科學、民主及現代化社會的知識。中國需要的就是重建。一個社會的重建是一複雜而艱巨的工程，海內外的中華兒女應該勇敢地承擔這項未竟的事業。而這種承接「五四精神」而來的精神，我們也可以說是「盤古精神」。

下了五四半旗就得幹 ［古蒼梧］

原載《盤古》，1967 年 5 月第 3 期，第 7 頁

下了五四半旗就得幹

古蒼梧

大約在三年前，余光中在文星雜誌第十七期中宣佈「下五四的半旗」了，是的，「新文化的老祖母死了，讓我們下半旗誌哀，」「這一代的青年們，便不能再存任何依賴的心理」了。

但余光中對於「五四」在文學方面的評價，則未免太武斷太偏蔽了。他只知道有胡適、有蘇雪林、有陳西瀅，而不知道有王辛笛、卞之琳，何其芳，李廣田；不知道有穆時英和端木蕻良。他把胡適的「嘗試集」當作五四新詩創作的代表，而漠視了「手掌集」、「魚目集」；他說「他們幾乎不知道象徵主義以後的歐美詩壇」，但他自己卻不知道王、卞、何、李，還有艾青，施蟄存都是中國「現代主義」的先鋒，他說「他們幾乎不知道印象主義是怎麽一回事」，但他自己卻不曉得豐子愷，朱光潛，甚至張愛玲早在三十年代就介紹過印象派。他深以胡適「不能欣賞杜甫的佳妙」，「不欣賞艾略特」為憾，可是除了胡適之外，朱光潛，李廣田都是杜詩藝術的推崇者，王辛笛就很愛艾略特。他又很可惜「自由主義的作家們，似乎只知道浪漫主義，只知道雪萊和歌德。左傾的作家們，似乎只知道自然主義和寫實主義，只知道左拉、高爾基、易卜生，但我的可惜卻是：余先生沒有機會讀到卞之琳譯的紀德，蕭乾在「珍珠米」中介紹的意識流小說家（喬哀斯、亨利詹姆士、維珍妮亞．吳爾芙等家）和美國現代戲劇的大師奧尼爾（Eugene O'neill），更可惜的是，余光中沒欣賞到穆時英的意識流小說也寫得相當帥，張愛玲對於女性心理的描寫，可與嘉芙蓮曼斯菲（Katherine Mausfield）媲美。

我提出這許多反證，目的不在指責余光中先生，在新詩的理論上，他是我所敬佩的作者，他對於「五四」評價的偏蔽，也許可歸究於典籍凋零，文獻封閉；但對於歷史事實的正確評價，我深覺得每個人都有責任去檢討。由上面的反證，我們可以想得到，單單為「五四」老祖母下旗致哀，而不認識她另一些功績，紀念這些功績，學習她創造這些功績的偉大魄力和精神是不夠的。我們看，十多年了，標榜「現代文學」的港台文壇，除了講講意識流，談談佛洛依特，呼呼「存在與虛無」，唱唱現代主義以外，對於西洋文學，我們還介紹了點甚麽？我們譯過一本意識流的長篇小說嗎？「五四」時代袁家驊就譯過康拉德（J. Conrad）的「黑水手」（The Nigger ofthe Narcissus)詩方面，葉維廉譯過艾略特（趙蘿蕤女士譯過了），覃子豪、胡品清譯過梵樂希、約翰樸斯、魏爾崙等，還有人譯過里爾克（馮至在三十年前也譯過），這方面的譯介工作做得比較多一點，所以這十幾年來文藝創作，也以新詩最有成績。戲劇呢？本來是闕如的，好在最近兩年有「劇場」諸君子的努力，算是起步，但比起「五四」那種長江大河的幹勁，仍未能同日而語。我們可以怨環境，怨時代，但「五四」時代就比現在動盪得多，「五四」人的環境也不見得好在那裏，帝國主義的侵略，軍閥的內爭，政治勢力的壓迫，左翼作家的囂張，「第三種人」的純粹文藝工作者在那時代壓根兒就挺不起腰，但人家卻幹了這許多。這是我們應該敬佩，也應該感到慚愧的。但敬佩與慚愧之外，更重要的，是我們應該繼續去幹，像「老祖母」年青時那樣去幹！我們既下了「五四」的半旗，我們就得去幹！幹！幹！幹！

大約在三年前，余光中在文星雜誌第十七期中宣佈「下五四的半旗」了，是的，「新文化的老祖母死了，讓我們下半旗誌哀，」「這一代的青年們，便不能再存任何依賴的心理」了。

但余光中對於「五四」在文學方面的評價，則未免太武斷太偏蔽了。他只知道有胡適、有蘇雪林、有陳西瀅，而不知道有王辛笛、卞之琳、何其芳、李廣田；不知道有穆時英和端木蕻良。他把胡適的「嘗試集」當作五四新詩創作的代表，而漠視了「手掌集」、「魚目集」；他說「他們幾乎不知道象徵主義以後的歐美詩壇」，但他自己卻不知道王、卞、何、李，還有艾青，施蟄存都是中國「現代主義」的先鋒，他說「他們幾乎不知道印象主義是怎麼一回事」，但他自己卻不曉得豐子愷，朱光潛，甚至張愛玲早在三十年代就介紹過印象派。他深以胡適 「不能欣賞杜甫的佳妙」，「不能欣賞艾略特」為憾，可是除了胡適之外，朱光潛，李廣田都是杜詩藝術的推崇者，王辛笛就很愛艾略特。他又很可惜「自由主義的作家們，似乎只知道浪漫主義，只知道雪萊和歌德。左傾的作家們，似乎只知道自然主義和寫實主義，只知道左拉、高爾基、易卜生，但我的可惜卻是：余先生沒有機會讀到卞之琳譯的紀德，蕭乾在「珍珠米」中介紹的意識流小說家（喬哀斯、亨利詹姆士、維珍妮亞・吳爾芙等家）和美國現代戲劇的大師奧尼爾（Eugene O'neill），更可惜的是，余光中沒欣賞到穆時英的意識流小說也寫得相當帥，張愛玲對於女性心理的描寫，可與嘉芙蓮曼斯菲（Katherine Mansfield）媲美。

我提出這許多反證，目的不在指責余光中先生，在新詩的理論上，他是我所敬佩的作者，他對於「五四」評價的偏蔽，也許可歸究於典籍凋零，文獻封閉；但對於歷史事實的正確評價，我深覺得每個人都有責任去檢討。由上面的反證，我們可以想得到，單單為「五四」老祖母下旗致哀，而不認識她另一些功績，紀念這些功績，學習她創造這些功績的偉大魄力和精神是不夠的。我們看，十多年了，標榜「現代文學」的港台文壇，除了講講意識流，談談佛洛依特，呼呼「存在與虛無」，唱唱現代主義以外，對於西洋文學，我們還介紹了點什麼？我們譯過一本意識流的長篇小說嗎？「五四」時代袁家驊就譯過康拉德（J. Conrad）的「黑水手」（*The Nigger of the Narcissus*）詩方面，葉維廉譯過艾略特（趙蘿甦女士譯過了），覃子豪、胡品清譯過梵樂希、約翰樸斯、魏爾崙等，還有人譯過里爾克（馮至在三十年前也譯過），這方面的譯介工作做得比較多一點，所以這十幾年來文藝創作，也以新詩最有成績。戲劇呢？本來是闕如的，好在最近兩年有「劇場」諸君子的努力，算是起步，但比起「五四」那種長江大河的幹勁，仍未能同日而語。我們可以怨環境，怨時代，但「五四」時代就比現在動盪得多，「五四」人的環境也不見得好在那裏，帝國主義的侵略，軍閥的內爭，政治勢力的壓迫，左翼作家的囂張，「第三種人」的純粹文藝工作者在那時代壓根兒就挺不起腰，但人家卻幹了這許多。這是我們應該敬佩，也應該感到慚愧的。但敬佩與慚愧之外，更重要的，是我們應該繼續去幹，像「老祖母」年青時那樣去幹！我們既下了「五四」的半旗，我們就得去幹！幹！幹！幹！

紀念五四堅持鬥爭

—— 西貢區青少年在鬥爭中成長 ［洪小兵］

原載《新晚報》，1968 年 5 月 4 日，第 3 張。

紀念五四堅持鬥爭

—西貢區青少年在鬥爭中成長

洪小兵

我們西貢區青少年學生用實際行動來紀念「五・四」青年運動的四十九周年的到來。在反英抗暴鬥爭中我們繼承了和發揚了「五・四」精神。

在過去的一年中，我們西貢區的青少年學生緊接着「五・四」這光輝的大旗，向着港英的奴化教育猛力衝擊，粉碎了奴化教育的枷鎖。

去年九月，為了反擊港英當局對我愛國同胞的迫害，我區青少年學生舉行了一次前所未有的遊行示威。參加遊行隊伍的人數超出我們的想像，隊伍所到之處，受到廣大群眾的歡迎。港英警察、民安隊龜縮一團，這就是以說明民眾聯合起來的力量，比武裝到牙齒的反動派強大得多。

崇真中學四名愛國學生被港英非法綁架、審訊，我區青少年學生抓住了這個戰機，發動了兩次都很成功的聯合大罷課。在如此浩大的行動中，我們始終依靠廣大同學和同學的家長，讓他們去發動更多的同學和家長來支持。我們體會到，只有同學的行動，沒有家長的支持，這個行動就不能成功；只有家長的支持，沒有廣大同學的積極行動，這個行動更不能成功。第二次罷課比第一次罷課的人數多，因為第一次罷課展開動員群眾時，重視在號召方面，忽視了以實際行動去組織群眾。正如毛主席所說：「人民靠我們去組織。中國的反動分子靠我們組織起人民去把他打倒。」有了這次經驗，我們知道：單是以一般號召來動員群眾是不夠的，更重要的是在如何組織群眾的實際工作方面。

西貢公立學校學生勇鬥反動校方，育賢學校學生狠趕港英「視學官」等事例，可以説明我廣大青少年學生團結起來的力量。

毛主席又教導我們説：「中國的知識青年們和學生青年們，一定要到工農群眾中去，把佔全國人口百分之九十的工農大眾，動員起來，組織起來。沒有工農這個主力軍，單靠知識青年和學生青年這支軍隊，要達到反帝反封建的勝利，是做不到的。」我們青少年學生認識到，我們只不過是抗暴的先鋒隊，主力軍是工農群眾。坑口公立學校復課鬥爭的勝利，有力地説明這點。我們始終堅持沿着毛主席給我們指出的方向走，青少年們曾經多次落鄉，向農民宣傳，和他們一起勞動，向他們學習。這無論是對我們的鍛煉或宣傳方面，都起了一定的作用。

從上面所述，我們可以得出結論：青少年學生運動，本身要團結廣大同學才有力量，同時必須要動員家長和廣大群眾起來支持，廣大群眾不起來，我們是不能單獨冒進的。

五四與學生運動

原載《大學生活》，1968 年 5 月號，總第 3 卷第 5 期，第 4 頁，節錄。

五四運動發生於四十九年前，其中一些事件已成歷史陳述，但其對中國社會和人類歷史的影響既深且巨；更重要的是這運動對中國青年和海外華人知識分子，尤其是香港學生有多方面啟發意義。

任何一社會運動皆由一組複雜因素所引起，而在眾多因素中，行動者最重要，五四運動學生則是主要角色……

五四運動作為一種「外爭主權，內除國賊」的群眾運動來說，是非常成功的，但作為「中國社會改革和現代化的運動」，則只是一個開始；尤其是中共統治大陸以後，中國社會現代化所需要做的工作，更是千頭萬緒。完成這些工作的責任，由誰來承擔呢？我們以為海外中國青年學生和知識分子責無旁貸。首先，我們須要自覺到個人對國家民族的責任，除非我們否認自己是中國人，或不願作為中國人，如五四學生那樣愛國是應該而且必須的；其次，我們聯合海外中國學生、海外青年知識分子，發動一個新的五四運動。在海外，我們可以各種方式進行，同時也可以透過服務改革居留地的社會，充實自己的實際知識，以備將來之用。目前，全世界學生皆為其理想而行動起來了，香港中國學生和海外中國青年知識分子豈應蟄伏？

大學論壇

五四與學生運動

五四運動發生於四十九年前，其中一些事件已成歷史陳跡，但其對中國社會和人類歷史的影響既深且巨；更重要的是這運動對中國青年和海外華人知識分子，尤其是香港學生有多方面啓發意義。

任何一社會運動皆由一組複雜因素所引起，而在眾多因素中，行動者最重要，五四運動學生則是主要角色。中國自十九世紀中葉後，飽受歐美各國的經濟與文化方面衝擊，後期，面對堅船利炮，中國屢受挫敗，幾被瓜分；一九一一年，辛亥革命成功，只限於政治形式之改變，整個社會結構原封未動，甚至政治方面，政權後來也握在軍閥手中，獨裁腐敗如故，社會改革、經濟建設付之闕如；一般國民心態也缺乏自强的決心與動力；國內積弱不振，國外當然毫無地位，列强乘機巧取强奪是必然的。到一九一九年，中國在巴黎和會外交失敗甚慘，以戰勝國身份，竟爭不回山東權益。國外屢受挫敗的事件加上內部各種情況，或可能激發起五四運動。但，假如當時沒有一大羣熱血愛國青年學生積極行動，這運動一定不會縱橫擴散那麼快速和廣泛，也不會堅持那麼久。當時，愛國學生們面對着學校的管制，政府的鎮壓和社會消極的風氣，他們大可以如其他國人一樣，不問政治、不關心社會、不理列强入侵、不管國家主權喪失、對民族恥辱熟視無睹，而只埋頭書本，努力功課，只爲個人的學位、職業和前途打算。可是他們並不隨波逐流，不受個人狹隘利益所囿而逃避對國家社會的責任，堂堂正正的站起來領導五四運動。他們的行動，顯示出青年學生對社會上作最大貢獻的可能性。任何一社會中遭到其他社會各方面的挑戰，而其內在其他各階層一蹶不振，不能動員起來，改革的社會，作適當調節適應，青年學生是一股不可忽視的力量。他們除了有充沛精力、未受僵固的心靈、易於接受新知的心性外，還具有羣動的傾向和易於結羣的環境；在這些條件再加上他們自覺的意識、强烈的責任感，他們就能超越環境，作爲創造少數、改革社會的主幹。即使在進步的社會中，青年學生仍能有創造的條件，只要青年學生不自暴自棄，貢獻社會的機會仍多。

任何一個社會之改革，或一種羣眾運動，絕不能只非一小羣人的自覺或行動；尤其是社會改革，所牽涉的是整個社會各制度之再造，必須社會各份子作相對的適應。五四運動中，由學生開始卻不限於學生圈內。一九一九年五月四日下午，巴黎和會消息抵達北京，十三間學校三千學生在天安門舉行羣眾大會後，即示威遊行，他們雖遭政府彈壓，但仍四方奔走，和推廣運動。他們推廣這運動的過程，很值得我們深思。首先他們把同學們內在的相同悲憤與愛國熱情交流滙聚，聯合北京許多學生，形成一股外表化的羣眾反應；隨之在天安門示威遊行，將共同的態度化爲一致行動。聯合的行動一方面號召有相同感受的學生參與，另一方面形成一種羣眾壓力，使那些沒有麼感受或相反傾向的國人改變態度，投身其行列。此外，他們更進一步，分頭由近至遠、由下至上地透過當面的影响激發全國人愛國心，號召工人罷工、商人罷市、國人罷買日貨，形成一個舉國澎湃，全民參與的羣眾運動。由於大家行動的參與，即使是不自覺的，也會引起到個人心態方面激動，進而作內在的反省。這提供了以後社會改建的心理準備。假如五四當時的愛國運動只限於學生階層或只限於北京地區，這運動一定產生不出巨大的影响力，使當時政府改變其外交政策，使世界列强對中國改變態度。

五四運動作爲一種「外爭主權，內除國賊」的羣眾運動來說，是非常成功的，但作爲「中國社會改革和現代化的運動」則只是一個開始；尤其是中共統治大陸以後，中國社會現代化所需要做的工作，更是千頭萬緒。完成這些工作的責任，由誰來承擔呢？我們以爲海外中國青年學生和知識分子責無旁貸。首先，我們須要自覺到個人對國家民族的責任，除非我們否認自己是中國人，或不願作爲中國人，如五四學生那樣愛國是應該而且必須的；其次，我們聯合海外中國學生、海外青年知識分子，發動一個新的五四運動。在海外，我們可以各種方式進行，同時也可以透過服務改革居留地的社會，充實自己的實際知識，以備將來之用。目前，全世界學生皆爲其理想而行動起來了，香港中國學生和海外中國青年知識分子豈應蟄伏？

身在香港 放眼世界 港九青年盛祝五四

原載《新晚報》，1968年5月4日，第4張

新晚報　星期六　一九六八年五月四日

身在香港 放眼世界

港九青年盛祝五四

各愛國學校灣仔坊眾分別隆重集會慶祝

更高舉毛澤東思想紅旗堅持抗暴立新功

文華酒店兩部雜工

昨見資方提三要求

要求即恢復陳銘工作和加薪

誰失汽車牌簿？

北角殷者拾得送本報召領

強搶之風在牛頭角掀起

新聞透視

【本報消息】港九各愛國學校師生，今日滿懷革命激情，意氣風發，鬥志昂揚，分別舉行集會，隆重紀念「五四」運動四十九周年。

培僑中學全校老師，同學帶着喜悅、興奮的心情於今天早上舉行五四青年節慶祝大會。

大會在九時正開始，舉行了莊嚴的升旗禮。在大會上，該校校長作了講話，他鼓勵全校師生在新的大好形勢下更好地活學活用毛主席著作，特別是要響應我們敬愛的領袖毛主席的偉大號召，要走同工農結合，同群眾鬥爭結合的革命道路，在全世界革命人民反美鬥爭中，在反對港英迫害的鬥爭中，繼續作出我們應有的貢獻。隨着，同學講話。他興奮地指出今天國內外和本港的大好形勢，表示了同學的決心。大家表示堅強響應毛主席最近發出的偉大號召，大力支援黑人和全世界人民反美鬥爭，堅決支持工人復工的正義鬥爭。在宣讀獄中戰友來信時，全場響起了反帝反修的口號聲。講話後，舉行了師生聯歡會，演出了許多革命文藝節目，內容生動活潑，充滿了革命氣氛。下午，該校繼續舉行節目豐富的園遊會。

福建中學全體同學，昨晚和今午分別舉行紀念「五四」運動四十九周年大會和座談會。

昨晚，中學部全體同學舉行了紀念大會，同學們朝氣蓬勃，在紀念「五四」四十九周年的時候，同學們深深體會到生活在毛澤東時代的光榮與幸福，前途是光明的，我們的信心是百倍的。同學們表示堅決執行毛主席支持美國黑人抗暴鬥爭的聲明，把世界革命進行到底。

香港抗暴鬥爭也是大好形勢，工人復工鬥爭打開了新局面，罷工有理，復工有權，同學們堅決支持工人叔伯的復工鬥爭，誓作工人叔伯的後盾。聯歡會上還演出了支持美國黑人抗暴鬥爭等革命文藝。

今天上午，各班又舉行紀念「五四」座談會，並討論了學生界提出今後的五大任務，把活學活用毛澤東思想運動推向新高潮。

漢華中學全體師生，滿懷革命豪情，今晨一早匯集在學校的天台上，舉行升旗禮，隆重紀念「五四」運動四十九周年。

升旗禮後，該校學生代表講話，他號召全體同學，發揚五四光榮傳統，高舉愛國反帝大旗，高舉毛澤東思想偉大紅旗，為世界革命人民的反帝鬥爭，為祖國的社會主義建設貢獻出自己的力量。全校師生熱情高漲，不斷歡呼：「毛主席萬歲！萬萬歲！」

中華中學全體師生今天也舉行盛大集會，熱烈慶祝「五四」青年節。

香島中學全體師生今晨舉行大會，熱烈慶祝「五四」青年節。該校教師、學生代表分別在會上講話，表示要永遠忠於毛主席，忠於毛澤東思想，更積極投身反英抗暴鬥爭中，同全港同胞一起，奪取鬥爭的最後勝利。他們並表示要做到：身在香港，胸懷祖國，放眼世界，為世界革命人民的解放事業貢獻出自己的每一分力量。

會後，師生們並舉行了革命文藝演出和各種球類比賽活動。同學們情緒激動，氣氛無比熱烈。

發揚五四光榮傳統

原載《新晚報》，1968 年 5 月 5 日，第 5 張

學生，不惜「開倒車」，把已受唾棄的舊道德舊禮教舊文化，塞在我們腦裏，從而使我們不能好好掌握筆桿子，向這不合理的社會挑戰。但是，今天，我們已醒悟了，我們不會受騙的。青年同學們，讓我們發出進攻的號角，向奴化教育堡壘，向奴化文學開火吧！

年了，先輩們的英勇鬥爭，深深地鼓舞着我們，將來還是鼓舞着我們。我們應該認認真真地向「五四」時代的青年們學習，以他們爲光輝榜樣，繼承他們的優良傳統，走他們的道路。在反英抗暴鬥爭中，更好地動員、組織和團結我們周圍的同學，使他們不再受港英的奴化毒害；一齊起來大造特造港英的反。現在港英已經被我們鬥到狼狽不堪、頭破血流，支離破碎。我們更應該緊密地和工農民衆相結合，發揚「宜將剩勇追窮寇，不可沽名學霸王」、「痛打落水狗」的精神，把這紙老虎——港英打到落花流水，永世不得翻身。

發揚五四光榮傳統

（一）聖母書院・紅煒

「五四運動」是中國青年知識份子和工農羣衆聯合對抗封建主義和帝國主義的正義運動。這運動大長中華民族的志氣，大滅帝國主義的威風；青年學生不惜犧牲，不畏强暴，不怕坐牢，走上街頭，舉行遊行大示威，他們去宣傳，去演講，去聯絡工農羣衆，心連心，一齊對抗帝國主義。在這「運動」中，青年學生盡量發揮了先鋒作用。

偉大的「五四運動」到現在已經是四十九週年，但其情景有如今日的反英抗暴鬥爭，現在港英已被我們鬥得五馬分屍，患了嚴重的恐懼症。但我們不要自滿，我們一定要加緊努力，誓把反英抗暴鬥爭進行到底。在鬥爭中，我們應該學習五四時代的青年學生，破怕立敢，破私立公的革命精神，永遠跟着我們偉大領袖毛主席的戰略部署，和工農結合，把革命進行到底。

「五四」頌歌

白修生華 昇

青春的血液啊，
在沸騰，在億萬人的
心中沸騰！
熊熊的烈火啊，
在燃燒，在億萬人的
心中燃燒！
熊熊的烈火，在一九一九年五月四日點
燃起來，
在億萬學子的心中點燃起來；
熊熊的烈火，在憤怒的極度爆發，
中國啊，中國！
經此熊熊的烈火，經此青春的火焰，
你，新生了，反帝愛國的星星之火點燃
起來了！
×　×　×
爲維護中華民族的利益，
爲捍衛中華民族的尊嚴，

（一）聖母書院・紅煒

「五四運動」是中國青年知識分子和工農群眾聯合對抗封建主義和帝國主義的正義運動。這運動大長中華民族的志氣，大滅帝國主義的威風；青年學生不惜犧牲，不畏强暴，不怕坐牢，走上街頭，舉行遊行大示威，他們去宣傳，去演講，去聯絡工農群眾，心連心，一齊對抗帝國主義。在這「運動」中，青年學生盡量發揮了先鋒作用。

雖然「五四運動」離現在已四十九年，但其情景有如今日的反英抗暴鬥爭，現在港英已被我們鬥得五馬分屍，患了嚴重的恐懼症。但我們不要自滿，我們一定要加緊努力，誓把反英抗暴鬥爭進行到底。在鬥爭中，我們應該學習五四時代的青年學生，破怕立敢，破私立公的革命精神，永遠跟着我們偉大領袖毛主席的戰略部署，和工農結合，把革命進行到底。

（二）王肇枝中學 • 怒潮

小學的時候，絕沒有聽過什麼青年節，和關於「五四運動」的一丁點事情。入了中學，由於課本的關係，從老師的口中，約略知道了青年節，但卻完全把事實歪曲了。留在我腦海中的只是「五四運動」是「新文化運動」，是由胡適領導，要將白話文代替文言文等。

但上月，我從本報的「戰鬥青春」曉得了，五四運動的真義，它不只是改革舊文化的一個運動，而且是反帝、反封建的一個運動，更絕不是由胡適這漢奸領導的。

同學們，奮起吧，認清奴化教育的毒害，衝出奴化教育的堡壘，走到陽光底下過着新的美好的生活。

（三）高主教書院 • 原野

「五四」不只在政治上衝擊舊社會，在文化上也推毀了封建文化——尊孔讀經，提倡舊禮教思想的文化。新文化興起，標誌着文藝進入新紀元，使文藝和群眾打成一片，填塞了文藝和人民的鴻溝，向舊世界口誅筆代，促成了革命的早日成功。

毛主席在延安文藝座談會上的講話上指出：「『五四』以來，這支文化軍隊就在中國形成，幫助了中國革命，使中國的封建文化和適應帝國主義侵略的買辦文化的地盤逐漸縮小，其力量逐漸削弱。」

如今，在這萬惡殖民地上，港英為了使我們思想回到舊時代裏，蒙蔽人民和奴化青年學生，不惜「開倒車」，把已受唾棄的舊道德舊禮教舊文化，塞在我們腦裏，從而使我們不能好好掌握筆桿子，向這不合埋的社會挑戰。但是，今天，我們已醒悟了，我們不會受騙的。青年同學們，讓我們發出進攻的號角，向奴化教育堡壘，向奴化文學開火吧！

我們不再受蒙蔽

原載《新晚報》，1968 年 5 月 5 日，第 5 張

新晚報　農曆戊申年四月初九日　（5）

我們不再受蒙蔽

學生樂園

「火出」專題

聖馬利亞堂中學 • 鬥英

一九一九年五月四日，中國發生了一項驚天動地的運動──「五四」運動。它是愛國學生反對帝國主義侵略中國，反對無能的賣國的政府，反對喪權辱國的條約而爆發的。

在今天世界的大局裏，有許多知名的城市，都爆發了學生運動，如德國的柏林，英國的倫敦，意大利的羅馬等都先後發生了抗暴運動。就是頭號帝國主義的美國，也爆發了黑人反帝鬥爭運動。這真是如毛主席所說：「敵人一天天爛下去，我們一天天好起來。」

「世界是你們的，也是我們的，但是歸根結底是你們的。你們青年人朝氣蓬勃、正在興旺時期，好像早晨八、九點鐘的太陽。希望寄托在你們身上。中國的前途是屬於你們的。」讀了毛主席這一番話後，我們感到，萬惡的港英，為了維持它的殖民統治，竟然推出那些什麼「新潮舞會」，來毒害我們居住在香港的中國青年，欲使我們變成它的順民。呸！讓我們團結起來，一齊來給港英當頭棒喝。港英不必耍什麼花樣了，我們生長在毛澤東時代的青年是不會給你騙到的。你要毒害我們青少年嗎？不能，一千個不能、一萬個不能，只要我們更好地學習、執行毛澤東思想，團結更廣泛的群眾與工人叔伯結合在一起，一定會給港英一個致命的反擊。

青年們，同學們，毛主席教導我們：「世界上沒有直路，要準備走曲折的路，不要貪便宜。不能設想，那一天早上，一切反動派會統統自己跪在地下。……我們和全體人民團結起來，共同努力，一定能夠排除萬難，達到勝利的目的。我們應該更有決心和信心，奪取反英抗暴的最後勝利。」

培橋中學 • 長縷

偉大的「五四運動」到現在已經是四十九周年了，先輩們的英勇鬥爭，深深地鼓舞着我們，將來還是鼓舞着我們。我們應該認認真真地向「五四」時代的青年們學習，以他們為光輝榜樣，繼承他們的優良傳統，走他們的道路。在反英抗暴鬥爭中，更好地動員、組織和團結我們周圍的同學，使他們不再受港英的奴化毒害；一齊起來大造特造港英的反。現在港英已經被我們鬥到狼狽不堪、頭破血流、支離破碎。我們更應該緊密地和工農民眾相結合，發揚「宜將餘勇追窮寇，不可沽名學霸王」和「打落水狗」的精神，把這紙老虎──港英打到落花流水，永世不得翻身。

演出四場　七千人參加
學界熱烈祝「五四」
決繼承反帝愛國傳統奮勇立新功
擁護支港鬥委發言支持復工鬥爭

原載《新晚報》，1968年5月6日，第3張

【本報消息】港九學生紀念「五四」運動四十九周年，昨日在普慶戲院舉行慶祝「五四」青年節遊藝大會，一連演出四場。來自愛國學校、大專學校、「官、津、補、私」學校的青年學生達七千人，參加了這個盛大的慶祝遊藝活動。

青年學生個個精神奮發，意氣飛揚，他們胸懷革命大志，放眼世界。大家熱烈感謝毛澤東思想對他們的哺育。他們表示，港九青年學生，在毛澤東思想的教導下，在鬥爭中成長起來，發揮了敢想、敢幹、敢革命、敢造反的闖將作風。在紀念「五四」節日的今天，一定要繼承愛國反帝的精神，更高舉毛澤東思想偉大紅旗，在新的戰鬥中立新功！並且積極支持罷工工人的復工鬥爭！

與會者一再表示永遠不忘毛主席的教導，永遠緊記毛主席對他們的期望。大家激情地歌唱「爹親娘親不如毛主席親」，「祝福毛主席萬壽無疆」；激情高呼：「永遠忠於毛主席！」「永遠忠於毛澤東思想！」「永遠忠於毛主席的革命路線！」「戰無不勝的毛澤東思想萬歲！」「毛主席萬歲！萬歲！萬萬歲！」

各業工人昨天也派出代表參加大會，並表演了文藝節目，與青年學生一同歡慶青年節。

遊藝大會是在下午開始，大會主席在演出前講了話。他談到了「五四」運動的產生和它的意義後指出：「目前世界各地的學生運動一浪高於一浪，

成為勢不可擋的一股洪流，世界各地學生已向着我們共同的敵人──美帝國主義發動持久的猛烈的進攻！」

大會主席又談及港九青年學生在過去一年中成長起來的情況。他說：「經過了一年的戰鬥洗禮，許許多多青年學生精神面貌發生了很大的變化。在毛澤東思想的哺育下，一批批抗暴小戰士成長起來了，張普璇、陳立强、李世流、李繼潘、何安頓、曾德成和庇理羅士十四小將……，都是學生運動中一面面鮮紅的旗幟，活學活用毛主席著作的標兵，都是我們學習的好榜樣。

「這一年來的戰鬥歷程，使我們深深地體會到：『大海航行靠舵手，幹革命靠毛澤東思想。』毛澤東思想是我們反迫害鬥爭的指路明燈，我們要更高舉起毛澤東思想偉大紅旗，在新的戰鬥中立新功！」

他在講話中熱烈擁護毛主席最近發表的支持美國黑人抗暴鬥爭的聲明。指出「要緊跟毛主席的偉大戰略部署，為完成我們偉大的歷史使命而努力奮鬥！」他又說：「今天，我們要繼承『五四』青年愛國反帝的光榮傳統，把學生運動推向一個新高潮，在愛國反帝的鬥爭中完成我們自己應有的責任。」

他在講話中還提出：「學生運動必須和工人運動結合起來，才能很好地發揮先鋒和橋樑作用，才能堅持戰鬥。當前工人叔伯根據形勢的發展，採取了新的鬥爭形式──『復工鬥爭』，這是合乎廣大同胞的利益的。罷工有理，復工有權！絕對不容港英當局的阻撓破壞！」他表示：青年學生堅決支持、熱烈擁護工人叔伯的復工鬥爭；堅決擁護廣東省支港鬥委會就慰問米運港事發表的談話。並指出：「在新的鬥爭中，我們要繼續放手發動群眾，在愛國反帝的大前提下團結廣大的『官、津、補、私』學生和一切可以團結的愛國力量，鞏固和壯大我們的隊伍。」

大會主席最後指出：愛國教育是與港英的奴化教育相對抗的。愛國教育的發展是從與奴化教育尖鋭、劇烈的鬥爭中發展起來的，同學們必須大大增强抗疫力，抵制腐化墜落的生活方式的毒害。

學生代表、工人代表、教師代表及受迫害戰友的代表張普璇等，相繼在大會上講了話。

接着表演遊藝節目。這次的表演節目，是港九青年學生一年來文藝演出的檢閱，比過去任何一個時期的水平都要高，無論在節目內容或表現形式，都有嶄新的面貌。遊藝會上，有反映世界人民熱愛毛主席的，有熱烈擁護毛主席最近支持美國黑人抗暴鬥爭的聲明的，有反映青年學生和工農相結合的，有反映學生在學習毛主席著作後思想變化的，等等，題材廣泛，形式又多樣，博得觀眾一致好評。

官津補私同學 批判歷史課文

原載《大公報》，1968年5月13日，第2張第5版，節錄

「官津補私」學生二百餘人於五月十二日舉行了一個歷史課文批判講座，集中地批判了反動課本對「鴉片戰爭」及「五四運動」史實的歪曲和誣衊。

……在「五四運動」的講座中，講者詳細敍述了中國青年學生反帝示威及工人主力軍罷工的英勇事蹟，有力揭穿課本對史實避而不談的醜惡；同時闡明了「五四」是一個革命運動及新文化運動；揭穿了「胡適是白話文運動的領導人」等胡説。

會場愛國情緒濃烈，民族仇、階級恨洋溢在每一個同學的心中。在港英教育司署審定的中學歷史課本裏，把歷史歪曲、閹割，使它面目全非，從而推行奴化教育，其目的在使我們青年學生思想僵化，生活上沒有朝氣或墜落、或沒有絲毫的國家民族觀念，於是俯首貼耳地永遠當帝國主義的順民。

寫在五四青年節 ［木鐸］

原載《新晚報》，1969 年 5 月 1 日，第 5 張。

（5） 夏曆己酉年三月十五日 新晚報

寫在五四青年節

教師·木鐸

同學們：

在這光輝的「五·四」運動五十週年紀念的日子即將到來的前夕，很高興能借「學科研究」寶貴的一角來和大家談談，並且向努力耕耘「學生樂園」的小園丁們致以親切的問候。

許多年來，同學們都喜歡向我提問關於「五·四」的問題，當我反問他們時，都發覺他們大多數對於「五四運動」的印象非常模糊，片面甚至是錯誤地理解。這主要原因是由於香港當局所審定的教科書，不論是中文的，還是英文的，都把這件歷史史實隱瞞、抹殺或歪曲了。

用心何其「良苦」

為什麼要「隱瞞」？

「學生樂園」每週出版五天

新文化運動

白話文運動

同學們：

在這光輝的「五・四」運動五十周年紀念的日子即將到來的前夕，很高興能借「學科研究」寶貴的一角來和大家談談，並且向努力耕耘「學生樂園」的小園丁們致以親切的問候。

許多年來，同學們都喜歡向我提問關於「五・四」的問題，當我反問他們時，都發覺他們大多數對於「五四運動」的印象非常模糊，片面甚至是錯誤地理解。這主要原因是由於香港當局所審定的教科書，不論是中文的，還是英文的，都把這件歷史史實隱瞞、抹殺或歪曲了。

用心何其「良苦」

一九一九年發生的五四運動，在中國現代史上是一個重要的事件，特別是青年學生起着先鋒作用，他們用青春，用熱血，肩負起救國救亡的重任，沖激着古老的苦難的中國。（關於五四運動的詳細情形，大家可參考最近出版的「新的一頁」，這裏不多談了。）但是這件轟轟烈烈，激動人心的史實，港英所審定的教科書卻不敢多提。例如黃福鑾的中國歷史第十冊，第一七六頁，祇用七十七字報導「五四」的經過；錢清廉的 *China in World History* 報導五四運動的經過，也只用了一百二十字；G. Stokes & J. Stokes 的 *The Extreme East* 對經過的敍述（三二六頁），也只用了一百二十一字。內容已經是夠「精簡」了，但書中錯誤的地方可不少。如 W.H.Ha 的 Far East，就是把「五四」割裂成五四運動和五四事件。他把五四運動看作文學革命，是學生運動，而五四事件是商人、工人罷市罷工、以及抵制日貨。這樣寫法，就大大的削減了五四運動的影響，就抹殺了學生運動和工人運動相結合，在政治舞台顯示的力量。而且一向以來，一般的教科書都大力吹捧那美國的過河卒子胡適、把他說成是「五四運動」的領導人。J. Stokes 的 *Extreme East* 和 W. H. Ha 的 *Far East* 對胡適更是大加讚賞。

現在我們所針對的，並不是一兩本教科書或是一兩個作者，我們是想指出推出「頭等教育」的人的用心何其「良苦」。

為什麼要「隱瞞」？

要解答他們隱瞞或歪曲「五四」真相的原因，首先我們要知道「五四」的突出精神是反帝反封建，是一個革命運動。香港是殖民地，反帝反封建兩點都是帝國主義者所害怕提及的。統治香港的就是帝國主義，反帝方面必然害怕。至於封建思想對殖民地統治是有利的。若推行尊孔崇封建，就是要生在二十世紀的青年人，接受二千年前的思想文化，生活在古舊的、落後的社會裏，完全脫離新思想，新事物。所以尊孔崇封建是抑制新政治思想的最好工具。

事實上，到今天香港的「頭等教育」仍是推行這一套。試看中學的國文課程便知道。由中四開始一直至中六，一年比一年古，這並不單指文字深奧而言，而是思想方面的古——由晚清一直倒上至上古，雖然低年級的課程倒收集了一些略有思想性的文章，如一些「五・四」時期的散文，但單以文字顯淺而編入。這種編排正説明「頭等教育」的惡毒陰謀。低年級學生年紀幼，文章雖有思想性，但不懂其中道理，祇把文字讀熟便算了。高年級學生年紀較大，對思想性的問題較易了解，而且他們正處於樹立人生觀，摸索人生道路的時候，但他們在課本上接觸到的都是幾百年前，甚至幾千年的思想。許多同學都為苦於要背唸理解莊子的「秋水」，荀子的「脩身篇」，孔子的四篇論語，乾文言的「周易」等而頭痛。他們在課本上，完全沒有機會接觸新思想。他們對身處的社會，世界，根本不明瞭，更不要説分析、改革了。這樣一來，填鴨式教育收到了效果；另一方面新潮舞會……等等更是大力推行，那不是得其所哉？所以「頭等教育」的推行者對於「五四」的反封建思想，不想提及，也不敢提及。（上）

發揚五四精神

原載《中國學生周報》，1969 年 5 月第 877 期，第 3 版

五四運動爆發於一九一九年五月四日。該運動之所以爆發，是由於北京大學的學生，目睹中國以第一次世界大戰戰勝國的名義參加巴黎和會，不但不能爭回過去德國在中國所得的權益，反而要割讓土地（「巴黎和會」越俎代庖，居然把德國原先在山東的權利轉讓給日本）乃發出如下的宣言：

現在日本在國際和會，要求併吞青島，管理山東一切權利，就要成功了。他們的外交，大勝利了。我們的外交，大失敗了。山東大勢一去，就是破壞中國的領土。中國領土破壞，中國就要亡了。所以我們學界，今天排隊到各公使館去，要求各國出來維持公理，務望全國農工商各界，一律起來，設法開國民大會，外爭主權，內除國賊。中國存亡，在此一舉。今與全國同胞立下兩個信條：

（一）中國的土地，可以征服，而不可以斷送。

（二）中國的人民，可以殺戮，而不可以低頭。

國亡了，同胞起來呀！

在此莊嚴的宣言的感召下，轟轟烈烈的五四運動就爆發了。

五四運動是中國現代史的里程碑，它的基本精神——科學與民主——一直在影響着中國。即使在中共統治下的大陸，這一精神，在知識界仍然沒有泯滅。一九五七年五月，北京大學學生利用「大鳴大放運動」的機會，向共產黨的極權統治挑戰，他們組織會社，發表攻擊獨裁政治的言論，並曾將爭取自由的火炬（他們稱之為「民主接力棒」），傳遞到全國各大學去，他們曾把此一作為號稱「新五四運動」。他們的所作所為，就是五四精神的表現，他們為爭取自由而不怕犧牲的精神，也是這種精神的發揚。

在紀念五四運動五十周年之際，我們認為，棲遲海外的知識分子，應承擔如下兩個責任：

一、要深刻認識到共產主義是與五四精神水火不相容的，要發揚這一精神，就要設法摧毀中共的極權統治。

二、把五四精神在香港發揚光大，並在學術界提倡「高尚純潔，兼容並包，合作互助，發揚蹈勵，獨立自主，實是求是」的精神。

民主的實踐——「五四」五十周年紀念會側記

原載《中國學生周報》，1969 年 5 月第 877 期，第 1 版

發生在五十年前的「五四運動」，是歷史上中國廣大人民群眾的一個大覺醒——一個追求國族的自主獨立、個人的政治參與權的大覺醒。一九一一年的辛亥革命，雖說在一群愛國志士的努力之下，一個以中國人民為名號的政體建立了，然而，那時候，大多數的中國人民，對於所謂「民主」這一回事，仍是懵懵然，民國的建立，在他們的眼中，仍不過是一種改朝換代而已。直到了一九一九年五月四日，在北京大學的學生發起之下，一個全國性的、反對當權軍閥喪權辱國的運動興起了。直至此時，廣大的中國人民才實質上運用了他們的參政權，並且得到了成果。

在這一層意義上，我們說，五四運動是中國人民要求民主的一次實踐。

五十年後的今天，我們環顧一下，中國人民在要求民主的這一點上，有什麼進展沒有？在中國大陸，毛澤東以他個人的意欲來歪曲民意，把「民主」「集中」起來，造出了所謂「民主集中制」的理論，其實是變相的個人獨裁。在台灣，二十年之久的「非常時期法令」，把人民的民主權利分割了、剝削了。放眼看來，中國人民追求自由民主的前途一片迷霧。

在這個使人悲觀的大環境中、在「五四民主運動」的五十周年的今天，本報記者十分高興，能夠向讀者們報導一個充滿了積極向上精神的紀念五四的集會。

這便是由中文大學三間學院的學生刊物、盤古雜誌、以及青年文社界聯合舉辦的「五四運動五十周年紀念會」。

……這個紀念會沒有什麼特別的儀式，主要的節目是由一群青年發表專題談話，在談話中，一位港大的學生發出了「愛國必然論」是否適合的問題、一位從大陸逃亡出來的青年，坦率地談論逃亡青年的心聲，一位臨時

被邀發表談話的講者，在他臨場即興所作的一首「朗誦詩」中，提出了「站在什麼主義的屋簷下」的問句。

港大的劉迺強同學，就香港青年對五四運動的看法發表談話。他指出，今日香港青年所面臨的境況，與五四當日的青年不同，當時的青年，生長在中國的土地上，愛國的情操是很自然的，猶如子女愛他的父母。今日香港的青年，他們的身分有如一個棄嬰，「一個棄嬰是否必須愛他的父母？」這是劉迺強同學所提出的一個問題。劉同學並沒有給出答案。他接着指出，香港青年所面臨的，是如何在香港生存下去。香港青年生於斯，長於斯，他們的感情自然地灌注在這個地方。如果他們要做些什麼，他們將從香港本土做起。

他呼籲上一代了解今日青年的處境和思想狀態。

從中國大陸逃亡到香港的青年黃天翎君在他的談話中指出這個集會的意義。他說，在這個集會中，每一個人可以發表他的意見，不同的意見有交流討論的機會。他說在中國大陸，每年五四都有集會，參加集會的人只能依黨的意見說話，有不符合的，就是反革命，就是敵我矛盾，就是一場你死我活的鬥爭。

在集會將近結束的時候，一位姓包的先生臨時應大會主持之邀，上台發表談話。大會主持人介紹說：包先生對社會學很有研究，希望他能夠超乎政治立場，談談他對五四的看法。

或者由於臨時應邀，缺乏準備，或是由於主持人所要求的「超乎政治立場」（講者臨時為聽眾朗誦的一首即與朗誦詩，頭一句就問：「站在什麼主義的屋簷下」。在講詞中又再次強調，人必須要有一個立場。）的限制，包先生的講詞顯得混亂而缺乏中心。加上講者半明不白的粵語、會場擴音系統設備的不佳，使記者聽來有不知所云的感覺。

出席這次集會並發表談話的，除了上述諸人，還有岑嘉駟、胡菊人、戴天、麥偉坤等人。

大會於五時正宣佈結束。

從北京到香港—— 五四運動的深遠涵義 ［潘國駒］

原載《中大學生報 • 五四運動五十周年記念特刊》，1969 年 5 月 4 日，第 12–13 版，節錄

際此一九六九年，本港大學生出版紀念特刊來紀念五四運動，所具備的涵意是什麼呢？從悲觀的一方面來看，當世界各地的大學生把他們的眼光放在現代和未來，我們的大學生仍然要回顧過往半百世紀的運動，同時顯示出戰後二十多年，中國的大學生沒有做過什麼可以值得紀念的日子，這誠然是現代中國青年知識分子的悲哀，從樂觀的一方面，這是件光榮的事件，對他們在現代所扮演的角色作追尋。……

香港的新文化運動？

很多史學家評論五四運動，認為此運動在文化方面的成就遠較在社會和政治方面為大（註四）。胡適在民國六年一月於「新青年」發表的「文學改良芻議」，是為白話文發展的濫觴。白話文不僅影響教育，而且對中國的政治，經濟，和文化的發展有很大的貢獻。自五四運動以後，一九一五年由陳獨秀所創辦的「新青年」雜誌成為了新文化運動的主要刊物，新思想的介紹和吸收，新文學的推行和發展，新作家的出現，均通過多種類似「新青年」這樣的雜誌得以完成，在任何的角度來看，新文化運動是中國近代的文藝「新」興，假如沒有抗日戰爭和內戰，新文化運動的貢獻還不止於此。

在中國人聚居的社會中，相信很少地區有香港這麼多的言論自由，新文化運動受言論壓制尚能作如此偉大的發展，我們有理由相信在言論自由方面，香港是絕對適宜於文化發展。新文化運動的主將大部分是留學生，假如大家注意中文大學和三院的期刊，你會發覺自中大成立後，每年均有不少畢業同學出國□□回港任教，因為我們的設備難以給他們充分的發展，

但大部分文科及社會科學的同學均有回來的趨勢。在未來五年至十年內，假如畢業同學繼續返校任教，他們所帶回來的將是新思想。如他們能有效的組織起來，類此「新青年」的刊物將會出現，那時候香港將會出現濃厚的學術氣氛，像當日中國大學邀請杜威和羅素來講學。我們可以有足夠資格邀請大哲學家懷德海、歷史學家湯恩比，經濟學家哥伯富（John K. Galbraith）社會學家柏生斯（Talcott Parsons），心理學家弗洛門（Erich Fromm）等來講學，再加上留美加等地無數的中國學人來港任教，這樣中大和港大可以有機會成為當時的北大，清華和燕京，在溝通中西文化中扮演重要的角色。戰後的香港工業發展令舉世驚異，我們的學術發展亦可以再次使舉世觸目。

當蔡元培先生在一九一六年任北京大學校長的時候，該校為保守派人士和特權階級所據有。學生的目的都是想做官，和現在大部分的香港大學生的願望相似，課程是訓練政府公務員而非培養獨立思考。但在短短的數年中，北京大學迅速成為世界一流學府，這件事情我們應該深思。

……在香港，我們所面臨的問題是理論和現實脱節。其中一個最重要的原因是在社會科學的部門中，教員多是短時期逗留於香港，而且他們初到香港，對本港情形不熟；另外一個原因，便是部分同學沒有盡力了解本港的情況，因此做成我們的社會科學的畢業生對本港基本情形一竅不通，難怪畢業生除了教書外很難打進其他行業。但這不是說本港全部大學畢業生不了解香港的情況，例如社會工作學系的同學，因為實習的機會，對本港的現實情況之了解相信較其他系的同學為多。（註五）

追求知識的熱誠

……在香港；我們的大學顯然缺乏這種風氣，觀乎演講，討論會，座談會參加人數之少，可以知道我們的大學生對知識缺乏熱誠，學術研究氣氛的貧乏令人咋舌。

尾語

本文拉雜寫來，主要目的是分析五四運動給我們的教訓。當同學們緬懷這個有意義的日子時，他們可曾思索過他們的責任是什麼呢？

（註 四）：John R. Watt, op cit., p. 989.

（註五）：在最近的十多年，美國在電腦的發展有驚人的成就，Computer Simulations 現正廣泛地為各大學應用於實際教學用途，例如哈佛大學的商業學院規定學生修習一科 Simulation，該科通常是一學期，在該四個月的時間中，修習該科學的學生分別飾演公司經理，董事，會計，部門首長，經紀等，利用電腦使學生在此四個月內盡量學習解決實際商業問題的方法，例如投資，擴充，減縮等決策問題，在學期結束時，教授根據學生決策的好壞來評定分數。在上月出版的一本社會學的書籍 Simsoc（Simulated Society）亦是使用此方法來使學生迅速地學得基本的理論和概念。

放眼全國，聯合工人── 五四的榜樣 ［方其］

原載《中大學生報 • 五四運動五十周年記念特刊》，1969 年 5 月，第 23 版，節錄。

……事實上，時至今日的五十年後，中國還是不斷遭受帝國主義者的壓迫與慘被大軍閥、大小買辦的割據。這也沒有什麼關係，要緊的，我們需要記憶這節日，這個青年學生與青年工人一同聯合起來，為中國的苦難發出他們底獅子吼的日子。

……五四運動是第一次，也是發自人民自身的愛國運動、革命運動。人民看不過北洋軍閥出賣國家，看不過帝國主義瓜分中國的野心，激發義憤，誓與賣國賊洋鬼子堅持到底。當時辱國喪土的廿一條，充斥國內的洋貨洋資工廠，洋人銀行，簡直是把中國瓜分了。沒有自己的法律，沒有自己的治權，沒有自己的工商業，沒有自己的經濟，名存實亡的中華民國，根本存在的只是個空殼。

……五四的行動，給走在後面的青年看到一條正確的路向：幹革命，攪運動，並非是學生自己的事情。首先，他們該把眼光放大，以全國家、全民族為爭取的目標。其次，他們有責任，有義務看出社會的任何不平，本着良心，大公無私，不畏強權黑暗的站到全國的前面說出來。而最後，也是最重要的，任何學生運動都不單只是學生的事，必須爭取廣大的人民，尤其是被壓迫的工人支持，才能把運動發展下去，愈加擴大，便能對整個社會制度，作適度的調整和改革。只有先救社會健康，教育才可以跟着健康起來。

五四的先輩，已為我們作了一個好榜樣了，這一代的青年學生，難道還能昧着良心，不作出他們正義的獅子吼嗎？

苦難的中國人有明天！

原載《中大學生報 • 五四運動五十周年記念特刊》，1969 年 5 月，第 24–25，36 版，節錄

苦難的中國人有明天！

●本文原載聯合學生、新亞學生報、學苑、崇基學生雙週報「五四紀念特刊」。

一

一九一九年的「五四事件」，到今年——一九六九年，剛好是五十年。

五十年後的回顧，實在令人有無限的唏噓和感慨。每當想起五四時青年學生那種壯士斷臂的犧牲精神，那一幕打倒賣國賊與火燒趙家樓的悲壯劇，就不禁令人熱血沸騰。然而時至今日，我們這一代的青年學生，大部份已再沒有五四學生那種崇高的愛國情操，即使一部份間或有民族意識的，也沒有他們那份幹勁。也許，這是環境使然。在香港，我們都是苦於報國無門、請纓無路，惟有北望神州而輕嘆耳。我們沒有五四時代的學生那樣幸福，能夠發揚義憤，奔走呼號，使愛國熱誠見諸行動。我們是苦悶的一代。

無論如何，五四運動是永遠值得青年學生們懷念的。所以，我們這次出版這一份五十周年的紀念特刊，可說是聊表我們對五四學生的一點敬意。但是，我們也認爲，爲紀念而紀念只會流於無聊。近十多年來，「五四」的紀念不知凡幾，只是過後卻如雲烟，莫知所蹤，純然是尋求一種情緒上的滿足；難怪有人會稱此爲「唯五四病」。其實，如果我們眞正承繼着五四精神的話，我們不應該只是緬懷過往而惆悵；我們目下便應該堂堂正正地站起來，面對時代，面對中國，發出我們的獅子吼。

「面對時代，面對中國」，是我們這一代青年學生的課題。因此，對於香港，我們不能不關懷，對於國家和世界，即使我們沒有機會身與，我們至少也應該表明我們的立場，我們的看法。因是之故，對於中共的文化大革命，我們不能坐視；對於去年港海的浮屍纍纍，我們不能漠然；對於捷克青年抗議蘇聯的侵畧，我們應予聲援；對於最近珍寶島的事件，我們更應予侵畧者以痛斥！

在這個時代，做一個眞正的中國人，做一個有民族情感的中國人，是必須要反共的。但是，我們也不希望反共是基於無知，基於盲從或者是基於一己之私。倘若我們要眞正理解中共政權的本質，我們就需要重翻歷史。際此五四運動的五十周年紀念，正好給我們一個重溫歷史的機會：從五四運動我們就可尋出一條歷史的脈絡，把近百年來中國的種種苦難，貫串起來，而中國的過往未來，亦盡皆展現在我們的眼前了。

二

中國近百年來的問題，如果借用湯恩比「挑戰與回應」的公式，乃是一西方文化的挑戰，以及中國文化的回應的歷程。這一「挑戰與回應」的歷程，是始於鴉片戰爭，止於中共的執政；而五四運動在這一歷程之中，是標示着一個決定性的階段。

我們認爲：無論歷史所表現的史事如何錯綜複雜，在一切活動之背後，總有其所根所本；而這所根所本的，即其獨特的文化體系。翻觀中國的歷史，自秦漢一統以來，文化體系在本質上殊少變異，直至西方文化入侵以後，才導致中國「開三千年未有之變局」，於是問題叢生。因此，如果我們對五 四運動要持有一個比較公允的看法，是需要將中西文化「挑戰與回應」的歷程作一回遡；然後，我們纔能明瞭五四運動產生的歷史環境，以及解釋五四運動以後一連串的史實，直至現今中共的文化大革命。

三

中西文化的接觸，是始自於明末清初之際。

……在香港，我們都是苦於報國無門、請纓無路，惟有北望神州而輕嘆耳。我們沒有五四時代的學生那樣幸福，能夠發揚義憤，奔走呼號，使愛國熱誠見諸於行動。我們是苦悶的一代。

無論如何，五四運動是永遠值得青年學生們懷念的。所以，我們這次出版這一份五十周年的紀念特刊，可說是聊表我們對五四學生的一點敬意。但是，我們也認為，為紀念而紀念只會流於無聊。近十多年來，「五四」的紀

念不知凡幾，只是過後卻如雲烟，莫知所縱，純然是尋求一種情緒上的滿足；難怪有人會稱此為「唯五四病」。其實，如果我們真正承繼着五四精神的話，我們不應該只是緬懷過往而惆悵；我們目下便應該堂堂正正地站起來，面對時代，面對中國，發出我們的獅子吼。

「面對時代，面對中國」，是我們這一代青年學生的課題。因為，對於香港，我們不能不關懷，對於國家和世界，即使我們沒有機會身與，我們至少也應該表明我們的立場，我們的看法。因是之故，對於中共的文化大革命，我們不能坐視；對於去年港海的浮屍纍纍，我們不能漠然；對於捷克青年抗議蘇聯的侵略，我們應予聲援；對於最近珍寶島的事件，我們更應予侵略者以痛斥！

在這個時代，做一個真正的中國人，做一個有民族情感的中國人，是必須要反共的。

……無論如何，五四學生的愛國精神，是絕對可以肯定的。今天，我們身處於香港的青年，又應該做些什麼呢？我們知道，我們不能脱離對中國民族的感情，對於祖國的建設，我們莫不想及鋒而試，一獻所長；可惡的只是毛澤東的統治，纔使我們不得不裹足罷了。但我們也了解到，對於現今中國的新一代，我們彼此是有所隔膜的；大家活在兩個價值觀念不同的世界，愈來愈有距離了。我們為此而懼。另一方面，我們又是否只是心懷祖國，而忽略了香港四百多萬的同胞呢？在香港，有什麼切實的工作可做，而又能與當代變遷中的中國可以相連？這是一個大問題，我們愧無奉告，只希望青年朋友們能多多深思。最後，我們深信：苦難的中國，有明天！

論中國傳統文化與科學民主 ［陳勁松］

原載《中大學生報 • 五四運動五十周年記念特刊》，1969 年 5 月，第 5 版，節錄

一九六九年五月四日　五四紀念特刊　第五版

論中國傳統文化與科學民主

陳勁松

五四時，人們大喊打倒傳統，打倒孔家店，這是有其特殊意義的。要把中國人從千年積壓下的傳統解放出來，採取極端的手段是需要的。可是在今天呢？我們再不應患上「五四病」了。五四時要打倒傳統，只有破壞性而沒建設性；我們現在要做的是建立新傳統，大家的基本態度是不同的。

……在民主國家裏，科學來自民間，也用之於民間，如美國之福特車廠是也。可是，極權國家卻寧要核子，不要褲子；電話機沒有，測謊機卻不少。由此可見，有自然科學而無民主，是一件極可怖的事。科學不但未能造福人類，反而成為殘害人類底工具。

今年是「五四運動」的五十周歲了，但這期間內，中國人的眼淚已經流乾，血液也凝固了。軍閥割據，政府腐敗、八年抗戰、國共之爭、大鳴大放、大躍進、文化大革命等已把中國人的神經完全痲痺了。但是，德先生和賽先生的來華，仍然遙遙無期，這是為什麼呢？這是……

略論中國知識分子的性格及其對歷史命運掙扎 ［龍戰］

原載《中大學生報 • 五四運動五十周年記念特刊》，1969 年 5 月，第 10–11 版，節錄。

中共接管大陸，所行的政策是硬性規定知識分子與某一特定的「政治」作無條件的結合。此一特定的「政治」就是中共所定下的政策。知識分子只有無條件的為黨服務，此外並無良知足以發揮之處。於是他們或是研究如何把中國歷史分期，或是如何替中共找出合法之處及如何替中共穩定他的法統地位。他們硬把中國的歷史打在馬克思「唯物史觀」的奴隸社會、封建社會、資本主義社會、社會主義社會、共產主義社會的亞細亞生產方式的框中。他們說由奴隸社會至封建社會是一種進步，由資本主義社會過渡到社會主義社會與共產主義社會更是一種進步。照他們的説法，共產主義在中國的出現是一種歷大的必然，因此中共政權的出現也自然是一種歷史的必然。

於是在此捲地滔天的動亂中，在此亙古未有的大悲劇中，中國知識分子只有徹底向政治低頭，為一種特定的目的而開展一己的思維力量，環繞着共產黨的利益或自甘或被迫的貢獻自己最後的力量。然而雖然如此，他們還要受盡凌辱，還要負起千古已還知識分子所無法負荷的痛苦。中國知識分子的性格至此遂陷入無法自拔的深淵。

牟宗三講，崇基學術部記：文化生命的迷失與背離——五四的前前後後

原載《中大學生報 • 五四運動五十周年記念特刊》，1969 年 5 月，第 4–5 版，節錄

第四版　五四紀念特刊　一九六九年五月四日

文化生命的迷失與背離

—五四的前前後後—

（一九六九年四月於崇基學院講演錄）

講者：牟宗三
記錄：崇基學術部

近年來香港學生對五四尚有興趣，此次為了紀念五四五十周年，聯合書院與崇基書院的同學都邀請我談談關於五四的思想趨勢。我覺得這題目有許多位先生討論在前，好像沒有什麼可講的了，所以對於五四本身，不想再多有重複。我現在想把五四當作一個關節，將它的前前後後綜合起來作一個整個的時代看，看這一整個時代在中國文化生命發展的方向上，以及它所應採取的路線上是否有問題。這樣的反省，似乎範圍太擴大了，不免有空洞之譏，但貫通起來看，以期吾人了解五四的來龍去脈，亦未始無好處。

……業師熊十力先生去年逝於大陸。他一生從事於儒學，並無政治興趣。他於儒家內聖外王之學以及其文化創造之意識，都有充分的深入以及深厚的真情。他的生命直通堯舜三下貫來世，與王船山無以異。在契接中國文化生命的道路上，他遠超過了張君勱與梁漱溟兩先生。他雖然未直接落在政治的課題上，但生命之門，文化創造的道路是敞開了的。後來必有「沛然莫之能禦」隨之而來。

中國的顛倒背離至共產黨之勝利，是最後的階段。「齊一變至於魯，魯一變至於道」，我以上的敍述，痛恨三百年來的背離，又傷近年來老成之逐漸凋謝，而我們的道路似已浮現於紙上了。

我們枕戈待旦，在五四前夕 [游之夏]

原載《中大學生報 • 五四運動五十周年記念特刊》，1969 年 5 月，第 22 版。

我們枕戈待旦，在五四前夕

·游之夏·

五十年前的五四前夕，北大的同學們在起草宣言，在策劃示威。今年的五四前夕，中大和港大的同學們，正「枕戈待旦」；但面臨的不是什麼轟天動地的運動，而是學位試，是你儘管可以鄙視，却不得不屈服的學位試。「大學改革運動」的高潮早已過去了。學生報的社論儘管感歎那只有五分鐘的燃燒，它的編輯仍然要暫時收斂熱情，預備一番，然後垮過考試。負責編輯的朋友告訴我，這次聯刊的篇幅共有廿四版。我相信，那些捱更抵夜、東趕西趕出來的心力成品，特別那些洋洋千萬言的大文章，至少有半數同學要在五月中旬後，才會費神閱讀；因爲，五四畢竟不在考試範圍之內。

始於本年初的熱熾過一陣的改革，呼聲現已消沉，且至於無聞。顯然，這是一個少成功多失敗的小小運動。香港的教育史上，僅此一次；少成，多敗；小小的運動。在磅礴凜烈的五四光影下，這次小小的大學改革運動，根本無足稱道。時代背景不同、社會環境不同、人心趨向不同，小小終於不能擴大，是理所當然的。

五四青年大呼「內除國賊」；這是五四愛國運動的一個理想和路向。五四時的國賊是曹汝霖、陸宗輿等等；今日，國賊是誰？中華民族的罪魁是誰？很多，很多。可是，我們除不了。莫說我們，就是那些在其統治範圍內的，也除不了。世界史在嘲笑孔子的「春秋」、司馬遷的「史記」、以至周策縱的「五四運動史」、張國燾的「我的回憶」：中華民族在開倒車：維新之後革命之後抗戰之後內戰之後以至文化革命文化復興之後，古老的帝國更專制更獨裁了。今日，我們韃責這些禍首，可是他們充耳不聞。獨裁者的宮廷戒備森嚴，即使我們有火燒趙家樓、毆打章宗祥的憤慨，也無處發洩了。「內除國賊」的口號，對五四青年來說，是壯志；對我們來說，只是諷刺。秘密會議似的「九大」，我們雖知其獨其醜；可是，學界却已連口誅筆伐的一丁點勁兒也沒有了。生於斯長於斯的我們，「國家」彷彿是一個朦朧的實體、一個抽離的觀念。我們要捕捉這個實體，要顯定這個概念；然而，有時，她拋離我們於千里之外，我們往往只抓到一點文化，得自她遺下的厚甸甸的包袱。

我們只抓到一點文化，此所以「回歸中國」的討論最後結束於「文化上的回歸中國」。五十年前，五四青年們熱血奔騰於愛國運動；今日，我們頭腦冷靜於學術研究。五四青年們從事於政治、經濟、思想、和文學等種種改革以救國；我們則研究五四時代的政治、經濟、思想、和文學，把它們寫成歷史。然而，今日海外的知識青年，除了學術文化的獻身中國，還有什麼可致力的愛國途徑呢？

從前，我認爲我們毫無資格高談濶論五四，因爲我們全然缺乏先人的理想和實踐精神，我們全然沒有先人的心志和情操；那時，我慨嘆之餘，不禁自責起來。後來，我改變了看法，覺得香港這個環境只希望我們做平凡的人；偉大的代價，常人如我是沒有足够的勇氣、魄力、和恒心付出的。於是，這時，在功課之外，抽點時間思索五四；又畧抒所感，形諸筆墨。記得去年、前年的五四紀念日，學界也有演講和專刊之類。今年的五四紀念，由於剛屆半百周年，似乎意義特別重大：演講會次數多了，專刊的內容也豐富了。（當然，這次四份學生報出版聯刊的創舉，更饒有深意。）我們似乎也會藉此思索更多與五四有關的問題，雖然我們始終不會在今日的香港發起和完成一個意義深長的運動。

五十年前的五四前夕，北大的同學們在起草宣言，在策劃示威。今年的五四前夕，中大和港大的同學們，正「枕戈待旦」；但面臨的不是什麼轟天動地的運動，而是學位試，是你儘管可以鄙視，卻不得不屈服的學位試。「大學改革運動」的高潮早已過去了。學生報的社論儘管感歎那只有五分鐘的燃燒，它的編輯仍然要暫時收斂熱情，預備一番，然後垮過考試。負責編輯的朋友告訴我，這次聯刊的篇幅共有廿四版。我相信，那些捱更抵夜、東趕西趕出來的心力成品，特別那些洋洋千萬言的大文章，至少有半數同學要在五月中旬後，才會費神閱讀；因為，五四畢竟不在考試範圍之內。

始於本年初的熱熾過一陣的改革，呼聲現已消沉，且至於無聞。顯然，這是一個少成功多失敗的小小運動。香港的教育史上，僅此一次；少成，多敗；小小的運動。在磅礴凜烈的五四光影下，這次小小的大學改革運動，根本無足稱道。時代背景不同、社會環境不同、人心趨向不同，小小終於不能擴大，是理所當然的。

五四青年大呼「內除國賊」；這是五四愛國運動的一個理想和路向。五四時的國賊是曹汝霖、陸宗輿等等；今日，國賊是誰？中華民族的罪魁是誰？很多，很多。可是，我們除不了。莫說我們，就是那些在其統治範圍內的，也除不了。世界史在嘲笑孔子的「春秋」、司馬遷的「史記」、以至周策縱的「五四運動史」、張國燾的「我的回憶」：中華民族在開倒車：維新之後革命之後抗戰之後內戰之後以至文化革命文化復興之後，古老的帝國更專制更獨裁了。今日，我們譴責這些禍首，可是他們充耳不聞。獨裁者的宮廷戒備森嚴，即使我們有火燒趙家樓、毆打章宗祥的憤慨，也無處發洩了。「內除國賊」的口號，對五四青年來說，是壯志；對我們來說，只是諷刺。秘密會議似的「九大」，我們雖知其獨其醜；可是，學界卻已連口誅筆伐的一丁點勁兒也沒有了。生於斯長於斯的我們，「國家」彷彿是一個朦朧的實體，一個抽離的觀念。我們要捕捉這個實體，要顯定這個概念；然而，有時，她拋離我們於千里之外，我們往往只抓到一點文化，得自她遺下的厚甸甸的包袱。

我們只抓到一點文化，此所以「回歸中國」的討論最後結束於「文化上的回歸中國」。五十年前，五四青年們熱血奔騰於愛國運動；今日，我們頭腦冷靜於學術研究。五四青年們從事於政治、經濟、思想、和文學等種種改革以救國；我們則研究五四時代的政治、經濟、思想、和文學、把它們寫成歷史。然而，今日海外的知識青年，除了學術文化的獻身中國，還有什麼可致力的愛國途徑呢？

從前，我認為我們毫無資格高談闊論五四，因為我們全然缺乏先人的理想和實踐精神，我們全然沒有先人的心志和情操；那時，我慨嘆之餘，不禁自責起來。後來，我改變了看法，覺得香港這個環境只希望我們做平凡的人；偉大的代價，常人如我是沒有足够的勇氣、魄力、和恒心付出的。於是，這時，在功課之外，抽點時間思索五四；及略抒所感，形諸筆墨。記得去年、前年的五四紀念日，學界也有演講和專刊之類。今年的五四紀念，由於剛屆半百周年，似乎意義特別重大：演講會次數多了，專刊的內容豐富了。（當然，這次四份學生報出版聯刊的創舉，更饒有深意。）我們似乎也會藉此思索更多與五四有關的問題，雖然我們始終不會在今日的香港發起和完成一個意義深長的運動。

五十年前、五十年後——五十年！ ［平子］

原載《中大學生報 • 五四運動五十周年記念特刊》，1969 年 5 月，第 12 版，節錄。

五四紀念特刊

五十年前、五十年後

五十年！

平子

從北京到香港
——五四運動的深遠涵義

今天，當我們回顧五十年前的浪潮時，我們不禁自問在五十年後，我們有了什麼進展？

五十年前，他們已經認清了個人的重要性，所以他們反對孔子及一切偶像，主張民主，主張法治。五十年後的今日，我們在打倒了孔子這個偶像之後，又建立了另一些新的偶像，不論左或右派，我們都沒有民主，只有獨裁。

而我們今天這一群可憐的人，又是如此的缺乏個性，我們只肯接受那些他人已經贊同認可的價值和事物，俯首無言地甘心做輿論的奴隸，對於新的思想、新的觀念，我們不肯接受，或者是囫圇吞棗地接受。於是我們等待別人來重新評估我們文化的價值，於是我們隨着那些生活在高度工業社會中的人們大呼痛苦、寂寞、失落、而其實我們的環境與他們完全不同！我們不曉得獨立思想，甚至有些人沒有思想，精神上的真空已到了可驚的地步！

撫今追昔，忽然覺得五十年後的今日我們退步了！同時在國家飄零、外敵環伺之際，但是當日的青年人敢起來説話，今日我們就只能躲在一旁寫些象徵派的新詩罷了！昔日改革的勇猛何在？雄風何在？

細細一算，又是另一個五十年的開始了！

五四的回顧 ［華華］

原載《中大學生報 • 五四運動五十周年記念特刊》，1969 年 5 月，第 22 版，節錄

一九六九年五月四日　五四紀念特刊　第二十二版

我們枕戈待旦，在五四前夕

五四的回顧

從貞操說起

新文學精神那裏去？

五四時的大示威

……但我們必須曉得，愛國主義有真的，也有假的：真的愛國主義是出自對國家純真的愛念；對政黨之盲目跟從，是假的愛國主義。中國八年抗戰雖然勝利了，但雅爾達會議也將中國出賣了，抗戰勝利之一年，也就是中國苦難再啟之一年。今後，中國的命運，仍交付在我們青年一輩的手中，我們應該絜靜精微地行事，與祖國的命運共同向着光明的大路，披荊斬棘地奮勇前進！

五四精神與香港的大學生 ［雲中君］

原載《中大學生報 • 五四運動五十周年記念特刊》，1969 年 5 月，第 23 版，節錄。

五四運動主要是一個知識分子的愛國運動，其中又以大學教授和大學生為中堅。起碼，最初是他們發起的，在運動過程中，他們推行也最力。我們這裏，打算只就香港的學生運動的表現，（主要是大學生。香港的中小學生，多數只知死背教科書、講義，自覺已談不上，更無運動了。）與五四運動比較一下。具體地說，我們要談的，是五四精神有否下落到香港的大學生身上的問題。

就目下學生運動的發展情況看，我們不能不承認，香港的學生運動，無論就這運動者（即是參與者）或運動範圍（即是所涉及的運動內容）看，都很嫌不足。每一個學生運動，只是由一小撮比較熱心的學生主持，大部分的總是處之泰然；學生運動對他們來說，只是無可無不可的事。而學生運動的內容，其面之狹，更是明顯。學生所關心的，仍是環繞他們的切身關係問題，例如學制問題，考試問題，出路問題，等等，其中尤以考試問題為最。香港的學生運動內容，來來去去總不出這幾點。這種表現，就廣度看，與五四運動距離殊遠。在五四運動中，學生參與人數既眾，而他們所注意的問題，絕不限於學校自身，而尤其以政治問題文化問題為焦點，只由他們起因不滿巴黎和會二十一條而發動罷課運動，已可見一斑了。

香港的學生運動，還有一點最令人失望的是不持久。座談會或研討會應當是學生運動的激烈展開，而香港學生所主辦的研討會，卻總是結束。每次學生運動的開始，總是先聲奪人，有「舍我其誰」之概。但這種熱度是有限的，研討會便表示這熱度的限制，過後便冷至冰點，便響喪鐘。

香港學生運動的特性，我想用下面幾句説便可點出：一、參與人數少，二、所涉內容狹，三、無持久性。

這一點顯示香港學生仍未有普遍的自我覺醒。第二點顯示香港學生縱有覺醒，只重於關乎個人利害的覺醒。第三點顯示香港學生縱有覺醒，但是不徹底的覺醒，或非真正的覺醒。

還有一點是，香港的學生運動，要求自我作主宰的成素很淡，充其量只是消極的要求而已。即是説，學生運動的表現相當被動，例如研討會的召開，只為解決某個困難而設，困難過後（不一定是解決），學生運動便完止了。

由以上看，我們雖然不能説香港的學生運動沒有五四精神，它是有五四精神的，可惜只是靈光一閃，曇花一現，不能展開大規模的文化運動或政治運動。這自然與香港的政治環境文化環境有關；政治環境與香港之為一殖民地的政治地位息息相關，而文化環境則與香港一貫的制試式的桎梏心靈自由的考試制度不能離。但這些都非本文的範圍，這裏不談了。

陳福霖講，崇基學術部紀錄
—— 五四前後的歷史狀況

原載《中大學生報 • 五四運動五十周年記念特刊》，1969年5月4日，第18版，節錄。

在香港現在鬧學潮的時候，聯合和崇基相繼舉行「五四」紀念是非常有意義的。因為當日「五四」運動領導人物，當時的年紀和你們是相仿的。如胡適之先生，當年他是廿多歲，傅斯年和羅家倫也是廿多歲，年紀最大的是陳獨秀，也不外四十歲左右。我們現在應該以他們所做的作為一種教訓，了解我們對社會的責任。

……在毛澤東所著的新民主主義論中特別提到「五四」，他說：「五四是反帝國主義，反封建主義的運動，它的傑出歷史意義是它自辛亥革命以來的不妥協的反帝國主義及封建的運動。」

但台灣卻反對這種說法，他們認為新文化運動是五四的重要部分，他們推出陳獨秀、胡適之、羅家倫、傅斯年等才是五四的領導人。這種說法是有特別用意的。陳獨秀雖是中共創辦人之一，亦是中共的第一任黨書記，但後來陳被驅出黨，而陳本人亦否定自己以前對共產思想的認識，因此台灣捧他出來打擊中共。胡適在國民黨中的地位，大概不需要再介紹，傅斯年是中央研究院院長，羅家倫是國民黨黨史委員會。他們在國民黨中很有地位，以他們作為五四領導人，可以暗示國民黨也有策劃五四這運動的。

另一派人卻認為五四不包括新文化運動，所以領導人是當時一群北大學生而已。上述這些見解都是受了個人及黨的影響，所以我不同意這些見解。而另外有一部分人認為五四是一大災害，他們認為打倒孔家店、推倒儒學，使中國思想界成為真空，使共產主義有機可乘，而使中共控制大陸。這種把中共得勢的責任推到五四身上的說法，也是不客觀的。

我覺得五四運動最難能可貴的是參加的知識分子都是無黨無派的。他們和從前國家的知識分子不同，在1905年，科舉停止了，知識分子對儒學興趣減少了，他們很多都去了留學，受了西洋文化的影響，對中國傳統文化沒有信仰，逐漸疏遠中國傳統文化，對推翻中國傳統文化並沒有什麼可惜。而且他們對中國當時政治情況不滿，他們要求改革，他們認為中國之有今日，完全是儒學之過，因此他們提出了德先生（民主）和賽先生（科學）來代替儒學。

辛亥革命後的共和政府令到他們很失望，而孫中山先生所領導的革命政府更與他們很少有聯絡，因此他們沒有受到三民主義的吸引，他們只是趨向西方文化（民主和科學）。我特別着重這點，因為當時他們並沒有對共產主義發生興趣。因此他們不是代表國民黨或共產黨，他們只是一群新知識分子。

五四學生會學生運動 ［羅富昌］

原載《中大學生報 • 五四運動五十周年記念特刊》，1969 年 5 月，第 19 版，節錄。

一九六九年五月四日　五四紀念特刊　第十九版

（一）五四對香港學生的啟示

余光中下五四的半旗，宣佈偉大的五四已死，中國新文學史的第一章翻了過去，第二章緒論之下的一片空白，留待四十歲以下的一代去飛躍。然而這只是就文學史一方面言，五四的另一方面的意義，卻還活生生擺在目前。五四未死，五四還年青，五十年後的今日的香港，青年學生的活動要借鑒五四時代的還多着。

我們看看今日的香港，劈頭的就有幾個切身的問題：學生運動應否存在？其意義怎樣？學生會與學生運動的關係如何？學生會建立的宗旨是什麼？學生與教員間的關係怎樣妥協？

談五四運動與青年教育

—— 今日青年應如何發揮「五四」精神？ ［微波］

原載《華僑日報》，1969 年 5 月 5 日，第 3 張第 3 頁

談五四運動與青年教育

——今日青年應如何發揮「五四」精神？

微波

昨天是五月四日，這天是中國近代史上知識分子和青年運動的大日子。流亡在香港的中國知識分子，不少曾參與其事。當然，他們現在已進垂暮之年，無論目前是失意與得意，退休與在職，目睹當前的中國局勢與青年的思想和行為，必然有無限的感慨。回溯五十年前年青人的奮鬥與犧牲精神，追求民主與科學的思想，因而引起社會的同情，觸發了當時中國人的民族觀念和對自由平等的追求，引起以後一連串的改革運動。在中國的近代史

甚至在將來中國的史實上，這都是重要的一頁，無論是功是罪，它將會有歷史的評價。

筆者未能「□逢盛會」，卻在這個中國南部邊緣的小島上，在無數的流亡知識分子之中，看到或聽到當時的情形。由於五四運動和政治經濟和文化教育都有密切的關係，也由於五四運動使整個中國受到深切的影響，筆者既非歷史的專門人才，談不到對這件歷史大事有什麼獨特的意見。然而，就教育方面而論，筆者認為對這件有關中國知識分子和對近代中國教育均有深切影響的青年運動，加以檢討，可能有助於當前香港教育問題的解決。

一個國家或民族的教育目標，當然和時代的環境有密切關係，香港雖不是一個國家，也不是一個民族，而是一個殖民地，也當然有着它的傳統的殖民地教育的目標。然而由於當前的局勢，使統治香港的英國當局，不能不開始了解這個傳統的教育目標，已有更變的必要。然而，怎樣的改變才能適合當前的局勢？才能符合香港四百萬居民大多數的需要，而又不損害到其中少數居民的利益？香港是一個華人為主的社會，它的傳統的風俗習慣，許多地方仍然和五四前後的中國地區相似，正如當時的中國情形一樣，大多數人仍然是過着自私，保守的生活，但也有數人已走到時代的尖端，而統治者卻是以民主自由為傳統的英國人，這是惟一與五四十代的軍閥統治不同的地方。

在五四時代，中國的新知識分子提出了民主和科學的口號，這口號曾經和當時的舊知識分子所謂「士大夫」的人，無論思想上和行為上都發生嚴重的衝突，因而產生了「打倒孔家店」和「不讀綫裝書」的號召，以為這樣就可以打敗和消滅一切以傳統思想和封建時代的舊禮教、舊習慣。雖然五四運動是由於愛國精神而引起，而愛國精神卻是辛亥革命的餘波，可是當五四運動成為了「新文化運動」以後，封建時代的舊禮教和舊習慣誠然被打敗了，並沒有被消滅，傳統的思想和文化好像一時佔了下風，卻仍然深藏在大多數中國人的內心深處，而所謂民主與科學並沒有真正的深入民間，只流行在大都市中，成為了一批醉心於西洋文化的知識分子的「口頭禪」，也成為了一部分政治野心家的一種工具。結果，在三十年後，大陸變色，演變成今日的局面。

五四時代的愛國精神源於辛亥革命的餘波，當時的年青人，目睹內則軍閥橫行，國貴民弱，外則備受異族侵淩，於是激起了知識分子的怒潮，這演變成當時的青年運動。當時的教育制度雖然可説是新教育制度，但教育的目標仍然是舊式的封建時代的士大夫以天下為己任的教育目標。向只有在那種教育目標的影響下，纔能使大學生，甚至中學青年，犧牲學業和前途，投身於社會運動中，爭取正義和公理。正如從前辛亥革命時代某烈士在就義前致妻子的信中的一句話：「吾充吾愛〔汝〕之心，助天下人愛其所愛。」代表了當時青年人的思想。然而，這種□□，高尚的為他的精神，經過了五十年的紛擾和新教育的施行，卻使這些新知識分子分裂成兩類：一種是狂態的信徒，而另一種卻是所謂「明哲保身」的避世者。

另一方面，民主與科學的提倡是由於西洋教育思潮的輸入，西洋科學傳入中國始於明代，然而當時並沒有所謂「民主」的思想。清朝的腐敗，使知識分子聯想到政治的改革，但由於「君王立憲」成為「民主政治」只是一夕之間的改變，這種沒有基礎的「民主政治」，徒然引起辛亥革命以來的□□紛變，也成為今天局勢的起源。

西方的民主制度，是否真正的民主制度，是否真正能達到林肯總統的所謂「民有、民治、民享」的境地，已成為近代政治家爭論的題目之一。當然，它與一般專制獨裁的政體比較，其民主自由的程度相當不可以道里計，但如果所謂「民主」就是五年中在一張名單上劃一個「x」號，而自由只表示「嬉皮士」式的行為的話，則「民主」和「自由」的價值仍然是可疑的，何況，沒有經過「民主的教育」而實行「民主的制度」的弊端，許多新獨立的國家的內部紛擾，就是最佳的殷鑒。

至於所謂「科學」，在中國，五十年來新教育培養出來的科學人才也不少，但他們現在到何處去了，而且除了這些少數的科學家以外，其餘大多數的中國人處事做人的「科學精神」怎樣，中小學的科學教育，大學科學人才的成就，新教育所提倡的科學精神，五十年來的結果怎樣？

以上觀點，都是筆者對五四時代的青年運動所發生的疑問，同時也是許多今天生活在香港的有志的年青人所發生的疑問，今天的香港，是海外地區比□民主與自由的地方，而又是在祖國邊緣的知識分子的會集地點。除了香港大學和中文大學外，也有十數間的專上書院和二十多萬的中學生，他們所受的教育，無論目標和制度，□正在改變中，因此必須吸取五四時代以來的經驗和教訓，使香港受教育的青年人都能受到一種良好的，高櫓□□的教育目標和制度的影響，這是當前從事教育工作的人的責任。從□□觀點和責任觀點而言，也可以説是英國當局和香港政府的責任。

五四運動雖然已經過去，但它給與今天青年人的教訓是從過去的經驗中，指出今後青年人的教育目標和青年運動的一些新的方向，例如在文藝方面，政治方面，社會方面，仍應該向着民主和科學方面發展，並且對當前中國社會應有更深一步的認識。五四運動雖然曾被一部分的野心家所用，以致演變成今天的局勢，同時也使許多當時或以後的年青人，走向懦弱，畏縮或隨波逐流的所謂現實的「明哲保身」的道路，但這只是一種時代思想的反前，而且這樣絕不能解決當前的問題，甚至將使整個國家或民族，陷於永遠不能翻身的境地。因此筆者認為今天的青年，無論是在國內，香港和海外，應該以青年人特有的熱誠和理性，從事於保存優秀的民族文化的傳統，努力於民主政治，社會和教育的改革，深入於科學的研究，並且培養真正的科學精神和態度，特別是在反對強權，追求真理方面的精神的發揚，則五四青年運動，纔能在歷史的意義上，得到真正的進一步發展。

五四・想・辛笛［柳傳書］

原載《中大學生報聯刊》，1970年5月，第2卷第2期，第7版，節錄

五四・想・辛笛

□柳傳書

（一）

今天是五月四日。把回憶作爲一扇窗子，當窗子打開後，我能想甚麽？還記得那是黃花崗紀念的日子裏，我唱黃花開黃花落斯人一去不復回的歌嗎？我再不能在五四想些傷感的東西了。五四該是振奮的一個日子。去年五四我寫關於一個五四時代的女性——丁玲。今日。我想的東西太多了。在這兩個五四中間，我們做了甚麽？不知道，祇知道自己的故鄉有一個衛星昇天。而我又知道，這些成就和我沒有任何關係，如果是榮耀的，那我就自慚自愧，我躲在這裏只表示我是一個逃避苦難的香港人。而且祖國離我很遠，很遠，遠到我摸不到她的音容。「自私！」有一種聲音告訴我。是我選擇了這些自私的生活嗎？固定的生活，安定的生命，一切都是和平安寧。也可以和別人一同盛讚自己國土的科學成就。也可以一方面在這裏醉生夢死。

（二）

雜念之後，把自己遣責一番。又是回到自己式的生活（可笑吧，朋友。）王辛笛「夜讀書記」中有一首舊詩說：

「傷心猶是讀書人　清夜無塵綠影春
風絮當時誰證果　靜言孤獨永懷新」

這是辛笛對於宇宙間新理想新事物和不變的永恆所作的一種飢渴的嚮往。以爲人類的進步，有賴一盞眞理的明燈。所以他讀的書，都有自己以爲眞理的明燈在指引着。而今我想，我們眞理的明燈呢？北望的明燈是世界解放，世界平等的社會主義和毛澤東思想。而我們的讀書明燈又是甚麽？該是有人說話的時候吧。

（三）

五四的詩人我最喜歡王辛笛。尤其喜歡那首「挽歌」：

船橫在河上
無人問起渡者
天上的燈火
河上的寥闊
風吹草綠
吹動智慧的影子
智慧是用水寫成的
聲音自草中來
懷取你的名字
前程是「忘水」
相送且兼似相娛

——[illegible]這首然是一首感受性的詩。我[illegible]以爲詩是心[illegible]受的，並不是不可解但卻是不需要有定解的，所以說「詩無盡解」。去掉自由聯想的話則詩的味道就弱了。辛笛這首「挽歌」你讀後（自然要細心的去讀）能有所感嗎？我所感到的是一種寂寥，一種蒼涼、一種生命、一種平淡、和一種灑脫。你能明白我的意思嗎？

辛笛在這詩前面引了 T.S. Eliot 一首詩作序：

Time Present and time past
Are both perhaps present in time
future,
And time future contained in time past.
……………………
Down the passage which we did't take
Towards the door we never opened
Into the rose-garden.
……………………

如是，辛笛的「異域」就是指時間的異域了吧，辛笛對於永恆和茫茫宇宙所想的畢竟是如許關心，而到後來終究是一種平淡一種灑脫，所以也許朋友你會說辛笛自傷幽獨。但我卻以爲這自傷又何傷呢！到底這是要耐得住人間寂寞的情懷和加上一份堅朗的信念才可以做到的。而最能使我懷念的，還是詩人在異域論中所說的：「全不能爲這異域的魅力移心，忘懷於淒涼故國的關山月。」如是我們能再說辛笛會永遠的自傷幽獨下去嗎？他必然是投入中國投入世界的。經過自傷幽獨去找尋茫茫宇宙的安心立命。這時的投入才是眞正的投入。

（四）

無端端提起了辛笛來，話未談完信紙已就完了。本來想寫寫五四的作家羣像，不過有辛笛般情懷的詩人，今日已沒有了（至少難於找到），就讓我們再讀他的「挽歌」來想想這位寫自然、淸純的詩的一個五四時代的詩人吧！

今天是五月四日。把回憶作為一扇窗子，當窗子打開後，我能想什麼？還記得那是黃花崗紀念的日子裏，我唱黃花開黃花落斯人一去不復回的歌嗎？我再不能在五四想些傷感的東西了。五四該是振奮的一個日子。去年五四我寫關於一個五四時代的女性——丁玲。今日。我想的東西太多了。在這兩個五四中間，我們做了什麼？不知道，祇知道自己的故鄉有一個衛星昇天。而我又知道，這些成就和我沒有任何關係，如果是榮耀的，那我就自慚自愧，我躲在這裏只表示我是一個逃避苦難的香港人。而且祖國離我很遠，很遠，遠到我摸不到她的音容。「自私！」有一種聲音告訴我。是我選擇了這些自私的生活嗎？固定的生活，安定的生命，一切都是和平安寧。也可以和別人一同盛讚自己國土的科學成就。也可以一方面在這裏醉生夢死。

劉梗專訪：以五月四日為開端
——銘基書院舉辦「中國文化周」

《中國學生周報》，1970 年 5 月第 930 期，第 3 版。

五月四日至五月八日為期一周之內，是九龍大角嘴銘基書院舉辦的中國文化周。在香港這一個地理環境受限制的小小地方裏，同學們的活動範圍，十分狹窄。學校當局，都盡量組織多一些課餘活動，去使同學們在課餘時候，能獲得多樣性而且有益身心的活動。一般的學校，大多數把這方面的注意力集中在體育、文娛活動或者興趣小組上，很少會廣泛深入的集中在一個有意義的目標。銘基書院今次舉辦的中國文化周，卻首先利用了整個星期時間，從各方面配合去發揚一個有意義的活動。

中國文化周的秩序十分豐富。該周內課餘的時候，有電影放映，專題演講，同學間有演講和作文比賽，展覽方面有壁報、中國藝術品及中國古籍圖書的展出。最特色和使同學興奮的，就是在八日(星期三)下午三時舉行的中國古代服裝示範和國樂欣賞了。在中國古代服裝示範之中，有古至魏晉時代「洛神」的服飾，有唐代宮廷人物如武后、韋后、太平公主、中宗的朝服。還有清代的新娘裝。負責充當「模特兒」的除了扮皇上那位馮先生外，其他都是銘基同學。他們在化裝，儀態，裝扮上，都做到維肖維妙的地步。

服裝示範之後，為期六日的「中國文化周」，便告圓滿結束。記者訪問了負責推動這次文化周負責人之一的葉老師。葉老師告訴我：「銘基書院的校長 Mr. Walls （韋仲堅先生），對於中國文化，一向有愛慕之心。在校曆表上，一早便定了一個星期，完全的集中在鼓吹中國文化上。一切秩序都由校內的中文老師負責策劃。目的在透過這個活動，鼓勵及激發起同學們對中國文化的信心，熱愛，從各方面介紹中國文化的優點，在潛移默化之中，使就讀於英文書院的同學，都願意肩負起承繼中國文化的責任。並且希望擴大這一個目標，使在香港其他英文書院就讀的同學，亦在攻讀中文為『第二語言』的時候，有熱愛中國文化，發揚中國文化為己任的信念。」「我們選了五月四日作為中國文化周的開始日，目的是為了紀念五四運動，希望在中國文化周圓滿結束之後，同學們都能夠時常保有對中國文化熱愛的心情呢！相信類似這樣活動，將會每年舉行一次。」

銘基英文書院・學生集體創作・「中國文化周」後感

原載《中國學生周報》，1970 年 5 月第 931 期，第 2 版。

中二・冼慶鸞

五月四日，星期一開始了——中國文化周的第一天，愛遲到的我，這天大清早便回到學校。白布上寫着火紅的六個大字——「中國文化周」，橫架於校門前，雄偉極了！校內張貼了有關這個文化周的特刊，最令人矚目的還是「五、四點滴」。五十年前的五月四日，一群有意識的學者，他們團結起來，改革舊的文學；他們自愛，他們不做假「古董」。五十年後的五月四日，我們的「中國文化周」開始了。學校特在這有意義的一天舉辦，目的是叫我們這群充滿中國人的血的中國人，醒來救救我們已褪色的文化。

中三・劉業基

香港文化水準低落，而中國文化已漸臨被埋沒的危機了。就以目前的中文教學課程為例，每學期所教的國文只得五、六課左右。作文都是每隔三、四個星期才能練習一次。不過，我們並不要將責任推落在校方身上。因為我知道校方是不能不這樣做的，幾個中文教師便負責了整間學校的中文教學；而且國文對一般洋化的學生來講，又是這麼艱深難懂，何況所佔分數又不多，故很多人便把它忽視。一般人除了為分數而讀一讀幾課必考的課文外，什麼課外書籍也懶得看了。久而久之，對於國文一科，便好像讀別國語言那樣的佶屈聱牙，甚至有時連一兩個顯淺的文字亦要求人作答，正是可笑亦復可憐！

中二甲・麥美嬌

這幾天，沐浴在中國的氣氛中，使人感到學校真像一所大家庭，放目到處，觸目皆是勁秀的書法，富有藝術的中國雕刻圖案畫，以及圖書館內的展覽，物理室的電影介紹，加上老師同學古裝表演的壓軸，使人真真正正的認識到自己是那麼一位文明古國之一的中國人。

啊！明年的「五、四」，腳步放快吧！

騙人鬼話集・又一個五四

原載《學苑》，1970年5月1日，第3版，節

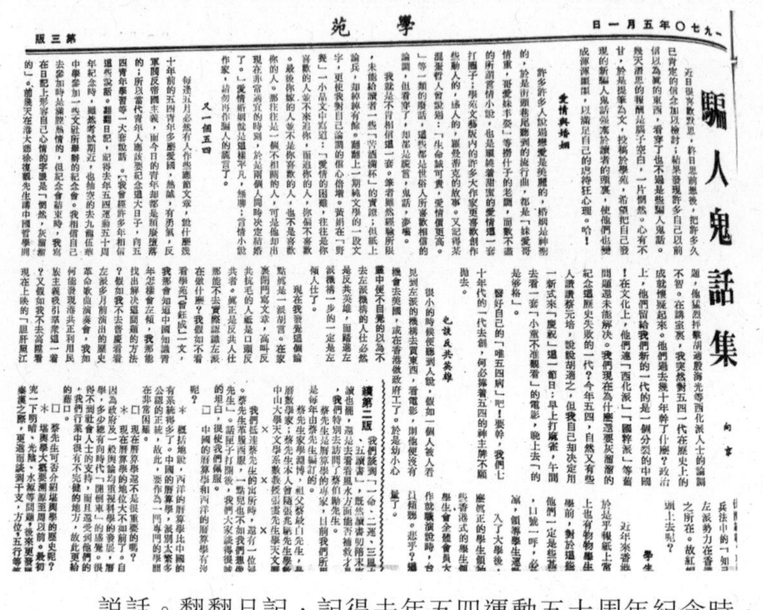

一九七〇年五月一日　學苑　第三版

騙人鬼話集

向實

每逢五月必然有人作些應節文章，說什麼幾十年前的五四青年多麼愛國，熱誠，有勇氣，反軍閥反帝國主義，而今日的青年卻都是頹廢墮落的；所以當代青年人應該要紀念這大日子，向五四青年學習這一大套說話。我曾經許多年相信這些說話。翻翻日記，記得去年五四運動五十周年紀念時，雖然考試期近，也抽空的去九龍伍華中學參加一些文社所舉辦的紀念會。我相信自己去參加時是滿腔熱情的，但紀念會結束時，我寫在日記上形容自己心情的字眼是「惘然，灰溜溜的」。前幾天在港大聽徐復觀先生講中國哲學問題，他猛然抨擊胡適殷海光等西化派人士的論調不智。在講室裏，我突然對五四一代在歷史上的成就懷疑起來。他們過去幾十年幹了什麼？政治上，他們留給我們新的一代的是一個分裂的中國！在文化上，他們連「西化派」「國粹派」等舊問題還未能解決。我們現在為什麼還要灰溜溜的紀念這歷史失敗的一代？今年五四，自然又有些人讚讚蔡元培，說說胡適之，但我自己卻決定用一新式來「慶祝」這一節日：早上打麻雀，午間去看一套「小童不准觀看」的電影，晚上去「的是夠格」。

醫好自己的「唯五四病」吧！要幹，我們七十年代的一代去創，何必捧着五四的神主牌不願拋去。

第五時期

回歸進程中的「五四」：1971–1997

引言

隨着1970年代以來香港經濟驟飛而社會建設在方方面面均有可喜的發展，隨着內地四人幫倒台，以社會階級為綱領的政治鬥爭也隨之相告結束，再因應國內政府於1978年12月實施改革開放政策，香港因此而成為海外政商通向中國大陸的門戶與主要渠道。香港社會於1980年代也由工業化時代走向商業化的國際大都會年代，香港社會經濟一片欣欣向榮，這讓香港相對於過去任何一個階段均顯得繁榮安定。1980年代初期，英國和北京中央政府就香港回歸問題正式開始協商，兩國於1984年正式簽訂《中英聯合聲明》，香港進入了回歸進程，同時也進入了後殖民地時代。

然而，在面對港人被拒於中英談判桌外，港人對前途的何去何從因為沒有參與權而感到無奈、無力。再因為社會的繁榮安定、資產階級擴大以及社會階層的高度流動緣故，這讓本來最抱理想主義一群的青年知識階層減少了參政或過問政治的欲望。這時期裏的大學校園活動逐漸被「文康體福」——文娛、康樂、體育、福利所主導。不過，每一個時代總有每一個時代的理想主義者堅守他們的文化理想，以清醒者之姿批判身邊的沉迷者。他們除了借五四談民主、自由的話題外，也可以看見不少批判當代大學生未能繼承「五四」精神的文章。這些文章指出當代大學生的懶散、不學無術等等陋習，也有熱衷於政治活動的學生領袖繼續堅持「放眼世界，認識中國，改革社會」[1]的理念，呼籲旁人謹守時代使命。

1 陳毓祥：〈從「五四」精神看當前學運方向〉，載氏著：《昨日，今日陳毓祥》，香港：廣角鏡出版社有限公司，1989年。

然而，在香港人面對 1989 年的天安門六四政治風波以及 1997 年回歸的問題上，《突破》雜誌刊登的〈五四豪情今何在？〉，反映了 1980 年代知識社群，於回歸進程中因為這突如其來的政治風暴，從而加增了對於國族認同的迷茫心境和繼承「五四」精神的乏力感。

1997 年香港正式回歸中國，但在往後的二十多年裏，民間社會或專上院校舉辦五四紀念的場次減少。相反，官方或親政府的社會團體則投入大量人力和資源主辦一年一度的五四紀念，再配以「五四大巡遊」等等，使五四紀念儼然變成一場場嘉年華節慶。主辦方借「五四」之名灌輸青年一代愛港愛國的思想，宣揚陸港一家、民族大團結的訊息。但是，官方紀念活動卻變得十分形式化和娛樂化，五四的批判精神及其愛國理想因此也變得失焦和模糊化。「包容」、「和諧」，一度成為官方五四紀念場域中的主題。

要之，本篇通過整理 1980 年代以後到香港回歸前後的「五四」紀念文章，梳理港人對「五四」的紀念思想在回歸進程中的變化，由此展現了「地方的五四」正如前文所説的，它在與反映國家權力、國家行為的大國史觀下的五四論述作比較時，彼此間難免會因為有同有異的歷史發展步調而出現思想內容上的差異；當然，在愛國、救國的目標上是不變的，不同的乃是彼此在手段上與方法上有所差異。這種差異倒過來，正好顯示了地方的精神面貌的獨特性。

五四運動的意義 保衛釣魚台運動專輯

原載《大學生活》，1971年4月號，第6卷第4期，第22頁

·保衛釣魚台運動專輯·

五四運動的意義

一·二九示威大會中郭松芬君演辭節錄

「五十年前的五四愛國革命運動的精神到底是否還存在，這要看今天我們對釣魚台事件所把握的方向與行動而定。如果我們把握的方向錯誤或甚至於袖手旁觀，純粹以看熱鬧的打算躲在角落裏任由事情發展、任由官吏為所欲為，那麼，我們不配再談五四運動或五四精神！如果我們對目前釣魚台事件能及時關切及時參與，把握正確的方向，發展有效的行動，那麼證明我們的心並沒有死，證明我們正在繼承五四的、愛國的、革命的學生運動，如果我們果眞繼承了這一脉偉大的五四運動，那麼當年這個運動怎麼發生、怎麼發展、它產生了怎樣的政治、社會、文化的改革，這些歷史事實便值得我們作為目前行動的參考，更值得做為借鏡。

我剛才提到方向與行動，在這裏我要特別强調「方向」的重要性，也就是說，如果不能把握住正確的方向，那麼再多的行動也是徒然。不但於事無補反而足以壞事。在保衛釣魚台行動的開始，我特別强調「方向」的重要性，這也正是五四運動中一再强調的。最近「少年中國晨報」所刊載的消息，以為這次的行動是毫無保留的、一廂情願的、要替國民黨政府作後盾和替國民黨政府撑腰，這是荒唐而錯誤的，這是企圖混淆我們行動方向的毒惡的伎倆，我們的方向是支持爭回釣魚台，但絕不是無條件地與國民黨政府一道鬼混，在主權紛爭未明前，任何出賣中國人民利益的開發或聯合開發行動都是我們嚴厲反對的。這正是五四傳給我們最寶貴的歷史教訓。當年五四運動在北大首先爆發，北大學生的反抗矛頭指向兩個方向：對外：反對日本帝國主義侵佔中國青島，反對山東割與日本托管。對內：反對當時腐敗的軍閥政府及其懦弱的賣國外交。當時最有名的口號之一，代表五四精神的便是「外抗强權，內除國賊」。關於這一點，我們七〇年代的學生可能有一種錯覺：以為外抗强權的時候，一定要和自己的政府合作才能收到外抗强權的效果，如果你對外也抗對內也抗，那你憑什麼來抗呢？我的答案是憑人民的力量來抗！五四運動的歷史事實更證明了這一個眞理，强有力地攻破了那種「誓言支持政府」的錯誤，落伍而鄉愿式的荒唐看法。五四運動是內外都加以攻擊的，特別要攻擊的是自己政府官吏的昏潰腐敗。因為這些官吏隨時會忘記全體人民的利益的，為了個人的利祿可以隨時出賣國家。從近五十年來，我們看到多少政府要人、黨國元老，在國家危急的時候，帶着他們撈來的民脂民膏，坐着飛機往外國一逃，把這些民脂民膏換成美金存入外國銀行，這種例子我們看多了。今天我們要繼承五四偉大的愛國精神，在保衛釣魚台的行動上我們不但反對日本軍國主義、美國帝國主義，同時更要嚴厲批評國內承辦這件事的官吏，不容出賣國家領土主權。我們强調這是愛國運動，這是學生運動，愛國家不是盲目愛政府或盲目愛政府的官吏，而是愛全體中國的人民。

這不是武裝爭奪政權的運動，我們不須要依賴任何政權來反對任何另一政權，因為這是落伍的强權思想，我們反對日本軍國主義的同時，也應該反對這種强權思想。

在這次保衛釣魚台的行動過程中，我們看清楚了從台灣來的中國人的眞面目。一句話就是政治冷感。更確切的說，就是患了政治陽萎症，昨天在電話裏，我們邀請他們來參加今天的大會，他們在電話裏害怕起來，甚至牙關打戰，有的說，國民黨的特務是很多的，他們害怕上黑名單；有的說，他們不怕美國政府，也不怕日本政府，他們怕國民黨政府。這是什麼民主國家？這是什麼自由國家？我深深的同情各位的處境，我更同情那些不敢來參加的同學的處境。

現在，我從新向全體各位說話，我們需要立即以行動繼承五四的愛國精神。我們都是學生，都是手無寸鐵的知識份子，本着知識份子應有的責任來支持為人民利益打算的政權，如果這政權沒有為人民利益打算，我們便要本着五四愛國的精神，聯合一致來批評這個政權，如果經過了批評指責，這個政權仍然蒙混敷衍，站不起來，成了一個扶不起的阿斗，那麼我們主張打倒這個政權！

全體愛國的中國同胞們，讓我們共同攜手，團結起來，在不斷批評譴責的義務下，要求國府爭回釣魚台！這次釣魚台事件對於國民黨政府是一塊試金石。這個政府能不能名符其

一・二九示威大會中郭松芬君演辭節錄

五十年前的五四愛國革命運動的精神到底是否還存在，這要看今天我們對釣魚台事件所把握的方向與行動而定。如果我們把握的方向錯誤或甚至於袖手旁觀，純粹以看熱鬧的打算躲在角落裏任由事情發展、任由官吏為所欲為，那麼，我們不配再談五四運動或五四精神！如果我們對目前釣魚台事件能及時關切及時參與，把握正確的方向，發展有效的行動，那麼證明我們的心並沒有死，證明我們正在繼承五四的、愛國的、革命的學生運動，如果我們果真繼承了這一脉偉大的五四運動，那麼當年這個運動怎麼發生、怎麼發展、它產生了怎樣的政治、社會、文化的改革，這些歷史事實便值得我們作為目前行動的參考，更值得做為借鏡。

我剛才提到方向與行動，在這裏我要特別强調「方向」的重要性，也就是說，如果不能把握住正確的方向，那麼再多的行動也是徒然。不但於事無補反而足以壞事。在保衞釣魚台行動的開始，我特別强調「方向」的重要性，這也正是五四運動中一再强調的。最近「少年中國晨報」所刊載的消息，以為這次的行動是毫無保留的、一廂情願的、要替國民黨政府作後盾和替國民黨政府撐腰，這是荒唐而錯誤的，這是企圖混淆我們行動方向的毒惡的伎倆，我們的方向是支持爭回釣魚台，但絕不是無條件地與國民黨政府一道鬼混，在主權紛爭未明前，任何出賣中國人民利益的開發或聯合開發行動都是我們嚴厲反對的。這正是五四傳給我們最寶貴的歷史教訓。當年五四運動在北大首先爆發，北大學生的反抗矛頭指向兩個方向：對外，反對日本帝國主義侵佔中國青島，反對山東割與日本托管。對內，反對當時腐敗的軍閥政府及其懦弱的賣國外交。當時最有名的口號之一，代表五四精神的便是「外抗强權，內除國賊」。關於這一點，我們七〇年代的學生可能有一種錯覺：以為外抗强權的時候，一定要和自己的政府合作才能收到外抗强權的效果，如果你對外也抗對內也抗，那你憑什麼來抗呢？我的答案是憑人民的力量來抗！五四運動的歷史事實更證明了這一個真理，强有力地攻破了那種「誓言支持政府」的錯誤，落伍而鄉愿式的荒唐看法。五四運動是內外都加以攻擊的，特別要攻擊自己政府官吏的昏潰腐敗。因為這些官吏隨時會忘記全體人民的利益的，為了個人的利祿可以隨時出賣國家。從近五十年來，我們看到多少政府要人、黨國元老，在國家危急的時候，帶着他們撈來的民脂民膏，坐着飛機往外國一逃，把這些民脂民膏換成美金存入外國銀行，這種例子我們看多了。今天我們要繼承五四偉大的愛國精神，在保衛釣魚台的行動上我們不但反對日本軍國主義、美國帝國主義，同時更要嚴厲批評國內承辦這件事的官吏，不容出賣國家領土主權。我們强調這是愛國運動，這是學生運動，愛國家不是盲目愛政府或盲目愛政府的官吏，而是愛全體中國的人民。

這不是武裝爭奪政權的運動，我們不須要依賴任何政權來反對任何另一政權，因為這是落伍的强權思想，我們反對日本軍國主義的同時，也應該反對這種强權思想。

在這次保衛釣魚台的行動過程中，我們看清楚了從台灣來的中國人的真面目。一句話就是政治冷感。更確切的説，就是患了政治陽萎症，昨天在電話裏，我們邀請他們來參加今天的大會，他們在電話裏害怕起來，甚至牙關打戰，有的説，國民黨的特務是很多的，他們害怕上黑名單；有的説，他們不怕美國政府，也不怕日本政府，他們怕國民黨政府。這是什麼民主國家？這是什麼自由國家？我深深的同情各位的處境，我更同情那些不敢來參加的同學的處境。

現在，我重新向全體各位説話，我們需要立即以行動繼承五四的愛國精神。我們都是學生，都是手無寸鐵的知識分子，本着知識分子應有的責任來支持為人民利益打算的政權，如果這政權沒有為人民利益打算，我們便要本着五四愛國的精神，聯合一致來批評這個政權，如果經過了批評指責，這個政權仍然蒙混敷衍，站不起來，成了一個扶不起的阿斗，那麼我們主張打倒這個政權！

五四運動與香港青年

原載《中國學生周報》，1971年5月，第981期，第2版。

五四運動發生於一九一九年，當時歐洲戰爭結束，列國舉行巴黎和會。日本要求承受德國在山東權益，向袁世凱提出廿一條件，當時中國駐日代表章宗祥，竟然有「欣然同意」之照會，參與和會列國亦以日本繼承德國在山東權益列入和約中，此事件引起國內公憤，北京青年學生於其時發動「外抗強權，內除國賊」的愛國運動，各地學生、商人、工人紛紛響應，罷工罷課遊行，抵制日貨，後來此一學生運動更促發其他社會改革及文化運動。香港青年對此具有偉大歷史意義的事件，大都由書本認識，亦常常作知性的反應，每年在五四紀念日，集會，出特刊討論，但總缺乏付之行動的實踐精神。

五十二年後的今日，與五四運動時的歷史類似情景，竟然重現，日本又扮演同樣的角色，要把中國領土的釣魚台列島劃為其版圖，美國竟又加以認可。海外中國青年，對日本的聲明群起反對，美國各州留學生，其中二分一以上去自香港，組織示威遊行；留美學人簽名上書國民政府；香港青年學生，先是有「開放社」於去年九月出刊號外，發動一群青年人簽名反對日本侵略中國領土，到了本年四月，各校學生報紛紛刊出特刊，青年團體多次在日本領事館和平示威，舉辦公開論壇，四月十日有廿一青年更因示威而被補。以後續有青年團體申請於五四和平示威，及推行抵制日貨運動。這些行動多少受五四運動精神的影響。換言之，許多香港青年已以具體行動紀念五四。我們希望，香港青年學生們能夠維持這次釣魚台事件的熱誠與堅決，繼續努力；同時，更希望你們不讓五四青年專美，能以同樣的熱誠堅決從事香港社會與文化改革，及參與將來中國新文化的創造。

文協北大同學開會紀念五四運動
李璜黃文山羅香林唐君毅演講
一致指出自由精神可貴

原載《星島日報》，1971年5月5日，第20版

文協北大同學開會
紀念五四運動
李璜黃文山羅香林唐君毅演講
一致指出自由精神可貴

（本港專訊）香港中國文化協會暨北大旅港同學會昨聯合在文協禮堂舉行五四運動紀念大會，參加者有黃文山，李璜，唐君毅，羅香林，王德昭，許孝炎，沈亦珍，周異斌，林伯雅，羅君實，鄭寶華，張翰書，區靜寰，汪中展，陳煥章，焦一夫，劉舫西，詹世安，張六師，王韶生，黎鐵漢，徐義衡，龔從民，李秋生，蕭輝楷，湯增□，鄧一新，區錦漢，李序東，梁友衡，任國榮，朱光振，陳慕貞，黃炳鈞，張慈祥，梁子威，熊建群等文教各界知名人士及各大專院校教授，學生代表等二百餘人。

李璜教授在演講中，對五四運動之時代背景曾作極詳盡分析，並認為五四運動最值得珍貴者為當時所樹立起來之自由思想，自由信仰，自由言論，自由創造等精神，將來惟一可以消滅極權主義，個人崇拜主義者亦即是此種自由精神。

黃文山教授認為五四運動能獲得空前之成功，各方面之因素固然很多，但北京大學校長蔡元培（孑民）之功勞可說最大，當時如果沒有蔡之全力支持及領導，該一

愛國運動亦極可能面臨瓦解崩潰。黃教授對蔡先生推崇備至。同時對蔡先生所提倡之四大主義及三大法則，亦特別提出詳細講述。

羅香林教授除講述當時巴黎和會中國代表拒絕簽字之詳細經過情形外，並舉出五四運動對當時整個中國社會影響極大，不只限於大都市，即窮鄉僻壤之小城鎮，亦莫不受其影響，受到新風氣之燻染。

王德昭教授則着重於講述國父孫中山先生之思想對五四運動之關係影響等，並引述不少例證，加以分析說明。

唐君毅教授講演時曾特別將一千八百年來有關中國歷史上幾次重大之學生運動分別列舉，並將各次學生運動之意義加以衡量，但歸根到底，仍認為五四運動影響最大，五四運動為對抗外國列強之愛國運動，同時更連結着一新文化運動，更覺其意義重大。

從五・四談保釣 ［周錫輝］

原載《中大學生報（特刊）》，1972 年 5 月，第 4 版

中大學生報（特刊）

一九七二年五月四日

從五・四談保釣

周錫輝

今年是五四運動的五十三週年。在一九一九年五月四日，當時的中國學生對於巴黎和會將德國在山東之權益轉讓給日本，表示極度憤慨。學生們見國家主權被奪，爲了要喚起中國同胞的關注，舉行保衛領土的愛國示威運動，他們不怕軍閥政府大批軍警的鎮壓，更舉行罷課，抗議當時政府之腐敗無能和指責政府喪權辱國。在學生運動之感染和號召下，全國人民團結起來參予保土衛國，致令當時的政府不能不讓步；在人民的壓力下，陸徵祥終於不敢在侮辱中國人民的「和約」上簽字，迫使日本不能染指中國國土。

現今，日本忘却以前侵華時所受的挫折，企圖復起奪取我國領土釣魚台，爲了表示抗議日本的野蠻侵畧，海外的中國青年打破以往的緘默，振臂高呼「保衛領土釣魚台」，並且喚醒海外沉睡的中國人。在香港，一羣生於斯、長於斯的中國青年，在殖民地政府之教育制度下，所唸的雖是歪曲了的近代史，所讀的雖是無國家觀念的公民科，但是，爲了保土衛國，他們也跑上街道，衝出課室，爲莊嚴神聖的目標齊聲响應，爲保衛國家領土的完整而努力奔走。

五月十五日將是歷史性的一天。美、日兩國將在這天幹出私相授受我國神聖領土釣魚台的不可告人勾當，把釣魚台之管治權撥交日本。

正是：

「中國領土可以征服，而不可以斷送。

中國人民可以殺戮，而不可以低頭。」

中國領土之無理被奪，乃是中國人的恥辱。目睹國土淪亡，我們不能不作任何表示。徒呼愛國，而不作任何相應的行動，只是空談罷了。

同學們，我們要秉承五四愛國精神，身爲中國人就要熱愛中國，就有責任捍衛國土。

最後，我要重申一句——釣魚台是中國人的！

今年是五四運動的五十三周年。在一九一九年五月四日，當時的中國學生對於巴黎和會將德國在山東之權益轉讓給日本，表示極度憤慨。學生們見國家主權被奪，為了要喚起中國同胞的關注，舉行保衛領土的愛國示威運動，他們不怕軍閥政府大批軍警的鎮壓，更舉行罷課，抗議當時政府之腐敗無能和指責政府喪權辱國。在學生運動之感染和號召下，全國人民團結起來參與保土衛國，致令當時的政府不能不讓步；在人民的壓力下，陸徵祥終於不敢在侮辱中國人民的「和約」上簽字，迫使日本不能染指中國國土。

現今，日本忘卻以前侵華時所受的挫折，企圖復起奪取我國領土釣魚台，為了表示抗議日本的野蠻侵略，海外的中國青年打破以往的緘默，振

臂高呼「保衛領土釣魚台」，並且喚醒海外沉睡的中國人。在香港，一群生於斯，長於斯的中國青年，在殖民地政府之教育制度下，所唸的雖是歪曲了的近代史，所讀的雖是無國家觀念的公民科，但是，為了保土衛國，他們也跑上街道，衝出課室，為莊嚴神聖的目標齊聲響應，為保衛國家領土的完整而努力奔走。

五月十五日將是歷史性的一天。美、日兩國將在這天幹出私相授受我國神聖領土釣魚台的不可告人勾當，把釣魚台之管治權撥交日本。

正是：

「中國領土可以征服，而不可以斷送。
中國人民可以殺戮，而不可以低頭。」

中國領土之無理被奪，乃是中國人的恥辱。目睹國土淪亡，我們不能不作任何表示。徒呼愛國，而不作任何相應的行動，只是空談罷了。

同學們，我們要秉承五四愛國精神，身為中國人就要熱愛中國，就有責任捍衛國土。

最後，我要重申一句——釣魚台是中國人的！

讓五四的勁還在 ［甄永榮］

原載《中大學生報（特刊）》，1972 年 5 月，第 4 版

讓五四的勁還在

甄永榮

剛翻開李大釗的五四紀念片語：「不要把他看狹小了，把他僅僅看做一個愛國運動的紀念日。我更盼望從今以後，每年在這一天舉行紀念的時候，都加上些新意義。」

又一年的五四了。

五十三年前，當世界公理的幻望被强權所壓破的時候，中國的靑年從昏睡中疾醒過來。眼看國土快要淪亡，他們悲憤；不忍國家蒙受恥辱，他們哀痛；在非正義的世界面前，他們呼出最沉痛的哀聲。中國人的淚，中國人的血，就從此不斷的爲中國的存亡而傾流。

五十三年前的同胞，洒去了他們的血，在苦難中負起了他們的責任；五十三年後的我們，就決不能逃避我們的責任，犧牲我們的國土。

「一腔熱血勤珍重，洒去猶能化碧濤。」這是秋瑾的話。

中國人有的是熱血，不能犧牲的是土地。我們誓不能讓國土從我們的手中失去。

最親愛最有理性的國民！讓我們更新五四的意義。

最親愛最有血性的同胞！讓我們不忘國土被侵凌的恥辱。

中國的土地，可以征服，而不可以斷送；中國的人民，可以殺戮，而不可以低頭。

讓五四的勁還在。

剛翻開李大釗的五四紀念片語：「不要把他看狹小了，把他僅僅看做一個愛國運動的紀念日。我更盼望從今以後，每年在這一天舉行紀念的時候，都加上些新意義。」

又一年的五四了。

五十三年前，當世界公理的幻望被強權所壓破的時候，中國的青年從昏睡中疾醒過來。眼看國土快要淪亡，他們悲憤；不忍國家蒙受恥辱，他們哀痛。在非正義的世界面前，他們呼出最沉痛的哀聲。中國人的淚，中國人的血，就從此不斷的為中國的存亡而傾流。

五十三年前的同胞，灑去了他們的血，在苦難中負起了他們的責任；五十三年後的我們，就決不能逃避我們的責任，犧牲我們的國土。

「一腔熱血勤珍重，灑去猶能化碧濤。」這是秋瑾的話。

中國人有的是熱血，不能犧牲的是土地。我們是誓不能讓國土從我們的手中失去。

最親愛最有理性的國民！讓我們更新五四的意義。

最親愛最有血性的同胞！讓我們不忘國土被侵凌的恥辱。

中國的土地，可以征服，而不可以斷送；中國的人民，可以殺戮，而不可以低頭。

讓五四的勁還在。

做一個堂堂正正的中國人 ［麥浩正］

原載《中大學生報（特刊）》，1972年5月，第4版。

做一個堂堂正正的中國人

麥浩正

八年抗戰的記憶猶新，現在美日又再度勾結，圖侵我國的神聖領土釣魚台。我們是否祇是喊一兩聲「苦難的中國」就可以對此無理的侵略行徑視如不見，見如不聞？難道我們祇是在別人的蔭護下生活，當面對侵略者時就噤若寒蟬，瑟縮一隅？

我們這一代再也不能容忍這些無理的事發生，我們應當負起我們的責任。我們不單要分享祖國的成果，我們也當同千千萬萬的中國同胞一起分嚐國家的苦難。我們必須向歷史負責，向我們的下一代交待，站起來，叫一聲：「我是中國人」！

不要以爲我們的力量不足，示威沒有甚麽用，在回顧歷史時，我們就可以發現力量的泉源。在五四運動時，知識份子那種愛國熱情，衝破了何等巨大的壓力。在今天，這股愛國的熱情，在海外的同胞中再度燃燒起來。我們將會突破以往那種漠不關心的態度，帶來無限美好的出路。然而這只是一個開始。同時就個人而言，則是面臨到嚴重考驗的時刻，面臨到我們願意作一個中國人或是作一條蟲的抉擇。

讓我們站起來！讓我們一同高呼：保衛釣魚台！

八年抗戰的記憶猶新，現在美日又再度勾結，圖侵我國的神聖領土釣魚台。我們是否祇是喊一兩聲「苦難的中國」就可以對此無理的侵略行徑視如不見，見如不聞？難道我們祇是在別人的蔭護下生活，當面對侵略者時就噤若寒蟬，瑟縮一隅？

我們這一代再也不能容忍這些無理的事發生，我們應當負起我們的責任。我們不單要分享祖國的成果，我們也當同千千萬萬的中國同胞一起分嚐國家的苦難。我們必須向歷史負責，向我們的下一代交待，站起來，叫一聲：「我是中國人」！

不要以為我們的力量不足，示威沒有什麼用，在回顧歷史時，我們就可以發現力量的泉源。在五四運動時，知識分子那種愛國熱情，衝破了何等巨大的壓力。在今天，這股愛國的熱情，在海外的同胞中再度燃燒起來。我們將會突破以往那種漠不關心的態度，帶來無限美好的出路。然而這只是一個開始。同時就個人而言，則是面臨到嚴重考驗的時刻，面臨到我們願意作一個中國人或是作一條蟲的抉擇。

讓我們站起來！讓我們一同高呼：保衛釣魚台！

五四，讓我們當下地反省吧！[社論]

原載《新亞學生報》，1973年第3期，第12頁

一九一九年五月四日打開了我國近代史轟轟烈烈的一頁──五四運動。

五四運動的明確開始似乎是相應於巴黎和會中，我國喪失了山東主權一事而掀起的政治運動。其實，以歷史的眼光來看，五月四日這天之政治運動只不過是一早已孕育了的新文化運動中的一突發點而已。因而，它只是一系列影響深遠的運動中其中之一環節，運動的誕生是直接促成了早已存在着的新文化運動的。以至，五四運動不只是一政治運動，同時亦是一文化運動。

在政治方面，「內除國賊，外抗強權」是當時的旗幟；在文化方面，「科學、民主」是那時的口號。在「除國賊、爭主權」與「科學與民主」之口號與旗幟的背後，是一股不可抗拒的民族主義情緒及一強烈的反傳統的心態在推動着。前者是自鴉片戰爭以來的「富國強兵」要求的延續，後者是自屢謀「雪恥圖強」的心態下之一消長。自五四以至七十年代的今日，無論國外與海外都洋溢着這股民族主義的情愫。雖然，從歷史上追溯，民族主義往往只扮演着一負面的角色這就是相對於民族存亡的鬥爭而生之力量，是一爭取民族團結及外抗的強權的力量；但這些都不能排斥其有積極意義的一面。 換言之，在民族團結，國家主權獨立及國家統一之大前提下，民族主權仍保留着不可或缺的正面價值。看看我們今天的國家，難道我們還堅持民族主義已是過時的意理嗎？是否要這樣快就要民族主義簽下死亡證？

另一方面，五四的反傳統心態，是一非理性及盲目的打倒，而非一理性及客觀的批判。歷史表示了當時的打倒傳統文化是基於認知的膚淺與及誤解。當然，那時代的人所犯的錯誤，自然是有其歷史條件的局限，所以我們不必嚴於責難。但是，不耽於責難前人的錯失，並不表示我們要忽視歷史事實：就是中國文化從此受到了亘古未有的大扭曲。這一大扭曲一瀉而下就是半個多世紀。且看看今日的中國大陸，五四的反傳統心態仍繼續地

存在着，這意喻到這大扭曲繼續地進行着，而中共對傳統文化在某一程度上的歪曲乃是不可否認的事實。無論如何，承認了這歷史的錯誤之後，赴全力去糾正這錯誤，阻延這錯誤的繼續發生，乃是我們今日海外的中華兒女的既急切而又不容推卸的責任。

誠然，離五四誕生之半個多世紀後的今天，我們對傳統的文化了解得多少？我們的「民主與科學」實踐了多少？同學們，讓我們當下地反省一下吧！當下檢討一下吧！

從釣魚台到中國統一

從五四運動，我們很容易聯想到，釣魚台——一九七二年五月十五日被日本侵佔的我國神聖的領土！

相信大家還不曾忘記，在釣魚台被美日私相授授之前，海外每一角落的中國同胞都為這事而焦急，奔走相告，這無疑象徵着海外華人的醒覺，在這裏我們可以發現華僑的醒覺對國家民族造成的影響是極大的，孫中山先生曾經稱華僑為革命之母，因為中國人的鄉土觀念畢竟濃厚，雖然很多人因為生活艱苦，才流徙他方，遠離自己的祖國，赤手空拳闖出自己的天地。然而，他們並不因在異國裏流血流汗，胼手胝足而忘了自己的故鄉，他們希望祖國能走上康莊大道，他們在期待着，這種期待的心態我們是不難體會的。

近數十年來，中國在世界舞台上所遭遇的挫折及終於恢復以強國姿態出現，使海外失根的一群感到興奮與焦慮，他們急着要為國家盡一點力，適藉那早已在中國人意識中種下仇恨種子的日本人要把中國的領土帶釣魚台奪去之際；他們醒覺了，了解到光是等待是不行的，需要的是實實際際的行動，要把釣魚台的主權從日本人手中奪回來。

但問題卻在於真正處理這件事的，是我們國家的政府——這本來是中國人一個尷尬的問題，擺在目前的事實，就是兩個政府均未能為此而作出積極的行動，這無論如何是不能滿足海外華人那股愛國熱情的。

有人說，保釣運動歛息下來，原因是兩個政府都沒有作出積極行動所致，有這一點我們可以看出：單靠海外華人的力量並不足以產生決定性的作用，問題的關鍵在於我們的政府——中共及台灣。同時，大家還可以發覺「統一中國」正代替「保衛釣魚台」成為海外華人所關切的課題，我們認為這關切對象的轉移是海外華僑的再一次醒覺，我們現在極需要的是建立一個統一的國家，否則必不能有效地對付外來的挑戰，所以統一運動興起是理所當然的。

以上只是從有關釣魚台的觀點引發到中國的統一問題，除此以外當然還有很多理由支持我們統一中國的要求，我們希望藉着五四運動到保衛釣魚台，有保衛釣魚台到統一中國，給同學一個反省的機會——身為海外華人的一分子，我們曾經為國家民族作出了貢獻嗎？

從港大學生會看香港學運

——兼談對中國問題的態度 ［雀仔］

原載《學苑》，1973年2月第4期，第2–3，8頁。

學苑

一九七三年二月十六日

第二頁

從港大學生會看香港學運

——兼談對中國問題的態度

雀仔

——這個世界是資本主義與社會主義兩大陣營的對峙，一派悲天憫人的人道立場主義者，在這個意識形態與價值觀念鬥爭的夾縫中，無疑只能獨樹一幟理想的超現實主義旗幟而矣。——

第一個階段——五四和抗日

歷史的回顧——學生會本質的改變

第二個階段——戰後的重整

第三個階段——象牙塔的苑胡同

新的一頁——如何認識國家社會

關心香港，改革社會

［向中國，致力香港］

——這個世界是資本主義與社會主義兩大陣營的對峙，一派悲天憫人的人道立場主義者，在這個意識形態與價值觀念鬥爭的夾縫中，無疑只能獨樹一幟理想的超現實主義旗幟而矣。——

五四運動是中國進入新民主主義革命時期的界石，它在新中國掀起了一股嶄新的文化學術思潮，它帶動中國進入一個思想經濟政治變革的新社會。我們沒有像五四運動這樣饒有歷史意義的澎湃學生運動，但近年來掀起的一股關心中國認識社會的學運洪潮，風起雲湧之際，震撼每一位在香港的中國青年的血脈；在學生界中，勾劃出一面嶄新的精神面貌。

首先，就理想概念而言，我們絕對肯定香港學生運動的意義，因為這是一個脫離個人私慾，衝破標榜短視的功利主義的群眾運動；因為這是一個本着知識分子良知，民族主義國際主義立場去探視中國學生的國族義務的正義運動；因為這是一個對破壞被統治國家國族性格，經濟侵略，人權惡性侵犯的殖民地主義的有力挑戰。就運動推動方案上而言，我們深信「真理是愈辯愈明」的，只有透過不斷實踐與社會參與，才能揭見事實的真象——這些都是我們的立場。

談到港大同學對學運的參與，我無意標榜亦絕不強調港大學生會所一直扮演的角色；在這裏，我只希望透過學生會的參與，試圖窺視一下香港學生運動極不完整的面貌而已。

歷史的回顧──學生會本質的改變

香港大學學生會成立於一九一二年十月，剛好是辛亥革命的一周年。其前身原名香港大學聯會[1]，成員包括講師及學生五十餘人，而學生在初期的學生會會務決策上，根本影響甚微；換而言之，這時期的學生會無疑是一個師生聯誼會，目的在溝通師生間的了解，提供體育活動及豐富師生的「社交生活」。

港大是一所地地道道的英國式大學，統治的殖民地者扼殺了「為中國以立」的口號，亦嚴重地打擊了港大的健康成長，而港大學生會就是在這片殖民地大學土地上萌芽茁長的。

學生會已經六十年了，這六十年來，學生會步出了一條逶迤曲折的漫道，它受過戰火的洗禮，亦受過帝國主義資本主義假象的蒙騙。對於這一段不長不短的歲月，如果按照學生會本質的蛻變，大概可以劃分為五個歷史的階段。

第一個階段──五四和抗日

第一個階段是由一九一二年至一九四一年太平洋戰爭爆發的前夕。這時期的學生會基本上發展非常緩慢，對香港對中國前途根本沒有一定的立場。一九一九年北大同學首先發動的五四運動，在瞬即間，漫延全中國，匯流成一股「救國」「改革」的全國運動，喊出了為新中國尋出路，外抗強權的口號，但處於殖民地香港的學生，對於這個轟轟烈烈的學生運動，竟然沒有絲毫的回應，更談不上積極的行動。一九三七年盧溝橋事變之後，經過年年內戰，一窮二白的中國，進入了全面抗日戰爭時期，日本軍國主義的魔爪，伸展我國廣大領土上恣意撻伐，肆意蹂躪。戰爭的哀鴻，抗戰的號角，

1　香港大學聯會，即Hong Kong University Union。

喚醒了一直壓抑在心撼的國族情操；三七年港大學生會就曾慷慨激昂地呼籲同學起來過戰鬥的生活，於是在港大的同學，紛紛組織醫療隊及救援隊，回國參加抗日後方的工作。但未幾，一九四一年太平洋戰事爆發，香港淪陷，港大學生四散流離，而學生會亦隨即暫時解體。

第二階段——戰後的重整

經過三年零八個月的苦難歲月，一九四六年戰事結束之後，學生會從差不多淪為廢墟的港大重新組織起來，最初命名為香港大學學生聯會[2]。學生會的重組，得港大教授羅拔臣及美萊的協助[3]，至四七年一月，第一屆戰後的學生會幹事始行選出；至四九年九月，學方會又在校方的幫助下，正式獨立註冊為合法社團，正命為港大學生會。從四六年至四九年這三個年頭，致力於戰後重組的學生會，成功地完成了它底第二個階段。

第三個階段——象牙塔的死胡同

但從一九四九年至一九六四年的第三個階段，學生會可以説是徹頭徹尾的步進了一個象牙之塔的死胡同。四九年大陸變色，一時國內的學人、商人、地主不少逃亡來港。他們一方面既不願意負起建設新中國的歷史包袱，對共黨的政權又缺乏理性的認識，客觀的評論。這時期的港大只有學生五百人，絕大部分都是富家子弟，他們既以「流亡海外」的中國人自居，對香港固談不上歸屬感，對中國亦只能採取觀望的態度。在這個進退維谷的困惑年代，整個校園，瀰漫着的是一股死寂的，完全喪失自我剖析機能的沉悶氣息，同學憧憬的是物慾的昇華，卑下的個人名譽地位；在對外沒有衝擊，對內又沒有挑戰的形勢底下，學生會緩慢地發展成為一個頗嚴密與龐大的官僚體系。這個時期學生會所標榜的口號，是「促進同學了解」，「提高運動水平」，「提供康樂活動」[4]。一九五〇年學生會年刊，寫在「付印之前」有以下的一番説話：

2 香港大學學生聯會，即Hong Kong University Student Society。

3 美萊先生（B. Miller）廿多年來仍服務於港大校務處，現為校務主任，兼任教務委員會秘書，為學生會名譽終生會員。

4 見一九六〇提名幹事競選工作提綱。

這次編刊的稿件，研究學術問題的作品較多……可是文藝作品方面，質和量都未盡符理想。在不便談政治，不願刊登為藝術而藝術的沒意識文藝……只有如此而已。

這番說話，說在國家民族解放的時候，說在新中國重生的時候，這副推卸責任的猥相，怎不令人感到悲哀？十年之後，一九六一至六二年學生會出版的五十一周年年刊，裏面充塞着的仍然是王陽明的知行合一學儒論文，小說散文詩歌與及纏脚八股的官樣會務報告，竟沒有一篇社會性國際事態的報導，整整十個年頭，精神意識竟然停留在同一針錐之地，擁有這份驚人的愚人自愚的自瀆精神，只見這是何等苦悶的一個年代。至一九五六年，從港大的社會服務團在外籍神父的支持下組成，但初期活動仍是少得可憐，踏入六十年代，始有較具範模的工作營及貧童義學；工作範圍，脫離不了「團結同學」，「服務社會」的消極性的，蹟近自我麻醉的社會服務範疇。

新的一頁——如何認識國家社會

關心香港·改革社會

一九六四年至一九七一年是港大學生會的第四個階段。

六四年七月，港大學生會評論會委任了第一個時事委員會，這個議案的通過，徵着學生會對社會性事態的關注。同年，時委會先後發表了三篇聲明，第一篇聲明是呼籲市政局合格選民從促進行選民登記；第二篇聲明抨擊香港教育制度的開倒車，呼籲中學增加時事常識課程；第三篇是針對政府在公事上使用中文的峽視，敦促政府於市政局會議上從速使用中文，為以後的中文運動推出了先頭部隊。這三份聲明，打破了學生會長久以來的緘默，此後學生會亦步上了一條比較有朝氣的道路。

六五年學生會組織研討會討論香港政制的前途，六六年亦通過全體大會對天星小輪加價事件，提出了強硬的譴責。但縱觀這個時期的社會參與，仍擺脫不了殖民地奴化教育的枷鎖，對於香港的政制前途，仍然站在摸索與社會改革的路途，尤其是經過六七年暴動之後，同學對香港的歸屬感問題，感到非常困惑，對前途的展望，仍然是缺乏遠見與信心，打破不了一直縈繞的殖民地思想體系的桎梏。至於對中國前途態度，則更為惶恐與無所適從，同學的目光視野，脱離不了營營苟苟的個人急功近利主義，對國共對峙的局面，固然一方面而感到極度矛盾，另一方面對中共政權的認識，亦由無知以至誤解；故此，這時期的學生一方面患有嚴重的「左傾恐懼病」，另一方面亦避免落實討論這個「懸而未決的問題」，最明顯的例子是六六年學聯會主辦的「學生會的任務、組織與工作研討會」聯合公報[5]。茲引述該公報數則如下：

> 學生是社會一分子，社會的興衰與學生有切身關係，學生接受學校教育是享用公費的，故此對社會應盡義務及責任。
>
> 學生會是學生與社會的橋樑，應加深學生對社會之認識，有了認識之後，學生就可以向外界發表社會問題的意見。

試看這些是何等荒謬的論調，原來衝出象牙塔去，竟是為了「向外界發表社會問題的意見」？對於我們所處的是怎樣的一個社會，對於社會福利建設的最終目的以及香港的前途等等問題，反而沒有闡釋，對新中國的前途更緘口不提，整份公報就是囫圇一份沒有理想的立場書。

同時候，學生會經過了六四財政體系改組之後，整個內部組織架構亦告全盤穩定下來。這時期的學生會雖然政治意識尚未成熟，但組織體系已頗趨完善。隨着學生人數的增加，學生會在參與行政方面亦普遍受到校方的接受。六八年在一項校方調查中，顯示出港大同學普遍並不富裕，這項調查劃破了一直觀念形態中的貴族大學，而學生會的工作指標，亦相應地轉向提高學生福利，傳統上的社交活動比重則相應地降低。六八年，校方在學生會的強烈反對下，亦迫得撤消第一年新生強迫住宿制度；八月又有聲討蘇聯侵捷的集會以及一連串的社會問題廣泛討論。

5　出席該研討會的，共包括十七間專上學生會，教育團體，宗教團體及社會服務團體，在一定程度上，該研討會可以算是充分反映出普遍香港專上學生的心態。

六九年，由一個時委會論壇「大學教育與社會」為導火線引起的大學改革運動，一時變得洶濤澎湃，港大被強烈指責為扼殺新文化命脈，同學不滿學制的高度脱離實際，與社會脱節，不能負起改革社會的責任。這個運動固然是針對港大的殖民地色彩抨擊，在另一方面卻積極地提高了同學的政治醒覺，社會參與的積極性，影響了同學以後對香港中國前途問題的探索。

大學改革運動以後，學生會舉行了一連串香港政制社會經濟教育的研討會，總結了同學對香港前途的觀點。至七〇年初，學生會會長歸結了當時學潮的趨勢，提出了所謂「向心中國，致力香港」的學運方向[6]。

「向心中國、致力香港」

關於這個學運方向的基本精神：首先就道德倫理價值觀念上，肯定了民族主義，種族平等與人類尊嚴等等基本原則；否定了資本主義侵犯民族自決。經濟剝削，文化侵略的惡孽；另一方面了解到香港作為一個殖民地的種種社會矛盾、文盲、剝削、貧富懸殊等等；但又同時了解到香港處於中英夾縫中的微妙關係；於是最後歸納到香港仍是一個中國人的社會，指出在香港的中國學生於大聲疾呼，頻思叛逆破壞之餘，實無補於事，提出同學應落實地提高社會意識，從事社會建設與改革，為中國前途作出有限的貢獻，保持對全中國的一種熱忱。

依照解釋看來，這個口號對中國的前途問題，仍然是表現得曖曖昧昧，顯現出一副畏首畏尾，左支右絀的窘境，企圖利用種種蒙騙的技倆，把中國問題完全孤立，避免正面的史實分析與理智判斷；故此，雖怪在一旁高呼「向心中國」之同時，同學們卻不少在低喊「中國你在何方」，或有更干脆地接受了中國的前途就是香港的成就的駝鳥政策。至於對香港的態度，論者呼籲在這個道德價值體系被殖民地主義毒素摧殘殆盡的香港社會重建安定繁榮，這種缺乏遠見與短視的論點，根本上就是未看清楚殖民地政府本質的改良主義！在社會架構崩潰，道德沉淪之時，我們可能追求的任何繁榮與安定，

6　見一九七〇年二月十六日學苑，伍董華君以學生會會長名義發表，原文用英文寫成，名為A Hong Kong Effort and A Chinese Destination, by John Ng, Union President.

只能是資本主義框子下的假象而已。

七〇年爆發的中文法定運動，基本上雖然是出於一種民族情緒，反對中文的長期受到歧視，但廣義而言，亦可以算是朝着這個大方向邁出的第一大步。這個運動輾轉持續了一年多，在學生及社會各階層中確能喚起對中文的重視，但殖民地政府對於這個正義運動的回應，仍是採取一貫的拖延政策，最後在強烈的輿論壓力底下，於是堆砌了幾件民主窗櫥，展覽展覽一番，暫時滿足學生及華人社會的要求。採取這個寓利益於統治的政策，針對學生運動的弱點，缺乏長遠的運動方案與條件；同時亦充分地反映出對香港前途持改制改革途徑的前景，實未可樂觀。

七一年揭起的釣魚台運動，一方面固然是對香港殖民地政府蔑視人權的挑戰，更重要是對「向心中國」的學生領袖們提供了一個認知與實踐的課程。這個本着民族國家情操，愛國熱枕，從關閉狹小的「自我」牢獄中解放出來的愛國運動，酵發了以後的「認識中國」的需求，透過了這個自覺性運動的參與，同學們普遍感覺到我們已經不能脱離國族前途而空談社會建設，為中國的未來尋找一個答案，根本已是責無旁貸的了。七一年四月，港大在杜鵑花落的時節，在荷花池舉行了一個保衞釣魚台示威，重申和平示威的權利。雖然參加的人數不下八百人，情況亦頗為熱烈，但與其説這次示威是出於理性的要求，反不如説是出於感性的叛逆成分居多，在正面而言，卻未能做到一定的效果。釣魚台運動的急轉直下，一度曾經使學生會感到非常的困擾，一方面故由於對中國的「向心」問題，概念非常模糊，缺乏一個一致的步伐，一個比較肯定的信念，對於香港的地位，又不能擺脱繁榮安定的矛盾。在進退失據的當然，於是有學生會退出學聯會舉行的七七維園「非法」示威的活劇。這件不幸事件的發生，對學生會長久以來堅持的香港中國的理念，提出了最有力的挑戰，亦提供了最佳的反面教育。可幸七二年後，學生會已經能夠攬清路向，衝破這個理念的藩籬，在華路褸襤中，堂堂正正的站起來了。

「道德自覺」的學運方向

與此同時，又有同學提出了所謂道德自覺的學運方向。這個論調的出發點，係有感於現世界正處於不同意識形態與價值觀念分歧的局面，社會國際間出現了諸般勾心鬥角、戰爭、屠殺、惡意破壞等現象，無形中造成道德淪亡，真理沉淪。他們呼籲同學起來秉承一己知識分子的固有良知。拋開理念利慾的矛盾，國家民族的功利，從一個基本人生理性價值道德觀念出發，採取一個客觀的立場，去分析現世界中國香港的問題。喊出這個口號的動機，在靜的一方面，是針對一群對香港前途，對學運前途感到悲觀與失望的同學，向他們提出了「不斷追求真理，不問成果」的工作原則；在動的一方面，它向對國共對峙局面感到無所適從的同學們，提出了「理性分析」的立場。

由此看來，這個方向的理論部分係源出於人道主義的唯心論調。然其用心之良苦，抱負之超遠卻是崇高的；但在尊敬之餘，卻不難發覺有兩個基本矛盾的地方：

論點強調理性的分析中國，但卻沒有提出分析之當前，必須要有落實的理性認識。不過更重要的問題是這個概念的脈絡架構，是建築於唯心的人生理性道德的價值觀念，如果我們企圖去認識新中國，而死抱着這些人道主義立場的靈位不放，不來個歪象曲解才怪呢！因為要評價新中國的成就，尤其是對中共政權的了解，一定不能脱離歷史的層面與及馬克思列寧主義的整套哲學體系，要去「理性分析」一個新社會，必須要有一套嶄新的價值觀念與思想體系，西方的自由民主，道德人性，這裏可不大用得着。

關於以人生道德標準作為真理的尺度問題：當然我們不否認在分析事物之當前，一些最最基本的價值觀念，如人與人的平等等等，是絕對需要的；但如果全盤依賴唯心的人生價值為標準，則未免令人有不着邊際的感覺，因為我們不能把個人良知，從社會道德的整體割離，因為道德標準是隨時間空間的變遷改變的，隨不同觀點與不同的立場而定，是絕對不能取代客觀真理的。

從另一角度來看，這個學運方向無疑是有跟隨西方學運兩側的傾向。它強調學生應該突破國際間的意識紛紜，建立起自己的一套價值觀念，用這套價值觀念去反對傳統與社會的束縛，反對社會的不平與剝削。如果純粹就目標來評價這個口號，我們總覺得理想是有的，就只可惜我們現在迫切需要的，不是去摸索並標榜一套自己的價值觀念，而是更落實的「認識中國，認識社會」──當然，透過理性的認識，實踐的經驗，而總結認識的知識，最後我們是可以達到理論的層面——換而言之，我們強調的是認識到理論的唯物辯證觀點，而不是先肯定理論，後談認識的唯心主義論。

確定今後的路向

認識中國、反對殖民地主義

一九七一年末，隨着學生會舉辦的回國觀光團所掀起的一股關心中國的熱潮，學生會可以說是大步的邁進它底第五個歷史紀元。

「認識中國，反對殖民地主義」是從不斷摸索及反覆佐證中總結下來的運動方案，它跨越了個人狹隘的價值體系，以放眼世界的胸襟，以絕對肯定的態度，提出了正視中國問題認識中國為現香港中國青年不可或缺的課題，是學生意識醒覺的一大飛躍。我們堅信這個信念是正確的，亦是學生運動應走的方向，批評這個方向是「左傾幼稚」，「激進」，「違反中國人民文化精神」等等迂腐的論調，妄圖為學生運動「指出」所謂「第三條道向」（其實即過時的「向心中國致力香港」論），無疑是在進步的歷史潮流中開倒車，爬逆水而已。

在同學們界定與及剖析「反對殖民地主義」口號的當時，卻又往往出現了時下所謂「學者良知」們的橫加干擾，越庖代俎，混圖蒙騙的曲解為「口號含混」，「行動指向模糊」等等。他們一方面指出香港人固無條件對香港進行政治革命，而恐怕以政治革命為依歸亦未必為香港人所能接受，於是提出了改良主義的妥協口號，以建設香港迎接中國為口實，否定了「打倒」的積極建設意義。關於這些論調的過時與及迂腐實在不屑一顧，但為了使同學認清旗幟，弄清目標，卻有重申我們觀點的必要。首先我們理解到香港的社會架構及價值觀念都是建立於一個醜惡與及極端不合理的社會制度之下的，社會表層所標榜的「自由」與「安定繁榮」，正是在假□子背後的卑鄙瘋狂剝削的病徵；在另一個層面之下，高度的剝削與競爭，摧毀了一切道德價值觀念，在這個體制之下，謀求社會改革的改良主義只能造成形式上的滿足。我們強調理性的認識與醜化，喚醒同學對國族義務的全面覺醒。談到政治革命——對，這正是我們的要求，亦是我們對香港前途的展望。我們要擺脱殖民地的枷鎖，把同學從受盡荼毒的意識牢籠中解放出來，一切妥協的行動都只是變相的順民而已。我們堅信香港是中國的領土，一切考慮香港前途為獨立自治等均殆屬多餘；但整個運動是一個群眾運動，在同學及所有中國人未有全盤掌握這個最終目的與政治摧殘意義之前，不斷醜化，絕不妥協，鼓吹認識正是我們當前的步伐。

談到認識中國的問題，首先讓我們落實的剖析一下我們所持的態度：

要認識新中國，我們認為要從歷史層而去透視境況，要能理性的分析到不同價值觀念的結癥與分歧，了解到這一切是感情的抉擇還是理性的要求，避免主觀的情緒願望與批判。我們反對脫離歷史真像與需求看中國問題，突言「客觀」、「無黨派」與「獨立思考」的論調。其一，我們懷疑是否有脫離政治經濟勢力，歷史潮流，超越狹窒黨派階段的所謂「絕對客觀」。強調所謂空言客觀的，就算不是為了自私的個人主義，亦會流於維護知識分子權益，漠視國族前途的卑鄙立場；其二，我們不否認認識的過程，仍是脫離不了若干價值的判斷──即如個人與國家，人民自由與民族自主孰重等等問題──但空言「獨立不倚」的態度，卻令人有無從說起的感覺。要知道要評分共產政權，必須要揚棄（或暫時擱置）一切西方的自由民主既成觀念，因為馬恩列斯毛整套思想體系由唯物辯證法，歷史唯物觀，到經濟，社會，政治理論都自成一框，為現中共政權的坐腳石，脫離這個思想體系，我們看不清楚人民民主專政的真義，造成普遍的觀點錯誤與混淆。雖然理解一套思想體系與是否接受一套思想體系是兩回事，但由於頑固及誤解而拒絕接受一套思想體系，拒絕利用這套思想體系去正視歷史事實，去了解歷史潮流，這是可悲的。

換句話說，就是在我們評介中共政權之先，必須要超越以個人為中心的思想觀念，以國家國族前途為依歸，着重事實的具體分析與思考。如果我們只曉得盲目宣揚排除教條主義，強硬拒絕接受所謂「思想洗腦」，看來文化大革命，就說中共政局不穩，看到中共外交功勢，就說中共走修正主義路線等等，很容易犯上只見樹木不見森林，流於片面真理的謬誤。

認識、認同與回歸

肯定了認識的態度之後，透過認識與歷史層面的具體分析，從新檢驗制度的異同，反覆佐證歷史的發展規律與及從新估值我們人生觀宇宙的注腳，並分析路線問題，最後歸結到我們對中國全面文化科學藝術的成就與制度的剖析，提供進步改善的方案──這個就是我們認識中國的目標，從認識帶動到認同與回歸的更高層面。

再者，我們肯定從認識以至認同與回歸是進步的必然趨勢。我們不能希望永續只停留在認識而永不認同的階段，但時下卻偏偏有人提出了「萬萬不可認同」論，提出種種認同不得的藉口與難題，企圖窒息學運的前途。誠然，我們相信港大同學仍未成熟至認同的階段，但這只是時間問題而已。就算是一些標榜力謀客觀的評論，亦往往犯了如下似是而非的謬誤。

關於政治與文化認同的問題：論者硬把認同中共分割開為政治的認同，與及文化的認同，企圖逐一擊破。在一方面社會文化其實與社會政治制度，經濟體系有不可分割的關連，在封建社會裏，就有才子佳人的文化；在資本主義社會裏就有資本家的「多嘆世界少做事」的文化；在社會主義社會裏就有工農兵的文化，無產階級的文化。但如果硬要來一個「外科手術」才肯談認同問題，本也無可奈何，但偏偏論者卻認為馬克思列寧主義不是中國文化，摧殘中華大國五千年文化的主流，認同不得；中共政權蔑視人權自由，只知有階級的人性，不知有普遍的人性，也認同不得，總之就是認同不得。似這些拖着千瘡百孔的舊思想不放，視西方自由民主為□□的論調，實在屢見不鮮。

我們固然承認認同國家並不等於認同政權，但是無論你是認同中國文化、中國歷史或在中國領土的原則下認同中國，你總不能不承認（一）現在統治中國絕大部分領土的是中國共產黨，代表中國出席聯合國的是中國共產黨領導的中華人民共和國；（二）領導新中國自力更新，雙腳站起來的是中國共產黨，並不是腐儒掛齒的「民族主義與文化主流」，因為這些都是歷史事實。其實馬列主義並沒有標榜遺棄一切舊文化與傳統，反之，是提倡以批判的革命科學精神，對傳統文化加以剖定與研究，「存其精粹，去其糟粕」而矣。

我們亦絕對承認認同並不得於無條件的承認與接受一切，但我們不能抱殘着「維護中華五千年道德文化」，「拯救中國民主主義精神」而不顧民族大義，歷史背景，歷史潮流，把中共政權從中國近代百多年的血汗史中割裂出來片面觀察。

關於自由民主的問題：論者亦有以為中共政權扼殺自由，埋沒人性。其實問題的焦點是：

對於自由意義的界定——關於這個問題，論者往往高估了自由的人生價值與及必需，忽視了適當運用自由的重要性，由於問題涉及較複雜的價值判斷，也不願多贅，只是想指出極度的個人自由只能造成縱慾而已。

對於自由的階級性問題——我們承認中國已有民族自由，國家已經解放，在列強環峙之下，屹立起來；人民也有階級自由，因為無產階級工農人民執政，但家庭個人還沒有足夠的「思想自由」、「行動自由」，資產階級反動派都沒有自由。在「個人自由」與「民族自主」的兩者關係之間，中國的百年近代史就是「民族自由」解放的血淚史。中共政權在廿年來已經達到了民族解放，我們了解到沒有國家民族自由，何來家庭個人自由？再者，關於非階級性自由存在的問題，其實是否定的，現中國世界，根本沒有真正自由，西方國家的自由民主，實質上只是當自由是一種生存手段，而非生存的最終目的，資產階級享有非分的自由；知識分子的學術自由，思想自由，其實是個人脫離社會的自由，逃避為階級為政治服務的自由；總之要有真正的自由，只有消滅階級，消滅國家，走向大同。或者補充一點，自由的真諦，其實應該是正面的，積極的，而不是消極的拋棄束縛；我們不見中國在各階層中對問題廣泛討論的風氣，婦女解放，工人集體管理工廠等等措施，不是比用錢用權操縱的輿論與宣傳來得自由麼？

關於自由的恰當量的問題——關於這個問題，要作絕對的份量界定，是件不容易的事。但可以肯定的是為了維護階級的利益，為了要達成國家人民一致的思想步伐，為了富國強兵，在過渡時間限制個人的自由，尤其是限制反動階級的自由是必需的。我今不見鳴放運動，文化大革命是最好的階級民主佐證麼？

關於暴政的問題——論者誹議中共的個人崇拜與獨裁，階級級鬥爭，知識分子下鄉以至逃亡等等為政局不穩與暴政的表徵，萬萬不能就此認同中共。對於這些問題，我們的態度是，獨裁與階級鬥爭是對知識分子的再教育，以免造成國家進步的負累，民族的包袱；至於逃亡亦只能代表一群追求個人物資理想與自由的小類分子的心態。我今相信路線基本上是正確的，經得起考驗與挑戰的，雖有瑕疵卻無損其完整，更不能成為認同中國的絆腳石。

至於回顧的問題，無疑是認識與認同的最後依歸與最高層面，對於這個最後階段的討論，似乎仍欠全面及成熟，仍待需要我們多多思索與探討。有同學把回歸分作為行動的回歸與思想的回歸兩方面；對於這個分界，無疑是犯了名實混亂的謬誤，蓋所謂精神回顧，其實就是認同的代名詞而矣。至於「行動回歸」，論者認為就客觀環境與及現國際社會形勢而言，回歸對祖國建設未必起到一定作用，況且在雙方制度價值觀念思想形勢嚴重分歧，心態上未有充分準備的時候，徒然招致尾大不掉而已。就是些論點上看來，筆者在一定程度上亦同意這個看法，不過更重要的問題是，我們必需了解到回歸是一個群眾運動，並不只是個人的一廂情願的回歸，這是沒有多大意思的。從憧憬長遠處着眼，回歸只是一個時間性問題而已，雖然路途遙遠曲折，而同學現在絕大部分仍只能夠停留在感性認知的階段，但只要我們認清目標，肯定為中國人民貢獻一分力量的熱忱，攪好群眾基礎，加深基本認識與思想改造，擴闊同學的世界觀宇宙觀，朝着認同回歸的大方向邁步，做好準備，才是我們迫切的任務，而前景是歷歷在望的。

總結

我們不敢説已經發現真理，但相信「認識中國反對殖民地主義」。前途是襤褸的，但是可行的。

在另一方面，我們了解到我們正處於一個動盪不安的時代，政見意識紛紜，我們必須要懂得運用理智來判別是非，要有如臨泰由的長遠博大胸襟，要曉得歷史分析的顧往瞻來，要有改造世界的魂力，要能在由之要衝，風吹雪打之際尋找出路，這些都可以説是我們的使命。

與此同時，涉及到學生會功能界定的問題。在定義上，在組織結構上而嘗，作為代表性的學生團體，是不該作為推動學運的主體，因為組織比較龐大，代表層次複雜，與及利益範圍的衝突（這些衝突其實已屢見不鮮），做起事來受諸多客觀條件的限制——雖然在另一角度而言，學生代表團體，亦享有諸多優越條件——由於缺乏一定的目標與信念，一致的步伐，催發性不大，機動性也不大，不過作為反映學生群體的意向，長期提高同學的理性認識與事態分析能力，思想的調查與交往，意識的沖擊與培養，都是肯定的。

歸結到在這個大前題之下，學生會在未來諸方面的工作，我試圖籠統地分為：

社會性參與——着重認識與實踐，反覆佐證基本原則與立場。透過行動，充分發揮同學積極性與認知能力，教育群眾。

文化活動——改善殖民地文化沙漠的氣候，充實同學對中國文化政治的了解。

對大學——維護為中國而立的口號，學生學術自決，保障同學福利。

最後，確定了指標之後，我們面臨的考驗，將是實踐我大課題；提高同學醒覺，按部就班，就是我們的工作方案。

同學們，我們正處於一個非常的時代，我們不敢以五四運動時代的知識分子自居，但卻必需要有秉承五四以來的精神。放眼世界，胸懷祖國是每一位同學應有的胸襟。「向心中國、致力香港」的時代，已經進了博物館；營營苟苟的為個人利慾前途的理念，故然是卑下短視的，但心態上仍眷戀着香港人殖民地的改革與進步，否定中國的政權仍極欠全面。港大故然要為中國而立，同學們何嘗不需要為新中國站起來！

一九七三年二月七日

編按：本文註釋寫於1973年2月16日

教師爭取合理薪酬運動
與五四運動精神如出一轍

原載《華僑日報》，1973 年 4 月 24 日，第 4 張第 3 頁。

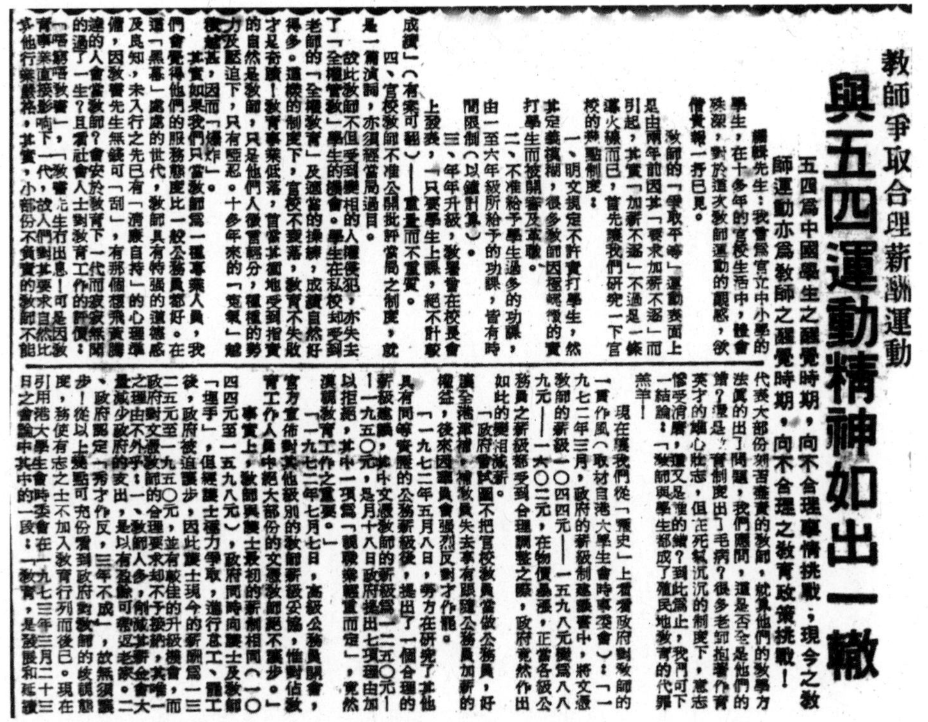

教師爭取合理薪酬運動

與五四運動精神如出一轍

五四為中國學生之醒覺時期，向不合理事情挑戰；現今之教師運動亦為教師之醒覺時期，向不合理之教育政策挑戰！

編輯先生：我曾為官立中小學的學生，在十多年的官校生活中，體會殊深，對於這次教師運動的觀感，欲借貴報一抒己見。

教師的「爭取平等」運動表面上是由兩年前因其「要求加薪不遂」而引起，其實「加薪不遂」不過是一條導火線而已，首先讓我們研究一下官校的幾點制度：

一、明文規定不許責打學生，然其定義模糊，很多教師因種種的責打學生而被關審及革職。

二、不准給予學生過多的功課，由一至六年級所給予的功課，皆有時間限制（以鐘計算）。

三、年年升級，教署曾在校長會上發表，「只要學生上課，絕不計較成績」（有案可稽）——重量而不重質。

四、官校教師不准公開批評當局之制度，就是一篇演詞，亦須經當局過目。

故此教師不但受到變相的人權侵犯，亦失去了「全權管教」學生的機會。學生在私校卻受到老師的「全權教育」及適當的操練，成績自然好得多。這樣的制度下，官校不衰落，教育不失敗才是奇蹟！教育事業低落，首當其衝地受到指責的自然是教師，只是他們人微言輕分，種種的勢力及壓迫下，只有啞忍。十多年來的「冤氣」越積越甚，因而「爆炸」。

其實如果我們只當教師為一種專業人員，我們會覺得他們的服務態度比一般公務員都好。在這「黑幕」籠罩的世代，教師具有特強的道德感及良知，未入行之先已有「清廉自持」的心理準備，因教書先生無錢可「刮」，有那個想飛黃騰達的人會當教師？會安於教育下一代而家無聞的過了一生？且看社會人士對教育工作的評價：「唔窮唔教書」，「教書先生冇出息」！可是因教育事業直接影響下一代，故人們對其要求自然比其他行業嚴格，其實，小部份不負責的教師不能代表大部份刻苦盡責的教師，就算他們的教學方法真的出了問題，我們應問，這是否全是他們的錯？還是教育制度出了毛病？很多老師抱著作育英才的雄心壯志，但在死氣沉沉的制度下，意志慘受消磨，這又是誰的錯？到此為止，我們可下一結論：「教師與學生都成了殖民地教育的代罪羔羊！」

現在讓我們從「辱史」上看看政府對教師的一貫作風（取材自港大學生會時事委會）：「一九七二年三月，政府的薪級制建議書中，將文憑教師的薪級一〇四四元——一五九八元降為八八九元——一六〇二元，在物價暴漲，正當各級公務員之新級都受到合理調整之際，政府竟然作出如此的變相減薪。

「政府曾試圖不把官校教員當做公務員，好讓全港津補、補教員失去享有跟隨公務員加薪的權益，後來因[illegible]員會強烈反對才作罷。

「一九七二年五月八日，勞方在研究了其他具有同等資歷的公務薪級後，提出了一個合理的新級建議，把中文教師的薪級為一二五〇元——一九五〇元，是月十八日政府提出七項理由加以拒絕，其中一項為「視職業輕重而定」，竟然漠視教育工作之重要。」

「一九七二年七月七日，高級公務員開會，官方宣佈對其他級別的教師新級妥協，惟對佔教育工作人員中絕大部份的文憑教師絕不讓步。」

事實上，教師與護士最初的新制相同（一〇四四元至一五九八元），政府同時向護士及教師「埋手」，但經護士極力爭取，進行怠工、罷工後，政府被迫讓步，因此護士現今的薪酬為一三二五元至一九五〇元，並有較佳的升級機會；而政府對文憑教師的合理要求卻不接納，其唯一之理由不外乎：[illegible]、政府認定「秀才作反，三年不成」，故無須讓步！從以上幾點可見到政府對教師的歧視態度，務使有志之士不加入教育行列而後已。現在引用港大學生會時事委員會在一九七三年三月二十三日之會論中的一段：「教育，是發展和延續

五四為中國學生之醒覺時期，向不合理事情挑戰，現今之教師運動亦為教師之醒覺時期，向不合理之教育政策挑戰！

編輯先生：我曾為官立中小學的學生，在十多年前的官校生活中，體會殊深，對於這次教師運動的觀感，欲借貴報一抒己見。

教師的「爭取平等」運動表面上是由兩年前因其「要求加薪不逐〔遂〕」而引起，其實「加薪不逐〔遂〕」不過是一條導火線而已，首先讓我們研究一下官校的幾點制度：

一、明文規定不許責打學生，然其定義模糊，很多教師因極輕微的責打學生而被開審及革職。

二、不准給予學生過多的功課，由一至六年級所給予的功課，皆有時間限制。（以鐘計算）

三、年年升級，教署曾在校長會上發表，「只要學生上課，絕不計較成績」（有案可翻）——重量而不重質。

四、官校教師不准公開批評當局之制度，就是一篇演詞，亦須經當局過目。

故此教師不但受到變相的人權侵犯，亦失去了「全權管教」學生的機會。學生在私校卻受到老師的「全權教育」及適當的操練，成績自然好得多。這樣的制度下，官校不衰落，教育不失敗才是奇蹟！教育事業低落，首當其衝地受到指責的自然是教師，只是他們人微言輕分，種種的勢力及壓迫下，只有啞忍。十多年來的「冤氣」越積越甚，因而「爆炸」。

其實如果我們只當教師為一種專業人員，我們會覺得他們的服務態度比一般公務員都好。在這「黑幕」處處的世代，教師具有特強的道德感及良知，未入行之先已有「清廉自持」的心理準備，因教書先生無錢可「刮」，有那個想飛黃騰達的人會當教師？會安於教育下一代而寂寂無聞的過了一生？且看社會人士對教育工作的評價：「唔窮唔教書」，「教書先生沒出息！」可是因教育事業直接影響下一代，故人們對其要求自然比其他行業嚴格，其實，小部分不負責的教師不能代表大部分刻苦盡責的教師，就算他們的教學方法真的出了問題，我們應問，「這是否全是他們的錯？還是教育制度出了毛病？」很多老師抱着作育英才的雄心壯志，但在死氣沉沉的制度下，意志慘受消磨，這又是誰的錯？到此為止，我們可下一結論：「教師與學生都成了殖民地教育的代罪羔羊！」

現在讓我們從「歷史」上看看政府對教師的一貫作風（取材自港大學生會時事委會）：

一九七二年三月，政府的薪級制建議書中，將文憑教師的薪級一〇四四元——一五九八元變為八八九元——一六〇二元，在物價暴漲，正當各級公務員之薪金都受到合理調整之際，政府竟然作出如此的變相減薪。

政府曾試圖不把官校教員當做公務員，好讓全港津補，補教員失去享有跟隨公務員加薪的權益，後來因華員會強烈反對才作罷。

一九七二年五月八日，勞方在研究了其他具有同等資歷的公務薪級後，提出了一個合理的薪級建議，其中文憑教師的薪級為一二五〇元——一九五〇元，是月十八日政府提出七項理由加以拒絕，其中一項為「視職業輕重而定」，竟然漠視教育工作之重要。

一九七二年七月七日，高級公務員開會，官方宣佈對其他級別的教師薪級妥協，惟對佔教育工作人員中絕大部分的文憑教師絕不讓步。

事實上，教師與護士最初的薪制相同（一〇四四元至一五九八元），政府同時向護士及教師「埋手」，但經護士極力爭取，進行怠工、罷工後，政府被迫讓步，因此護士現今的薪酬為一三二五元至一九五〇元，並有較佳的升級機會，而政府對文憑教師的合理要求卻不予接納，其惟一之理由不外乎：一、教師人多，削減其薪金會大量減少政府的支出，是以有盈餘可帶返老家。二、政府認定「秀才作反，三年不成」，故無須讓步！從以上幾點可充分看到政府對教師的歧視態度，務使有志之士不加入教育行列而後已。現在引用港大學生會時委會在一九七三年三月二十三日之會論中其中的一段：「教育，是發展和延續經濟增長的投資，但在不同的社會制度裏，對教育投資卻有着不同做法。在殖民地社會裏，教育除了要延續經濟增長外，還要教導人民不要有反殖民的情緒，以免自倒荷包，因此只講量，不講質⋯⋯要對教育的發展加以控制，除了要孤寒一點外，還要儘量使有志之士，勿踏入『教途』，因此港府偏要壓低教師們的薪酬，並非是不尊重這群教師，而是畏之且懼，要安排到他們全沒有發展前途，也無非藉此把才學之士拒之門外，只招收二、三流貨色充操場面，屆時輿論只會指責教師無能，對政府方面也就不了了之。到這地步，政府既可交代過去，也對教育加以更嚴密的箝制。」

故此，社會人士時常誤解教師在爭取加薪，其實教師們只是抗議政府對其採取不公平手段，在英皇書院的石柱上掛着一副對聯：「非為金錢，滴水焉能療苦渴！屢遭歧視，斯文難忍毀尊嚴！」這深深描繪出教師們一口難伸的心情「滴水焉能療苦渴」一句精彩絕倫，對那些指責教師為「私利」而爭鬥的議論予以猛烈的反駁。其實，稍為有分析力的人知道七十五元的力量是否可大得可以團結一班歷來被認為是四分五裂的教師，去使他們廢寢忘餐地去爭鬥？為了區區七十五元而面臨革職查辦的威脅，從中所得到的又是什麼「私利」這麼吸引？(一笑) 教師薪酬事件起初確是為了加薪，其時內部四分五裂，力量單薄，可是隨着事態的發展，他們之醒覺起來，知道自己受了利用，和成了「代罪羔羊」，故團結起來，向不合理的制度挑戰，向歧視他們的政府還以顏色，這可以從三教育學院的罷課宣言中見得：「香港教育制度的弊端已是有目共睹，不少社會人士作出激烈批評，並提出改革的意見，而事實上，政府沒有提供任何真正的教育給我們，教育只是被利用為鞏固政權及進行經濟剝削的工具，從政府所實行的各項教育措施及對教育工作者的待遇問題得證實。」故此，現今的教師運動已變了名為要求加薪，實為反對當前的教育政策的開始。如果教師失敗了，這個行業的尊嚴，將完全崩潰，更會被輿論界為「爭取加薪失敗的滋事者」教師在學生前再抬不起頭，更談不到向政府提出改革教育制度的建議，因政府經過一次的勝利，對教師再無所畏懼。同時，教育質素自然低落，有誰願意加入一個受歧視的行業？

身教重於言教，要讓學生看到知識分子的骨氣，五四運動為中國學生的醒覺時期，向不合理的事情挑戰，現今的教師運動亦為教師的醒覺時期，不合理的教育政策挑戰，為自己伸冤，亦為下一代伸冤，改進下一代的教育。説到這裏，我深切希望「十八樓C座」的篇者能體會到教師運動的精神雖然在事態的嚴重性上有所差別，其實如出一轍，更希望這篇者不再在電台節目中，在學童幼小而無分析力的心靈上，醜化他們的老師只是為「私利」而奮鬥，不惜拿他們「開刀」，要知道電台節目，對群眾影響極大，不是可以隨便拿來作為舞文弄墨的，親愛的老師們，發揮五四運動的精神，繼續奮鬥。

一學生上。

訪問港大學生梁兆基同學
——愛國精神是認識自己的國家

原載《中國學生周報》，1973年5月第1085期，第3版。

我想說三點：我們不要太過苛責今日的學生比不上五四的學生，因為香港有它特殊的環境，香港學生的表現，姿態當然和五四時不同了。第二：說到姿態，當然要連結精神來說，五四精神是愛國精神，在香港的我們，表現這愛國精神在今日就是去認識自己的國家。第三：殖民地教育使我們只認識到五四運動衹是一個文化學術的運動，其實我們要走出殖民地教育的框框，了解這是一個政治的、愛國的、思想的運動，不能避談政治了。

訪問雜誌編輯古蒼梧先生

「五四」教導我們敢於管理自己的事

原載《中國學生周報》，1973 年 5 月第 1085 期，第 1 版

五月四日，是我們中國學生一個光榮的日子。五十四年前的這一天，北京的中國學生第一次勇敢地站出來管理自己國家的事，以轟轟烈烈的行動發揮了民主的力量。儘管反動的政府是如此的無能，帝國主義的敵人是如此兇狠，我們中國學生終於聯合起廣大的愛國同胞，打了勝利的一仗。這證明了一個道理：實行民主的第一個條件，就是要人民敢於自己管理自己的事。「五四」以後的許多運動也不斷證明了這個道理，就是去年的「五・一三」保釣大示威，也證明了這一點。「五・一三」之前的兩個星期，港府對將要參加示威的愛國同胞不是大肆恐嚇嗎？不是天天在電視、電台、報刊上說什麼對示威者必然採取行動嗎？到了「五・一三」那天不是出動了防暴隊嗎？結果怎樣？結果還是我們愛國的同胞勝利了，當局不敢動我們一根毫毛。就算敢動，就算像「七・七」維園示威那樣，勝利還是屬於我們的。因為暴力，是鎮壓不住真理的。現在我們又面臨一項極有意義的民權運動了。這次和當局對壘的不是我們學生，而是老師們。這項運動雖然給當局通過大家傳播媒介加以歪曲、醜化，卻仍掩蓋不住它的光芒。因為道理在老師們這邊。讓我們以「五四」的民主精神，支持我們的教育工作者！

中大學生紀念五四運動
昨天舉行座談會等活動
討論了學習和繼承「五四」精神等問題

原載《大公報》，1974年5月5日，第1張，第4版。

【本報訊】中文大學學生會昨日舉行紀念「五四」運動五十五周年的活動，包括座談會、圖片展覽、綜合晚會及放映電影等。以「『五四』在今天的意義」為題的座談會，於昨日下午二時半在崇基謝昭杰室舉行，參加者約二百人。

在座談會上，聯合書院歷史系主任王德昭，首先講述了當年「五四」運動的歷史背景及其所代表的反帝愛國精神。新亞書院校長余英時，則就「五四」與傳統的問題提出意見。崇基中文系主任黃繼持，在談到「五四」與中國的文化運動時説，「五四」運動的目標是救國，是民族生命的變革求存，而文學在這方面不可能抽象存在。中國一定要前進，也就一定要開創自己的新文化。「五四」以來的事實證明，中國沒有按照西方民主自由的道路走下去，而今天的中國終於實現了民主、科學和獨立自主。中國文化的新階段正在開始，只有站在現代中國文化的立足點上，才可以自傳統文化繼承，將中國文化推前一步。

會上，與會者還就當前怎樣學習、繼續「五四」精神等問題進行了討論。

中大學生紀念五四運動
昨天舉行座談會等活動
討論了學習和繼承「五四」精神等問題

【本報訊】中文大學學生會昨日舉行紀念「五四」運動五十五周年的活動，包括座談會、圖片展覽、綜合晚會及放映電影等。以「『五四』在今天的意義」爲題的座談會，於昨日下午二時半在崇基謝昭杰室舉行，參加者約二百人。

在座談會上，聯合書院歷史系主任王德昭，首先講述了當年「五四」運動的歷史背景及其所代表的反帝愛國精神。新亞書院校長余英時，則就「五四」與傳統的問題提出意見。崇基中文系主任黃繼持，在談到「五四」與中國的文化運動時說，「五四」運動的目標是救國，是民族生命的變革求存，而文學在這方面不可能抽象存在。中國一定要前進，也就一定要開創自己的新文化。「五四」以來的事實證明，中國沒有按照西方民主自由的道路走下去，而今天的中國終於實現了民主、科學和獨立自主。中國文化的新階段正在開始，只有站在現代中國文化的立足點上，才可以自傳統文化繼承，將中國文化推前一步。

會上，與會者還就當前怎樣學習、繼續「五四」精神等問題進行了討論。

學生及工人紀念五四
決發揚愛國反帝精神
昨天分別舉行大會文藝會遊藝會等

原載《大公報》，1974 年 5 月 6 日，第 1 張，第 4 版

學生及工人紀念五四
決發揚愛國反帝精神
昨天分別舉行大會文藝會遊藝會等

【本報訊】爲紀念「五四」運動五十五周年，學生界、專上學生聯會及青年工人，昨日分別舉行集會，會上均提出要發揚「五四」的愛國反帝精神，加強團結，努力學習。

學生界紀念「五四」大會，昨日上午九時半在新光戲院舉行，參加者逾千人，氣氛熱烈。

大會主席在致詞中說，愛國、團結、進步，是今天青年學生運動的主流。在世界革命潮流和祖國大好形勢的鼓舞、推動下，關心社會，認識祖國日益成爲廣大青年學生的心聲。廣大青年學生今後還要進一步認識祖國，熱愛祖國，正確認識社會，抵制不良社會風氣的腐蝕，向工農群衆學習；還要認真看書學習，掌握文化科學知識，關心國家大事和世界大事，鞏固和擴大學生界的團結，爭取和改善青年學生應有的權益。

他在發言中還提到，當年「五四」運動提出了「打倒孔家店」的口號，今天祖國正在進行批林批孔運動，青年學生必須要認真關注和加深認識。

一名大專學生也在會上講了話。他說，這三數年間，由於國內外形勢的變化，打破了大專學生一貫以來對社會缺乏關心、對祖國缺乏認識的局面，提高了同學的社會意識和國家民族感情，「關心社會，認識中國」已經成爲當前大專學生前進的方向。

會後演出了文藝節目。

香港專上學生聯會紀念「五四」文藝大會，昨日上午十時在北角街坊會大會堂舉行，參加的有大專學生和中學生八百多人。

【本報訊】為紀念「五四」運動五十五周年，學生界、專上學生聯會及青年工人，昨日分別舉行集會，會上均提出要發揚「五四」的愛國反帝精神，加強團結，努力學習。

學生界紀念「五四」大會，昨日上午九時半在新光戲院舉行，參加者逾千人，氣氛熱烈。

大會主席在致詞中說，愛國、團結、進步，是今天青年學生運動的主流。在世界革命潮流和祖國大好形勢的鼓舞、推動下，關心社會，認識祖國日益成為廣大青年學生的心聲。廣大青年學生今後還要進一步認識祖國，熱愛祖國，正確認識社會，抵制不良社會風氣的腐蝕，向工農群眾學習；還要認真看書學習，掌握文化科學知識，關心國家大事和世界大事，鞏固和擴大學生界的團結，爭取和改善青年學生應有的權益。

他在發言中還提到，當年「五四」運動提出了「打倒孔家店」的口號，今天祖國正在進行批林批孔運動，青年學生必須要認真關注和加深認識。

一名大專學生也在會上講了話。他說，這三數年間，由於國內外形勢的變化，打破了大專學生一貫以來對社會缺乏關心、對祖國缺乏認識的局面，

提高了同學的社會意識和國家民族感情，「關心社會，認識中國」已經成為當前大專學生前進的方向。

會後演出了文藝節目。

香港專上學生聯會紀念「五四」文藝大會，昨日上午十時在北角街坊會大會堂舉行，參加的有大專學生和中學生八百多人。

學聯會長陳毓祥在致詞中說，今年是學聯首次舉行紀念「五四」活動，令人格外興奮。今天紀念「五四」，除了回顧過去的歷史、了解「五四」的意義外，還要發揚「五四」精神，關心國家的命運，關心世界局勢的發展，關心社會的變化。

一名回港的留學生在會上發言，談到今天的海外中國留學生也越來越要求認識自己的祖國，並希望為祖國的統一大業作出貢獻。一名中學生，也在會上講了話。

會上演出了文藝節目。其中，校協戲劇社演出了創作話劇「五月四日的小息」，描寫一群學生再一次課後休息的時間，溫習書本時是讀到「五四」運動，進而討論了這個運動的意義。

青年工人紀念「五四」遊藝會，昨日上午在普慶戲院舉行。千餘名各行各業青年工人歡聚一堂，場面熱鬧。

工聯會青工工作委員會主任鄭耀棠在會上講話。他說，香港青年工人在愛國反帝事業中日益發揮重要的作用。廣大青年工人越來越多地關心國家大事，參加工會，與中、老年工人一起，互相學習，互相促進，互相幫助，共同提高，發揮青年年人朝氣蓬勃的特點。他又說，香港青年工人紀念「五四」運動，就是要認清處境，明確青年工人肩負的重大責任。最後，他鼓勵青年工人為美好理想的實現而不斷努力。

會上還演出了文藝節目。各業工人組成了百人大合唱，雄壯的歌聲唱出了「革命青年進行曲」、「我們是批林批孔主力軍」及「高舉革命大旗」等歌曲。其他節目還有龍舟、歌舞、相聲、民樂合奏、女聲獨唱、表演唱、舞蹈及話劇等。

專上學聯舉行講座
主講者概述五四運動深遠影響

原載《大公報》，1974 年 5 月 6 日，第 1 張，第 4 版

【本報訊】專上學生聯會昨日下午在紅磡理工學院舉行紀念「五四」運動講座，應邀主講的有港大和中大教授、「盤古」雜誌編輯。他們在會上概述「五四」運動的歷史意義和深遠影響。

昨日下午三時未到，理工學院禮堂已擠滿了青年學生數百人。香港大學中文系教授馬蒙指出，「五四」運動是具有深遠影響的愛國運動和文化運動，它在歷史上所起的作用是多方面的。「五四」運動對中國古舊東西進行批判。對新事物則多方面吸收，這點在今天仍具有其現實意義。

中文大學崇基學院歷史系教授張德昌，闡述了「五四」運動發生前後的歷史背景。當時中國處在遭受帝國主義強烈瓜分，面臨覆亡的局面，「五四」運動是愛國精神的表現。他認為，中國從被稱為「東亞病夫」，變為今天獨立自主、有民族尊嚴的國家，這是巨大的變化。

他最後說，學生們要重視本國語言文化，求學要有批判精神，不要死讀書。

「盤古」雜誌編輯馮可強說，今年紀念「五四」運動有特別意義，在世界形勢發展下，本港和海外的知識分子，紛紛要求認識自己的國家。「五四」運動體現了徹底不要妥協的精神，當時還提出了「打倒孔家店」的反封建口號。

會上，與會者還提出了有關問題，由主講者答覆。大會於六時左右結束。

紀念「五四」發揚「五四」精神 [陳毓祥]

原載《大公報》，1974年5月5日，第1張，第4版。

紀念「五四」發揚「五四」精神
香港專上學生聯會會長陳毓祥

「五四」運動是中國現代史上一個反帝反封建的愛國運動，在當時，中國正處於被列強瓜分，面臨覆亡的局面下。腐敗專橫的軍閥政府，喪權辱國、殘害人民。而封建殘餘的舊道德、舊文化、舊禮教，又長期地束縛着中國人民的思想，妨礙着中國社會的進展，使到生靈塗炭，社稷凋殘。正是在這生死存亡、內憂外患的關鍵時刻，中國的青年知識分子挺身而出，肩負時代的使命，發起了一個以青年學生為先鋒，以工人群眾為主力，並得到社會各階層廣泛支持和參與的反帝反封建的愛國運動，這就是震撼中外的「五四」運動。

揭開中國歷史的新一頁

「五四」運動提出了「內除國賊，外抗強權」的主張，提出了「打倒孔家店」，「破除封建迷信」，「提倡科學與民主」的口號，揭開了中國歷史新的一頁，掀起了蓬勃的革新運動。

今天我們紀念「五四」運動，回顧過去的歷史，了解「五四」的意義，還要發揚「五四」運動的可貴精神，而在今天，這種精神應該體現在：關心國家的命運，關心世界局勢的發展，關心社會的變化的具體行動上。

香港青年學生日益覺醒

近年來，我們很高興地看到，香港的青年學生，正在日益覺醒中，從中文運動、保衛釣魚台運動而到今天，「識認中國，關心社會」已經成為當前學運的主流。去年由學聯八間成員院校學生聯合舉辦的「中國周」，引起社會各界的重視，是認識中國運動的新發展。海外知識青年熱愛祖國，自從保衛釣魚台運動後，通過不斷地探討學習，回國旅行，對中國加深了認識，他們殷切地期望中國早日和平統一，並且願為此理想而努力！

總結近代史上列強對中國肆意欺凌的教訓，面對印象猶新的珍寶島、釣魚台、西南沙和蘇聯間諜事件，我們深深體會到：「五四」時期「外抗強權」的口號，到今天還有現實意義。

想當年，「五四」先輩血書「還我青島」，熱血沸騰、悲憤壯烈；看今天：維護國家權益，促進國家統一，掃除封建思想，仍然責任重大。我們必須繼承「五四」先輩們的光榮傳統，實踐今年二月學聯「我們的宣言」所標示出的，反對國際間的爭霸侵略，努力促成中國的統一大業！

加深認識「批林批孔」意義

「五四」運動又是文化革新的運動。為了求得中國的強大和進步，就不可避免地要掃除陳腐的舊思想和舊傳統的桎梏，人類總是要進步的，任何頑固保守的思想，只會妨礙社會的前進。「五四」的先輩們認識到：要提倡科學和民主，就必須破除封建與迷信，消滅吃人的禮教，他們提出了「打倒孔家店」的口號，到現在已經五十多年了，實際的成效怎樣呢？這是值得我們認真研究和總結的。目前，正在中國大陸上蓬勃開展的「批林批孔」運動，關係中國前途，舉世都很矚目。在香港，我們大專同學，也引起了關心和注意。究竟「批孔批林」運動的具體內容怎樣？我們又應如何去理解這個運動呢？今年以來，在多間大專院校內，同學們為此舉辦了不少座談和論壇，在學生報上，發表了不少文章，進行了廣泛的討論，這是「認識中國」運動的一個發展，我們希望，同學們繼續探索研究，以加深認識和了解。

當前，整個西方世界經濟危機正在日益加深，超級大國的擴充軍費、轉嫁危機，壟斷集團的興風作浪、混水摸魚，更加速了它的發展。加上香港政府推行「三高」政策直接影響下，今天香港也正面對着嚴重的通貨膨脹等危機，工人大量失業，物價直線上升，工商業普遍不景氣，居民生活深受影響，怨聲載道。我們大專同學，對通貨膨脹的趨勢，對大眾的處境，對社會的危機，感到十分關切，要求當局盡速平抑漲風，尤其不應帶頭加稅，加水費，應調回部分儲備金，以解決民困，禁止壟斷集團囤積居奇，興風作浪。除外，我們還要研究和揭露經濟危機的根源，深入社會，認清這個社會制度的本質，並把它視為關心社會的一個重要組成部分。

認識社會關心居民生活

回顧「五四」運動，青年學生所提出的「內除國賊，外抗強權」的主張，是在全國人民大眾廣泛行動起來後，而得到勝利的。新文化運動的推進亦經歷了曲折而漫長的道路，在各階層人士的參與下而達到初步成果。「五四」以後的歷史，更説明了學生運動是社會運動的一部分，社會運動是廣大群眾的事業，學生運動只有調動廣大同學，並與社會各階層人士匯成一道，才有出路，才有作為。

讓我們發揚「五四」的光榮傳統，在學聯「放眼世界，認識中國，改革社會」的三大目標下，加強團結，齊一步伐，攜手共進吧。

從「五四」精神看當前學運方向

在香港專上學生聯會紀念「五・四」五十五周年大會上的講話 [陳毓祥]

原載《五四紀念特刊》，香港專上學生聯會出版，1974年5月5日，節錄

……今天我們紀念五四運動，回顧過去的歷史，了解五四的意義，還要發揚五四運動的可貴精神，而在今天，這種精神應該體現在；關心國家的命運，關心世界局勢的發展、關心社會的變化的具體行動上。

近年來，我們很高興地看到，香港的青年學生，正在日益覺醒中，從中文運動、保衞釣魚台運動而到今天，「認識中國，關心社會」已經成為當前學運的主流。去年由學聯八間成員院校學生會聯合舉辦的「中國周」，引起社會各界的重視，是認識中國運動的新發展。海外知識青年熱愛祖國，自從保衞釣魚台運動後，通過不斷地探討學習，回國旅行，對中國加深了認識，他們殷切地期望中國早日和平統一，並且願為此理想而努力！

……今天，形勢雖然有了變化，列強對中國仍然充滿野心，五四精神必須繼續發揚光大。在中國北方邊境，蘇聯百萬大軍，陳兵窺伺，蠢蠢欲動，在南海之濱，阮文紹政府，悍然武裝侵犯我國西沙、南沙群島，蓄意製造事端。

總結近代史上列強對中國肆意欺凌的教訓，面對印象猶新的珍寶島、釣魚台、西南沙和蘇聯間諜事件，我們深深體會到：五四時期「外抗強權」的口號，到今天還有現實意義。

想當年，五四先輩血書「還我青島」，熱血沸騰、悲憤壯烈、看今天：維護國家權益，促進國家統一，掃除封建思想，仍然責任重大。我們深刻理解到：中國一天未完全統一，中國便不能更好團結一致，共禦外侮。我們必須繼承五四先輩們的光榮傳統，實踐今年二月學聯「我們的宣言」所標示出的，反對國際間的爭霸侵略，努力促成中國的統一大業！

五四運動又是文化革新的運動。為了求得中國的強大和進步，就不可避免地掃除陳腐的舊思想和舊傳統的桎梏，人類總是要進步的，任何頑固保守的思想，只會妨礙着社會的前進，五四的先輩們認識到：要提倡科學和民主，就必須破除封建與迷信，消滅吃人的禮教，他們提出了「打倒孔家店」的口號，到現在已經五十多年了，實際的成效怎樣呢？這是值得我們認真研究和總結的。目前，正在中國大陸上蓬勃開展的「批林批孔」運動，關係中國前途，舉世都很矚目。在香港，我們大專同學，也引起了關心和注意。究竟「批林批孔」運動的具體內容怎樣？我們又應如何去理解這個運動呢？今年以來，在多間大專院校內，同學們為此舉辦了不少座談和論壇，在學生報上，發表了不少文章，進行了廣泛的討論，這是「認識中國」運動的一個發展，我們希望，同學們繼續探究研究，以加深認識和了解！

……回顧「五四」運動，青年學生所提出的「內除國賊，外抗強權」的主張是在全國人民大眾廣泛行動起來後，而得到勝利的。

新文化運動的推進亦經歷了曲折而漫長的道路，在各階層人士的參與下而達到初步成果。「五四」以後的歷史，說明了學生運動是社會運動的一部分，社會運動是廣大群眾的事業，學生運動只有調動廣大同學，並與社會各階層人士匯合一道，才有出路，才有作為。

同學們，讓我們發揚「五四」的光榮傳統，在學聯「放眼世界，認識中國，改革社會」的三大目標下，「加強團結，齊一步伐」，携手共進吧。

學生界紀念「五四」運動
明早在新光舉行大會
理工學生今明也有紀念活動

原載《大公報》，1975 年 5 月 3 日，第 2 張第 8 版

【本報訊】香港學生界將於明日上午九時半在新光戲院隆重舉行紀念「五四」運動五十六周年大會，邀請各界人士、大專院校學生、各校中學學生出席。

在紀念「五四」運動期間，各愛國學校學生會為了繼承和發揚「五四」愛國反帝反封建的光榮傳統，加強同學團結，分別進行各種形式的學習，此外還組織各項多姿多彩的活動，如籃球比賽、跳繩比賽、乒乓球邀請賽、徵文比賽、「五四」運動圖片展覽，或大旅行、茶聚會等等。

【本報訊】理工學生會為紀念「五四」運動五十六周年，校內將有多項活動，各院校及中學學生均可參加。

該會定今日下午舉辦「五四」座談，晚上舉辦電影欣賞會；明天下午三時舉行「五四」紀念大會。

學生界紀念「五四」運動
明早在新光舉行大會
理工學生今明也有紀念活動

【本報訊】香港學生界將於明日上午九時半在新光戲院隆重舉行紀念「五四」運動五十六周年大會，邀請各界人士、大專院校學生、各校中學學生出席。

在紀念「五四」運動期間，各愛國學校學生會爲了繼承和發揚「五四」愛國反帝反封建的光榮傳統，加強同學團結，分別進行各種形式的學習，此外還組織各項多姿多采的活動，如籃球比賽、跳繩比賽、乒乓球邀請賽、徵文比賽、「五四」運動圖片展覽，或大旅行、茶聚會等等。

【本報訊】理工學生會爲紀念「五四」運動五十六周年，校內將有多項活動，各院校及中學學生均可參加。

該會定今日下午舉辦「五四」座談，晚上舉辦電影欣賞會；明天下午三時舉行「五四」紀念大會。

憶「五四紀念周」 ［凌源］

原載《大公報》，1975 年 5 月 4 日，第 2 張第 7 版，節錄。

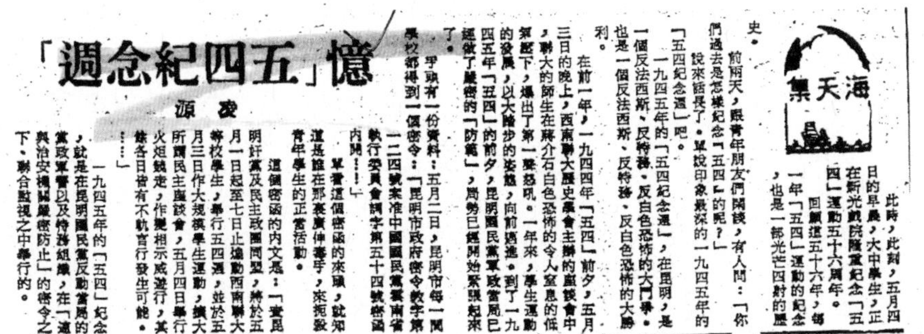

海天集

此時，此刻，五月四日的早晨，大中學生，正在新光戲院隆重紀念「五四」運動五十六周年。

回顧這五十六年，每一年「五四」運動的紀念，也是一部光芒四射的歷史。

前兩天，跟青年朋友們閒談，有人問：「你們過去是怎樣紀念『五四』的呢？」說來話長了。單說印象最深的一九四五年的「五四紀念週」吧。

一九四五年的「五四紀念週」，在昆明，是一個反法西斯、反特務、反白色恐怖的大鬥爭。也是一個反法西斯、反特務、反白色恐怖的大勝利。

在前一年，一九四四年「五四」前夕，五月三日的晚上，西南聯大歷史學會主辦的座談會中，聯大的師生在蔣介石白色恐怖的令人窒息的低氣壓下，爆出了第一聲怒吼。一年來，學生運動的發展，以大踏步的姿態，向前邁進。到了一九四五年「五四」的前夕，昆明國民黨軍政當局已經做了嚴密的「防範」，局勢已經開始緊張起來了。

憶「五四紀念週」

凌源

手頭有一份資料：五月二日，昆明市每一間學校都得到了一個密令：「昆明市政府密令教字第一二四號案准中國國民黨雲南省執行委員會調字第五十四號密函內開……！」

單看這個密函的來頭，就知道是誰在那裏廣伸毒手，來扼殺青年學生的正當活動。

這個密函的內文是：「查昆明奸黨及民主政團同盟，將於五月一日起至七日止煽動西南聯大等校學生，舉行五四週，並於五月三日作大規模學生運動，擴大所謂民主座談會，五月四日舉行火炬競走，作變相示威遊行，其餘各日皆有不軌言行發生可能。……」

一九四五年的「五四」紀念，就是在昆明國民黨反動當局的黨政軍警以及特務組織，在「速與治安機關嚴密防止」的密令之下，聯合監視之中舉行的。

此時，此刻，五月四日的早晨，大中學生，正在新光戲院隆重紀念「五四」運動五十六周年。

回顧這五十六年，每一年「五四」運動的紀念，也是一部光芒四射的歷史。

前兩天，跟青年朋友們閒談，有人問：「你們過去是怎樣紀念『五四』的呢？」

説來話長了。單説印象最深的一九四五年的「五四紀念周」吧。

一九四五年的「五四紀念周」，在昆明，是一個反法西斯、反特務、反白色恐怖的大鬥爭。也是一個反法西斯、反特務、反白色恐怖的大勝利。

在前一年，一九四四年「五四」前夕，五月三日的晚上，西南聯大歷史學會主辦的座談會中，聯大的師生在蔣介石白色恐怖的令人窒息的低氣壓下，爆出了第一聲怒吼。一年來，學生運動的淩晨，以大踏步的姿態，向前邁進。到了一九四五年「五四」的前夕，昆明國民黨軍政當局已經做了嚴密的「防範」，局勢已經開始緊張起來了。

手頭有一份資料：五月二日，昆明市每一間學校都得到了一個密令：「昆明市政府密令教字第一二四號案准中國國民黨雲南省執行委員會調字第五十四號密函內開……」

單看這個密函的來頭，就知道是誰在那裏廣伸毒手，來扼殺青年學生的正當活動。

這個密函的內文是：「責昆明奸黨及民主政團同盟，將於五月一日起至七日止煽動西南聯大等校學生，舉行五四周，並於五月三日作大規模學生運動，擴大所謂民主座談會，五月四日舉行火炬競走，作變相示威遊行，其餘各日皆有不軌言行發生可能。……」

一九四五年的「五四」紀念，就是在昆明國民黨反動當局的黨政軍警以及特務組織，在「速與治安機關嚴密防止」的密令之下、聯合監視之中舉行的。

除了「硬功」之外，還有「軟功」。五月二日聯大訓導處出了佈告說：「南屏、大光明、昆明等三個電影院，為紀念五四，招待學校師生，共贈戲票二千八百張，分三日九時四十分場，四日九時四十分場和正午場，全體同學可以在規定時間內去訓導處領票。」

除此之外，還有新聞封鎖，全市報紙連日都沒有隻字提到「五四」、和學生紀念「五四」的報導。

雖然如此，「五四紀念周」還是在空前熱烈的情況中如期舉行了。

四月三十日晚上，西南聯大學生自治會主辦了「科學晚會」。

五月一日晚上，聯大、雲大等四校主辦了「音樂晚會」。

五月二日晚上，聯大新詩社主辦了「詩歌朗誦晚會」。

五月三日晚上，聯大歷史學會主辦了「五四以來青年運動總檢討會」。

五月四日有「球宴」、「美展」、「大聚餐」、「火炬競走」、「電影晚會」，最重要的是四校自治會主辦的「五四紀念會」，在雲南大學草坪上舉行，會後衝出了校門，舉行了「五四大遊行」。沿途有許多人參加了青年學生的行列。

五月五日晚上，還有「文藝晚會」。

參加這些活動的，包括昆明的大中學生和許多校外人士。整個的昆明，都在沸騰。

「五四」運動五十六周年
學生界今舉行紀念大會
專上學聯下午在理工舉行講座

原載《大公報》，1975年5月4日，第1張第4版。

【本報訊】今天是「五四」運動五十六周年。

香港學生界紀念大會，今天上午九時半在新光戲院舉行，邀請各界人士、大專院校學生、各校中學學生出席。

香港專上學生聯會定今天下午舉辦講座，地點在紅磡香港理工學院禮堂，題目為「從『五四』看香港青年學生運動方向」，邀得院校教授、台灣留美學生、青年教師及在讀大專同學主講，內容包括：「中國學生運動傳統」、「台灣留美學生看中國統一」、「青年知識分子思想出路」、「香港的學生運動」。講者將解答聽眾提出的問題，並有文藝節目表演。

一些中學亦分別舉行紀念活動。

信修中學於昨日上午集會紀念「五四」，教師及學生代表在會上表示要愛國反霸，要堅持進步；下午並舉行園遊會，招待外校青年學生，到會來賓數百人。

五四的啓示

原載《中大學生報》，1975 年 5 月 4 日，第 2 版

五四紀念特刊　　一九七五年五月四日

「五四」的啟示

社論

踏進七十年代以來，香港大專院校的同學，在國際國內形勢急劇發展的影响下，動起來了。今年初，學聯周年大會上，八間院校的同學，濟濟一堂，總結過去的工作，制定來年的方針。今天，我們又走到一起，共同紀念五四運動，回顧五十多年前，青年學生是怎樣肩負起時代的使命，從而探討今天學運的方向，携手在一起。這標誌着院校間更團結，思想更溝通步伐，更齊一。

五四運動，到底給了我們一些什麼啓示呢？

五四時期的祖國受着列強的踐踏，封建勢力的蹂躪，山河破碎，災難深重．為了挽救祖國的危亡，青年學生首先挺身而出，喊出了壓在每一個中國人心坎里的話——外抗強權，內除國賊！愛國的激情，憤怒的咆吼，震撼着祖國大地，喚起了沉默的民衆，掀起了一場波瀾壯濶的愛國運動。同學們更批判了妨碍着祖國前進的腐朽文化，提倡科學民主，破除迷信，傳播先進的理論。這種愛國反帝反封建的精神，激勵着每一代的中國青年，貫串着五四以後的中國學生運動。二十年代的五卅運動，三十年代的一二．九運動，四十年代來的學生運動，無不繼承了五四的愛國反帝精神。「學運就是以全國人民利益為依歸」，為祖國更加美好的明天而奮鬥的運動。

今天，我們的國家起了巨大的變化。先輩的鮮血和廣大中國人的雙手，換來了民族自決；一窮二白的大地，繪上優美的圖畫。回顧先輩的艱苦奮鬥，看今天豐碩的成果，就倍覺要繼承五四運動的愛國光榮傳統，保衛國土，關心我們國家的命運。「五四」迄今的中國學生運動告訴我們寶貴的經驗：學生運動不能離開國家和人民的利益命運來進行。今天，香港的青年學生運動，一方面是在愛國家、愛民族的前題下堅持從感情上，理論層面上加深對我國的認識，另一方面更加認識到香港的命運和祖國的命運是密切聯系在一起的。香港是中國神聖領土的一部份，任何將中國與香港割裂出來考慮問題都是與人民大衆的意願背道而馳的！

目前中國尚未統一。國家的統一是每一個中國人的願望。我們反對一切台灣獨立、一中一台、兩個中國的言論和行動，為促進中國統一作出貢獻。

五四運動，又表明了在整個社會運動中，青年學生，有他們的特殊作用。他們有文化，少保守思想，富政治敏感性。每次革命運動出現，他們總是站在時代的前頭，推動歷史的前進。學生是傳播新思想，改革舊社會的先鋒和橋樑。可是，身處香港的我們，長期以來，都被統治者利用繁重的考試，陳腐的課程，以及種種有形無形的壓力和宣傳，阻撓我們了解自己的國家，冲淡我們的民族感情，以利於其統治。今天，我們要繼承五四精神，發揮社會號角的作用，就要衝出象牙塔，擺脫奴化教育的枷鎖，實踐「放眼世界，認識祖國，關心社會，爭取同學權益」的方向，並將這方向推廣推深。

五四運動表明了要通過怎樣的道路才能實現抗強權，除國賊的目的。五．四的學生走到民衆中去廣泛宣傳，運動發展到六月三日，以上海為中心的六、七萬工人的大罷工和商人罷市，這股龐大的力量迫使軍閥政府釋放學生和拒絕在巴黎和約上簽字。這説明學生運動只有和廣大民衆相結合，才有作為，才有出路。這一點應是五四運動給我們的一個重要啓示。今天，整個教育制度都令我們比較脫離社會實際，脫離廣大民衆。我們只有深入社會低下層，了解他們的疾苦，從而深入認識資本主義社會的本質，才能夠堅定地走上與廣大民衆相結合的道路。這是我們關心社會的方向。

過去幾年，學運的發展，在同學們的努力下，取得了一定的成績。從保釣運動，到去年的社會探訪，中國周活動，以及最近的教育展覽，説明「認識祖國，關心社會」這個方向是愈走愈寬，內容，愈來愈充實，參與的人數愈來愈多，也説明了學運是蓬勃發展。但是，我們也看到不足夠的地方，還須認清方向，提高辨別是非的能力，努力向前邁進。為了使學運更蓬勃，更健康地發展，我們一定要學習先進的理論，吸取世界各地學生運動的經驗及教訓。特別是在當前國際形勢急劇發展，美蘇爭持越來越激烈，戰爭因素不斷增長的情況下，更需要我們認眞學習政治和關注國際局勢的發展。

同學們，讓我們繼承和發揚五四愛國反帝的精神，團結起來，在學運的洪流中作出更大的貢獻吧！

踏進七十年代以來，香港大專院校的同學，在國際國內形勢急劇發展的影響下，動起來了。今年初，學聯周年大會上，八間院校的同學，濟濟一堂，總結過去的工作，制定來年的方針。今天，我們又走到一起，共同紀念五四運動，回顧五十多年前，青年學生是怎樣肩負起時代的使命，從而探討今天學運的方向，攜手在一起。這標誌着院校間更團結，思想更溝通、步伐，更齊一。

五四運動，到底給了我們一些什麼啟示呢？

五四時期的祖國受着列強的踐踏，封建勢力的蹂躪，山河破碎，災難深重，為了挽救祖國的危亡，青年學生首先挺身而出，喊出了壓在每一個中國人心坎裏的話——外抗強權，內除國賊！愛國的激情，憤怒的咆吼，震撼着祖國大地，喚起了沉默的民眾，掀起了一場波瀾壯闊的愛國運動。同學們更批判了妨礙着祖國前進的腐朽文化，提倡科學民主，破除迷信，傳播先進的理論。這種愛國反帝反封建的精神，激動着每一代的中國青年，貫串着五四以後的中國學生運動。二十年代的五卅運動，三十年代的一二・九運動，四十年代來的學生運動，無不繼承了五四的愛國反帝精神。「學運就是以全國人民利益為依歸」，為祖國更加美好的明天而奮鬥的運動。

今天，我們的國家起了巨大的變化。先輩的鮮血和廣大中國人的雙手，換來了民族自決；一窮二白的大地，繪上優美的圖畫。回顧先輩的艱苦奮鬥，看今天豐碩的成果，就倍覺要繼承五四運動的愛國精光榮傳統，保衛國土，關心我們國家的命運。「五四」迄今的中國學生運動告訴我們寶貴的經驗：學生運動不能離開國家和人民的利益命運來進行。今天，香港的青年學生運動，一方面是在愛國家、愛民族的前提下堅持從感情上，理論層面上加深對我國的認識，另一方面更加認識到香港的命運和祖國的命運是密切聯繫在一起的。香港是中國神聖領土上的一部分，任何將中國與香港割裂出來考慮問題都是與人民大眾的意願背道而馳的！

目前中國尚未統一。國家的統一是每一個中國人的願望。我們反對一切台灣獨立、一中一台、兩個中國的言論和行動，為促進中國統一做出貢獻。

五四運動，又表明了在整個社會運動中，青年學生，有他們的特殊作用。他們有文化，少保守思想，富政治敏感性。每次革命運動出現，他們總是站在時代的前頭，推動歷史的前進。學生是傳播新思想，改革舊社會的先鋒和橋樑。可是，身處香港的我們，長期以來，都被統治者利用繁重的考試，陳腐的課程，以及種種有形無形的壓力和宣傳，阻撓我們了解自己的國家，沖淡我們的民族感情，以利於其統治。今天，我們要繼承五四精神，發揮社會號角的作用，就要衝出象牙塔，擺脱奴化教育的枷鎖，實踐「放眼世界，認識祖國，關心社會，爭取同學權益」的方向，並將這方向推廣推深。

五四運動表明了要通過怎樣的道路才能實現抗強權，除國賊的目的。五四的學生走到民眾中去廣泛宣傳，運動發展到六月三日，以上海為中心的六、七萬工人的大罷工和商人罷市，這股龐大的力量迫使軍閥政府釋放學生和拒絕在巴黎和約上簽字。這説明學生運動只有和廣大民眾相結合，才有作為，才有出路。這一點應是五四運動給我們的一個重要啟示。今天，整個教育制度都令我們比較脱離社會實際，脱離廣大民眾。我們只有深入社會低下層，了解他們的疾苦，從而深入認識資本主義社會的本質，才能夠堅決地走上與廣大民眾相結合的道路。這是我們關心社會的方向。

過去幾年，學運的發展，在同學們的努力下，取得了一定的成績。從保釣運動，到去年的社會探訪，中國周活動，以及最近的教育展覽，説明「認識祖國，關心社會」這個方向是愈走愈寬，內容，愈來愈充實，參與的人數愈來愈多，也説明了學運是蓬勃發展。但是，我們也看到不足夠的地方，還須認清方向，提高辨別是非的能力，努力向前邁進。為了使學運更蓬勃，更健康地發展，我們一定要學習先進的理論，吸取世界各地學生運動的經驗及教訓。特別是在當前國際形勢急劇發展，美蘇爭持愈來愈激烈，戰爭因素不斷增長的情況下，更需要我們認真學習政治和關注國際局勢的發展。

同學們，讓我們繼承和發揚五四愛國反帝的精神，團結起來，在學運的洪流中作出更大的貢獻吧！

從保釣運動看我們的責任 ［馬原］

原載《中大學生報 • 五四紀念特刊》，1975 年 5 月，第 5 頁，節錄。

「誓死保衛釣魚台！」

「反對美日私相授受！」

「反對兩個中國！」

「打倒日本帝國主義！」

這些壯烈的誓語，激情的怒吼，燃燒着每一個參與保衛釣魚台集會的人的心。一個個人走進了示威的行列，一個個人站起來表達了他底愛國的激情。人們唱着歌，手挽着手、高舉着標語旗幟、呼叫着口號，走過了大街，路上的行人以贊賞的表情拍着手，表示支持。是什麼把這些人連結在一起？是什麼激動着人們的心？是什麼匯聚成這樣一股懾人的力量？……是保土衛國的民族情感！是中國人民反對帝國主義的光榮的歷史傳統！

不是一直憧憬着五四時代嗎？不是一直希望自己能對國家有所貢獻嗎？為什麼以前總是覺得「報國無門」？為什麼以前總是覺得自己和祖國的歷史傳統和七億人民脫離了，變成了「無根的一代」？為什麼以前總是背着雙手，「北望神州」，低聲歎着「苦難的中國」？

從保釣運動看我們的責任

馬原

「誓死保衛釣魚台！」
「反對美日私相授受！」
「反對兩個中國！」
「打倒日本帝國主義！」……

這些壯烈的誓語，激情的怒吼，燃燒着每一個參與保衛釣魚台集會的人的心。一個個人走進了示威的行列，一個個人站起來表達了他底愛國的激情。人們唱着歌、手挽着手、高舉着標語旗幟、呼叫着口號，走過了大街，路上的行人以贊賞的表情拍着手，表示支持。是什麼把這些人連結在一起？是什麼激動着人們的心？是什麼匯聚成這樣一股懾人的力量？……

是保土衛國的民族情感！是中國人民反對帝國主義的光榮的歷史傳統！

不是一直憧憬着五四時代嗎？不是一直希望自己能對國家有所貢獻嗎？為什麼以前總是覺得「報國無門」？為什麼以前總是覺得自己和祖國的歷史傳統和七億人民脫離了，變成了「無根的一代」？為什麼以前總是背着雙手，「北望神州」，低聲歎着「苦難的中國」？

難道中國人民真的仍在苦難之中，有待我們這些知識份子拯救嗎？難道祖國正日益衰亡，有待我們去復興嗎？

不是的！中國人民已經站起來了！

七億人民已經站起來了！他們團結一致，擊退了一個又一個入侵的帝國主義强國，推翻了一個又一個腐敗的反動傀儡政權，建立了一個獨立自主的國家，消滅了人剝削人的社會制度。這些不是我們一直希望實現的理想嗎？

今天的中國，已不再是「苦難的中國」了！而是光輝燦爛、前途無限的新中國！

建成了這樣的一個國家，是得來不易的。千千萬萬的同胞為了捍衛祖國的主權和領土，為了建設一個沒有階級剝削的社會主義社會，洒熱血，擲頭顱，犧牲了一切，貢獻了一生，經過了艱苦長期的戰鬥，付出了巨大慘重的代價，才取得了今天的成就。

今天的社會主義中國，是中國人民以昨天的苦難和犧牲換回來的。我們要珍惜它、愛護它、捍衛它。我們不能讓千千萬萬革命先烈的鮮血白流，我們不能讓帝國主義再度侵略中國，我們不能讓人壓迫人、人剝削人的舊制度重新出現中國！

一個帝國主義霸主被打敗了，還有另一個帝國主義霸主！一個反動政權被推翻了，還會有新的反動統治者出現！一個國家取得了獨立自主，還有別的國家受着帝國主義的奴役和欺壓！一個地方的人民得到了解放，還有千千萬萬的人民受着階級剝削和壓迫！

孫中山說得好：「革命尚未成功，同志仍須努力。」目前，世界革命形勢正在蓬勃發展，值得我們高興。但是兩霸相爭，難免一戰，世界的和平正在受到威脅；而蘇聯社會帝國主義又在到處伸手、到處侵略，企圖把世界人民置於它的魔爪下；這些都是值得我們警惕。

特別是，蘇修亡我之心不死，中國人民保土衛國的歷史任務還未徹底完成。

橫眉冷對帝國主義、俯首甘為世界革命。讓我們團結起來，為中國和世界創造更加壯麗的明天而努力吧！

五四精神有重大現實意義

——從香港大專學生等紀念這個光輝節日談起 ［鍾明］

原載《大公報》，1976 年 5 月 4 日，第 1 張第 4 版，節錄

專稿

五四精神有重大現實意義

從香港大專學生等紀念這個光輝節日談起

今天是「五四」運動五十七周年。連日來，本港青年學生紛紛舉行活動，紀念這個光輝的節日。

放眼祖國怎不令人振奮

一些參加紀念「五四」活動的大專學生，心情份外激動，因為今年的「五四」五十七周年，是在全國人民反擊右傾翻案風運動深入發展的時刻到來的。當年「五四」的學生運動先驅們，拋頭顱、灑熱血，為的是愛國家、愛民族和反帝反封建；今天，我們的國家正在發生關係國家前途和命運的反右傾翻案風運動，回顧「五四」，放眼祖國大地，作為一個愛國的中國青年學生，又怎能不感到心情振奮、思潮起伏？在紀念大會和一些座談會上，發言的大專學生都一致指出，紀念「五四」運動，學習「五四」精神，

就是要做到關心國家大事，當前就是要認真關心、了解全國人民批判鄧小平反革命修正主義路線，反擊右傾翻案風的實質和意義。

在學聯目前舉行的紀念「五四」座談會上，一名發言的港大學生首先指出：「五四運動是一個反帝反封建的愛國運動和新文化運動，英勇地走在運動前頭的數十萬青年學生，起了先鋒的和橋樑的作用，他們所闖出的學生運動和民眾運動相結合的道路，為我們青年學生樹立了光輝的榜樣。」

香港學運找到正確方向

接着，她說：「今天，五四精神有沒有過時呢？沒有，我們覺得，五四精神沒有過時，五四運動顯示的愛國家、愛民族，反帝、反封建的光榮傳統，在今天對我們香港青年學生來說，仍然有着重大的現實意義。」

事實上，近年來本港大專學生的轉變，正好反映了「五四」運動精神在此時此地的得到繼承和發揚。自保衞釣魚台運動以來，大專學生們通過不斷的摸索、鬥爭，走過不少曲折的道路，終於找出了香港學生運動的正確方向，「放眼世界，認識祖國、關心社會，爭取權益」。他們擺脫了不少個人得失的顧慮，衝破了來自家庭、學校、社會上的重重障礙和壓力，勇敢地走出了象牙塔，走向社會，走向勞苦大眾，舉辦了各種「認識祖國」的活動，他們這種認識自己的國家、關心身處的社會的表現，受到廣大社會人士的讚揚：今天的大專學生，已不再是沉默的一群，高高在上的「天之驕子」了。

托派蔣幫妄圖反革反共

然而，正如連日在各個紀念「五四」集會上發言的大專學生所指出，學生運動的道路從來就不是平坦的，我們必須要提高警覺，擦亮眼睛。最近，就在紀念「五四」前夕，在大專學生們紛紛關注、討論反右傾翻案風運動的時候，一小撮托派分子和個別頑固追隨台灣蔣幫的人，就以為鴻鵠將至，跳出來妄圖搞一些反華反共的罪惡勾當，跑到大專院校裏塗寫反動標語、派發反動傳單，瘋狂叫囂什麼「社會主義民主」，為被打倒的資產階級總代表鄧小平和在天安門廣場搞反革命暴動受到嚴懲的一小撮反革命分子鳴冤喊屈，一時間似乎聲勢洶洶。

走五四的道路 ［彤］

原載《新亞學生報》，1976 年 6 月 17 日，第 13 屆第 2 期，第 2 版，節錄

走五四的道路——談第四屆的中國週

彤

今年的中國週已開始籌備了，第一次工作人員動員會也已經開過了。在第一次動員會的會上，二百多位同學都以無比振奮的心情來迎接這一個要來的中國週。因為中國週是我們在「關社認祖」這條學運道路上一個重要而大型的活動。一屆又一屆的中國週，越來越多同學的參與，在熱火朝天的工作中接受鍛鍊，互相勉勵、學習。説明了中國週是受到同學的歡迎的。今天，在學運越走越寬廣的今天，中國週又繼續舉行，叫我們怎能不感到鼓舞呢！越想，心情就越不能平靜了。

記得在五月三十日「中大同學聲譽豈能損壞」的討論會上，很多同學都站出來講了話，講他們這些年來參與認祖關社的感受，講這些年來參與認祖關社的變化。同學們都講了自己最有自信心的時候就是投身到「認祖關社」的時候，就是在學運的洪流裏認識了身為中國青年學生在這時代裏要走一條怎麼樣的路的時候，就是認識了要愛自己的國家，愛自己的民族，反對危害世界人民的蘇聯霸權主義的時候。以前只顧追求個人的所謂前途，幸福，其實就是最看不到前景，最缺乏自信心的時候。

很多校友也在會上抱怨，抱怨他們那時讀大學沒有關社認祖，他們語重心長，要求我們好好珍惜，珍惜這條從艱苦中走出來的學運的道路。從師兄師姐的話語中，更感到今天身為中國大學生的幸福，更感到自己責任的重大。

在數年前，大專同學提出要走出象牙塔，走出令人窒息的書堆，要求了解自己的國家，自己身處的時代。這個要求，其實是和當時的歷史環境分不開的。六十年代，香港的青年學生是那麼的無根的一代，失落、徬徨、前路茫茫，「何處是吾家」。進入七十年代，中國恢復了在聯合國的席位，第一個回國觀光團回去了又回來了，同學們開始感覺到中國在無聲地前進，中國人民站了起來。同學們開始感到中國是有希望，有朝氣，中國何其偉大，同學於是開始要求認識自己的國家，認識自己國家的社會制度，要了解究竟社會主義是否是人類的幸福，全世界人民的道路。

就在這個要求下，同學們舉辦了中國週，一年一年辦下去，學運一就一年一年的發展起來。透過這幾年的中國週，同學們不單加深了民族感情，亦加深了對不同的社會制度，和祖國發展前景等的認識。

近月來，祖國開展了反右傾翻案風運動，這個運動是關乎到祖國發展前途的大是大非問題，同學都非常關心，都覺得要進一步學習和認識祖國所走的社會主義道路，社會主義國家的性質。今年中國週的主題「中國現代化的道路」，就是要了解新中國經過了二十多年的努力，人民當家作主人，中國有了一個翻天覆地的變化，在短短的時間內，解決了一些外國人認為沒有辦法解決的問題，如八億人口的食飯問題，在這段時期所取得的成就都是不是任何時候所能比擬。取得了初步的繁榮富強後，正處於要在二十五年內建成一個現代化強國的關鍵時刻，中國要怎樣走下去，作為中國青年學生，這個問題，我們是要弄清楚。所以今年的中國週是有其深遠的內容，標誌着今後學運發展的前途。

但是中國週的道路並不是平坦的，總受到一小撮人的阻撓，當同學開始要走出象牙塔，要求認識自己的國家時，他們就提出「認識」就是「認同」、「跟風」，要「客觀」，要「中立」等等言論，妄圖蒙騙同學，當認祖關社為大多數同學所接受，去年中國週同學提出了要站在大多數中國人的立場上去認識自己的國家，但那一小撮人就提出要「理性地批判」，「中國不可認識論」等等，妄圖拖學運的後腿。

但是中國週就是在踢倒這重重障碍中闊步向前，同學就這樣一步步對自己的國家加深了解，加深了感情。

今天中國的反右傾翻案風運動，那些人又把這場運動説成是個別少數人的「派系鬥爭」，甚麼「民主星火」，在實質上就是否定這場億萬人民投入的運動。反對社會主義新中國，妄圖用這些來模糊我們同學的視野。今年我們的中國週是要堅持站在大多數中國人的立場上，通過討論和學習，相信是能夠逐步理解和認識新中國要走的道路，正面回擊那些反人民的言論。

中國週這個大型活動，其影响是很大的，不但在大專界，同時也受到中學生，社會人士的歡迎。從每年中國週展覽中學生，社會人士的熱烈參與可見一斑。老師們也稱讚中國週是「繼承五四以來中國青年學生愛國家、愛民族的優良傳統的運動」。在國際上，中國週也受到外國學生的歡迎。澳洲的大專學生，美國、加拿大的中國留學生也相繼舉辦了中國週，可見中國週是相當受到各界人士的重視的。

在過去的基礎上，今年的中國週會辦得更成功是可以指望的。

中國週的籌備工作已經開始了，歡迎同學加入我們的行列，一起在這個大型活動中携手向前。

走五四的道路——談第四屆的中國周

今年的中國周已開始籌備了，第一次工作人員動員會也已經開過了。在第一次動員會的會上，二百多位同學都以無比振奮的心情來迎接這一個要來的中國周。因為中國周是我們在「關社認祖」這條學運道路上一個重要而大型的活動。一屆又一屆的中國周，越來越多同學的參與，在熱火朝天的工

作中接受鍛鍊，互相勉勵、學習。說明了中國周是受到同學的歡迎的。今天，在學運越走越寬廣的今天，中國周又繼續舉行，叫我們怎能不感到鼓舞呢！越想，心情就越不能平靜了。

記得在五月三十日「中大同學聲譽豈能損壞」的討論會上，很多同學都站出來講了話，講他們這些年來參與認祖關社的感受，講這些年來參與認祖關社的變化。同學們都講了自己最有自信心的時候就是投身到「認祖關社」的時候，就是在學運的洪流裏認識了身為中國青年學生在這時代裏要走一條怎麼樣的路的時候，就是認識了要愛自己的國家，愛自己的民族，反對危害世界人民的蘇聯霸權主義的時候。以前只顧追求個人的所謂前途，幸福，其實就是最看不到前景，最缺乏自信心的時候。

很多校友也在會上抱怨，抱怨他們那時讀大學沒有關社認祖，他們語重心長，要求我們好好珍惜，珍惜這條從艱苦中走出來的學運的道路。從師兄師姐的話語中，更感到今天身為中國大學生的幸福，更感到自己責任的重大。

在數年前，大專同學提出要走出象牙塔，走出令人窒息的書堆，要求了解自己的國家，自己身處的時代。這個要求，其實是和當時的歷史環境分不開的。六十年代，香港的青年學生是那麼的無根的一代，失落、徬徨、前路茫茫，「何處是吾家」。進入七十年代，中國恢復了在聯合國的席位，第一個回國觀光團回去了又回來了，同學們開始感覺到中國在無聲地前進，中國人民站了起來。同學們開始感到中國是有希望，有朝氣，中國何其偉大，同學於是開始要求認識自己的國家，認識自己國家的社會制度，要了解究竟社會主義是否是人類的幸福，全世界人民的道路。

青年學生昨紀念「五四」

學友社定期舉行紀念「五四」文藝匯演

原載《大公報》，1977年5月5日，第2張，第5版

【本報訊】昨天「五四」青年節，一些學校和學生團體舉行紀念活動。

香島、培僑、漢華等學校昨日分別在校內舉行集會，紀念「五四」。

旺角勞工子弟學校中學部昨日也舉行了聯歡活動，師生們舉行了籃球賽及集體遊戲。

理工學院學生會昨晚舉行「五四」紀念晚會。理工學院語言系一講師應邀在會上談「五四」與新文學運動問題；學生會負責人在會上回顧了「五四」運動的歷史，鼓勵同學要關心國家，關心勞苦大眾，繼承「五四」愛國家、愛民族的精神。該校學生還表演了小組唱、話劇等文娛節目。

中業中學學生會紀念「五四」青年節，昨晚在太子道明愛中心舉辦音樂晚會，該校學生演出參加本年度校際音樂節獲獎部分節目，還邀請了外校同學演出鋼琴獨奏、小提琴獨奏、琵琶齊奏等。到會者達七百多人。

學友社將於本月八日及十五日上午十時，分別在普慶戲院和新光戲院舉行「紀念五四文藝匯演」，節目有百多人參加演出的大型造型詩朗誦「五四頌」，內容是歌頌一九一九年的「五四」運動、一九三五年的「一二・九」運動、一九四七年在台灣發生的「二・二八」起義和七十年代初期的保衛釣魚台等幾個青年學生反帝愛國運動，還有一百六十多人的大合唱、中樂大合奏、小組奏、舞蹈、相聲等。票價三元，購票可到該社深水埗社址（長沙灣道一四一號十三樓，電話八一二一五二）或北角社址（英皇道三九五號僑冠大廈廿四樓A座四室，電話：六三一五六五）。

記中文學會「五四周」 ［陳銘坤］

原載《五四運動六十週年紀念論文集》，香港：香港大學中文學會，1979 年，第 75–78 頁。

一九七八年十月香港大學中文學會舉辦了「五四周」，籌備的工作歷時半年，內容包括書展、講座、展覽、綜合晚會、座談會等。嗣後，我們繼續籌備出版《五四運動六十週年紀念論文集》以誌「五四運動」六十周年紀念。

我們為什麼要舉辦「五四周」呢？

「五四運動」在一九一九年爆發，到了一九七九年，剛好要做六十大壽。「五四運動」在巳未年發生，七九年剛是另一個巳未年，我們率先在七八年十月舉辦「五四周」，就是要提醒大家這個偉大的紀念日已經到了，好讓大家有充分的時間準備，以迎接這個大日子，以備在這個日子裏，我們再好好重溫六十年的歷史發展，多多思考有關國家民族的問題。

另一方面，我們也覺得香港的年青人太過空虛，無所歸屬，時常陶醉於眼前物慾享受，一時的官感愉快，忘記了自己是中國人，對國家民族的過往一無所知。我們希望通過介紹「五四」這段歷史，展示中國過往的苦難和民族、文化面臨的危機，藉以使香港的年青人得着反省、自覺，認識

附錄：中文學會「五四週」工作報告

記中文學會「五四週」

陳銘坤

一九七八年十月香港大學中文學會舉辦了「五四週」，籌備的工作歷時半年，內容包括書展、講座、展覽、綜合晚會、座談會等。嗣後，我們繼續籌備出版《五四運動六十週年紀念論文集》以誌「五四運動」六十週年紀念。

我們爲什麼要舉辦「五四週」呢？

「五四運動」在一九一九年爆發，到了一九七九年，剛好要做六十大壽。「五四運動」在巳未年發生，七九年剛是另一個巳未年，我們率先在七八年十月舉辦「五四週」，就是要提醒大家這個偉大的紀念日已經到了，好讓大家有充份的時間準備，以迎接這個大日子，以備在這個日子裏，我們再好好重溫六十年的歷史發展，多多思考有關國家民族的問題。

另一方面，我們也覺得香港的年青人太過空虛，無所歸屬，時常陶醉於眼前物慾享受，一時的官感愉快，忘記了自己是中國人，對國家民族的過往一無所知。我們希望通過介紹「五四」這段歷史，展示中國過往的苦難和民族、文化面臨的危機，藉以使香港的年青人得着反省、自覺，認識海外中國人對文化、民族、國家應有的獨特使命。故此，我們的展覽以「五四——前瞻與回顧」爲題，「前瞻」部份除却文化、民族問題外，也涉及很多香港的問題。

以前也有很多人討論「五四」，但我們今天討論「五四」，與前人討論「五四」有些不同；因爲，時間和空間的差距，對「五四」的評價也不一樣。三、四十年代討論「五四」的人，大都是「五四」事件的經歷者，他們有很確切的體驗，回憶起來很眞實，但評價的時候常常出於感性，而且往往堅持個別

海外中國人對文化、民族、國家應有的獨特使命。故此，我們的展覽以「五四——前瞻與回顧」為題，「前瞻」部分除卻文化、民族問題外，也涉及很多香港的問題。

以前也有很多人討論「五四」，但我們今天討論「五四」，與前人討論「五四」有些不同；因為，時間和空間的差距，對「五四」的評價也不一樣。三、四十年代討論「五四」的人，大都是「五四」事件的經歷者，他們有很確切的體驗，回憶起來很真實，但評價的時候常常出於感性，而且往往堅持個別系統的思想；五、六十年代，「五四」人物相繼凋零，討論「五四」的人又難免局限於餘下的「五四」人物，奉他們為權威，恐怕還不太客觀；七十年代以後，雖然與「五四」相去較遠，但有足夠時間讓論者冷靜下來討論問題，評價也較為客觀和系統化。另一方面，不同的地域、不同的背景，也影響了對「五四」的評價。有些學者從政治意義上着眼，過分肯定「五四」，並往往偏重於社會經濟的分析，恐怕不夠全面。也有些維護傳統的學者，以「五四」為破壞傳統文化的運動，卻深深感嘆為一次「歷史的錯誤」。

不過，無論從什麼角度去分析「五四」，總有幾點，是評價「五四」的學者大都肯定的：

第一，「五四」在中國近代史上的意義是正面的、肯定的。雖然早在一九一一年十月滿清政府已經被推翻，但這次革命，並未真正把中國改革過來。政治制度的改革，政權的易手，並不就是整個社會、文化的改變。所以國父孫中山先生去世時，也有「革命尚未成功」的慨嘆。新中國的真正起點，恐怕還是一九一九年的「五四運動」。「五四」之所以轟天動地，在於它能喚起迷睡中的中國人，使大家明白國家民族所面臨的困境，真真正正提出種種求變自存的方法。「辛亥革命」發生的時候，平民百姓衹知道趕跑了皇帝、換了個總統，頭上的辮子也不要了，完全不知道革命的真正意義。「五四運動」就不同了，「五四」時候，大家都醒覺起來。所以，要認識中國最少也要從「五四」開始。

第二，是民族自覺。所謂民族自覺是當民族面臨重大挑戰、陷入困境的時候，民族的每一分子都能自覺，作出相繼適當的反應，使民族可以繼續獨立自存。這種自覺是積極的、進取的，並不是妥協的、退避的。西方文化對中國文化的挑戰早在明代已經開始，一直到清末，外來的壓力越來越大，挑戰越來越沉重。但當時的讀書人有的抱着「天朝大國」的神位，對民族文化的危機毫無知覺。有的貪圖一時苟安，往往都是妥協、逃避。這都不是真正民族自覺的表現。真正的民族自覺，是要知、也要行。知是一種識見，我們有識見，是因為我們常常自覺去多想、多觀察。有知之後，也要自覺到有所行，知而不行，就等如不知。「五四」之前，民族中祇有極少部分人自覺去關心民族的興衰和發展，民族自覺不夠，識見也不夠，就不知道怎樣去行。「五四」時代的可貴，是大家都自覺去關心民族國家，所以大家都了解民族所面臨的苦難及困境，知然後又能行，便是「五四」時代具體求變的表現。那時很多人提出了很多我們現代認為不很成熟的見解，但他們的可貴處，卻不在乎提出了什麼，而是「提倡」那一份熱誠。「五四」前後的國民，能知國家民族的危困，參與愛國行動的行列，那時的知識青年能夠承擔國難，一肩挑起國家民族的擔子，踏上艱難的步伐，這可說是幾百年來國民最大的自覺。

第三，「五四」時代討論國家問題，是文化、民族兩者兼重的。「五四」以前，讀書人的反省，多是偏重於其中一項，很少兩者一併兼顧。以洪秀全和曾國藩來說，洪秀全倡導革命，祇看到民族的一面，沒有認真處理文化問題，結果是弄得非驢非馬、一塌糊塗；曾國藩站在文化的立場，打敗了太平軍，卻忽略了民族大義，後人罵他是走狗、漢奸，不是沒有理由。民族和文化就像一個人的左右腳，缺一不可。「五四」時代，既講民族自存、也講文化反省，便是一個很大的突破。若果那時祇講一時的民族獨立，不再檢討文化發展，那麼，就算得了幾十年的民族獨立，但經不起更大的挑戰，國家總要亡掉。以前我們說「亡國不亡天下」，是因為有文化的維繫，朝代的改變祇是表示政權的更替，但近代西方文化飛躍發展，中國文化則停滯了幾百年，若在「五四」時代亡了國，恐怕連天下也要一併亡掉。所以，「五四」時代能夠民族、文化並重，實在有很大意義。

「五四」的意義還有很多，大家可以隨意翻開幾本關於「五四」的書看看便知，但我在這裏特別提出這三點、分別有三個意思：

首先，歷史是流動的，每一件歷史大事的發生，都可能帶來無限的影響和發展。「五四」是新中國的起點，是一件大事，我們生活在六十年後，還是受着「五四」餘波的衝擊。「五四」所面臨的問題至今也未能完全解決，「五四」的發展也未曾終止，它是依然繼續開展的。歷史潮流的衝擊是我們無法逃避的，歷史長途的棒子，我們也不能拋棄。「五四」青年偉大的地方，就在於那種承擔精神。

其次，我特別強調自覺精神的重要，乃是針對現代知識青年而說的。現代青年就是缺少了這種自覺精神，走個人主義的小圈子，不關心現在、不了解過去，缺乏了歷史的識見，也沒有文化民族的使命。偶然也有些人略有見識，但卻在那裏畏首畏尾、空嘆使命、精神的沒落，自己又不能自覺地負起責任，既然不能提起勇氣，知而不行，所謂自覺也沒有意思了。

最後是文化、民族並重的問題。我特別提出這一點，是因為很多人還未能認識到它的重要性。有人祇憑血統和皮色，便說自己是中國人，是黃帝的子孫。但這些人私底下生活起來，卻沒有一點中國人的氣息。我們知道，一個民族的分子之所以能生活在一起，除了血統以外，便是共同生活在一種文化形態之中。若說你是中國人，實在包括民族上和文化上的兩個層面。也有人祇講文化，不談民族。我們知道，中國人是講中國文化的，但外國人也研究中國文化，不同的地方在那裏呢？中國人研究自己的文化，是站在民族的立場，每個人都有一種熱心，希望民族進步，文化繼續發展；外國人把它當作一種學科來研究，是一種興趣，研究出來，便多了幾個專家。外國人雖然力求客觀，但往往隔着靴子，總是搔不到癢處。現在很多人研究中國文化，也是支離破碎，各據一點，套上了一大堆外國名詞，就是缺少了民族生命。「五四」的時代，民族、文化能夠同受重視，是我們應該特別引為警惕的。

我們舉辦「五四周」，又出版這部專刊，是希望把「五四」六十周年的訊息傳出。如果大家因此而對這個波瀾壯闊的運動有進一步的認識，更加關心「五四」歷史的發展，承繼「五四」的精神，則我們的目的也達到了。

「五四周」展覽資料小輯

原載《五四運動六十週年紀念論文集》，香港：香港大學中文學會，1979年，第88–91頁，節錄。

「五四週」展覽資料小輯

袁燦輝整理

「五四週」的主要項目是以「五四六十——回顧與前瞻」爲主題的一個展覽。展覽內容分兩部份，「回顧」部份，旨在交代「五四」運動的形成及發展，「前瞻」部份除了檢討「五四」以來論爭的重要課題，並進一步提出一些可能的路向，也就著香港的特殊環境，討論在香港的中國人在民族自覺出路所遭遇的困境。我們處理展覽資料時，討論了很多問題，現在把有關資料，略加整理補充，供大家參考。

（一）回顧

自鴉片戰爭以來，東西文化的衝突一直爲有志之士所關注。民國成立以後，知識份子眼見晚清推行了幾十年改革運動，並不能挽救中國的弊病，紛紛提出主張，如胡適、陳仲甫、吳稚暉、錢玄同、林語堂等，徹底抨擊傳統，提出全盤西化，而孫中山、梁漱溟等則檢討清末改良主義，提出新的折衷方法。

隨着西方文化帶來的危機日見激增，復古派與西化派都因太偏蔽而漸受淘汰。中國文化的出路離不了中西文化的結合，但結合的型態卻意見紛紜。

歸納前人的說法和經驗，有幾點十分值得注意：

(一)西方文化的中國化：必以中國的文化型態爲基礎，必須在很大程度上符合他們的習慣和傳統的精神。

(二)由上面推引：因此，準備吸取的西方文化必須是高度選擇性的，寧棄毋濫。

(三)傳統的現代化：從傳統的社會結構、經濟形態加以精心選擇。重新推行，鞏固基層。

（二）民主政治

中國的帝制已在民國建立後徹底破壞，其後雖有袁世凱稱帝，張勳復辟，終抵不過已去之人心。自孫中山先生揭示三民主義，民國走的道路，大體都朝着民權去行，五四以後，知識青年漸對西方民主政治架構失去信心。

要在中國實行民主政治有幾點要注意：

一、在中國推行民主政治，必得一段頗長的過渡時間，在全國（包括城市與鄉村）實施社會教育，學校教育，以達到全民教育、「開民智」的目的。讓他們有自主能力去運用其權力。

二、發展以農業爲基礎的工業改革，促進生產，提高生活水平，健康的生活和成長才能發展思想，積極參與國家政治，不受利誘。

三、不能强調盲目的爭取權利。

（三）經濟

中國傳統的經濟制度，在清末以後已完全崩潰，要不受經濟先進的國家進行經濟侵略，必須進行經濟現代化。從西方發展而來的經濟形態不離資本主義與社會主義，一種標榜自由競爭，一種主張集體分配。但資本主義每導至貧富懸殊和物慾主義。

而集體分配制度亦有很多弊端，如：(一)官員衆多，行政緩慢；(二)缺乏自由競爭，減低技術改進的發展；（三）生產者所生產既非私有，勤奮與怠惰一視同仁，造成工作效率普遍低落。

因此，中國的經濟要現代化，必得從中國本土特殊環境入手。中國是全球田地最多的國家，因此中國的工業化，應以農業爲基礎，首先發展農業生產的現代化，再循著農業生產物的基礎發展農產品工業。傳統的均田制度精神有保存的價値，農民可私有土地財產，於是落力工作，促進生產，另一方面，可通過合作社一類的組織，推行以消費爲本位的經濟，通過聯營的制度，購買大型的機器工具，共同使用。

（四）文學

「五四周」的主要項目是以「五四六十——回顧與前瞻」為主題的一個展覽。展覽內容分兩部分，「回顧」部分，旨在交代「五四」運動的形成及發展，「前瞻」部分除了檢討「五四」以來論爭的重要課題，並進一步提出一些可能的路向，也就着香港的特殊環境，討論在香港的中國人在民族自覺出路所遭遇的困境……

（五）香港的中國人民族自覺的出路

晚清以來，海外的中國人對於國內政治、社會各方面有十分重要的影響，但今日香港，許多中國人卻逃避着不敢面對國家民族的問題、歷史的責任。其實我們在香港，不受兩個中國政權政策牽制，可能有更大的客觀性和包容力，而我們的意見，往往有獨特的參考價值。下面將從教育、傳播媒介、學生運動三方面去檢視民族自覺的出路。

（甲）教育方面

香港政府雖然在公事上重用英文，輕視中文科目，發展英文中學，提高香港大學的地位，但住在香港的中國人，不能沒有中國意識。

香港政府對中文教育採取放任態度，當然不對，但身為中國人的香港教育工作者，除了要求政府重視中文教育外，亦應以提高民族意識為教育目標。因此，重視中文、以中文為教育語言、推廣普通話，固然不可忽略，而提倡中國歷史教育亦同樣重要。當然要辦好歷史教育並不容易，如課本太差、師資訓練不足、教育方法落後等問題甚多，有待有志者的努力。

（乙）公共傳播媒介

傳播界的力量比諸教育界的力量有過之而無不及。香港有三百九十餘種報紙，二百七十多份雜誌，擁有三百萬觀眾的電視台，加上廣播電台、海報，構成了公共傳播媒介的龐大影響力。所以，如能採用一些描寫民族掙扎，或具有歷史教訓的故事為題材；編寫成上佳的劇本，觀眾必可接受的。

（丙）學生運動

五四運動同時也是學生運動，而民族自覺與香港學生運動又是相輔而生的，早期的大規模學生運動，如「中文成為法定語文運動」，「保衛釣魚台運動」，以至七八年末的第二次「中文運動」，都是從民族感情出發，以喚起民族自覺為目的。

另一方面，認識中國是學運的第一路向。學聯舉辦多次「中國周」，反應相當熱烈。但以往八年的路向只是集中研究科技、政治現況，未能從文化入手。這個問題固然因為科技、政治較易看懂，較易掌握，但研究中國問題始終流於泛論政治，不知深入去剖析包涵科技、政治的文化問題，未免如霧裏看花，終隔一層。

打破五四紀念的框框 ［雨芸］

原載《中大學生報》，1979 年 5 月，第 11 卷第 3 期 (總 87 期)，第 8–9 頁，節錄。

打破五四紀念的框框

五四專輯

1

五四紀念是否有一種框框的呢？

據說，五四是自有一種精神的，這種精神一直感召着中國人，每年到了五月四日，總得舉行一點紀念儀式，發表一些回憶文字。

傅斯年先生——五四時的學生領袖——在五四運動二十四週年時曾指出：「若有人說，所謂『五四精神』在今天仍可盡爲青年所採用，是絕無這個道理的。時代已變，社會與政治環境大有不同，若仍沉醉在這個老調，豈不近於傻，或近於情癡？不過，若有人說，『五四』全未留下好東西，應該忘了他，似乎也沒有這個道理。」①

儘管傅斯年的說話有其時代的限制，譬如抗戰期間國民黨對學生運動的控制，紀念五四便不能過份強調青年學生運動了，但傅斯年最大的貢獻，是提醒我們不要「仍沉醉在」五四「這個老調」。

2

一九四九年中共解放中國大陸，適逢五四的第卅週年紀念，新華書店因而編印了一本《「五四」卅週年紀念專輯》。書中收入俞平伯「回顧與前瞻」一文，俞氏說：「（在北京）這古城的大學裏，雖亦年年紀念『五四』，但很像官樣文章，有些朋友逐漸冷却了當時的熱情，老實說，我也不免如此。甚至於有時候並不能公開熱烈紀念它。新來的同學們對這佳節，想一例感到欣悅和懷慕罷，但既不曾身歷其境，總不太親切，亦是難免的。」②

俞平伯提出的現象在今天仍具現實意義。誰能否認現時很多紀念文章不是「官樣文章」嗎？儘管五四運動有值得歌頌的偉大傳統，惟年年紀念五四，未能爲新時代賦予新意義，不免墮入了爲紀念而紀念的框框。這種將五四變成「佳節」的紀念活動，難道不是對五四使命的一項侮辱？

3

今天，有些知識分子用懷舊的心情來紀念五四，把五四當作偶像，從膜拜中日見其光榮，對於社會的現實却是無力的表現，這種懷舊的老調子，我們可以從《中國人》月刊中看到：

「五四，一個由愛國情緒激起的民族運動，然後又掀起了波濤壯闊的新文化運動，餘波盪漾到如今，已經整整一個甲子了。六十年的中國歷史經歷了多少滄桑？六十年的中國文化遭遇了多少轉折？六十年的中國知識分子含忍了多少悲辱？是說不完書不盡的。

爲了紀念這個中國歷史悲壯的日子，爲了思念這個中國新文化萌芽的日子，爲了懷念中國知識分子與青年激昂的日子，中國人月刊特別編輯了『五四一甲子專輯』。」③

像這樣的論調，對於有懷舊癖的人來說，無論多少「甲子」都可以適用的，但羅常培在五四半「甲子」時便已指出：「照『三十而立』的老話來說，我們不該再縈迴著當初啓蒙時代的幾個老調子，而不想建立更成熟、更適應時代需要的新企圖。」④

既然三十年前已經有人指出紀念五四

……儘管五四運動有值得歌頌的偉大傳統，惟年年紀念五四，未能為新時代賦予新意義，不免墜入了為紀念而紀念的框框。這種將五四變成「佳節」的紀念活動，難道不是對五四使命的一種侮辱？

……還有一些機會主義的知識分子，他們或許感到沒落的悲哀，而妄圖攀附光榮的過去和堅固的靠山，在平常的日子裏，只懂得「一路頌歌到北京」，每逢五四，便來「滴血認親」。

……我們不能否認「五四的血統」很有意義，但講者的炫耀心思和托庇權威的幼稚表現卻使「五四的血統」蒙上了污點。像這種知識分子，把五四的光榮當作一己炫耀的資本，並且每年定期套取利息，是五四紀念的另一種框框。

懷舊使人衰老，炫耀使人嘔吐。然而，五四先烈們的鮮血白流了，心機白費了，因為他們的言論、思想和行動只成了史家筆下的題材，或者五四紀念裏的陪祭品，這就是五四運動的悲哀！

那還願意抓住現在的青年們，就應當打破五四紀念的框框，用行動來實踐五四，立足於現實，創造一個新的世界。

等待潮水，冲回大海—— 五月的愁思 [羔角]

原載《中大學生報》，1979 年 5 月，第 11 卷第 3 期 (總 87 期)，第 25–26 頁，節錄

等待潮水，冲回大海！

——五月的愁思

五四人的故事□羔角（現職教師）

五四專輯

1

五四，很像只是昨天，但也像很遙遠。

她很遙遠，因爲他已在很多人的腦海中淡忘，每年五月，只有那些『文化人』還談談他的歷史意義，辦一些學術講座，出刊一些特輯，或者爭論一下五四是屬於胡適的，魯迅的，還是陳獨秀的。當然，她也是歷史科的一個熱門課題，歷史教師或者會冷漠而熟練地背出五四的經過，想想五四可佔去他多少堂寶貴的授課時間；學生或者會想：今年考試出五四的機會有多大。

但是五四却也好像只是昨天的事，環顧中國人的社會——中國大陸，台灣和香港的情況，除了經濟，民生外，和五四時代有多少差別，相信五四的先烈，也會感到痛心。

2

回想五四的口號——『反帝』、『反封建』、『反帝國主義侵略』，六十年後的今天，帝國主義和資本主義的侵略依舊仍然存在，並且有了新的發展，只在那魔爪下加多一副笑臉，資本家甚至要在社會主義的國土裏建立他的帝國，每一個資本家，正欣賞着我們神聖領土上的資源，在剝削台灣的廉價勞工外，還有近十億的廉價勞工，加上那令資本家垂涎的龐大的市場。

五四，也曾怒吼過『外抗强權、內除國賊』。六十年後的今天，最大的成就，或者就只是一個外抗强權；至於內除國賊，七六年，人民打倒四人幫，還不是一樣要付出鮮血和斷臂，才能得回的成果，而不是制度，民主和人權。

五四所爭取的民主與科學，以至四五天安門事件，却是一次半個多世紀的迴響；爲甚麼那回應是這麼的遙遠？台灣那號稱民主的國土，還逗留在訓政的水平上；中美建交引起的，就是選舉的終止，《夏潮》的停刊和一本一本的書刊被禁。

案頭上的黑臂圈——「民主已死」和艇戶事件那放在高等法院門前的花圈，無疑都是這六十年的諷刺。

一

五四，很像只是昨天，但也像很遙遠。

他很遙遠，因為他已在很多人的腦海中淡忘，每年五月，只有那些「文化人」還談談他的歷史意義，辦一些學術講座，出刊一些特輯，或者爭論一下五四是屬於胡適的，魯迅的，還是陳獨秀的。當然，他也是歷史科的一個熱門課題，歷史教師或者會冷漠而熟練地背出五四的經過，想想五四可佔去他多少堂寶貴的授課時間；學生或者會想：今年考試出五四的機會有多大。

但是五四卻也好像只是昨天的事，環顧中國人的社會——中國大陸、台灣和香港的情況，除了經濟、民生外，和五四時代有多少差別，相信五四的先烈，也會感到痛心。

二

……五四，也曾怒吼過「外抗強權、內除國賊」。六十年後的今天，最大的成就，或者就只是一個外抗強權；至於內除國賊，七六年，人民打倒四人幫，還不是一樣要付出鮮血和斷臂，才能得回的成果，而不是制度、民主和人權。

五四所爭取的民主與科學，以至四五天安門事件，卻是一次半個多世紀的迴響；為什麼那回應是那麼的遙遠？台灣那號稱民主的國土，還逗留在訓政的水平上；中美建交引起的，就是選舉的終止、《夏潮》的停刊和一本一本的書刊被禁。案頭上的黑臂圈——「民主已死」和艇戶事件那放在高等法院門前的花圈，無疑都是這六十年的諷刺。

六

……在這「五四」六十周年的今朝，要痛心的也實在太多，我們還是要為民主、自由而吶喊。而更可悲的是，在這個年代，要抗拒的不僅是槍炮和統治者的刀劍，而是更加無形，一個根本不容易抓到抗拒目標的敵人，和那些容易令「戰士」們軟下來的「甜頭」。

鳳凰涅槃・再造五四 ［吳萱人］

原載《中大學生報》，1979 年 5 月，第 11 卷第 3 期 (總 87 期)，第 25–26 頁，節錄

五四專輯

鳳凰涅槃・再造五四

□吳萱人（校外約稿）

1

『苦難的中國，有「今」天！』

北京：西單民主場（牆）前，人們在幾荒的磚牆上貼的厚厚、層層、叠叠的各式紙張裏，讀出了中南海傳來警告的叫聲，鎮壓的暗示；人們再不易找到同聲氣的人團聚爲小堆小堆地交談，四周，只有更多眼神閃爍的公安部便衣，在遊巡人堆的動靜，手裏緊捎着抄下了不少自行車車號的小本子。忽然，那邊鉄地片出兩三個人，急手急腳將數份新紙張，蓋於人們最多圍讀的一份抗議人權份子被捕黑拘捕的聲明之上，圍觀的人登時用怒眼趕走他們，但抗議聲明，畢竟被遮蓋了。

台北：中壢選戰的勝利，經過一年多民間暗地裏的稱許和傳揚，老百姓比較更大膽的斥責那他媽的國民黨，紛紛策劃在七八年的三項地方和中央公職選舉，再推前一步。誰知蔣經國政權以中美建交爲由，壓下來了，選舉停辦，本年初更設計擊散「黨」外競選的首腦集團，一份一份非難統治政府的報紙雜誌，更將之收購和停刊。實行用死硬的手腕，折斷新萌芽的本土力量，另方面，更加强大中學校的監視和檢查。

香港：青年運動的社會活動形式，愈來愈有壯大的趨勢，繼「金禧」事件的萬人大示威大請願之後，艇戶事件又帶來了與殖民地政府所謂「公安條例」的對峙局面，社工界青年幹將在知「法」犯「法」下的大勇氣概，使全港五百多萬居民認眞感受到人身威脅；另方面，從文化層面，又再次捲來「反黃」和「中文運動」的浪潮，由教育層面，與苟且實利主義的殖民地教育政策相抗。在更廣大的群衆裏，亦由於生活漲風不遏，先由政府僱員方面，給統治者予前所未有的壓力，而個別的社區和商界團體，也在備受重利剝削政策底下，作出無數次的個別抗議行動。

以上只是一九七九年五月四日前今日中國三處地方的現狀，予平面性的描述。這平面性雖然蘊藏着不少明日中國的推動因素，但人們還是普遍感到困悶和忿倦，尤其在沒有神話和希望的今天，國家民族的氣節和魂魄都散薄不全，難得見到有人揮手高呼，作有時代取向和歷史轉折意義的吶喊，更是難得見到有人將零星而又乏力的因素，統滙爲一股「風林山火」，好得有面目面對六十年後今日的五四運動甲子祭。

不過，難得的事實，終於在一番十多年的思想掙扎之後，喜見到來自中大、港大、理工、浸會、樹仁、珠海、三師和教育界的職工會等知識青年爲主，社會上現存各小文化團體、小政治急進團體和個別的青年組織爲副的年青人，在五月四日那晚深夜，臨時召集了各個代表，出席一個驚感天地，震撼國際的會議前行動。

以下便是這次行動的紀實，而所謂紀實，本身還隨着事情無邊無際地發展推廣，根本只是粗略的輪廓性勾勒。關於這次堪可映照五四的歷史大事，到現時爲止，還是首次向外報導，報導內容未經任何團體的認同或認許，更因某些原因，不少人仕嘩然大叫、高喊荒謬絕倫，白日作夢，但並不影響本文的高度可能性和可讀性。

2

七九年五月四日的晚上，當日紀念「五四」進行的最後一個集會，在理工學生會大樓自修室舉辦之後，負責同學送走了穿着黑色筆挺西裝，面露倦容的講者胡菊人，往隧道車站乘車。返回理工時，他沉思於胡的講題：「香港青年如何繼承五四精神」，腦際只是一片空洞，仍然不覺得胡講了甚麼所以然出來，尤其是講演後，胡竟在答一個滿是期待的青年時說：「如果你可以閉門用十年寫一部小說，給我胡菊人看，我仍然會感到你的誠懇，也可以說你是在繼承五四精神了。……」，雖然同學心中咕嘀着——究竟是超然地去紀錄昏暗的歷史面貌，抑或是創造朝氣蓬勃的歷史？——文學是工具抑或是一份廣柔而又堅實的力量？——但他實在無暇再細想，他得回去略爲檢討今日整個下午的活動，然後，不是回家倒頭睡個飽，而是，趕急去參加一個即使他本人亦未盡知主題是甚麼的突然約會。根據所知，約會在凌晨舉行、內容是：「再造五四」。

同一時間，全港的市面與平日一樣：夜市的仍然夜市；加班的仍舊加班；看電視的燈火中萬戶人家，從最後新聞中獲知北京的中央舉行了紀念五四六十週年的集會，全國學聯代表和青聯代表聽取了共青團書記的報告，要求全國青年學生配合中國四個現代化運動，學習五四，發揚愛國精神云云。

却有大約五十位的男女本港新一代青年，有學生和職工，有文化工作者和書店負責人，組織代表和學界領袖，正分別在香港的灣仔，九龍的紅磡、佐敦道渡船角、新蒲崗，及另外一批露營於西貢烏蛟騰等地，同一時間不同空間，向其他更社區化的小青年組織、中學生、中心社工代表，團聚於一股神情高昂的氣氛裏。當各人聽取了計劃介紹之後，登時每人身上都一個敲一個接通了罕有的電流感受，不太寬敞的房間，像要爆炸般，在周遭的黑夜，在收音曲聲韻中彰顯……

事情來得比目前的考試威脅更爲吸引，每一個人都躍然欲動，恨不得即下天明、恨不得即下上街。但各個會議地區的主持人都加以勸解，要求大家仍然完成今年的考試季，在職的青年部份可以負起更多的事前籌備工作，以爲配合。

3

五月五日　市面如常。學界的校內紀念活動亦已屆尾聲。只剩部份的學生校報編輯正頭痛於「五四專輯」的內容；約好交稿的作者都逼尋不獲，編輯們埋首於資料中翻查輾膳，剛好又綜合成了一篇史料介紹……還得配合圖片，但六十年前的圖片，太舊太模糊了……。

五月十日　學生報仍未可出版，版面還未併齊。

五月十五日　一份號稱要刊登新文化專輯的「文化」雜誌，盛傳因部份編輯起爭執而延遲出版，主因是內容根本未足爲新文化檢討，都還是舊酒用新的裝璜包裝，雖然舊酒就是舊酒。

五月廿五日　部份在校學生稍鬆了一口氣。校內告示版上有一則奇異的小字報，內容大意說：各位同學如要拋棄牛仔褲，可通知某某，一個特別委員會正與清潔公司接洽運載，同時委員會又承辦一款清新的夏日便服，歡迎洽做。

五月卅一日　市面開始有一些聳人聽聞的傳言，每一位家長紛紛談論其子女的異狀，不是說考完試後人影不見，便說埋堆首書塲疾寫，有些竟日練歌，將一些悅耳的流行調譜了新詞……。

六月三日　北京傳來繼拘捕傅月華等人之後，再次大舉拘捕了約五百個如在上海、杭州、貴州、廣州、武漢及遼寧等地的張貼要求民主、自由、人權、法制和工作的青年，其中在部份大字報內容云：「官僚政權進行四個現代化，是要利用現代科技和管理來卡壓近九億人口的社會主義機械化奴隸」；最後總論云：「中國的共產黨根本是一隻失去羅盤的巨輪，航行在虛無的大海上，連帶船上的人也不知其終，只得盡量守好操作每一個崗位的技術職責，破浪猛進，到處無共滅的盡頭。」台北方面，繼「夏潮」後，又企圖禁刊「雄獅美術」和警告「中華月刊」的胡秋原行文用字小心，勸止「聯合報」副刊不要出版新徵來的「新一代台灣鄉土短篇小說」和扣查「台灣文藝」等等。又透過某黨部第六組與侯立×聯系，追查他散派出去與黨外人士往來的卒子的成績。

但香港却有無數的穿着清新「夏日便服」的青年學生，充塞於鬧市各處。政府民政署總部和警務處警察總部之一的梅趣大廈頂樓部門仍未察覺異樣。只是某報屁股登了一則不惹注意的花邊小聞，以爲今年的時裝的返璞現象。

六月九日（星期六）整天下雨，午後天色有若日蝕，有如將黑海倒懸上天，但向晚時分，却又晚晴如晨曦。

苦難的中國，有「今」天！ ……香港：青年運動的社會活動形式，愈來愈有壯大的趨勢，繼「金禧」事件的萬人大示威大請願之後，艇戶事件又帶來了與殖民地政府所謂「公安條例」的對峙局面，社工界青年幹將在知「法」犯「法」下的大勇氣概，使全港五百多萬居民認真感受到人身威脅；另方面，從文化層面，又再次捲來「反黃」和「中文運動」的浪潮，由教育層面，與苟且實利主義的殖民地教育政策相抗。在更廣大的群眾裏，亦由於生活漲風不遏，先由政府僱員方面，給統治者予前所未有的壓力，而個別的社區與商界團體，也在備受重利剝削政策底下，作出無數次的個別抗議行動。……

七九年五月四日的晚上，當日紀念「五四」進行的最後一次集會，在理工學生會大樓自修室舉辦之後，負責同學送走了穿着黑色筆挺西裝，面露倦容的講者胡菊人，往隧道車站乘車。返回理工時，他沉思於胡的講題：「香港青年如何繼承五四精神」，腦際只是一片空洞，仍然不覺得胡講了甚麼所以然出來，尤其是講演後，胡竟在答一個滿是期待的青年時說：「如果你可以閉門用十年寫一部小說，給我胡菊人看，我仍然會感到你的誠意，也可以說你是在繼承五四精神了。……」雖然同學心中咕嘀着──究竟是超然地去紀錄昏睡的歷史面貌，抑或是創造朝氣蓬勃的歷史？──文學是工具抑或是一份廣柔而又堅實的力量？──但他實在無暇再細想，他得回去略為檢討今日整個下午的活動，然後，不是回家倒頭睡個飽，而是，趕急去參加一個即使他本人亦未盡知主題是甚麼的突然約會。根據所知，約會在凌晨舉行、內容是：「再造五四」。

同一時間，全港的市面與平日一樣：夜市的仍然夜市；加班的仍舊加班；看電視的燈火中萬戶人家，從最後新聞中獲知北京的中央舉行了紀念五四六十周年的集會，全國學聯代表和青學聯代表聽取了共青團書記的報告，要求全國青年配合中國四個現代化運動，學習五四，發揚愛國精神云云。

……六月十日，晨早的電視台新聞報告：「一小批青年及學生昨夜往中央警署遞交一封通知書，該通知書強調謂本日有和平行動，但不準備進行任何申請集會手續。據警方發言人表示，任何行動，如有妨礙公眾秩序的可能，則屬犯法，警方並再次提醒三人以上，便屬集會性質。」

上午八時，本港市面的幾個主要地區，均菌集一群群狀似假日旅行的學校學生模樣的青年，尤其是各學校區，碼頭、廣場、火車站，均分佈密密麻麻的朝氣滿面、神采飛揚的臉孔。

八時卅分，所有青年學生不同空間同一時分除下襯衣，露出劃一的「夏日便裝」，左臂纏上「中國有今天」的字樣紅布條，背囊中取出一面面五色中鑲五角紅星的旗幟，在套節棍上揚起。各在現場地區的當值警員紛紛奔向店舖和電話亭急電求援，全港的巡警均先後向九九九電台和總部報告，大街道上響起殺豬般的警號，當小隊的警員面向倍數百計的面露笑容的青年人時，一時無策，紛紛要求青年群眾散去，而青年人亦已將一份份的傳單交予行人手上——當警察奪到一張時——內容只見有大字標題：「中國有今天——承傳五四未完的工作」等十四個字，其餘只得：「請繼續關注行動和參與」等小字一行。這時候，青年們各自散失於人群，而人群，又在青年的滲入而倍為更大的菌集圈。

……黃昏，霓紅燈下依舊繁華，只是夏令時間的關係，還未需要它們裝飾繁華。暗地裏，大股大股的人潮，朝向港島摩星嶺道六號新華社香港分社的社址推進，當警察發覺時，新華社的左右街道經已為青年群所栓塞，車輛由青年隊伍的糾察員指示借道。警車上警笛長鳴還是寸步難駛，非華籍的警員粗口連聲，企圖動粗，但為華籍警員勸止。青年交涉代表向警方交予一份聲明：表示隊伍將向新華社宣讀「中國有今天」的宣言，及必須由新華社即時發出電訊回北京，此份宣言經由全港近八十萬青年聯署，近千個團體同意。亦表示：不得施放摧淚彈，放冷槍、毆打，歡迎和平拘捕，所有主要警署附近地區均分佈千計的支援隊伍，包括老少，將進行分擔拘捕行動，所有拘捕，決不現金或人事保釋。在場指揮警官首次感覺事態嚴重，不敢動彈。

這時候，新華社的小門經已打開，王匡和祈峯分別笑臉迎人而出；人們立時排出一個小弧圈，架起墊台和揚聲器，宣讀：「中國有今天」——中國香港青年宣告。該宣言是這樣開首——用雄渾蒼沉而音調洪亮的國語唸出：

> 致中國共產政府：
>
> 中國有今天，全憑五千多年來一個堅忍的民族——中華民族艱辛卓絕所維持；中國共產黨奪得今日中國的政權，是你們有幸拈到為民服務的一個難得機會，可是，共產黨是一個重視歷史規律的現代政黨機構，不可能忽視歷史的無情批判，中國共產黨不可能永恒地治理中國的將來！……
>
> 宣言最後指出：在社會主義實踐求真的大道上，我們鼓吹中國立即進行多項生活形態的分區實驗，在實驗結果上得到有效的比較，從而摸索出明日中國的方向。

今日我等甘冒殖民地鎮壓的危險，強由駐港新華社發佈宣言，必會為此而作出充分戰鬥準備！

五四運動愛國精神永世長存！

中國香港青年國事參與同盟
發佈

宣言剛剛讀畢，全場在刹那間鴉雀無聲之後，爆出轟天響雷似的掌聲，人群從熱淚滿佈的面上，開始唱國際歌和義勇軍進行曲，而隊伍亦開始有秩序地移動起行。宣言發佈組正進入了新華社內，監察着他們即時發佈北京和世界各地，並呼籲全世界的海外中國人和團體，起來監管屬於人民的中國。警方連忙為隊伍開路，來自各組織、團體和大中學院的旗幟一幅一幅地飄蕩，過萬的隊伍綿連多條街道；服飾是毫不西化也毫不殖民地化，幾近一致的清新便裝。從電視中獲知事件的市民都跑到街上，夾道唱和着新編歌曲，有不少動人的場面閃現。隊伍採取沿途解散的方式，但亦有堅持到中區碼頭廣場分手的小隊，到達廣場時，已有數不盡的九龍市民在場相迎。沒有特殊的領袖上台發言，只當最後一遍國際歌唱畢之後，隊伍自動解散了。

解散時間在晚上八時許。

電視台永遠是真正有力量的群眾運動的最好傳播工具，它不單只錄影特輯，召開座談會，還宣佈推出「中國評論自由論壇」節目。……

事情就像中國大地上的每顆黃沙，
處處可見。

事情亦像北京城年底飄落的雪，
愈滾愈大。

五四精神，真幸運，給我輩有生之年再造了。
沒有勇氣和希望的人才白日做夢。

寫於五四甲子祭深夜
改於七九年五月十日凌晨

五四人的故事
—— 五四雖然六十歲但仍年輕 [吳幸兒]

原載《中大學生報》，1979 年 5 月，第 11 卷第 3 期 (總 87 期)，第 20–21 頁，節錄

「我們不憑弔歷史的殘骸，因爲那已成爲過去；我們要捉住現實，歌唱新世紀的意識。」

五四雖然六十歲但仍年輕

五四人的故事□吳幸兒(中大校友)

三

一九七七年的「五四」，是國內「四人幫」被打倒後的第一個「五四」紀念日。香港學生界的思想出現空前混亂，某些跟隨過「四人幫」政治路線的同學正在整頓思想，或者重組「革命隊伍」，當然，有更多人成為國內政治鬥爭的一個個逃兵，開小差去了。這是他們逃避殘酷現實嗎？抑或反省昔日盲目的跟風日子？

「五四」58 周年的紀念，就在一些寂寞的唏噓聲中渡過了，雖則，我是仍然堅持發揚「五四精神」的抗議精神，不要教條，不要扣帽子，不要胡亂逮捕政治異己。

可惜，有過狂熱日子而一度喪失獨立思考能力的人憔悴了。

他們會迷途知返嗎？

四

一九七八年，「一年一度燕歸來」，「五四」59 周年的紀念出現「新氣象」了。

有人憶「五四」之甜，思「四人幫」禍害之苦！

有人在「五四」紀念的演講會上，力歇聲嘶地批判「四人幫」的流毒！

他們是真的把「五四」反偶像崇拜的精神貫徹，活學活用地批判自己的愚昧行徑嗎？

舊的樣板打倒了，新的樣板不還一樣出現了！

不過，還有更多的人，用踏實若幹精神，用衝天幹勁，心向社會大眾，不叫口號，不理會政治宣傳的叫囂，獻身以改革人剝削人的制度。

這些人是不會在甚麼勞什子的演講會上滔滔發言，他們也從來不去叨甚麼「五四」紀念儀式的光！

「五四」完成了本身應有的歷史任務嗎？

五

一九七九年。「五四」60周年紀念。

六十年，試想想，一個人由幼兒、青少年、壯年到老年，是一個如此變化多端的人生；從幼稚期的無知，到青年期的朝氣，從中年期的沉實，到晚年期的穩重，這是了不起的成長過程。

我們的「五四」呢？

明報五月四日的社評：〈五四運動六十週年〉說──

> 然而說到民主與科學，六十年來不但沒有進步，事實上更是退步了。六十年前，人民可以舉行自發性的大規模遊行，可以提出與政府相反的主張，可以自由發表言論抨擊政府，可以出版報紙和書籍傳播外國先進的思想和知識。在今天，不論在大陸或台灣，人民的民主權利都比六十年前更少，政府對人民的言論和行動控制更嚴。

這些說話，難道不令我們感到慚愧和不安嗎？

試看五月四日新晚報「新語」(社論)：〈「五四」六十年看中國〉說：

> 「五四」所追求的，還有民主與科學。有人說，今天如昔，今天還不如民國初年的「五四」時代。事實上絕不如此，……就以大前年的「四五」運動來說，那就很明顯的是後來居上。今天，窮鄉僻壤，邊境地區的人，能知天下事，能問國家事，這種民主豈是當年所能及於萬一的？今天科學雖然落後，但衛星能飛行於天，氫彈能傳響於世，這又豈是當年所能及於萬一的？

新晚報如此解釋今天中國的民主與科學，企圖說明確比六十年前是「後來居上」，能令人心服乎？難道歷史的進展應該這麼緩慢？今天中國的成就是僅止於此？

然而，我想起了民主牆前爭取民主、要求人權的呼聲……

五四專輯序言

——做一個新時代的五四人 ［香港中文大學學生會］

原載《中大學生報》，1979 年 5 月，第 11 卷第 3 期 (總 87 期)，第 4–5 頁，節錄

五四專輯

做一個新時代的五四人

①

關於五四的文章、演說都重覆着這樣的說法：五四是一個輝煌的學運時代，讓我們發揚五四民族精神，繼承學生運動的優良傳統……。

如果歷史只提示我們一種革命的姿態，或者供給我們謳歌的機會，倒不如讓它封塵。無論如何，謳歌使人空虛，對於現實，卻是無力的吶喊。

五四是一個走向沒落的民族為求生存而掙扎的運動。從「秋風秋雨愁煞人」的歲月到聞一多筆下的「靜夜」，從「雪落在中國的土地上」的悲哀到田間的「戰斗者」，亡國滅種的憤恨充滿着大多數中國人的心靈，由五四學生運動引發起來的羣衆力量不斷擴大，是民族救亡的第一步。

當時的中國學生只想用他們的熱血和行動為古老的中國加添一些新的意義，卻沒有想到日後無休止的謳歌和紀念。

②

今年是五四運動的六十週年，打從年頭開始，便陸續聽到紀念五四的消息，而紀念的團體中又以學生界最為積極，彷彿要從五四紀念中証明其自身的存在。

探究起來，今年的五四所以特別使人興奮，大抵有三個原因：一是五四從來被知識界視為光榮，不能丟棄的傳統；二是因為五四到了六十週年，中國人對於逢十的慶典總是特別重視，更何況是六十；三是因為別人都在紀念，所以不能不紀念。

六十年來的讚美和紀念，彷彿讓人們在一陣子的忙碌中振奮起來，向衆人茫茫的思緒中投擲了耀目的色彩；但是，當人們滿懷深意地擁抱和叫喊着過去的歷史，然而紀念一過，又復歸於忘卻，就是最深切反省的時候了。

③

對於五四的紀念，李大釗有着較為清新的見解，使我們在濃脂艷粉的空氣中，呼吸到一股生的氣息：

「五四運動這一天，是中國學生的" May Day "。因為在這一天，中國學生界用一種直接行動，反抗強權世界……。

我盼望中國學生界把這種精神光大起來，以人類自由的精神撲滅一切強權，使正義人道一天比一天的昌明於全世界，不要把他看成狹小了，把他僅僅看做一個愛國運動的紀念日。我更盼望從今以後，每年在這一天舉行紀念的時候，都加上些新意義。」

紀念是容易的，用行動來為這個社會增加新的意義卻困難。

④

五四的光榮早歸於歷史。今天，當紀念五四的時候，我們要認真地想想：五四提出的科學與民主實現了多少，五四時代的反抗精神，我們又實踐了多少。

我們這一代是幸福而寧靜的。戰爭在遠方，時代的憂患可以不關痛癢。在遠離塵市的大學城樓裏，有微風細雨的春秋，濃霧的山頭，可以靜觀漁火浮寄的海面，明星朗照的夜空，或者神傷在油桐落花的小徑，或者漫步書林，在學問的路上加一把腳印……。任誰都有過悠閒自足的生活，這確是一種使人醉的經驗。

然而，當我們踏足於現實，我們不難發覺：升斗市民在通貨膨脹中掙扎，艇戶的居民在絕望中浮沉，我們的民族語言遭受踐踏……。

如果我們還有着五四的血統，我們應該在這醜惡的面前清醒，我們應該更踏實地、更虛心地學習結合社會大衆的方法，用熱血和行動為這個不平等的社會增加一點新的意義；只有反抗，我們才能把五四擁抱得更緊；只有行動，我們才算得上一個新時代的五四人。

——五四專輯序言

……(二) 今年是五四運動的六十周年，打從年頭開始，便陸續聽到紀念五四的消息，而紀念的團體中又以學生界最為積極，彷彿要從五四紀念中證明其自身的存在。

探究起來，今年的五四所以特別使人興奮，大抵有三個原因：一是五四從來被知識界視為光榮，不能丟棄的傳統；二是因為五四到了六十周年，中國人對於逢十的慶典總是特別重視，更何況是六十；三是因為別人都在紀念，所以不能不紀念。

六十年來的讚美和紀念，彷彿讓人們在一陣子的忙碌中振奮起來，向眾人茫茫的思緒中投擲了耀目的色彩；但是，當人們滿懷深意地擁抱和叫喊着過去的歷史，然而紀念一過，又復歸於忘卻，就是最深切反省的時候了。

（三）對於五四紀念，李大釗有着較為清新的見解，使我們在濃脂豔粉的空氣中，呼吸到一股生的氣息：

> 五四運動這一天，是中國學生的「May Day」。因為在這一天，中國學生界用一種直接行動，反抗強權世界……。
>
> 我盼望中國學生界把這種精神光大起來，以人類自由的精神撲滅一切強權，使正義人道一天比一天的昌明於全世界，不要把他看成狹小了，把他僅僅看做一個愛國運動的紀念日。我更盼望從今以後，每年在這一天舉行紀念的時候，都加上些新意義。

紀念是容易的，用行動來為這個社會增加新的意義卻困難。

（四）五四的光榮早歸於歷史。今天，當紀念五四的時候，我們要認真地想想：五四提出的科學與民主實現了多少，五四時代的反抗精神，我們又實踐了多少。

我們這一代是幸福而寧靜的。戰爭在遠方，時代的憂患可以不關痛癢。在遠離塵市的大學城樓裏，有微風細雨的春秋，濃霧的山頭，可以靜觀漁火浮寄的海面，明星朗照的夜空，或者神傷在油桐落花的小徑，或者漫步書林，在學問的路上加一把腳印……。任誰都有過悠閒自足的生活，這確是一種使人醉的經驗。

然而，當我們踏足於現實，我們不難發覺：升斗市民在通貨膨脹中掙扎，艇戶的居民在絕望中浮沉，我們的民族語言遭受踐踏……。

如果我們還有着五四的血統，我們應該在這醜惡的面前清醒，我們應該更踏實地、更虛心地學習結合社會大眾的方法，用熱血和行動為這個不平等的社會增加一點新的意義；只有反抗，我們才能把五四擁抱得更緊；只有行動，我們才算得上一個新時代的五四人。

五四與中國

［余從哲］ 原載《七十年代》，1979年5月號（總112期），第76–79頁，節錄。

特稿

五四與中國

·余從哲·

五四運動六十年了。在這個可紀念的日子到來的時候，關懷國是的海內外的知識分子，相信都會思考着一個問題，這個問題就是：經過了一個甲子之後，當年五四運動的先知先覺者所提出的救國目標，實現了沒有？特別是經過了文革，經過了四人幫事件的教訓，這個問題是更沉重地扣動人們的心絃了。

令人痛心的問題

五四運動以反對北洋軍閥政府簽署喪權辱國的巴黎和約為發軔。它提出的「外抗强權，內除國賊」的口號，從理論層面上說就是反帝反封建的口號，是要求獨立自强的口號。五四時代提出的救國之途，起先是民主與科學，即德先生與賽先生，其後又把俄國十月革命之後的社會主義思潮介紹到中國來。一九二一年成立的中國共產黨，否定了可以在中國推行西方資本主義國家的民主，指出了向西方學習的結果，是老師總是欺負學生，從而提出「只有社會主義才能救中國」的口號。也就是在這一口號的引導下，由於歷史發展的種種客觀因素的配合（抗日戰爭，國民黨統治的失敗，等等），加上中共本身的努力，終於在五四運動三十年後，中共取得了在大陸的統治政權，把中國引上了社會主義的道路。

又過了三十年。這三十年來，在中共的領導下，民主與科學在中國大陸上實現了嗎？

要根據事實來回答這個問題，實在使人十分痛心。事實是：三十年來，民主受到了蹂躪，科學（廣義地說就是生產力發展水平）與現代先進國家的差距仍然很大。

造成這樣的事實，有一定的歷史因素。如果要較準確地說，那麼在五十年代時，中國共產黨和大陸人民對實現民主與科學是滿懷信心的；那時候，人民的確較為有權，科學與西方先進國家的差距也正在縮小。然後，反右，大躍進，廬山會議後「左」傾路綫的推行，接着是文化大革命，以至造成今天的積重難返的局面。

當然，三十年來中國的歷史發展不是孤立的，它又同以美國為首的西方國家對中共的包圍、同蘇聯的變質所引起的國際共產主義運動的分裂等等國際因素密切相關。

然而，不管怎樣，三十年來的政績，使許多人的信心喪失了。五十年代，曾經把一盤散沙的六億人民凝聚成混凝土的力量，似乎不存在了。中共黨的威信下降了。許多人對社會主義道路，對無產階級專政，對馬列毛的理論，產生了懷疑與動搖。中國人民的前路是什麼？目標是什麼？對許多人來說是茫然的。

社會的、國家的、全民族的目標淡漠之後，個人主義的、不顧一切謀求個人利益的思潮就泛濫了。尤其是四人幫事件後，由於批判了不顧勞動者個人利益的「思想工作萬能論」，提倡了物質獎勵制度，關心羣衆物質生活的改善，以致使人們覺得，談論和謀求個人利益不再是不道德的了。於是，個人主義也就正如堤壩出現缺口那樣，洪水似地湧了出來。

與此同時，更使人憂慮的是，由於中共近年來對西方所採取的開放政策，使一個多年塵封的、缺少免疫能力的社會，一下子暴露在發達的、科學與文化交互滲透的資本主義世界，以致崇洋的心理不斷衝擊着好不容易樹立的民族自尊心和自信心。

五四運動提出的「外抗强權」的反帝口號，提出發展本民族的、獨立自主的民主與科學的社會，在五十年代一度露出了實現的曙光，現在，曙光似乎又被烏雲掩蓋了。

另一種傾向

筆者在「七十年代」去年十一月號，曾發表「另一種傾向」，提到了這種憂慮。當時，筆者還希望那篇文章中所提出的「另一種傾向」，只是「筆者神經過敏」罷了。然而，接着的事實，却使人痛苦地覺得「另一種傾向」的確存在。

象徵美國文化的可口可樂在中國大陸出售了。西方的舞會流行了起來。一些中國女孩子在專為外國人而設的舞會的會場門口，等待外國單身男子的邀約，有的甚至隨外國男子過夜，天亮才回家。西方的電影受到了歡迎。一部没有什麼現實意義的日本電影「望鄉」，只因為描寫了妓女生涯，有一兩個色情鏡頭，而引起了轟動（有人甚至用四張「大追捕」的票子換一張「望鄉」票子）。街頭有人兜售翻印的外國電影明星的照片以至黃色照片。有的

·76·

……又過了三十年。這三十年來，在中共的領導下，民主與科學在中國大陸上實現了嗎？

要根據事實來回答這個問題，實在使人十分痛心。事實是：三十年來，民主受了蹂躪，科學（廣義來說就是生產力發展水平）與現代先進國家的差距仍然很大。

造成這樣的事實，有一定的歷史因素。如果要較準確地說，那麼在五十年代時，中國共產黨和大陸人民對實現民主與科學是滿懷信心的；那時候，人民的確較為有權，科學與西方先進國家的差距也正在縮小。然後，反右，大躍進，盧山會議後「左」傾路線的推行，接着是文化大革命，以至造成今天的積重難返的局面。

當然，三十年來中國的歷史發展不是孤立的，它又同以美國為首的西方國家對中共的包圍，同蘇聯的變質所引起的國際共產主義運動的分裂等等國際因素密切相關。

然而，不管怎樣，三十年來的政績，使許多人的信心喪失了。五十年代，曾經把一盤散沙的六億人民凝聚成混凝土的力量，似乎不存在了。中共黨的威信下降了。許多人對社會主義道路，對無產階級專政，對馬列毛的理論，產生了懷疑與動搖。中國人民的前路是什麼？目標是什麼？對許多人來說是茫然的。

……五四運動提出的「外抗強權」的反帝口號，提出發展本民族的、獨立自主的民主與科學的社會，在五十年代一度露出了實現的曙光；現在，曙光似乎又被烏雲掩蓋了。

……五四運動提出了救國之道，是民主與科學。經過一個甲子之後，今天中國的救國之道，仍然是民主與科學。六十年來，德先生與賽先生老是在中國的國門外徘徊，未能踏足於中國的土地。

……在資本主義國家，民主有真實的一面，也有虛假的一面。選舉，法律，言論，出版，都同金錢發生聯繫，公民並無真正平等的民主權利。

五四的冷與熱 百年思想之變

［香港大學學生會國事學會］

原載《國事專刊 80-81》，香港：香港大學學生會國事學會，1981 年，第 38 頁，節錄。

百年思想之變

百多年來的中國近代史一頁頁血淚和辛酸，重重苦難與屈辱，然而，多少中華民族的好兒女，總是努力求變，救亡圖存；而我們相信只要大家努力，更美好的明天必然到臨！

求變之初

十九世紀中葉，西方挾其先進的科學文明，一腳將中國的古老大門踢開，而標誌着這次西潮的冲擊，便是1942年的中、英"鴉片戰爭"。中國因戰敗而被迫簽署了"南京條約"，以後，一連串的不平等條約便相繼加諸中國人的身上，令中國受到了千古未有的恥辱。有識之士，有感於國家面對的困難，便圖思解救之法，惜他們所見甚狹，以為中國只要學習西方的器械文明，便足使富强。代表着這個思想的士大夫（知識份子），舉其要者，約有下列幾位：魏源、馮桂芬、張之洞等。以下便是他們求變以救國的思想概略。

魏源（乾隆59年——咸豐7年，1774——1857）

魏源是第一個正式提出向西方學習的思想家。他的思想主要見於他的兩本著作：《聖武記》和《海國圖志》。雖然他認為西方是夷狄，但他深知非"師夷"不足以"制夷"。他主張"制馭外夷者，必先洞悉夷情"（《聖武記》卷12），所以要設館譯夷書夷史。他寫《海國圖志》的原因是"為以夷攻夷而作，為以夷款夷而作，為師夷之長技以制夷而作"。那麼夷的長技是甚麼呢？他認為"夷之長技三：一戰船、二火器、三養兵練兵之法"（《海國圖志》卷2）。從這裏，可見魏源的思想，是以學習西方的器械文明便足以對付西方的入侵。

馮桂芬（嘉慶14年一同治10年，1809—1874）

馮氏思想，見於《校邠廬抗議》一書。他主張"以中國倫常名教為根本"，而"輔以諸國富强之術"，遂能雪國恥，並迎頭趕上西方。但他效法西方國家的不僅是船堅炮利，他見到西方的"算學、重學、視學、光學、化學等，皆得格物至理；輿地書備列百國山川阨塞風土物產，多為中人所不及"（《宋西學議》）。從這樣的見解仍未能跳出器物技術的現代化層次。此外，馮氏也注意到中國政治的改革，以做到人無棄材，地無遺利，君民不隔，名實必符等幾方面。

張之洞（道光17年一宣統元年，1837—1909）

張氏的《勸學篇》是他的主要政治思想文獻。他的思想簡單的說便是"中體西用說"，即所謂"中學為體，西學為用"的理論。他說："知外不知中，謂之失心。知中不知外，謂之聾瞽"（《勸學、外篇、廣譯第5》）。又說："今欲强中國，存中學，則不得不講西學。然不先以中學固其根底，……其禍必烈於不通西學甚矣"（《勸學、循序第7》）。由此可見，張氏對中西學之見，是有體用或本末之分的。他所謂的中學是宋明理學家所闡揚的三綱五常，即"君君臣臣父父子子"等，絕非孟子所講的"民為貴，社稷次之，君為輕"。至於他講的西學，亦以船堅炮利一端為主，但也注意到與之有關的西方學術和政策，這些便是"學校、地理、度支、賦稅、武備、律例、勸工、通商、西政"（《勸學、外篇、設學第3》）等。所以張氏對西學的見解，仍然只能觸及西方的器械科技層面，而法治、民主、平等、科學等精神却未能發現。

改良與革命

自太平天國至辛亥革命，中國之國運日益衰落，內憂外患，接踵而來。有識之士，眼見家國危在旦夕，故此紛紛起來，謀求救國之策。政治思潮亦因而風起雲湧。

一八六三年太平天國終於完全被平定。革命運動雖然失敗，但却在年青的一代中國人中，種下了革命意識的種子。

一八九五年中國簽署了馬關條約，寫下了中國有史以來罕有的恥辱。洋務運動的殘餘推動力也隨之消失，各地的知識份子都了解到改革的必要；一八九五年孫逸仙先生建立了興中會，開始了他的革命活動。一八九六年康有為上了萬言書。百日維新失敗後，中國的政治思想亦從而分裂為政治改良及民族革命兩大主流。

政革一派以康有為梁啓超兩師徒為代表。他們的思想從「百日維新」期間的施政所見，確實較洋務派先進一點。康有為曾分析古書（著有《孔子改制考》、《孟子大義述》、《中庸注》等），力求發揚孔子先進的一面，全面否定了宗法封建的模式和架構。

34

……

飄零花果的反省

五四以來，中國知識分子高唱「打倒孔家店」的口號；四九年中華人民共和國成立，歷經文化大革命，批林批孔運動，中國傳統思想不斷遭到猛烈批判，被視為反動的封建主義哲學。然而，部分流亡海外的知識分子，卻深深慨嘆我中華民族五千年優秀文化，正如大樹崩倒，花果飄零異域，隨風吹散。

以唐君毅、牟宗三、方東美（唐、牟、方）為首的一群，皆期望在海外成立文化據點，延續中國文化生命。在香港，唐君毅、錢賓四、程兆熊等於一九四九年，成立了新亞書院，經過多年的刻苦經營，著書立說，他們的學說，在思想界已引起了相當的回響。

那麼中國文化的價值何在？復興中國傳統文化，又豈不是復古倒退，重讀臭「八股」不成？

唐、牟、方等，均直言承認中國文化中的一些習俗、禮儀，都過時無用，而中國傳統思想對於達成一個民主及科學化的社會，也有局限與不足的地方；但是，最為可貴，最要珍惜，就是中國文化的精神。

……以中國文化為本而達成民主社會，唐氏等的建議是必須建立法律及憲法制度，換句話說，就是將領袖與人民、官與民的關係客觀化而成為新的道德觀念。至於科學發展，只須在道德觀念之外，建立一純理論的科學知識世界便可。總的來說，唐氏等確信，中國文化是可以轉化出民主與科學的。

這群流離海外的知識分子、新一代的儒家，對於中國共產黨及其信奉的馬列主義、毛澤東思想，深切地認為是帶來了三十多年來八億神州無盡苦難的禍首。他們深深感覺到要肩負的時代使命，就是重新倡導我國文化的優秀精神，揉合西方文化的精粹，作為重開國運，匡扶神州的北斗明星。

關於中國民主前途的「五四宣言」

［香港專上學生聯會］

原載《七十年代》，1981 年 6 月號 (總 137 期)，第 14 頁，節錄

六十二年前的今天，是中國人感到驕傲的「五四」。「五四運動」帶來了科學與民主精神的萌芽，為中國達致繁榮富強提供了基礎。

可是，時至今日，大陸上的民主狀況仍然是未如理想，令人歎息的。

……在今日這個紀念「五四」的日子裏，我們再一次要求中國政府重視人民的民主權利。為了落實政治上的民主自由，我們提出下列呼籲：

（一）要求中國政府重視憲法上賦予人民的權利，並增訂及修改有關法律，使人民所應擁有的各項自由能夠實現。

（二）五二年所制訂的《管理書刊出版業印刷發行業暫行條例》和《期刊登記暫行辦法》已不合時宜，政府應從速制訂一切合實際的出版法，並重視去年底二十二名北大學生草擬的「出版法」的精神。

（三）民辦刊物不應列為非法刊物，當局不應予以取締，而且應該立即停止拘捕與民刊有關的人士；對已拘捕者，更應公佈拘控的理由和依據法律交由法院公開審訊。

關於中國民主前途的「五四宣言」

六十二年前的今天，是中國人感到驕傲的「五四」。「五四運動」帶來了科學與民主精神的萌芽，為中國達致繁榮富強提供了基礎。

可是，時至今日，大陸上的民主狀況仍然是未如理想，令人歎息的。今年春節前後，中共中央下達「第七號文件」，指令文藝創作不得再寫反右和傷痕文學，並且要求報刊與黨中央保持一致；連日來寫實主義作家白樺已受到猛烈批判。民間刊物同樣受到禁制，繼去年《四五論壇》負責人劉青被捕和被判勞改後，近兩月來，中國官方又再次拘捕民刊負責人，徐文立、楊靖已被不明不白地拘留，超過了十五天行政拘留期，仍未有獲釋的跡象。大陸上正呈現一片緊張的氣氛。

我們認為：人民的民主權利不容漠視！雖然憲法上載明「公民有言論、通信、出版、集會、結社、遊行、示威、罷工的自由」，但落實的情況如何？為何言論要受壓制、出版刊物要被拘控、示威遊行要被打成「反革命」?在今日這個紀念「五四」的日子裏，我們再一次要求中國政府重視人民的民主權利。為了落實政治上的民主自由，我們提出下列呼籲：

（一）要求中國政府重視憲法上賦予人民的權利，並增訂及修改有關法律，使人民所應擁有的各項自由能夠實現。

（四）文藝須百花齊放，才能真實地、全面地反映社會面貌，使人民思想活躍、眼界開展。當局不應為文藝設下框框和打擊寫實作家；應放寬思想管制，使文藝創作在自由的空氣中蓬勃發展。

（五）直接選舉是民主的象徵，希望當局重視「選舉法」的精神，不要讓地方組織任意破壞選舉法和打擊思想活躍的參選人士，並進一步擴大直接選舉的範圍，加強民主政治。

從四月底開始，北京連續發表多篇文章，強調堅持人民民主專政，而為了保障大多數人享受民主權利，必須對危害社會的少數人實行專政；因此專政是手段，民主才是目的。我們深切希望「民主是目的」這句話並非空言，而是確能在現實生活中具體表現。而且要界定清楚專政的對象，不要擴大打擊面。

要使中國變為民主自由的現代化強國，是每一個中國人的願望。由上而下推行民主是不足夠的，每一個人均須發揮民主精神，積極提出建議；政府亦須重視廣大群眾的民主呼聲，共同建設現代化的新中國。

香港專上學生聯會

一九八一年五月四日

「五四」的迷惘　[殷惠敏]

原載《七十年代》，1983 年 5 月號 (總 160 期)，第 60–61 頁，節錄。

自由神下

「五四」的迷惘

□殷惠敏

這一代的中國知識分子，大概沒有人會懷疑「五四運動」的價值。在歷史教科書上，「五四」是一個反帝國主義的愛國運動，同時也是綿延不斷的思想革命的序曲。六十多年前，「五四運動」提出「內除國賊，外抗强權」的口號，可是六十多年後的今天，生活在最後一個租界裏的中國老百姓，對於「英帝强權」似乎頗為眷戀。六十多年前，「五四運動」發願要以科學與民主來救中國，但六十多年後的今天，科學與民主仍然只是兩個動聽的口號。

這個歷史的嘲諷，不免令人迷惘。

從軍閥混戰到國民黨獨裁，從國民黨統治的崩潰到共產黨的專政，在這一段砍砍殺殺的歷史中，我們前進了多少？我們距離民主的目標愈來愈近了嗎？推翻了帝國主義的大山，換來的是另一座專政大山，同樣壓得人喘不過氣來。

科學與民主，喊也喊了幾十年，在「科學的社會主義」底下，仍然出現教主、神棍，仍然出現誦經的狂熱信徒，早請示，晚匯報，忠字舞。在現代的眞命天子面前，老百姓除了頂禮膜拜，便是搖旗吶喊，眞命天子駕崩後，仍有人扛着他的神主牌來發號施令，傳其聖旨。這些景象時時刻刻動搖着我們對於歷史進步的信念。

我們原以為「五四」標誌的是一個啓蒙的時代，一個理性的時代。「五四」反叛封建的傳統，可是「五四」所開創的一頁歷史卻又籠罩在它的陰影裏，而以最黑暗的專制形式表現出來。科學與民主至今仍未在中國的土地上生根，但這幾十年來，人力的耗費與心智的消磨卻是驚人的。

問題出在哪裏呢？

有人認為，這是「五四」反傳統反過了頭的後遺症。豪傑志士把傳統的精華與糟粕一概摒棄之後，墮入了一個無所適從的思想眞空狀態。於是，在混亂之中，各式各樣的「主義」應運而生，急功近利者希望借助外來的意識形態，為中國的社會尋求便利的答案，同時也為新的秩序催生。可是這種生吞活剝的移植，卻使中國社會，未蒙其利，先受其害。

也有人認為，這是傳統的反撲與報復。由於反傳統反得不夠徹底，舊思想滌除未盡，卻又借屍還魂。傳統的威力畢竟太大了。好比如來佛的手掌，任憑你三頭六臂，也難跳出他的掌心。我們不是一再見到，打着「民主」、「理性」旗號的革命家，一旦奪權登基，變成新的統治者之後，言行便有了異樣，不久也就流露出帝王的氣息？

這兩個對立的觀點似乎都能説明一部分眞理。然而，我們與其把革命的失敗歸咎於傳統的頑冥或外來意識的暴虐，不如從眼前的實際出發，來檢討「五四」精神被扭曲後的形態。

（一）愛國主義：當年抗議不平等條約是為了愛國，但愛國一旦變成「主義」，成為一個思想框框之後，其荼毒之深，危害之大，實在難以形容。君不見，過去一段時期，知識分子受到百般凌辱、踐踏，人格掃地，甚至性命也朝夕不保，可是時過境遷，黨委同志過來拍拍肩膀，「同志，為了中國的富强，為了祖國的明天，幹吧。」於是，愛國主義的框框一套上，又激起了無限向上的意志。可是説不定什麼時候，凌辱、踐踏，又踢又踩的那一套又重演了。如果跳不出這個框框，則一而再，再而三的循環，恐怕是不可避免的。前一陣，不是又有文章鼓吹愛國主義嗎？「同志，你可以不愛黨，你可以不愛無產階級專政，可是你總不能不愛國

「五四運動」要以科學和民主來救中國，可是六十年來，在砍砍殺殺的歷史中，我們前進了多少？有人認爲「五四」反傳統過了頭，也有人認爲反得不夠徹底。我們與其把革命的失敗歸咎於傳統的頑冥或外來意識的暴虐，不如實際檢討「五四」精神被扭曲後的形態。

我們原以為「五四」標誌的是一個啟蒙的時代，一個理性的時代。「五四」反叛封建的傳統，可是「五四」所開創的一頁歷史卻又籠罩在它的陰影裏，而以最黑暗的專制形式表現出來。科學與民主至今仍未在中國的土地上生根，但這幾十年來，人力的耗費與心智的消磨卻是驚人的。

……「五四」精神被扭曲後的形態。

(一)愛國主義：當年抗議不平等條約是為了愛國，但愛國一旦變成「主義」，成為一個思想框框之後，其荼毒之深，危害之大，實在難以形容……

(二)科學報國：科學是追求富強的鑰匙，但科學並不是萬能的，科學尤其不能脱離民主。事實上，在法西斯統治下，科學的進步往往增加人們的痛苦。蘇聯精神病的針管，公安局的電子計算機都是科學的成果，它們維繫着一個「報國」的神話。

(三)社會主義民主：馬克思認為，以資本主義為基礎的民主，只是資產階級統治的一種表現形式，因此是「形式的民主」，而非「真正的民主」。馬克思所謂的「真正的民主」是指一種社會狀態，在這個社會狀態中，人與政治結構之間，不再存有異化和對立。然而，體現馬克思所謂的「真正的民主」必須具備一定的條件，必須以階級、私有制和國家結構的消失為前提……到了「真正的民主」這個階段時，選舉等政治形式已因沒有必要而「自然」淘汰掉了。由此可知，靠專政力量取消人民選舉權利的所謂「社會主義民主」，顯然不是「民主」，而只是一張民主的畫皮。

時至今日，「五四」的精神已被濫用到可驚的地步，它變成統治機器麻醉人民的藥劑，它變成法西斯集團的打手，變成獨裁者遮羞的畫皮。我們幾乎難以分辨它的真面貌，而那些形形色色、五花八門的歪曲也似乎立意要湮沒它的真面貌。

這不能不使人感到迷惘。

也許，現在是該降「五四」半旗的時候了。

爲什麼要紀念「五四」？

原載《五四特刊——紀念五四運動七十周年》，香港：香港教育工作者聯會，1989 年，第 5 頁

五四特刊
爲什麼要紀念「五四」？

五四運動是一個愛國運動，也是一個文化運動。

這個文化運動，在「五四」之前幾年便已興起，它反對舊道德、提倡新道德，反對舊文學、提倡新文學，它是中國近代史上的一次偉大的思想解放運動，被稱為中國的文藝復興、啟蒙運動。

在「五四」前夕，由於祖國陷入了列強宰割、瓜分的危難之中，因而，這一個啟蒙運動就與挽救中國於危亡相聯繫，強烈表現出愛國的性質。「五四」運動中高呼的「保我主權」、「打倒賣國賊……」的口號，就從當時的北平傳到中國各地，愛國運動蓬勃展開，猛烈討伐帝國主義和封建軍閥的賣國政府，編寫了中國革命的新篇章。

從一九一九年到今年一九八九年，已經渡過了七十個寒暑，今年，紀念這個偉大的節日，一方面要繼承「五四」的愛國傳統，為自己國家的富強昌盛而努力，另一方面，也要發揚民主和科學精神，只有這樣，我們的國家才能更加團結、合作、和諧、尊重知識、尊重人才、發展科學、振興教育、繁榮文化，我們的國家、民族才有更大的希望。這七十年，中國從軍閥混戰到國共合作而建立統一集權的民國政府，又從國共分裂內戰到日寇蹂躪中華，中國人民不願做奴隸，奮起一致抗日，終於打敗了強橫的日本帝國主義，之後又再淪入內戰而以中華人民共和國成立而基本告一段落，新中國建立初期，各方面發展迅速，但卻又在後期多番走了彎路，喪失了寶貴的黃金時間，拉遠與先進強國的距離，今天，我們要「振興中華」，究竟應該如何吸取這七十年的經驗教訓，無論從政治、經濟、文化、教育……各方面，都有許多值得人們反思的地方。

紀念五四七十周年，應該提出「愛國、民主、科學、反思」。從這幾個方面，香港可以做許多事情，可以為自己的國家作出自己應有的貢獻。

紀念五四七十周年 大專生舉行音樂會

馬拉松式十二小時·數十歌星不停表演

原載《華僑日報》，1989年4月20日。

紀念五四七十週年 大專生舉行音樂會

馬拉松式十二小時·數十歌星不停表演

（文化消息）約五十位歌星樂手，包括廿四位歌星、廿七組樂隊及表演隊伍，將會在五月六日至七日，兩日一夜，作十二小時露天公開表演。還有多個文藝團體同場參與「藝墟」式匯演。這些朋友都是應邀，為「我要做個□□的人——「五四運動」七十周年馬拉松音樂會」演出的。這場音樂會準備招待約三千五百位青年朋友。

當七十年前，一羣北京大學學生，眼見中國作為第一次大戰戰勝國，竟然讓列強把山東省劃歸日本，相約上街遊行，攻擊政府的無能。

在政治上，「五四」促進了中國的民族主義，逼使中國代表，在巴黎和會中拒絕簽紙，列強終在一九二一年華盛頓會議中，將山東歸還中國。

在文化上，「五四」所提倡的批判精神，對民主和科學的要求，產生了承先啟後的作用。它在精神上受到法國大革命的影響，同時提倡解放人的思想，擺脫傳統文化及禮制的束縛，同時亦鼓勵了一羣愛國青年，鼓舞了一批學者思考中國民主的前途。

舉辦這個音樂會的主題，是提倡「五四」精神，包括：追求民主、爭取人權、進行文化反思和提倡[illegible]度，並且喚起個人關於五四精神的啟發。

這場音樂會舉辦的時日：五月六日（星期六）下午二時至七日（星期日）下午二時。

地點：赤柱聖士提反書院運動場。

費用：入場費三十元，自備飲食、睡袋，在球場露宿一宵。

節目：十二小時台上表演；四小時台下「藝墟」式即興表演。

這個音樂會是一個露天、兩日一夜的音樂會。在一個綠草如茵的運動場上，參加者可以無拘無束地欣賞台上的表演，可以手舞足蹈地和唱，可以享受陽光和清風，可以四處遊逛，可以參加晚上藝墟的即興表演，可以高談闊論。這種自由悠閒的氣氛，是任何一個數小時的室內音樂會所不能提供的。

這個音樂會是獻給青年人的。參加表演的歌星、樂隊朋友，會以搖滾樂和流行歌曲，演譯青年人對未來憧憬、對理想追尋的心聲感情。大會請來三數位心境長青，熱誠永在的社會名人，和年青朋友談談，他們怎樣燃點一顆火熱的心。

這個音樂會展現了流行曲、搖滾樂、校園民歌、中國民歌、另類音樂……各種音樂藝術的表演者和愛好者。晚上及清晨，更有文藝大笪地，有舞蹈、歌劇、電影……等節目。

票價及售票地點：每位只收三十元。售票地點亦力求分佈廣泛，購票可往：

教協會（兩個售票處）、大專院校（十一處）、明報機構（四處）、女青機構（十一處）、分區售票（十三處）、書屋（兩處）唱片店（三處）。

中學生亦可透過校方報名參加。

（文化消息）約五十位歌星樂手，包括廿四位歌星、廿七組樂隊及表演隊伍，將會在五月六日至七日，兩日一夜，作十二小時露天公開表演。還有多個文藝團體同場參與「藝墟」式匯演。這些朋友都是應邀，為「我要做個□□（原文如此）的人──『五四運動』七十周年馬拉松音樂會」演出的。這場音樂會準備招待約三千五百位青年朋友。

當七十年前，一群北京大學學生，眼見中國作為第一次大戰戰勝國，竟然讓列強把山東省劃歸日本，相約上街遊行，攻擊政府的無能。

在政治上，「五四」促進了中國的民族主義，逼使中國代表，在巴黎和會中拒絕簽紙，列強終在一九二一年華盛頓會議中，將山東歸還中國。

在文化上，「五四」所提倡的批判精神，對民主和科學的要求，產生了承先啟後的作用。它在精神上受到法國大革命的影響，同時提倡解放人的思想，要衝破傳統文化及建制的束縛，同時亦激發了一群愛國青年，鼓舞了一批學者思考中國民主的前途。

舉辦這個音樂會的主題，是提倡「五四」精神，包括：追求民主、爭取人權、進行文化反思和提倡科學態度，並且著重個人關於五四精神的啟蒙。

這場音樂會舉辦的時日：五月六日（星期六）下午二時至七日（星期日）下午二時。

地點：赤柱聖士提反書院運動場。

費用：入場費三十元，自備飲食、睡袋，在球場露宿一宵。

節目：十二小時台上表演；四小時台下「藝墟」式即興表演。

這個音樂會是一個露天、兩日一夜的音樂營。在一個綠草如茵的運動場上，參加者可以無拘無束地欣賞台上的表演，可以手舞足蹈地和唱，可以享受陽光和清風，可以四處遊逛，可以參加晚上藝墟的即興表演，可以高談闊論。這種自由悠閒的氣氛，是任何一個數小時的室內音樂會所不能提供的。

這個音樂會是獻給青年人的。參加表演的歌星、樂隊朋友，會以搖滾樂和流行歌曲，演繹青年人對未來憧憬、對理想追尋的心聲感情。大會請來三數位心境長青，熱誠永在的社會名人，和年青朋友談談，他們怎樣煉就一顆火熱的心。

這個音樂會匯聚了流行曲、搖滾樂、校園民歌、中國民歌、另類音樂……各種音樂藝術的表演和愛好者。

晚上及清晨，更有文藝大笪地，有舞蹈、默劇、電影……等節目。

票價及售票地點：每位只收三十元。售票地點亦力求分佈廣泛，購票可往：

教協會（兩個售票處），大專院校（十一處），明愛機構（四處），女青機構（十一處），分區售票（十三處），書屋（兩處），唱片店（三處）。

中學生亦可通過校方報名參加。

五四由沙田步行至尖沙咀渡海抵中環

學聯與十三大專院校大遊行支持內地學運

原載《華僑日報》，1989 年 5 月 2 日，第 2 版。

五四由沙田步行至尖沙咀渡海抵中環

學聯與十三大專院校大遊行支持內地學運

港大樹仁嶺南將在中區會合宣讀四項要求

港大樹仁嶺南將在中區會合宣讀四項要求

（特訊）香港專上學生聯會昨日通過於五月四日聯同十三間大專院校上街遊行，以支持中國學生在北京爭取民主。

同時，學聯為紀念五、四七十周年特別舉行三項運動，包括遊行、簽名及募捐。當日的遊行會由中大起步往尖沙咀天星碼頭，再轉船至中區遮打花園畢行集會及宣讀宣言。

學聯秘書長陶君行在昨日的記者會上表示，該會為支持中國學生的民主、自治的權力，及紀念「五、四」運動七十周年，他們即將舉行三項活動。五月四日早上九時中大學生從中文大學出發，沿大埔道步行經沙田新城市廣場，大約下午四時到達界限街花墟球場，會合其他九龍大專院校，再沿彌敦道到天星碼頭，坐渡輪到中區遮打花園，舉行宣言集會；至於港島區的港大學生自行前往中區，而一部分樹仁、嶺南學生則沿軒尼詩道遊行至遮打花園、遮打花園的集會在六時舉行，為時一句鐘；會上各大專學生會喊口號、發言，各院校各自發表學校立場；學聯並且宣讀他們的宣言。宣言主要提出對中國前景的四點看法：（一）未來發展需要建立真正民主，由人民察政聯府；（二）為促進由下而上的改革進程，必須保障人民的基本人權和自由；（三）配合社會發展，要重視教育和尊重知識分子；（四）為着落實政策，一套健全的法制必須建立，並培養人民法治觀念。此外，學聯還在會上派發有關特刊和宣傳單張。學聯發言人聲明，這次遊行是各大專學生自發參加，不用知會學校有關部門，當天雖然不是假期，但大部分大專院校都在考試期間，有個別同學當天比較清閒，因而有時間參與活動。所以是日活動不算罷課，各大專院校學生或會邀請某些教授同行參與。

他們支持中國學生是以和平及非暴力的形式，提出多項有關民主和自由的合理要求，反對中國政府對學生作任何鎮壓和扣帽子，學生在憲法上有結社集會的權利，中國政府應該公開承認「北京市高校學生自治會」的合法性。因此他們在各大專院校設立簽名站，推行「支持愛國學運，反對暴力鎮壓」為題的簽名運動，也歡迎市民簽名支持。他們會在日後和新華社着落分社許家屯會面時提交。

此外，學聯又成立一個(中國民主基金)向各大專院校學生和市民募捐。籌得款項主要作為香港資助中國學生民主、自治組織，在中國憲法容許的範圍下，推動中國民主及社會發展。在個別情況下，也資助香港學生在國內推動民主化活動的經費，捐款可直接交予該會及成員院校學生會的募捐中心；也可以支票形式寄交該會，抬頭人為(香港專上學生聯會)，並註明為「中國民主基金」捐款，或直接存入「中國民主基金戶口」，戶口號碼為香港匯豐銀行 002-220-549-005。該筆款項由香港專上學生聯會管理由核數師和法律師顧問監管和審核。基金的使用，由學聯財務委員會初步審核，由學聯常務委員會決定，並定期向外界發表捐款數字及用途。該會所批款項是以資助國內合法組織和活動為宗旨，大部分會作為資助中國各學生自治組織的民主改革活動經費。

學聯最後重申此款項活動，宗旨和目的，表明香港市民、學生對祖國現代化的支持與心意。他們深信中國學生的行動是與國家利益一致，願意對他們做出實質的支持。(文)

五四國際學術會議明起一連三天舉行

原載《華僑日報》，1989年5月9日，第9版。

浸會學院與近代史學會合辦　中港台美數十學者共同研討

（特訊）為紀念五四運動七十周年，及全面地，深入地從歷史研究的角度評價五四運動的重要性，香港浸會學院歷史系與香港中國近代史學會將於明（十）日至十二日，連續三天聯合舉辦一個大型的國際學術會議。出席學者來自美國、新加坡、台灣、國內及本港多所大專院校和研究機關，宣讀論文達三十篇。

大會於十日（星期三）上午九時半在浸會學院呂明才會議中心開幕，由謝志偉校長致開幕詞，浸會歷史系主任馮培榮博士，近代史學會會長周佳榮博士致歡迎詞，接着由大會嘉賓，美國威斯康辛大學周策縱教授作專題演講。周教授以研究五四運動史聞名國際，演講的主題是五四的反傳統與反「傳統主義」。

同日下午有兩組討論，在楊瑞生館舉行。第一組「五四研究述評」由樹仁歷史系主任李定一教授主持，桑兵（中山大學）講本世紀中國文化研究的局限與突破，鮑紹霖（浸會學院）從五四時期中國知識分子對民族性探索論研究近代中國思想的若干問題，譚志強（政治大學）比較海峽兩岸對五四運動的評價，沙東迅（廣東省社會科學院）介紹其新著（五四運動在廣東）一書。第二組「五四運動總論」由港大歷史系主任顏清湟教授主持，楊紹練（廣東省社科院）講五四運動的歷史與現實意義，夏琢瓊（華南師範大學）論五四運動與現代化，余偉雄（信義宗書院）講五四運動的背景及其影響，方志欽（廣東省社科院）論五四運動與民族解放。

十一日（星期四）上午有兩組討論在楊瑞生館舉行，主題是「五四思潮與人物」。第一組由港大中文系主任趙令揚教授主持，湯庭芬（湖北省社會科學院）講中國近代無政府主義與五四啟蒙運動，林慶元（福建師範大學）講五四反傳統和五四傳統，沈忪僑（中國研究院近代史研究所）以學衡派與章士釗為中心論五四時期的保守主義，林啓彥（浸會）論五四時期的嚴復。第二組由浸會歷史系孟東寧教授主持，陳福霖（邁亞密大學）講孫中山與五四運動，德利克（杜克大學）論五四運動中的意識型態和組織，劉義章（新加坡大學）從「建設雜誌」看胡漢民的社會主義思想，楊意龍（加州大學訪問學人）從國與文化論五四中的個人。下午由大會安排參觀浸會圖書館及當代中國研究資料中心。

十二日（星期五）全日在呂明才會議中心舉行，上午有兩組討論：第一組「五四學術與文化」由中大歷史系王爾敏教授主持，陳萬雄（商務印書館）論五四新文學運動的源流，陳善偉（中大）講五四的翻譯觀，劉健明（浸會）講五四反傳統思想與古史説運動的興起，李志剛（禮賢會）探討五四運動與中國基督教復興的關係。第二組「五四教育與社會」由珠海文史研究所所長戴玄之教授主持，周佳榮（浸會）從政治與教育之間論蔡元培對五四運動的看法，周漢光（中大）探討五四前後教育方法的改革，陳明求（港大）論五四時期的勞工教育，李木妙（嶺南）講五四前後的榮氏企業。

同日下午最後一組討論是「五四政黨與政治」，由中大歷史系主任吳倫霓霞博士主持，呂芳上（中研院近史所）論革命黨人對五四新思潮的回應，陳敬堂（中大校外課程部）講五四時期四川青年在歐洲的政治活動，周孝中（暨南大學）論南方軍政府與五四運動，李金強（浸會）探討青年黨人對五四運動的貢獻，陸人龍（港大）申論中國共產黨與新文化運動。中文大學社會系金耀基教授應邀作總結發言，大會主席周佳榮博士、秘書林啓彥博士總結有關討論，最後由大會主席馮培榮博士致閉幕詞。

這個國際學術會議對五四運動的經過和影響有系統的探討，充分反映本港學界的研究成果，並作了國際性的交流，在本港連日來多項紀念五四的活動中有特別的意義。

五四大遊行

［港大 凡風］ 原載《華僑日報—學園前綫》，1989 年 5 月 4 日，第 9 版，節錄。

學園前綫

五四大遊行

港大 凡風

今年的五月四日，是一個十分值得紀念的日子。為了紀念五四運動七十周年，以及聲援國內民主運動而由各大專院校所舉行的大遊行，除了令更多人認識到五四運動產生的歷史，與及其所提出「民主」的口號，更反映出香港學生的正義感。香港的學生，與中國的學生一樣，是自發性參予遊行。他們同情中國學生，支持他們在一個某些政策下顯得極不民主的政府爭取民主和合理的要求。相信對於每一位參予此次大遊行的同學來說，這次實在是一次極珍貴的經驗。學運在香港已經沉寂了一段日子，能夠參予是次這麼盛大的學生運動，實在是「可遇不可求」呢！

從胡耀邦逝世，中國學生舉行遊行悼念胡氏開始學校（POD I UM）的大字報數目大增。呼籲同學們參予五四大遊行的大字報層出不窮，更有團體的長報貼於地上，引來不少同學的圍觀。而地上亦貼了長長的紙條，讓那些打算參予大遊行的同學簽上他們的名字。從大字報上亦知悉一些負責籌備此次學運的同學，在應付考試之餘更通宵達旦的忙於進行有關大遊行的工作，終於不支倒下。對於那些竭力參加籌備大遊行工作的同學，真的感到十分敬佩。學期的期終試已經開始了。圖書館每天七時多便開始有同學在外排隊，等候輪候一個好座位進行一整天的埋首苦讀。而學生會亦開放了一些課室給同學溫習功課，這些課室是通宵開放的，我的不少同學便是這些課室的「常客」。無他，大家平時懶惰慣了，現在考試迫近眉睫，唯有傾力以付，以僅餘的、極其珍貴的時間把考試的範圍唸熟呢！。

雖然五四大遊行的日子是在考試期間，然而有份參予的同學，人數亦不少呢！很多同學也甘心犧牲自己一天的寶貴溫習時間，參予大遊行，這當然是因為這次的遊行實在是極有意義的。在香港學生們參加遊行是毫無顧忌的。籌備此次大遊行的學生，並不像中國學生一樣，有着被政府列入黑名單的危險；而參予遊行的學生，更不會担心政府會否採取武力鎮壓；而學校裡那張寫着「小平去死，小平去死，小平去死」大字報的作者，相信也從未担心過自己那激烈的言論將會為他帶來甚麼不良的後果。我們擁有的民主制度，便是中國學生們所渴望得到的。在大遊行中有這樣一句口號：「中港學生心連心，携手改革大中華」，這次各大專院校學生參予的大遊行，是為了聲援中國學生爭取民主運動，因此，大遊行確能反映出「中港學生心連心」。至於中港學生能否「携手改革大中華」？我們且拭目以待！

今年的五月四日，是一個十分值得紀念的日子。為了紀念五四運動七十周年，以及聲援國內民主運動而由各大專院校所舉行的大遊行，除了令更多人認識到五四運動產生的歷史，與及其所提出「民主」的口號，更反映出香港學生的正義感。香港的學生，與中國的學生一樣，是自發性參與遊行。他們同情中國學生，支持他們在一個某些政策下顯得極不民主的政府爭取民主和合理的要求。相信對於每一位參與此次大遊行的同學來説，這次實在是一次極珍貴的經驗。學運在香港已經沉寂了一段日子，能夠參與是次這麼盛大的學生運動，實在是「可遇不可求」呢！

從胡耀邦逝世，中國學生舉行遊行悼念胡氏開始學校（Podium）的大字報數目大增。呼籲同學們參與五四大遊行的大字報層出不窮，更有圖畫的長報貼於地上，引來不少同學的圍觀。而地上亦貼了長長的紙條，讓那些打算參與大遊行的同學簽上他們的名字。從大字報上亦知悉一些負責籌備此次學運的同學，在應付考試之餘更通宵達旦的忙於進行有關大遊行的工作，終於不支昏倒。對於那些竭力參加籌備大遊行工作的同學，真的感到十分敬佩。學期的期終試已經開始了。圖書館每天七時多便開始有同學在外排隊，等候輪候一個好座位進行一整天的埋首苦讀。而學生會亦開放了一些課室給同學溫習功課，這些課室是通宵開放的，我的不少同學便是這些課室的「常客」。無他，大家平時懶惰慣了，現在考試迫近眉梢，惟有傾力以付，以僅餘的、極其珍貴的時間把考試的範圍唸熟呢！

雖然五四大遊行的日子在考試期間，然而有份參與的同學，人數亦不少呢！很多同學也甘心犧牲自己一天的寶貴讀書時間，參與大遊行，這當然是因為這次的遊行實在是極有意義的。在香港學生們參加遊行是毫無顧忌的。籌備此次大遊行的學生，並不像中國學生一樣，有着被政府列入黑名單的危險；而參與遊行的學生，更不會擔心政府會否採取武力鎮壓；而學校裏那張寫着「小平去死，小平去死，小平去死」大字報的作者，相信也從未擔心過自己那激烈的言論將會為他帶來什麼不良的後果。我們擁有的民主制度，便是中國學生們所渴望得到的。在大遊行中有這樣一句口號：「中港學生連心，攜手改革大中華」，這次各大專院校學生參與的大遊行，是為了聲援中國學生爭取民主運動，因此，大遊行確能反映出「中港學生心連心」。至於中港學生能否「攜手改革大中華」？我們且拭目以待！

五四運動七十周年［社論］

原載《華僑日報》，1989 年 5 月 4 日，第 2 版。

社論

五四運動七十周年

今日是五四運動七十周年紀念。七十年前的今日，北京大學學生發難，聯同各地學生遊行示威，反對巴黎會議犧牲中國，將第一次世界大戰戰敗國的德國所佔中國山東利益移交日本，嚴重損害中國領土主權，中國面對西方列強侵略，危急存亡之秋，學生們抗議巴黎和會之倒行逆施，警告北洋政府不能接納「凡爾賽和約」。在學生帶動之下，人民激憤，一時形成了空前未有的救國運動。後之評論家，所以讚揚五四運動不僅是中國新文化運動，有比新文化運動更重要者，是救國運動。在這大前提下，學生及知識分子提倡民主與科學，認為非實行民主政治，不足以言自由，沒有民主自由，亦不足以推廣科學教育。五四運動所以在中國現代史佔有着很重要地位者，是將一個殘破落後的中國，向時代前頭推動，引導國人自行反省，奠定中國建設基礎也。

五四運動的影響既大又深遠。今日七十年紀念，中國大陸，台灣乃至香港等地區，都有盛大的紀念會。其意義在提醒國人，非發揮五四運動優良傳統，難以應付今日面臨之種種困難。

尤其是社會風氣敗壞，文化教育落後，生產貿易不振，以及台灣海峽兩岸的兩個政府都堅持一黨專政。中國大陸是中國共產黨專政，台灣是中國國民黨專政。在一黨專政之下，何以談民主政治？既然民主政治被壓制，又何以發展教育科學。此種情況，與七十年前北洋軍閥之專政，又有什麼分別？

在紀念五四運動當中，有人倡議再來一次新的五四運動，務求達到七十年前五四運動未能達到之目的。熱情可嘉，意志可敬。

但今日之事，與七十年前中國內外形勢有很大分別。我們非採取新的觀念，新的行動，不足以適應形勢，達成任務的。

香港學生今天亦以激昂氣勢紀念五四運動。香港學生一方面為香港前途而高呼爭取民主自由，一方面為呼應中國大陸學生運動而表示支援之力量。這都是順應潮流，深具意義之活動。但有不得已言者，「五四」運動精神是求團結、求進步求、合作。絕對不是破壞人民與政府之間的關係，絕對不是以爭取民主自由為名，爭取分裂的。香港學生以及大陸學生，對此必須認識清楚，以免為極小數分裂分子利用。

香港情況特殊，這是大陸人士未能完全瞭解的。香港今天仍然是英國殖民地，英國統治香港一百四十多年，從來沒有談過民主政治。在僅餘八年時間，希望英國在香港推行民主政治麼？我們認為可能性甚微。

一九九七年七月一日之後，中國對香港恢復行使主權，香港成為特別行政區。根據「中英聯合聲明」，香港市民享有高度自治，中國對香港實行「一國兩制」，保證五十年不變。但到時實在情況如何，沒有人敢作預言。但[illegible]事實，在中國共產黨一黨專政之下，香港又從何談民主政治。有此令人憂慮之情勢，其對香港市民衝激之嚴重性，是超乎五四運動之初國人所感受到者，是故香港學生在紀念五四運動當中，應以香港為本位，既要看中國，更要看香港。苟能為香港作出更大貢獻，謀求香港穩定繁榮，更顯出今日紀念五四運動之意義。

今日是五四運動七十周年紀念。七十年前的今日，北京大學學生發難，聯同各地學生遊行示威，反對巴黎會議犧牲中國，將第一次世界大戰戰敗國的德國所佔中國山東利益移交日本，嚴重損害中國領土主權，中國面對西方列強侵略，危急存亡之秋，學生們抗議巴黎和會之倒行逆施，警告北洋政府不能接納「凡爾賽和約」。在學生帶動之下，人民激憤，一時形成了空前未有的救國運動。後之評論家，所以讚揚五四運動不僅是中國新文化運動，有比新文化運動更重要者，是救國運動。在這大前提下，學生及知識分子提倡民主與科學，認為非實行民主政治，不足以言自由，沒有民主自由，亦不足以推廣科學教育。五四運動所以在中國現代史佔有着很重要地位者，是將一個殘破落後的中國，向時代前頭推動，引導國人自行反省，奠定中國建設基礎也。

五四運動的影響既大又深遠。今日七十年紀念，中國大陸，台灣乃至香港等地區，都有盛大的紀念會。其意義在提醒國人，非發揮五四運動優良傳統，難以應付今日面臨之種種困難。

尤其是社會風氣敗壞，文化教育落後，生產貿易不振，以及台灣海峽兩岸的兩個政府都堅持一黨專政。中國大陸是中國共產黨專政，台灣是中國國民黨專政。在一黨專政之下，何以談民主政治？既然民主政治被壓制，又何以發展教育科學？此種情況，與七十年前北洋軍閥之專政，又有什麼分別？

在紀念五四運動當中，有人倡議再來一次新的五四運動，務求達到七十年前五四運動未能達到之目的。熱情可嘉，意志可敬。

但今日之事，與七十年前中國內外形勢有很大分別。我們非採取新的觀念，新的行動，不足以適應形勢，達成任務的。香港學生今天亦以激昂氣勢紀念五四運動。香港學生一方面為香港前途而高呼爭取民主自由，一方面為呼應中國大陸學生運動而表示支援之力量。這都是順應潮流，深具意義之活動。但有不得已言者，「五四」運動精神是求團結、求進步、求合作。絕對不是破壞人民與政府之間的關係，絕對不是以爭取民主自由為名，爭取分裂的。香港學生以及大陸學生，對此必須認識清楚，以免為極小數分裂分子利用。香港情況特殊，這是大陸人士未能完全了解得。香港今天仍然是英國殖民地，英國統治香港一百四十多年，從來沒有談過民主政治。在僅餘八年時間，希望英國在香港推行民主政治麼？我們認為可能性甚微。

一九九七年七月一日之後，中國對香港恢復行使主權，香港成為特別行政區。根據「中英聯合聲明」，香港市民享有高度自治，中國對香港實行「一國兩制」，保證五十年不變。但到時實在情況如何，沒有人敢作預言。但證諸事實，在中國共產黨一黨專政之下，香港又從何談民主政治。有此令人憂慮之情勢，其對香港市民衝激〔擊〕之嚴重性，是超乎五四運動之初國人所感受到者，是故香港學生在紀念五四運動當中，應以香港為本位，既要看中國，更要看香港。苟能為香港作出更大貢獻，謀求香港穩定繁榮，更顯出今日紀念五四運動之意義。

學生遊行浩浩蕩蕩 市民夾道沿途圍觀

原載《華僑日報》，1989 年 5 月 5 日，第 2 版。

高舉橫額標語 呼叫口號歌唱
中大學生自沙田校園步行直出九龍市區
橫跨港九新界 中區盛大會師

（特訊）五・四運動是紀念學運思潮的日子，本港十二間大專院校學生亦作出回應，以和平遊行表達他們爭取民主的手法。

大專學生昨日的行動，亦是本港二十多年來鮮見的大型活動，而今次是由專上學聯統籌，故組織緊密和有協調。

中大學生

中文大學學生共四十多人昨晨先行自校園遊行至沙田新城市廣場，再沿大埔公路通行至中環遮打花園集合地點。中大學生昨晨八時半從校園出發，步行至沙田新城市廣場，沿途提起橫額，呼叫口號。

到十時十五分，中大學生抵達新城市廣場，原本是匯合恆生商學院代表，然後再一起出發，但到十一時，恆生商學院代表仍未出現，故中大學生便自行沿大埔道出九龍，會合其他院校學生。

珠海書院

下午大約三時半，一百多名珠海書院學生齊集學校操場，宣讀學校宣言，其後一行人等手持橫額、木板等標語，浩浩蕩蕩操向旺角花墟球場，沿途喊口號支持學生民運，在交通警的指示下，魚貫進入花墟球場。

五時三十二分，大隊已抵達紅磡理工學院，在校園繞圈一周，再向尖沙咀天星碼頭進發。由於人數太多，大隊應分開數批乘船往中區，船上同學集中船的一邊，避免影響其他市民。可能人數比學聯預計中多，場面控制不易，拖慢了遊行速度，到達遮打花園已是六時半。

港大學生

香港大學及羅富國教育學院共五百多人於昨日下午四時，在港島西區薄扶林港大校園內集合，學生並在校園內張貼標語，隨即展開進行。

學生高舉橫額標貼，由校園出發，沿半山般含道、堅道：直達中環遮打花園會師。期間，學生經過中環康樂大廈時，學生代表擬向草委查良鏞之地產公司辦事處遞交請願信，惟職員表示查先生不在，職員代為接收，請願信內容表示對「兩查方案」不滿。

警方沿途為遊行學生開路，途經中環鬧市，亦未造成交通影響，不過，有不少遵時放工之白領圍觀。

嶺南書院

嶺南學院師生等六十八人約四時許抵達灣仔，會合樹仁及工商師範代表，但因樹仁學院先行前往明報大廈，向查良鏞遞交請願信，故此並未有在集合地點出現，而自行前往遮打花園。是次集會有兩個團體臨時加入行列，分別是天主教大專聯會十多人，以及五四行動成員三十人，他們首先在天星碼頭集合，呼叫民主口號，然後再前往遮打花園。

柏師學生

另外，在較早前在紅磡集會的大專院校代表包括中大，珠海，柏立基學院，葛亮洪學院等因人數太多關係，以至他們遊行期間需要警方開路，幸而並未造成大阻礙。

最後，他們至六時半乘渡海輪抵達中環，在喊叫口號下前往遮打花園，與各院校代表會合。至七時許，在各出席依次坐好後，五四大集會逐正式開始。

紀念五四運動七十周年
五千多名大專學生遊行集會場面壯觀

原載《華僑日報》，1989年5月5日，第5版。

本港新聞

紀念五四運動七十週年

五千多名大專學生

遊行集會場面壯觀

傍晚羣集中區遮打花園宣讀學聯宣言

聲援國內學生運動警方戒備秩序井然

（特訊）來自本港的十二間大專院校的五千多名學生，昨日發起大規模遊行集會，紀念五、四運動，七十週年及聲援國內學生運動。

十二間大專院校的學生代表由昨晨開始，分別從港、九、新界向中區遮打花園邁進，本港警方六時在學生遊行地點維持秩序，直至下午六時四十五份，各間院校代表才齊集中區遮打花園。

大會在開始時，先由大專講師講解五、四運動的意義，及後便由學生代表發言，他們大部份，要求民主，支持中國學運，席上還批評香港政府近期對各項事的表現令人失望，例如越南難民，大亞灣核電廠等都是不民主表現。

直到九時十份，大會便開始恭讀「學聯五四宣言」，出席人士均靜心恭聽，雖然開始落那斷續細雨，但仍不動搖這羣要求民主人士的心。有關宣言內容如下：

在這個特定的歷史時刻，我們熱切地渴求一個以五四精神爲本的社會。故對中國前景我們有以下的看法：△爲了未來的發展，必須建立眞正的民主制度，使人們可以監察政府。△爲促進由下而上的改革過程，必須保障人民的基本人權與自由。△爲配合社會發展的需要，必須重視教育發展，尊重知識分子。△爲使上述改革得以落實，必須建立一套健全法制，嚴格要求政府官員遵守國法，並培養人民法治的觀念。

歷史告訴我們，推進民主的學運唯有紮根在民間社會力量上，以民衆的利益和願望爲依歸，並廣開門路，讓民衆可以積極參與社會及政治活動，才是民主的眞正出路。因此，我們支持中國學生成立自治組織，成爲中國改革的力量」。

此外，當宣言讀畢，仍有出席者要求延長聚集時間，可惜，天不從人願，雨勢轉大，遂令這批紀念五四運動七十週年的人士分批散去，他們的秩序井然，並無任何意外發生。

全港高等院校學生組團北上

交流聲援國內學生

熱心市民捐欵暫時不能接受

逾萬學生上海遊行

（特訊）昨日有萬名上海高校的學生在市中心遊行，至晚上仍有數千人在市中心廣場聚集。上海市七間高等院校的學生，在昨日上午

傍晚群集中區遮打花園宣讀學聯宣言 聲援國內學生運動警方戒備秩序井然

（特訊）來自本港的十二間大專院校的五千多名學生，昨日發起大規模遊行集會，紀念五、四運動，七十周年及聲援國內學生運動。

十二間大專院校的學生代表由昨晨開始，分別從港、九、新界向中區遮打花園邁進，本港警方六時在學生遊行地點維持秩序，直至下午六時四十五分，各間院校代表才齊集中區遮打花園。

大會在開始時，先由大專講師講解五、四運動的意義，及後便由學生代表發言，他們大部分，要求民主，支持中國學運，席上還批評香港政府近期對各項事的表現令人失望，例如越南難民，大亞灣核電廠等都是不民主表現。

直到九時十分，大會便開始恭讀「學聯五四宣言」，出席人士均靜心恭聽，雖然開始落那斷續細雨，但仍不動搖這群要求民主人士的心。有關宣言內容如下：

在這個特定的歷史時刻，我們熱切地渴求一個以五四精神為本的社會。故對中國前景我們有以下的看法：為了未來的發展，必須建立真正的民主制度，使人們可以監察政府。為促進由下而上的改革進程，必須保障人民的基本人權與自由。為配合社會發展的需要，必須重視教育發展，尊重知識分子。為使上述改革得以落實，必須建立一套健全法制，嚴格要求政府官員遵守國法，並培養人民法治的觀念。

歷史告訴我們，推進民主的學運惟有紮根在民間社會力量上，以民眾的利益和願望為依歸，並廣開門路，讓民眾可以積極參與社會及政治活動，才是民主的真正出路。因此，我們支持中國學生成立自治組織，成為中國「改革的力量」。

此外，當宣言讀畢，仍有出席者要求延長聚集時間，可惜，天不從人願，雨勢轉大，遂令這批紀念五四運動七十周年的人士分批散去，他們的秩序井然，並無任何意外發生。

15專上院校講師宣揚五四精神
紀念五四街頭演講
市民支持中國學運即場捐款表心意

原載《華僑日報》，1989年5月5日，第5版。

（特訊）十五名來自本港多間專上院校講師昨日中午在中環皇后像廣場進行「紀念五四」的街頭演講活動，吸引數以百計市民圍觀，更有市民支持五四運動所提倡的科學及民主，即場發起募捐運動，表示對中國學生民主運動亦出了一份心意，所得款項亦有七、八千元之多。

多位大學講師均提出「民主」與「科學」雖然在七十年前已提倡，但到目前中國人民仍不能真正擁有，尤其中國國內所有種種官僚腐敗，貪污的現象，完全把民主──以人民為主的理想大相違背，國內執政者為着獨攬大權而不接受批評，實行專制政治，使到國家未能因應人民的要求而作出改善。

中大講師陳清僑指出：五四運動亦提倡科學，科學是追求理性，反對迷信，要掃除社會上的愚昧，啟發人民思想，提倡教育普及，同時科學是實事求是，尊重客觀事實，不去盲從權威，中國未來在政治所走的路向應是以科學精神作根據，而科學與民主是相輔相成。

嶺南學院講師劉健芝謂：七十年前之所以有「五四運動」是因為國人感到當時中國遭到強國瓜分，「五四運動」實是一個救亡運動，反觀今日中國，同樣亦面對很多困難，不論政治、經濟均是十分落後，極之須要改革，近期中國各地學生所發起的運動，要求看到真正改革，把腐化的政治法制徹底改善，中國統治者在此時應爭取民眾支持，才是民主的表現。

另外，亦有講師宣讀一份宣言，要求中國政府立即開放報禁，實現言論自由為人民應有的權利，讓所有大專院校成立獨立自主的學生自治團體，釋放政治犯，重新正面評價近年民主運動，正視人民的要求。（湘）

是更上一層樓的時候了！紀念「五四運動」七十周年

[黃枝蓮]

原載《華僑日報》，1989 年 5 月 6 日，節錄

「學生運動」的歷史作用問題

今年的「五四」紀念日，過得非常熱鬧——大概在十年八載之後；或者，更長一點，在三十年後，慶祝「五四運動」一百周年的時候，倒過來看，一九八九年的這一段日子，是在很不尋常的狀態中渡過的！

其所以如此，原因當然是很複雜的。

先以近因為例，顯然是由胡耀邦逝世，北京大學生的悼念活動，是用示威遊行的方式來進行；它的高潮是四月二十七日那天。一、二十萬大學生的請願遊行，在北京市民的觀賞支援之下，順利地遊行；居然沒有發生任何暴力事件，學生和市民的良好表現，值得人們驚嘆與讚賞；而有關黨政部門和紀律部隊的沉着，亦有功焉！這樣的事，亦是世界上少見的呢！

凡事，都有一個過程——看來，學生這一次的充滿愛國主義、民主主義和科學精神的行動，還是方興未艾的。因此，五月三日，國務院發言人說不能接受「提請對話代表團」的「七點方案」的事件，即使未曾發生，五月四日這一天，青年學生還是要再一次上街的！從過去三幾個星期裏，他們所表現的理性克制的作風來看，再從有關當局靈活忍讓的處理方式來看，今天的請願遊行，有很大的可能，是會在和平友好的氣氛之中，順利地鋪展開去，收攏回來的！

很明顯地，青年學生和他們的老師（高級知識分子）都會注意到：中國的問題是錯綜複雜的；因此，一方面，是要對政府在權力使用的方式及過程上，加以密切的關注，進行監督；可是，另一方面，更得探尋一些嶄新的方案，指導實踐的活動，促進中國的發展。

是更上一層樓的時候了！

紀念「五四運動」七十周年

「學生運動」的歷史作用問題

香港亞太二十一學會會長 香港浸會學院社會學系高級講師 黃枝連

因此，青年學生及其群眾運動固然是帶有「先鋒隊的作用」；但是，由於他們這一特殊（階段）的成長過程(即，從中學進入大學，幾年之後，即將進入社會的「過渡時期」)，大學生本身卻不足以成為「先鋒隊」；在實際的社會變革上，更不能起着改天換地的具體作用呢！因此，一次成功的學生運動，是製造一些有利的條件來破舊立新，使到社會上的新生力量和進步力量，得到有力的支援，可以開創一個新的局面，把歷史推進一個新的階段！

再過三、五個月後（或者説，切實際一點，再過三年兩載）來檢討今年的這一系列學生運動，它的歷史意義，是提供了新的動力，使到「五四運動」以來人們所追求的科學、民族、新文化和現代化的建設，可以在一個更高的層次上，輾轉前進！──當然，也有一些可能，學生的「反政府」、「反體制」行動，在全國各地蔓延，並且波及於工農群眾，造成三年五載裏出現動盪不安的局面，使經濟發展和社會建設受到挫折；那麼，有人就會説，它跟「文革」時期的群眾運動那樣，都沒有起着推動促進的社會作用呢！

從各個方面的因素來看，持樂觀主義的態度，來看待這個動向，應該是有其根據的；即，在一定程度上，反映客觀的規律。

中國總是在前進之中。

首先從中國這一百五十年的歷史來看，雖然，過程是曲折而又複雜的；但是，總的來説，無論在經濟上、政治上、文教上、生活上、科技發展以國際地位上，中國都是在發展和提升之中的！這種進步的動力，當然是來自千千萬萬個革命志士（裏面有共產黨人、也有國民黨人）；而在現實生活裏，這麼一個人口眾多，情況複雜的大國，如果不多兩點花樣，追求進步，中國是沒有可能生存，更談不上發展的——許多時候，發奮國強，是來自一個充滿理想主義的意識形態；但，更重要的，是來自生存與發展的重大壓力下的需要。

第二，一九四九年以來，中國的發展也經歷着幾個不同的階段。顯然地，在五十年代和六十年代的大部分時間，用「蘇聯模式」（準確地說，是「斯大林模式」）共產黨進行直接的、全面的、密集的領導，來對人力、物力、財力做集中的使用分配，是社會主義建設及其體制得以規模初定的有效制法，可是這個「模式」所取得的成就，正在迫使它退出歷史舞台，由肯定到否定。因為，在第二階段，再用前一階段的集權主義，權威主義模式，將是格格不入，事倍功半的，因此，才引發「體制改革」；它是以權力下放、黨政分開、政企分開、政社分開為其主要內容的。

這樣的體制改革及相應的對外開放政策，對於貫徹「五四」運動中所追求的科學、民主以及新文化，是提供了有利的條件，可以更加壯麗地發揚光大的！

李柱銘呼籲港大專生 續支持北京學生運動

原載《華僑日報》，1989年5月7日，第1版。

（特訊）由香港教育專業人員協會與四間大學及大專院校合辦的「五四運動七十周年馬拉松音樂會」，約有三千人參加，在赤柱聖士提反中學舉行。

立法局議員李柱銘昨日在開幕禮致詞時表示，他對中國民主感到失望，經七十年來的發展，中國民主並無突破。

他又呼籲香港各大專院校學生繼續支持北京學生運動，讓中國領導人受到壓力，以至他們不再每年都向群眾解釋為何沒有進展。

李柱銘在開幕禮後對記者表示北京學生的要求是合理的，從老百姓的支持，就可以證明非一小撮人可控制局勢。

他又希望五四音樂會這一項活動，以後每一年都舉辦一次。

專題作家阿濃亦有參與五四音樂會，並且負責「說說笑話」的一項節目，他認為，這個活動很有意義，用較自由的方式及氣氛去表達「五四」，而不用說教或嚴肅的方式，更能吸引青少年參加。

五四音樂會場刊內，大會亦表達出他們的意見，其中指出，身為今天的年青人，在這個大變遷的時代，應該對國家，對社會，由承擔的態度，關心發展，提出意見。所謂「生於斯，長於斯」，今天我們所見到的中國學潮，香港大專同學的聲援行動，正是熱血青年、知識分子，對祖國、對社稷一次意見上，抱負上的表達。香港是整個中國的一部分，香港人不只要關心香港事務，對中國的發展，亦必需要有一定的關注。

其中一些參加活動的中學生表示，他們只是希望來聽音樂，並無思考五四運動的意義，而他們是從學校中知道這個活動，也是第一次參加戶外音樂會。

一群教師就表示，只是趁着機會與朋友聚舊，對活動並無特別期待，不過，其中一位教師卻認為，這個音樂會頗有意思，而且最近在北京出現的學運，正顯示中國人民受着長久壓迫引發的行動，他表示十分支持這次學運。

大會的活動由昨日下午二時至今日下午二時結束。（嫻）

梁永燊談五四運動愛國愛民
爭取民主科學七十年未成功

原載《華僑日報》，1989 年 5 月 7 日，第 1 版，節錄

……望神州大陸，兩者皆毫無進展，而且近四十年來，由於教育不被重視，使大陸陷於知識危險的險境，珠海書院校長、中國文化協會副主任委員梁永燊，昨日在中國文化協會舉辦的「五四運動七十周年紀念座談會」致開幕詞時作以上表示。

他指出，七十年前學生的示威遊行，是為了「對抗強權、內除國賊」，爭取國家的獨立自主；七十年後大陸的學生運動，則是「擁護人權、反對專制」，爭取民主自由。此兩次運動，學生的訴求雖不盡相同，但兩次運動的動機，都是為了愛國家、愛民族。

座談會假香港酒店舉行，出席的嘉賓及講者包括徐四民、徐東賓、胡菊人、廖光生及楊金權等四十餘人，另外，各大專院校亦派出學生代表列席。(熙)

「五四」與中共的學潮 ［金耀基］

原載《香港時報》，1989年5月8日，第6版。

「五四」，狹義地說，是指一九一九年五月四日在天安門前由北京的大學生所發動「外抗強權」、「內除國賊」的愛國運動。廣義地說，則是指五四之前之後的新文化運動。五四新文化運動，一方面強烈地批判中國的文化傳統，一方面則倡議西方文化，而以「科學」與「民主」為口號。七十年來，「民主」與「科學」已成為「五四」的象徵。

「五四」是一個以知識分子與學生為主流的思想文化運動，它是跨階級的，跨黨派的。中國國民黨與共產黨都是予以肯定的。其實，「新文化運動」一詞即是由孫中山先生所創用，並給予高度評價。至於中共則更把「五四」據為己有，毛澤東說：「五四運動是在當時世界革命號召之下，是在俄國革命號召之下，是在列寧號召之下發生的。」不止乎此，毛澤東並以五四為分水嶺，認為：「在五四以前，中國的新文化，是舊民主主義性質的文化，屬於世界資產階級的資本主義的文化革命的一部分。在五四以後，中國的新文化，卻是新民主主義性質的文化，屬於世界無產階級的社會主義的文化革命的一部分。」客觀的史學家不會接受這樣的說法，但毛的說法顯示中共是想擁抱、佔有「五四」的榮光的。

事實上，中共自一九四九年在大陸當權後，所施行的所謂「新民主主義」，名為「無產階級專政」、是「人民民主專政」，實則是「對無產階級專政」、「對人民專政」，根本與「五四」民主的精神南轅北轍。這一點「五四」的領導，也是中共的第一任「總書記」陳獨秀在其晚年的「最後意見」中倒是有預見之明的。而在六十年代的文化大革命中，倡導大鳴、大放、大辯論、大字報的「四大」，美其名曰「大民主」，實則是「法西斯主義專政」，更確切地說是戴蒙(Talmon)所講的「極權的民主」(Totalitarian Democracy)，亦即是「左翼極權主義」的一個變種。五四的「德先生」在神州大地長期來失蹤了。

「德先生」是一九七六年四月五日回到北平天安門的。那是一次人民悼念周恩來的自發活動，它雖被四人幫以「反革命政治事件」鎮壓下去，但到一九七八年，中共把顛倒的歷史再顛倒過來了，中共把「四五」與「五四」連在一起，「四五」成為向「五四」招魂的運動。一九七八年是中共「新長征」的開始，是鄧小平開放改革運動的開始。中共的新形象給海內外中國人希望，也令世界刮目相看。

一九八六年，大陸的改革發展到一高峰的轉折點，經濟改革雖取得重大成就，贏得世界性的肯定，但因政治體制之落伍與僵化，改革處於進退二難之局，是年十二月，發生了萬山回應的學潮，發出「民主」、「自由」的呼聲，從學潮之精神言，是對「五四」及「四五」的回響，而是訴求的主題意識則顯然是支持一九七八年以來的現代化改革政策的。

但中共不能從學潮中獲取積極正面的訊息，卻反其道而行，發動「反資產階級自由化」的不是運動的運動，甚至連一向負責推動改革的中共「總書記」胡耀邦也被逼下台，遂變成中共一項拆除改革工程的工程，這是學潮的悲劇，更是中共的悲劇。

二年多來，中共政治體制的改革毫無進展，而經濟改革則因貪污、官倒等，難關重重，不但不得進展並且有倒退逆轉之象，知識分子的不滿已到臨界點，關心大陸前途者，莫不戚戚有憂，四月十五日，胡耀邦逝世的噩耗終於觸發了北平的大學生天安門前自發的巨大的「悼胡」活動。悼胡是悼胡耀邦的正直、清廉、無私、開明，更是悼胡耀邦之堅持改革開放而受的大委屈。悼胡的情緒充滿悲痛與憤慨，學生再一次發出要求「民主」、「自由」的強大聲音，學生再一次在天安門向「五四」招魂。

中共的經濟改革是一樁艱巨的工程，沒有簡單的捷徑，但很清楚的，政治的改革是不容遲緩，中共要重新贏取人民的信任，要重建黨的權威，不是別的，正是要進行政治民主化的改革。只有通過真誠的民主開放改革，中共才能煥新其改革的形象，突破目前的困局。

「五四」雖非由中共所領導，但「五四」的遺產是中國任何階級，黨派可以與應該繼承的。

香港五四學潮紀實

[梁燕城]　　原載《信報》，1989 年 5 月 9 日，第 29 版

繁星哲語

香港五四學潮紀實

＊梁燕城

五月三日下午幾位同學告訴我明天全港大專學界罷課，支持中國學運，當時我一口答應參與。

五月四日一早，全校已貼滿罷課和支持學運的大字報，彷彿回到七一年保釣那火紅的年代，自己也不禁熱血沸騰，默祝學運成功，期盼香港這新一代，千萬不要再苟且「腐碌」下去，祇知有梅艷芳、譚詠麟，不知有秋瑾、孫中山、文天祥。

在禮堂上見到仍遵循上課的同學們，改講中國人近百年所受無盡的凌辱，及一次一次的失望，但又一代一代再起來承擔歷史，以激發其心態。之後即下課，支持新「五四運動」，參與遊行。

但跑到罷課聚集地點，心冷了半截，祇得二十多人在那裏或坐或站，等到下課時才增加到五六十人，我手臂纏上紅帶，向學生發表慷慨激烈的演說，內心卻頗不安，恐怕香港這一代「腐碌」大帝們已麻木不仁，祇知私利而全失去朝氣，以致學運搞不起來。

中午要到亞視錄影「午間小叙」節目，沒有把臂上紅帶解下來，因為要給青年們知道，我完全支持他們的行動。

下午到尖沙咀打算加入大隊，邊在咖啡室寫稿，一邊在大窗觀察留意，看遊行隊伍是否到達，漸見外面警察調動頻仍，交通警察電單車來回穿梭，知道同學們已近，立刻出到街頭，祇見浩浩蕩蕩有千多人，包括中大、理工、浸會、城市理工同學，沿漆咸道巡至，自己遂在新世界中心外面，迎接遊行隊伍，前面學生高呼，歡迎我加入「一齊去遮打」。此時我心中感到安慰感動，知道香港學生們已擺脫自私腐化之談，終於願意站起來做自主的人，要擔當起國家民族的前途，也擔當起香港本身的命運。

擠在人群中渡海，船上同學們唱歌揮旗，旋即抵達香港，遊行至遮打花園，見已有數千市民和港大、樹仁、嶺南等同學在一起等待，人群中還見到一些福音派領導的牧師也在場，與群眾同坐；而九龍遊行隊亦陸續抵達，一時祇見旌旗蔽空，遮打道花園水洩不通，萬人空巷，呼聲震天動地，粗略估計達五六千人以上。

坐在人群中，感受他們那空前的年青力量，仰首觀天，見那插在中區的中國銀行和滙豐銀行，在蒼茫暮色下，灰沉巨大，雖然大家都在龐大的政權和財權陰影下，感到大會氣氛莊嚴沉鬱，但青年人的呼聲，響徹雲霄。我們要剷除那些腐敗無能，而又自以為是人民家長的官僚，要中國建立真正的人權法制，開始希望中國富強壯大，不再受外人凌辱，也不再有自己人凌辱自己人的情況，中國人、香港人，都要站起來，做自由自主的人，爭取不受擺布，不受歪曲，不受恐嚇的自由。知恥近乎勇，今日青年人的覺醒與奮鬥，使中國充滿了希望與生機。

五月三日下午幾位同學告訴我明天全港大專學界罷課，支持中國學運，當時我一口答應參與。

五月四日一早，全校已貼滿罷課和支持學院的大字報，仿佛回到七一年保釣那火紅的年代，自己也不禁熱血沸騰，默祝學運成功，期盼香港這一代，千萬不要再苟且「腐碌」下去，只知有梅艷芳、譚詠麟，不知有秋瑾、孫中山、文天祥。

在禮堂上見到仍遵循上課的同學們，改講中國人近百年所受無盡的凌辱，及一次一次的失望，但又一代一代再起來承擔歷史，以激發其心態。之後即下課，支持新「五四運動」，參與遊行。

但跑到罷課聚集地點，心冷了半截，只得二十多人在那裏或坐或站，等到下課時才增加到五六十人，我手臂纏上紅帶，向學生發表慷慨激烈的演說，內心卻頗不安，恐怕香港這一代「腐碌」大帝們早已麻木不仁，只知私利而全失去朝氣，以致學運搞不起來。

中午要到亞視錄影「午間小敍」節目，沒有把臂上紅帶解下來，因為要給青年們知道，我完全支持他們的行動。

下午到尖沙咀打算加入大隊，邊在咖啡室寫稿，一邊在大窗觀察留意，看遊行隊伍是否到達，漸見外面警察調動頻仍，交通警察電單車來回穿梭，知道同學們已近，立刻出到街頭，只見浩浩蕩蕩有千多人，包括中大、理工、浸會、城市理工同學，沿漆咸道巡至，自己遂在新世界中心外面，迎接遊行隊伍，前面學生高呼，歡迎我加入「一齊去遮打」。此時我心中感到安慰感動，知道香港學生們已擺脱自私腐化之談，終於願意站起來做自主的人，要擔當起國家民族的前途，也擔當起香港本身的命運。

擠在人海中渡海，船上同學們唱歌揮旗，旋即抵達香港，遊行至遮打花園。見已有數千市民和港大、樹仁、嶺南等同學在一起等待，人群中還見到一些福音派領導的牧師也在場，與群眾同坐，而九龍遊行隊亦陸續抵達，一時只見旌旗蔽空，遮打道花園水洩不通，萬人空巷，呼聲震天動地，粗略估計達五六千人以上。

坐在人群中，感受他們那空前的年青力量，仰首觀天，見那插在中區的中國銀行和匯豐銀行，在蒼茫暮色下，灰沉巨大，雖然大家都在龐大的政權和財權陰影下，感到大會氣氛莊嚴沉鬱，但青年人的呼聲，響徹雲霄。我們要剷除那些腐敗無能，而又自以為是人民家長的官僚，要中國建立真正的人權法制，開始希望中國富強壯大，不再受外人淩辱，也不再有自己人淩辱自己人的情況，中國人、香港人、都要站起來，做自由自主的人，爭取不受擺佈，不受歪曲，不受恐嚇的自由。知恥近乎勇，今日青年人的覺醒與奮鬥，使中國充滿了希望與生機。

在香港過五四

—— 送給曾經出過幾分力促成五四集會的朋友 ［周永恒］

原載《學苑》，1989 年 5 月 10 日，期數不明。

在香港過五四

—送給曾經出過幾分力促成五四集會的朋友

（一）遮打花園上，推着一堆堆的貨物回到什〔計〕程車上：大堆的白麵飽、以及那些各式各樣的橫額；尊子先生送給學生的「新四個堅持：堅持民主自由、堅持人權法治、堅持開放改革、堅持五四精神」、「中港連心、振興中華」、「還我人權」；各舍堂所創制的橫額；以至同學在考試期間還漏夜趕製的旗幟；那些白麵飽，是一位司機先生各途人籌款買回來的、由於各位士多老闆都是「半賣半送」，數量特別多；一位同學買西餅的時候，餐廳老闆把櫃箱內的零錢都找出來損獻給中國的學生；另一位酒店職工，穿着一件寫滿字與標語的恤衫走到台上，支持香港學生的要求；一位大學的同學、為呼籲同學參與五四集會、在一夜辛勞寫大字報之後，暈倒了……這一幕幕，令我心中很奮曠，我喜歡這樣的人，也因為這些人的存在，令我喜歡這塊地方，一個幸福的社會，就是建基於這種互相的關懷。

港大五百人的遊行隊伍，由黃克競平台出發，呼喊着口號：「支持中國學生、爭取結社權利」、支持中國記者、爭取新聞自由」，對於中國學生的要求，我們認同：對他們的處境，我們既關心、復憂慮，再而同情，我們是這樣熱切的為他們做點事，但是，我們參與遊行，除了為自己的良心好過一點以外，還象徵些什麼？我們的心情，可不可以再提升為理性的層次？

在追一步探討之前，必須聲明這種「中國人感性認同」是極其重要的，説真的，香港回歸中國，必然令香港社會受到中國在發展過程中的政經振盪，若果我們留在香港，必須有一項心理準備；願意與其他十一億同胞共喫一點苦難！所謂香港「保持不變」的麻醉功能很容易喪失剩盡，若要香港青年樂於留在香港，除客觀經濟條件外，實離不開民族感情的強化與實踐，在過渡期的一刻紀念五四，不單是表達對民主人權保障的對外要求，更重要的是，在這一切之前，我們已經肯定了自己中國人的身分了。

（二）在黃克兢平台上，Fellowship of Open Souls的七彩大字報與簽名張貼滿平台地上，五四那一天，徐朗星文娛中心的職員説要清除大字報，因為學生事務處的高級職員説，物業管理處更高級的職員説大字報「有礙通道」、「有礙觀瞻」。學生會的發叔説：這一天是五四啊！怎能除去大字報，我連忙加簽了大字報的限期，以官僚制官僚，這是五四當天的一段小插曲。

曾經為哪些大字報、Fellowship of Open Souls及其他好一班自願到來的學生會的同學徹夜不眠地寫，李鋭華同學與Joe、Rico等更創製了五四襟章、「身在試場，不忘五四」，內地的同學要是知道香港的同學這樣積極，一定會很高興，相信我自己也不必多言，在五四遊行期間曾付出努力者，自當其信念與理由，但作為港大一分子，我確實為他們的工作感到鼓舞！

（三）康樂大廈門外，學生代表宣讀要求查濟民與學生對話的信件，要求他履行中國人推動民主化的責任，在學聯討論此行動時，主要認為我們不能脱離社會現實而空談民主精神，我們不能單要中國民主而不理香港的不民主。遞信的行動不會是五四遊行的主線，主要還是支持國內學生要求以作為實踐五四精神，然而這舉動，卻令不少同學，包括曾經一度積極推廣五四集會的Open Souls的朋友不滿意，認為事前不作宣傳及諮詢，是對參與的同學不公平的，作為集會組織者之一，我接受這項批評，並藉此各同學致歉。但我希望我們不會因此事而減低對國內學生的支持、對建設民間力量的熱誠。當了學生會會長三個多月，當中已犯了不少錯誤，我們只能從中汲取經驗，開放心靈接受批評，加強溝通⋯⋯力雖有不逮，這卻仍然是我所追求的目標！

「路漫漫其修遠兮，吾將上下而求索。」

五四的省思 ［李默］

原載《華僑日報》，1989年5月12日，第16版

萬水千山

五四的省思

李默

五四那日，蒙珠海書院文史系之邀，前往參加其「五四省思會」，主講者有王爾敏、劉鳳翰教授、黃康顯博士。與會的學生，有六十人之數，主講與發問之間，充份達到「省思」的主題，本人恭陪末席，作最後一位講者，所講的，應該叫「省思中的怪論」。

前面三位博士所講，對七十年前之「舊五四運動」與今日之「新五四運動」，作出了精細而嚴密的分析，得到了以下的觀念：

（一）五四運動不管是七十年前的或今日，都還是在鼓吹和求取「民主與科學」，這樣說來，就值得一再「省思」的了：爲甚麼時隔七十年，這「民主與科學」，還未曾現出應有的成績？而且，就今日之「五四」看來，學潮的狀況還更洶湧，更加有迫切的「感覺？」

（二）「舊五四」的出現，主要是知識分子之覺醒，爲了改善國家在內於晚淸以來的積弱，爲了爭回在外國失去的地位和權威，是對外的爲主。但「今五四」所針對的，却不是外人外國，而是自己的國家，當政者的政策。既然有三四萬學生的「衆望所歸」，還有大量各界市民的支持，當政者這個「省思」，是眞眞的不能偷懶的了！

由一再省思而得出內部弊病多端，文革後十年來仍然還有百廢待興的「殘局」現象！

五四那日，蒙珠海書院文史系之邀，前往參加其「五四省思會」，主講者有王爾敏、劉鳳翰教授、黃康顯博士。與會的學生，有六十人之數，主講與發問之間，充分達到「省思」的主題，本人恭陪末席，作最後一位講者，所講的，應該叫「省思中的怪論」。

前面三位博士所講，對七十年前之「舊五四運動」與今日之「新五四運動」，作出了精細而嚴密的分析，得到了以下的觀念：

（一）五四運動不管是七十年前的或今日，都還是在鼓吹和求取「民主與科學」，這樣説來，就值得一再「省思」的了：為什麼時隔七十年，這「民主與科學」，還未曾現出應有的成績？而且，就今日之「五四」看來，學潮的狀況還更洶湧，更加有迫切的「感覺」？

（二）「舊五四」的出現，主要是知識分子之覺醒，為了改善國家在內於晚清以來的積弱，為了爭回在外國失去的地位和權威，是對外的為主。但「今五四」所針對的，卻不是外人外國，而是自己的國家，當政者的政策。既然有三四萬學生的「衆望所歸」，還有大量各界市民的支持，當政者這個「省思」，是真真的不能偷懶的了！

由一再省思而得出內部弊病多端，文革後十年來仍然還有百廢待興的「殘局」現象！

「五四」的省思

［珠海書院 羅浚瑜］

原載《香港時報》，1989年5月12日，第13版。

自從胡耀邦去世後，北平各大專院校先後爆發學生運動，數十萬人遊行示威，除了表示對胡耀邦的悼念外，最重要的是針對中共的種種腐敗現象，提出抗議，要求民主、自由、人權。

北平連日來的學生運動，把民主自由的吶喊散播到海內外，喚起中華兒女的關注。中國大陸的上海、四川等地大學生也熱烈響應；至於香港、台灣的大學生亦紛紛表示支持。

今年的五四，是最值得省思的日子。全港十二間大專院校的三千多名學生，在這個「五四」七十周年紀念日，為聲援大陸學生爭取自由民主運動，於下午二時卅分從學校向中區遮打花園進發，沿途拉起橫幅，高呼「堅決支持中國學運」、「學運不死，愛國無罪」、「民主改革、振興中華」的口號。在大集會中，同學的反應非常熱烈，並得到司徒華、李柱銘及徐克等人士到會打氣支持。是日晚上七時，在中國文化協會舉行的「五四省思」會，講者有王爾敏、劉鳳翰、黃康顯等教授及女作家李默。氣勢雖沒有「五四大集會」那麼激昂，但同學亦積極發問，氣氛十分嚴肅，盪漾着對民族命運關注的激情。

香港的青年人，在殖民地制度下成長，接受殖民地的教育，大部分人對國家、民族的感覺接近麻木，實在令人痛心不已。然而，在「五四」七十周年紀念當日，仍有一批熱血青年自動自發，走出校園，對中國大陸學運表示強烈支持，這一份熱情，這一份民族旅知，實在令人深感欣慰──原來香港也有一群民族良知未泯的莘莘學子。

但對大部分仍在沉睡中的大、中學生，我們除了嘆惜之外，亦有責任去喚醒他們，使他們在短視、冷漠中，在狹隘的升學主義與物欲刺激中覺醒，秉承炎黃子孫的民族正氣，對中華民族的前途多予關注，以捲舒一代興亡之手，承先啟後。

五四在珠海

原載《香港時報》，1989 年 5 月 13 日，第 9 版

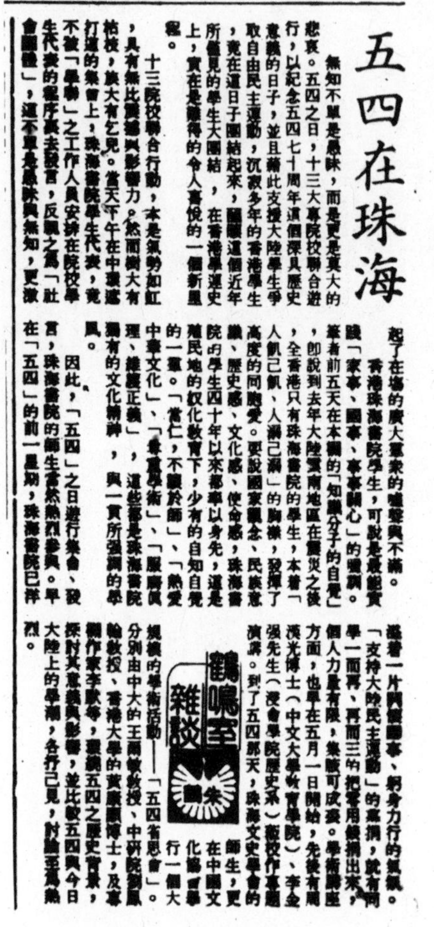

五四在珠海

無知不單是愚昧，而是更是莫大的悲哀。五四之日，十三大專院校聯合遊行，以紀念五四七十周年這個深具歷史意義的日子，並且藉此支援大陸學生爭取自由民主運動，沉寂多年的香港學生，竟在這日子團結起來，醞釀這個近年所僅見的學生大團結，在香港學運史上，實在是難得的令人喜悅的一個新里程。

十三院校聯合行動，本是氣勢如虹，具有無比震撼與影響力。然而樹大有枯枝，族大有乞兒。當天下午在中環遮打道的集會上，珠海書院學生代表，竟不被「學聯」之工作人員安排在院校學生代表的程序裏去發言，反視之為「社會團體」，這不單是愚昧與無知，更激起了在場的廣大羣衆的噓聲與不滿。

香港珠海書院學生，可說是最能實踐「家事、國事、事事關心」的明訓。筆者前五天在本欄的「知識分子的自覺」，即說到去年大陸雲南地區在震災之後，全香港只有珠海書院的學生，本着「人飢己飢、人溺己溺」的胸襟，發揮了高度的同胞愛。要說國家觀念、民族意識、歷史感、文化感、使命感，珠海書院的學生四十年以來都率以身先，這是殖民地的奴化教育下，少有的自知自覺的一羣。「當仁，不讓於師」、「熱愛中華文化」、「尊重學術」、「服膺真理、維護正義」，這些都是珠海書院獨有的文化精神，與一貫所強調的學風。

因此，「五四」之日遊行集會、發言，珠海書院的師生當然熱烈參與。早在「五四」的前一星期，珠海書院已掀[illegible]着一片[illegible]國事、躬身力行的氣氛。「支持大陸民主運動」的標語，就有同學一而再、再而三的把[illegible]橫額[illegible]出來，個人力量有限，集腋可成裘。學術研究方面，也早在五月一日開始，先後有周漢光博士（中文大學教育學院）、李金強先生（浸會學院歷史系）親校作專題演講。到了五四那天，珠海文史學會的師生，更在中國文化協會舉行一個大規模的學術活動——「五四省思會」。分別由中大的王爾敏教授、中研院劉鳳翰教授、香港大學的黃嫣梨博士，及專欄作家李默等，環繞五四之歷史背景，探討其意義與影響，並比較五四與今日大陸上的學潮，各抒己見，討論至為熱烈。

鶴鳴室雜談

無知不單是愚昧，而是更是莫大的悲哀。五四之日，十三大專院校聯合遊行，以紀念五四七十周年這個深具歷史意義的日子，並且藉此支援大陸學生爭取自由民主運動，沉寂多年的香港學生，竟在這日子團結起來，醞釀這個近年所僅見的學生大團結，在香港學運史上，實在是難得的令人喜悅的一個新里程。

十三院校聯合行動，本是氣勢如虹，具有無比震撼與影響力。然而樹大有枯枝，族大有乞兒。當天下午在中環遮打道的集會上，珠海書院學生代表，竟不被「學聯」之工作人員安排在院校學生代表的程序裏去發言，反視之為「社會團體」，這不單是愚昧與無知，更激起了在場的廣大群衆的噓聲與不滿。

香港珠海書院學生，可說是最能實踐「家事、國事、事事關心」的明訓。筆者前五天在本欄的「知識分子的自覺」，即說到去年大陸雲南地區在震災之後，全香港只有珠海書院的學生，本着「人飢已飢、人溺已溺」的胸襟，發揮了高度的同胞愛。要説國家觀念、民族意識、歷史感、文化感、使命感，珠海書院的學生四十年以來都率以身先，這是殖民地的奴化教育下，少有的自知自覺的一群。「當仁，不讓於師」、「熱愛中華文化」、「尊重學術」、「服膺真理、維護正義」，這些都是珠海書院獨有的文化精神，與一貫所強調的學風。

因此，「五四」之日遊行集會、發言，珠海書院的師生當然熱烈參與。早在「五四」的前一星期，珠海書院已洋溢着一片關懷國事、躬身力行的氣氛。「支持大陸民主運動」的募捐，就有同學一而再、再而三的把零用錢捐出來，個人力量有限，集腋可成裘。學術講座方面，也早在五月一日開始，先後有周漢光博士（中文大學教育學院）、李金強先生（浸會學院歷史系）蒞校作專題演講。到了五四那天，珠海文史學會的師生，更在中國文化協會舉行一個大規模的學術活動——「五四省思會」。分別由中大的王爾敏教授、中研院劉鳳翰教授、香港大學的黃康顯博士，及專欄作家李默等，環繞五四之歷史背景，探討其意義與影響，並比較五四與今日大陸上的學潮，各抒己見，討論至為熱烈。

北平學運激起中共反思 ［黃秀麗］

原載《香港時報》，1989 年 5 月 13 日，第 15 版

【本報記者黃秀麗報導】浸會學院歷史系與香港中國近代史學會合辦的「五四運動七十周年紀念國際學術會議」，經過三日來多位學者就「五四運動」各方面研究發表意見，昨日正式結束。香港中文大學社會系金耀基教授作總結發言時指出：希望這次紀念「五四」的北平學運，能激起中共的反思，作出政治民主化的制度性變革。

中大社會系金耀基教授昨日總結研討會時指出，在「五四」進入七十周年之際，海內外對五四的研究將會有更豐富的成果。他認為「五四運動」的研究將漸漸成為嚴謹的「五四學」。

金耀基又謂，「五四運動」的研究，不止是一樁「歷史重構」的學術工作，也是具有重大的「現實意義」，「五四運動」（廣義的）是中國的啟蒙運動，它是百年來中國現代化運動的一個環節，只要中國仍落在現代化的軌跡上，不論是順利或受到阻礙，它都有現實的意義。這次北平天安門前數十萬北大學生和民眾悼念胡耀邦和慶祝「五四」七十周年的示威遊行中，提出要求「民主」的口號，就是對「五四」的迴響。

他說：中共實行「社會主義民主」四十年，不但未出現民主，也未出現真正社會主義。為什麼學生與民眾會在天安門前向「五四」民主招魂？民主與社會主義的關係是學術問題，更是社會主義的現實問題。這是因為社會主義國家在發展與合法性上都面臨到。

「五四」是一個反傳統主義的文化運動，七十年後的今天，「五四」本身已成為中國的新傳統，更確切地說，已成為中國傳統的一個組成。「後五四」時代的中國人已不再生活在「五四」人物的「中國傳統」中了。傳統是延續不斷變遷的。今天，三個中國人的社會，大陸、香港、台灣，都有性質與程度上不同的中國傳統。在大陸，至少還有一個馬列毛的傳統組織。

因此，三個中國人社會面對此問題以及對「五四」的回應都有不同。台灣與香港在現代化上已取得相當成就，台灣今天的知識氣候，不止有現代化與有反現代化及後現代主義的思想，對於「現代性」的反思已很普遍。

至於大陸，現代化低，最逼切的需要是加速現代化，對「啟蒙」、「五四」對大陸仍然有直接而逼切的現實意義，這次在北平各地的「悼胡」與「五四」都對當年「五四運動」的民主有強大回響，我會指出「五四」的民主已成為一種「抗制性傳統」。我們看學生對國是的關心，對民主的渴望，所表現的愛國，正義以及有節制的理性態度，令我們感動，但七十年了，中國（大陸）始終靠學運（如過去的「四五運動」，七六年的學潮等）來清洗社會政治的腐敗與落伍意識，一而再地重覆出現，而始終未能真正走上現代化，這又不得不説是歷史的悲劇。

最後，金耀基表示，七十年來，中國人一直生活在「五四」的歷史長影下，我們要實現「五四」的目標，中國大陸必須真正走上現代化──包括政治的民主。我們希望這次「五四」七十周年的學運，能激起中共徹上徹下的反思，作出政治民主化的制度性變革，我們不能過分浪漫，民主不可能一日之間建成，但必須向民主走出方向性的第一步，民主作為「抗戰性傳統」亦是大陸政治的主導傳統，這才是「五四」的志業之所在。

此外，浸會學院李志剛以「五四運動與中國基督教復興之探討」為題指出，大家不僅應發揮基督教的國際主義，並應與世界各優秀分子攜手，實際上對於強暴之國家及個人；及有背正義的社會組織，社會制度，作精神抵抗的工夫。

對於宗旨相同的團體，無論是宗教或非宗教的，取合作的政策，盡力與社會上的惡勢力相奮鬥。

另一位講者李金強就「青年黨人對五四運動的貢獻」一文中，指出五四運動前後為我國新生代知識青年之崛興。隨着內憂外患，國家危機日深；知識青年相互結合，從事反軍閥及反日救國運動中漸漸分裂，出現不同的思想及政治集團，分別影響現代中國政治的遞嬗。

拉雜談五四　［港大　新會甜］

原載《華僑日報》，1989 年 5 月 17 日，第 9 版

學園前綫

華僑日報教育版主編

拉雜談五四

港大　新會甜

五月四日，五四運動的七十週年，香港的大專學生，也乘北京學運風起雲湧之時，鬧烘烘地一股腦兒地到街上遊行。中文大學的學生，為了一早引起傳媒的注意，早上七時半，已集合校園準備跨山越嶺，向港島中區的遮打花園進發，累得記者先生小姐們，晨光熹微就要到馬料水。豈料中大同學只得數十名黎明早起。而原本與中大同學作同路人的恒生商學院的同學又竟然「　　」（即失約也），令中大同學只得「孤身走我路」。

而在港大這邊廂，五月四日的凌晨，學生會仍然燈火通明。但由於考試關係，本科生寥寥可數，反而那些正在就讀博士、碩士的研究生則落力非常，通宵達旦，胼手胝足地寫了一塊又一塊的橫額。而且，他們還特地請了經濟日報的政治漫畫家周明輝先生，來畫了幾幅政治漫畫。我們將漫畫影印後，把它貼在硬咭紙上，做成一塊又一塊的示威牌。人家示威多數在牌上寫一些簡單易讀的語句，但這些牌是以漫畫，彷彿開漫畫展覽一般。另外，那些候選博士、碩士們又急電了尊子先生來幫助寫橫額，於是尊子先生帶同兩名畫壇巨擘，深夜三點走上港大學生會，畫了三幅漫畫橫額，搶眼非常。原來示威遊行也可以有其藝術氣質的一面。

到下午四時正，港大有五百位同學，雲集港大黃克競平台誓師出發。最欣慰的，是大學的一些講師也前來支持我們。其中一位，史壇巨擘陳明　博士又講述了五四精神及其意義，實令我們振奮非常。當遊行隊伍出發後，有兩點令我感受非常深刻。第一，是當遊行隊伍所經過之處，不時有途人鼓掌吶喊替我們打氣，使我們感受到市民也在支持我們的遊行。第二，是警察非常合作，他們替我們開路。在每個路口交界處，都必為我們截停車輛，讓我們先過馬路，才給車輛行駛。這使我們的遊行行列完全沒有阻滯。我想，這次遊行是我們與警方合作最愉快的一次了。

本欄歡迎專上同學投稿，題材不限，字數以八百至一千字為合，來稿可用筆名，但請附真實姓名、身份證號碼及地址，以便奉上稿酬。

五月四日，五四運動的七十周年，香港的大專學生，也乘北京學運風起雲湧之時，鬧烘烘地一股腦兒地到街上遊行。中文大學的學生，為了一早引起傳媒的注意，早上七時半，已集合校園準備跨山越嶺，向港島中區的遮打花園進發，累得記者先生小姐們，晨光熹微就要到馬料水。豈料中大同學只得數十名黎明早起。而原本與中大同學作同路人的恒生商學院的同學又竟然「□□」（即失約也），令中大同學只得「孤身走我路」。

而在港大這邊廂，五月四日的淩晨，學生會仍然燈火通明。但由於考試關係，本科生寥寥可數，反而那些正在就讀博士、碩士的研究生則落力非常，通宵達旦，胼手胝足地寫了一塊又一塊的橫額。而且，他們還特地請了經濟日報的政治漫畫家周明輝先生，來畫了幾幅政治漫畫。我們將漫畫影印後，把它貼在硬咭紙上，做成一塊又一塊的示威牌。人家示威多數在牌上寫一些簡單易讀的語句，但這些牌是全漫畫，彷彿開漫畫展覽一般。另外，那些候選博士、碩士們又急電了尊子先生來幫助寫橫額，於是尊子先生帶同兩名畫壇巨擘，深夜三時走上港大學生會，畫了三幅漫畫橫額，搶眼非常。原來示威遊行也可以有其他藝術氣質的一面。

到下午四時止，港大有五百位同學，雲集港大黃克競平台誓師出發。最欣慰的，是大學的一些講師也前來支持我們。其中一位，史壇巨擘陳明□博士又講述了五四精神及其意義，真令我們振奮非常。當遊行隊伍出發後，有兩點令我感受非常深刻。第一，是當遊行隊伍所經過之處，不時有途人鼓掌吶喊替我們打氣，使我們感受到市民也在支持我們的遊行。第二，是警察非常合作，他們替我們開路。在每個路口交界處，都必為我們截停車輛，讓我們先過馬路，才給車輛行駛。這使我們的遊行行列完全沒有阻滯。我想，這次遊行是我們與警方合作最愉快的一次了。

教育界六次早餐會 回溯五四期勉中興

原載《華僑日報》，1989年5月30日

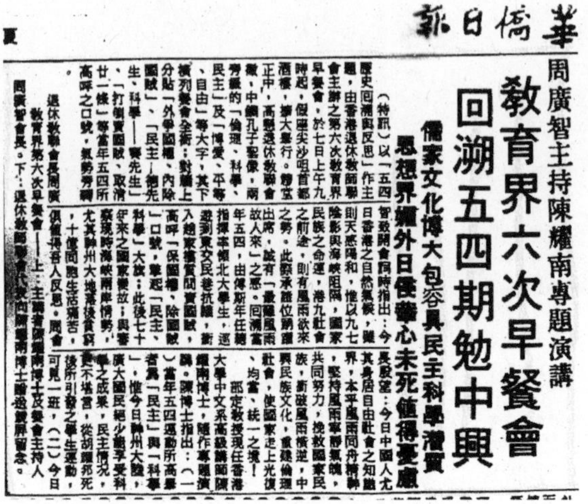
華僑日報

周廣智主持陳耀南專題演講

教育界六次早餐會
回溯五四期勉中興

儒家文化博大包容具民主科學潛質
思想界媚外日侵華心未死值得憂慮

儒家文化博大包容具民主科學潛質
思想界媚外日侵華心未死值得憂慮

（特訊）以「五四歷史回溯與反思」作主題，由香港退休教師聯會主辦之第六次教育界早餐會，於七日上午九時起，假座尖沙咀首都酒樓，擴大舉行。禮堂正中，高懸退休教師聯會徽，中鐫孔子聖像，兩旁綴的「倫理、科學、民主」及「博愛、平等、自由」等大字，其下橫列餐會全銜；對牆上分貼「外爭國權、內除國賊」、「民主──德先生、科學──賽先生」、「打倒賣國賊、取消廿一條」等當年五四所高呼之口號，氣勢旁礡。

退休教聯會長周廣智致開會詞時指出：今日香港之自然氣候，雖則天感陽和，惟以九七陰影與海峽阻隔，國家民族之命運，港九社會之前途，則有風雨欲來之勢。此際承諸位踴躍出席，誠有「最難風雨故人來」之感。回溯當年五四，由傅斯年任總指揮率領北大學生，巡遊到東交民巷抗議，衝入趙家樓質問賣國賊，高呼「保國權、除國賊」口號，擎起「民主、科學」大旗；此後七十年來之國家變故；與審察現時海峽兩岸情勢，尤其神州大地落後貪窮，十億同胞生活痛苦，俱得吾人反思。周會長殷望：今日中國人尤其身居自由社會之知識界，本乎風雨同舟精神，堅持風雨寧靜氣魄，共同努力，挽救國家民族，衝破風雨橫逆，中興民族文化，重建倫理社會，使國家走上光復、均富、統一之境！

部定教授現任香港大學中文系高級講師陳耀南博士，隨作專題演講，陳博士指出：（一）當年五四運動所高舉者為「民主」與「科學」，惟今日神州大陸，廣大國民絕少能享受科學之成果，民主情況，更不堪言，從胡耀邦死後所引發之學生運動，可見一班〔斑〕，（二）今日大陸思想界，醉心西方文化，一若四十年前崇拜馬列毛之狂妄，非文化之福。

陳耀南博士續稱：儒家思想，絕非無民主，經典中之言如：「道並行而不相悖，萬物並育而不相害」，「民為貴，社稷次之，君為輕」，「泛愛眾而親仁」，「己立立人，己達達人」，與「修齊治平」，「成巳〔己〕成物」諸説，俱可見其博大包容。至傳統文化，或由於偏重道德，對科學而論，衹是「起步早」（如指南針，火藥等早已發明）而「發展慢」而已。陳博士對五四思想運動之評價，謂係「破壞多，建設少」，惟能幫助研究，故期勉今後能站穩在民族傳統文化上，吸取外來之優點，以創造新時代之民族文化，陳博士並提出日本人侵華之心未死，宜提高警覺云。

與會而相繼發言者：黃自強教授，吳源興校長，張世傑校長，陶教授，陳伯陶校長諸位，對五四運動俱肯定其正面價值，並論述今日神州大陸，掀起第二次五四，實乃繼承民八年五四之愛國精神，反貪污，反特權，求民主，求科學，要自由，要人權，為國家前途，海外知識界理應予以支援響應。

香港退休教師聯會為對主講人申致敬意，向陳耀南博士行送鏡屏留念，其上以「鶴頂格」，由周廣智會長撰，請李震歐校長審，聯語云：「耀道弘文，德傳社序，南天宜教，澤被上庠」。

餐會最後節目為「幸運抽獎」，獎額廿個，出席者得獎率高達七分之一，獎品有名貴相傳，飲食等，有副會長謝秉鈞，湯著而，福利……

教育界第六次早餐會──上：主講者陳耀南博士及餐會主持人周廣智會長。下：退休教師聯會代表向陳耀南博士贈送鏡屏留念。

我們仍要繼續「五四」　［葉萬壽］

原載《突破》，1989 年 4/5 月號，第 16 卷第 4 期，第 4 頁，節錄。

我們仍要繼續「五四」　圖 葉萬壽

己雖非唸歷史出身，卻對五四運動有很大感慨！借此機會談談內心的雜感。

整個中國現代歷史是回應外來衝擊而作回應的歷史。當時代巨輪無情地向前邁進，不同的民族已不能閉關自守自養。有衝擊，自然有改變，甚至變得出乎意料，變得面目全非。

在飽受西方軍事武力和經濟力量的入侵下，二十世紀的中國變成自我懷疑和動盪不安。不同的救國理論叢生，五四運動便在這樣的大時代而發生。德先生（Democracy）和賽先生（Science）靜靜地在知識分子當中被爭辯和討論。可是理想歸理想，現實歸現實，積弱已久的黃土地，怎能結出民主的果實？在偶然機會，學生們為了要討伐軍閥所簽的不平等條約，爆發了五四運動，演變成要否定一切傳統、肯定民主和科學精神的運動。

整整七十年了，當今青少年一輩，除了有機會在教科書中一窺五四外，根本沒興趣去明白五四運動的精神所在。五四是否已成為歷史陳蹟，成為大時代中的小角色？

我們仍要繼續五四。試看整個東南亞地區，菲律賓、台灣、南韓、巴基斯坦，不同國家經多年努力，付出不少血淚，民主或民主傾向的制度終於漸露希望。神州大地卻仍然令人神傷！香港小島也猛然醒覺自由生活可能會有失去的一天，部分移民、部分盡力爭取自由民主。我並不認為民主制度或科學精神是完美的東西，但卻肯定他們對人價值的肯定，有其正面的功能。

有人批評五四是破壞中國文明傳統的罪魁禍首，影響近代中國沒有規範可以依從。只有破壞，沒有建設。無疑當日五四運動的爆發，手段可能過激，但其精神和目的是非常可嘉的。要埋怨的是兩個政府沒有貫徹五四精神。至於表達方法是否過激，被批評的和批評人的皆要作反省，所謂官迫民反，官弱則民無所從。

五四對今天的香港有何意義？今天的香港比起昔日的中國情勢更加微妙。就如生母向養母爭取撫養權後，發覺兒子並不認同自己生母的角色，而這個兒子也頗多意見，甚至想不受生母管束。如果孩子真的成長，爭取獨立是健康的心理歷程。尤以分開一段長時間，母子關係立刻過分親密，也並非好事。

香港必須先為香港人爭取自己的尊嚴和角色，事事拿出五四精神，才能發展出一種成熟共處的關係。

整整七十年了，當今青少年一輩，除了有機會在教科書中一窺五四外，根本沒興趣去明白五四運動的精神所在。五四是否已成為歷史陳蹟，成為大時代中的小角色？

……

五四對今天的香港有奇意義？今天的香港比起昔日的中國情勢更加微妙。就如生母向養母爭取撫養權後，發覺兒子並不認同自己生母的角色，而這個兒子也頗多意見，甚至想不受生母管束。如果孩子真的成長，爭取獨立是健康的心理歷程。尤以分開一段長時間，母子關係立刻過分親密，也並非好事。

香港必須先為香港人爭取自己的尊嚴和角色，事事拿出五四精神，才能發展出一種成熟共處的關係。

五四豪情今何在？ ［蔡元雲］

原載《突破》，1989 年 4/5 月號，第 16 卷第 4 期，第 4 頁，節錄。

五四豪情今何在？

蔡元雲

九一九年五月四日，北京的大學生發起示威運動，在宣言中發出呼喊：「外爭主權、內防國賊」，「中國的土地可以征服而不可以斷送！中國的人民可以殺戮而不可以低頭」，「不作萬死一生之呼救……則是二十世紀之賤種，無可語於人類」。這些吶喊瞬即引起上海、天津與留日本學生的迴響，並且得到知識分子、社會團體，甚至工人階級的支持，掀起了一個震動全國的民衆運動。

「五四運動」的爆發，直接要追溯到新文化運動先驅者蔡元培、陳獨秀、胡適、李大釗等人所播下思想開放的種籽。且勿論當年傾全力於宣揚西方思想，並引進馬克思主義、竭力推行白話文等方向是否正確，但是叫我心底震撼的是他們那份承擔民族的豪情、熱衷文字的眞情、致力改革社會的激情。

近幾年，當菲律賓的年青人跑到街頭上，展示了「民衆力量」（ People Power ）；韓國的大學生熱血沸騰，竭力爭取民主與公義；連中國大陸的大學生亦膽敢公開發表對教育制度及政制的不滿；香港的校園仍是一片沈寂，間竭聽到微弱的呼聲，也是與自己有切身利益關係的課題：對飯堂的膳食不滿、抗議取銷學生車船優待、爭取本身院校的社會地位等。

昔日中國風雨飄搖、內憂外患，知識分子及學生都有一種與國家共渡苦難的豪情，今天香港不少的專業人士、知識分子、及大專學生，給人的印象是鞏固自己本身的經濟利益、社會身分，並且開好後門，一旦風雨來臨便遠離這個不穩定的城市與國家，民族之情何在？

一九一九年五四運動掀起之後，年餘之間，新出版的週刋、旬刋、半月刋、季刋，多達四百種左右，大都爲大專生所創辦，當然一羣革新運動的領導人都是致力於文字工作。最近我卻接二連三收到刋物停止出版的通告，內心萬分惆悵，難道香港的出版界只容許娛樂週刋、漫畫、馬經、「名人」雜文的生存？知識分子及大專學生的聲音在哪裏？

當年剛推翻滿清政府，中國仍是遍地瘡痍，當時的改革社會情緒高漲，有人用筆桿也有人用槍桿帶動改革。七十年後的今天，當中國與香港致力建設經濟之時，猛然察覺政制及教育制度各方面仍是千瘡百孔：然而民主運動在立法局內外都不成氣候，三月九日的市政局選舉慘淡收場，基本法第二輪諮詢反應更見冷落，整個局面瀰漫着一股棄權心態，社會改革的激情何在？

執筆撰此文之際，仍在撫心自問，五四豪情今何在？

……

昔日中國風雨飄搖、內憂外患，知識分子及學生都有一種與國家共渡苦難的豪情，今天香港不少的專業人士、知識分子、及大專學生，給人的印象是鞏固自己本身的經濟利益、社會身分，並且開好後門，一旦風雨來臨時便遠離這個不穩定的城市與國家，民族之情何在？

一九一九年五四運動掀起之後，年餘之間，新出版的周刊、旬刊、半月刊、季刊，多達四百種左右，大都為大專生所創辦，當然一群革新運動的領導人都是致力於文字工作。最近我卻接二連三收到刊物停止出版的通告，內心萬分惆悵，難道香港的出版界只容許娛樂周刊、漫畫、馬經、「名人」雜文的生存？知識分子及大專學生的聲音在哪裏？

必須旗幟鮮明地爭取 ［黃國鉅］

原載《學苑 89–90 急行篇》，1989 年，第 2 頁。

編輯室

必須旗幟鮮明地爭取 黃國鉅

我參加了「五四聲援北京學運遊行」和「遮打花園五千人大集會」，正如很多其他參與此次行動的同學，都被那天高漲的情緒、同學和市民意料之外的熱烈反應、龐大的聲勢、在中區四周圍的建築物中廻響着的叫口號聲所觸動，這不免使人有一種香港學運正在復甦的感覺（尤其「學運不死」的口號）。但香港學運眞的復甦了嗎？它的路向應如何？在懷緬當日激昂的情懷之餘，如何在實踐中、歷史中學習、總結，才是當前的任務！若此刻的激情只像瞬間的江河暴發卻一去不復回，實在太可惜了

亦引發一些更基礎的問題：若學聯有關人仕不喜歡聽到反共的言論，他們對共產黨的立場又是如何？北京學生折衷地、策略地支持「四個堅持」、支持「共產黨領導」、香港學生又須否加以認同？若港人是企圖以民主拒共的話，其必然連接的希望是中國出現多黨制，因爲就中共應付「悼胡學潮」的態度看來，期望它自動走向開明、民主、容納異己的地步已十分渺茫，故此，若要繼續支持中國學運及爭取香港民主化，是否支持共產黨領導是學聯甚至整個學運終須面對的問題。

我參加了「五四聲援北京學運遊行」和「遮打花園五千人大集會」，正如很多其他參與此次行動的同學，都被那天高漲的情緒、同學和市民意料之外的熱烈反應、龐大的聲勢、在中區四周圍的建築物中迴響着的叫口號聲所觸動，這不免使人有一種香港學運正在復甦的感覺（尤其「學運不死」的口號）。但香港學運真的復甦了嗎？它的路向應如何？在懷緬當日激昂的情懷之餘，如何在實踐中、歷史中學習、總結，才是當前的任務！若此刻的激情只像瞬間的江河暴發卻一去不復回，實在太可惜了！

意識形態早已死了，我們正沿着路的中央走，打着一場安全、沉悶的戰爭。八十年代的學運缺乏魅力：沒有鮮明思想基礎，沒有對整體社會宏觀的看法、沒有明確立場之間之辯論、缺乏具象徵性的社會行動，對問題的關注長期停留於跟進、研集的地步，學生組織的活動局限於政治層面（如跟進基本法的起草工作），未能取得社會上普羅大眾的認同和反響，甚至囿於

既有的框框內掙扎，喪失了在社會運動上扮演先鋒角色的機會，凡此種種，都是令學運中人長期感到挫敗，和社會人士忽視學生運動的原因。

固然，我們不能抽空學運現時的性質來討論，而忽略其客觀社會環境。八四年在香港大學掀起了的一場「戴信事件」的風波，是中英聯合聲明簽署前的事，當香港前途大局已定，九七年回歸中國已成既定事實後，所有辯論和運動亦只有在此大前題下進行，並必須和中國打交道，在她所授與的有限空間下爭取，流於功能成效的考慮，缺乏長遠的理想和原則；另一方面，今日香港的社會矛盾並不嚴重，我想，現在很少人會認為「安定繁榮」此共識是純粹資本家維護一己利益的陰謀了，故此，很多社會行動都難以引起市民的熱烈回應。

一九八九年五月四日可以是一個打破此悶局的突破，當日所見意料之外的熱烈情景，可以說是史無前例的。究其原因可以有二：一、純粹一種關懷祖國命運的熱情；二、在基本法的草擬過程中，尤其在「雙查方案」出籠以後，港人已意識到單在本港爭取民主已是勝算無望了，只有在距離九七年此九年間中國有相當程度的民主和政治開放，香港才能達成真正的「港人治港」。五四遮打花園大集會當晚珠海書院講師因言論過激且帶反共意味而被阻撓發言的事件，除了是純粹主持人處理錯誤之外，亦引發一些更基礎的問題：若學聯有關人士不喜歡聽到反共的言論，他們對共產黨的立場又如何？北京學生折衷地、策略地支持「四個堅持」、支持「共產黨領導」、香港學生又須否加以認同？若港人是企圖以民主拒共的話，其必然連接的希望是中國出現多黨制，因為就中共應付「悼胡學潮」的態度看來，期望它自動走向開明、民主、容納異己的地步已十分渺茫，故此，若要繼續支持中國學運及爭取香港民主化，是否支持共產黨領導是學聯甚至整個學運終須面對的問題。

任何意識形態或激進主義的出現，不外乎由於幾個因素：一、將生活上的壓制和仇恨訴諸某類敵人（如無產階級起義、反貪污運動）；二、純粹情感上的衝動（如愛國主義、民族主義）三、認為短時內的激烈革命可以走向理想社會（文化大革命、法國大革命時的恐怖統治）；四、保護或爭奪一己利益（如保守主義）；五、經過理性思考、辯論而得出對未來理想社會所要走的道路的認識（如共產主義、民主運動）。學生必須認識到他們在社會運動中相對的有利條件，他們因免受切身利益和現實考慮所限制，往往敢於開創和突破思想和言論禁區，且亦易被社會人士視為純正真誠不抱陰謀主義的懷疑態度，故學生運動應在社會運動中扮演先鋒角色，製造不同的意識形態或思想立場而引發社會上的連鎖反應。故此，八十年代的香港學運其實走錯了路——只有工作而沒有討論、辯論，完全倚賴在既有建制框框內爭取，未能認識到其政治資本實幾乎等於零，其實學運的重點不是純粹上街，亦不能完全等同為學生會或其工作，其核心卻是思考、辯論以及爭取普羅大眾的支持。

今天，我們面對一個千載難逢的歷史楔機，香港的學運前途如何，完全有賴於我們能否把握現在的時機。香港的「五四遊行集會」以至中國的悼胡學潮的突破性在於中國走向民主化已出現了新的曙光，在 中共干預 香港政治的憂慮長期籠罩着香港後，現在已出現新的出路，因為只要中國走向民主和開放的政治環境，實現真正的「高度自治」的機會便會增加，香港學生應在此時開拓中港關係新的討論空間，為學運定立長遠的目標。客觀環境已醞釀新的轉機，或許過往學運主觀上有些不足，目標不夠明確，然而，只要能好好掌握今天的機會，香港學運是可以復甦的！

讓我們拾起腦袋，走出校園！

學運未死 前途■明

原載《學苑 89–90 急行篇》，1989 年，第 10–11 頁，節錄。

《學運未死 前途■明》

轟轟烈烈

這裏並不是七十年前的北京，居然一一是香港——一九八九年五月四日的黃昏，在中環遮打花園，聚集了來自全港大專界約五千多名學生，宣讀五四的宣言，在席地而坐密麻麻的學生四周，有各階層的市民注足而觀。天空的厚厚黑雲層靜靜地監視，昏昏黑黑的氣氛下，幾千人齊心嘶叫着——學運未死，民主萬歲。向天的拳頭如箭般朝上發射，似乎在集結力量，似乎在示威，似乎在瞄準空蕩蕩且黑越越的穹蒼某處，一個目標，迷迷糊糊。然而羣情是洶湧的。

在普遍的同學心中，這次五．四七十周年紀念大會無疑是學運神話的再現。《東方日報》更以為這是近二十年來最龐大的學生街頭活動。的確，如此種種的評語是足夠我們玩味好幾天的了。但這也正是危險所在，七十年前的五．四運動我們還在討論，當時的全盤西化很多學者都認為是過火了，帶來了長遠的壞影響。今天，就集會人數及情緒而論，無可否認是使人振奮的，可是在昏昏熱熱的火浴中，我們可能正踏入另一同樣危險的境地！

關於「學運未死」

「學運未死」這句口號代表什麼？可以是代表北京學生運動的發展蓬勃。但把它解釋為我們對香港學運的企望似乎更為恰當。當我們在鬧市內狂呼「學運未死」的號口時，就似是對沿途圍觀的香港人公開地說：看吧！我們的學生運動，我們並不如你們所說的：學生運動已死！這的確是夠我們驕傲的。我們錯不在於走上街頭呼天搶地，我們錯不在於聲援大陸學生的示威，只是我們對於「學運未死」這口號的背後理念過份執着。學運只是一個歷史家對某時某地的學生活動的一個概念名稱，在實際，在我們身在局中之時，學生運動是一個社會現象，一個學生為公義而產生的活動。當我們只執着於一個名詞而奮鬥，或為一個神話而生存時，我們很容易陷入一個困境，一不小心便迷失方向。

我們最大的錯誤觀念是把學運等同了學生街頭運動。我們急於用一些具象徵意義和用肉眼可見的現象去證明「學運未死」，恰恰相反，只着重「象徵」的街頭活動的所謂學運必死無疑。學運當包括了學生平常對社會事物的看法，對現象的討論，推而擴之地製造出一定的社會壓力，協助社會隨公正和合理的途徑更生。街頭活動是學運的一部份，位置卻應該放在最後一在我們用輿論壓力失敗後。事實，今次五、四大集會我們是缺乏一個討論基礎的，五千多同學對他們所呼喊的口號有多少認識呢？這的確是疑問，且令人心憂。五千人大結合在表面是可喜的，實際是可憂的，因為我們對未來的方向一定掌握不足

沒有一樓的二樓

除了神話，空中樓閣是不存在的。最有趣的是學運的確在我們心中是一個神話，而我們希望神話再現。

七十年代的學運除了是政治意識形態的執着，最重要是學生走出校園，深入社會，幫助推動社會一般人民生活的改進，及社會制度的更生。八十年代的學生運動卻是脫離社會羣眾的。他們一心專注於政治的發展，搞基本法。忽略了與社會各階層的連結，學生的力量除了社會的支持還有其他嗎？這是提倡學運的同學應深思熟慮的。當五月四日有大批市民對學生集會支持，我們如何地自豪，如何地振奮？但我們有否撫心自問，我們對他們作了些什麼？香港學生若要為香港前途而奮鬥，他們必須在社會上結集力量，所以當務之急並不是對遙不可及的政治制度作攻擊，應加注意社會民生事件，為未來作出充份的準備。

學運盲點

羣眾集會若不能激發羣眾情緒是失敗的！羣眾情緒被帶引致高亢時也是危險的，因為在這些激動的心情下會導致失去批判能力，變成一種口號的狂烈呼叫而忽略了支持集會的理念。當然，最可悲的是連大會的方向也未能認清。

有一些同學參加是次集會的原因是支持北京大學生的學運，同情他們的處境，而學聯發起集會的理念是進一步認同北京學生對國家的要求。他們是愛國的，要求民主政治的。但最大問題是落實執行民主有很多「意外」的問題產生。例如在中國大陸的民主治國的大前提下，中國大學生是如何看待台灣問題，香港問題？支持台灣人民有自決地選擇「回歸」大陸或是台獨？更敏感的是當我們自說認同我們是中華民族的一份子，與北京學生，人民是同祖同宗的炎黃子孫時，我們如何面對西藏的問題？如果我們要一個統一的中國，如何統一？我們既認為自己是中華民族的一份子，要回歸。我們是否同意北京政府以武力鎮壓西藏的獨立運動？還是以一個客觀的身份，認為西藏人民可自決他們的命運？在五月四日學聯會以及五千多高呼振興中華的同學早以陷入困境，因為他們並不真正了解北京大學生的政治立場，而卻高聲呼叫：我們支持你的要求！

……今天不容我們否定有一群熱心的同學推動學運，爭取理想的民主政治；五四遮打花園大集會的確是沉寂了十多年的學運的強心針。但正如前述，迷失了方向和立場欠奉是一個隱伏的危險。

當我們從五四集會的過程去看，不難發現學生組織領導是一群新鮮的熱心人，可惜的老練不足。例如港大的遊行隊伍在查濟民的辦工室門外錯誤地領導同學同呼一些人身攻擊的口號便可見一斑。當時學生領袖不智地把不願被映相的辦公室職員，視為與齊民〔查濟民〕是一丘之貉，他們不願上鏡為無面見人，試問當時圍觀的廣大市民會如何看待這群大學生？後來又有人大聲疾呼查濟民是賣國賊，然而這頂帽子是扣錯的，首先香港不是一個國家，而且，這次集會只是一個紀念五四的行動，並非五四的某些買〔賣〕國情形出現，查濟民究竟出賣了那一個祖國？

……當今學界的領導層居然有一面要求民主政治，一方面又以一言堂姿態出現的同學，可悲乎？

五四・六四・過去・現在・歷史・學運 ［路冷］

原載蔡子強、黃昕然、蔡耀昌、莊耀洸編《叛逆歲月——香港學運文獻選輯》，香港：青文書局，1998年，第396–397頁，節錄

五四：學聯 VS 學協／民主」VS「愛國」

今年的五四，學聯與九七憲章舉辦了一次遊行，路線地點依舊（遮打至新華社），高叫的口號和高舉的橫額仍是一樣（反對 XXXX）（原文如此），照宣傳單張的講法是：遊行是為了紀念五四民主精神，延續九七後的抗爭。在這裏，五四所代表的是民主精神，但究竟這民主是當時知識分子口中的「德先生」，還是示威學生和市民的公民抗命？問號。或者，這些問題對學聯和九七憲章的人來説並不重要，重要的是藉着五四、打正旗號、示威一「鑊」。

那邊廂，學協又藉着五四舉辦了一個臨時立法會的討論，共商大學生應該怎樣在這過渡期自處。觀乎學協在臨立會的立場（有必要成立）及其一向的親中背景（政治取向及資源上），其動機已昭然若揭。另一幅的五四圖像似乎又浮現在自己的眼前：五四天安門前那些愛國心熱切，恨鐵不成鋼的北京學生，他／她們高叫的不是「民主」、「自由」，而是「還我青島」、「內除國賊、外抗強權」。在這裏，民主抗爭的精神已被民族熱情所泛濫，難怪幾十年後的五四，這仍是一個宣揚愛國意識的日子。

究竟歷史是什麼？學聯與學協冤家路窄地皆挪用了五四這歷史事件作今日的政治用途，這本是司空見慣，但可笑的是竟得出了兩個完全相反的信息：一個不加思索説五四精神是民主抗爭，而這精神在過渡期的今天是必須加以延續，其具體表現是反對臨時立法會；另一個借用了五四這一場「愛國運動」以來討論大學生在過渡期的角色，而五四愛國精神自然必須在刻下和將來繼續發揚光大，其具體表現是支持祖國收回香港、支持臨時立法會。是歷史的複雜性叫人可以隨便借用，抑或是彼此各懷鬼胎、各具機心，而歷史只不過是用來滿足這些機心的任人賦予意義的符號？

六四：學協 VS 支記 /「迴避」VS「悼念」

相反，我們看見「歷史」在香港很容易淪為政治手段，或是僵化的紀念儀式。五四固然如此，六四何嘗不是？有親中政客說六四已成「歷史」，不必成為包袱，何必年年悼念一次？……香港亦有另外一些政客堅持每年都要在同一地點舉行同一活動叫同一些口號唱同一些歌紀念同一個六四……叫我們不要遺忘，這大概是不會錯的，但當悼念六四成為一種儀式，成為一個政治標記（我們不會轉軚！）、成為某政客口中的「我們已坐滿了 N 個球場」……究竟我們紀念的「六四」是那有血有肉的歷史，還是一個測試政治氣候給幾個政客擺彩證明大家仲未失憶的象徵式意義？